SCIENCES À VIVRE
Maternelle

POUR EXPLORER LE MONDE DU VIVANT,
DES OBJETS ET DE LA MATIÈRE

Yannick LEFRANÇOIS
Illustrateur

Emmanuelle DI MARTINO
Illustratrice

Christian VOLTZ
Illustration de couverture

Dominique LAGRAULA
Professeure de technologie
à l'ESPE de Paris

Nicolas BRACH
Directeur d'école
Personne Ressource en Sciences
dans l'académie de Strasbourg

Dominique LEGOLL
Professeure des écoles
en maternelle
dans l'académie de Strasbourg

Sous la direction de
Léa SCHNEIDER
Éditrice
Professeure des écoles

*Cet ouvrage suit l'orthographe recommandée par les rectifications de 1990 et les programmes scolaires
(voir le site : www.orthographe-recommandee.info et son miniguide d'information).*

De la PS au CM2

Une gamme complète pour faire vivre les Sciences
au quotidien dans votre classe

Sciences à vivre - **Maternelle** & son coffret MATÉRIEL

Sciences à vivre - **Cycle 2** & son coffret MATÉRIEL

Sciences à vivre - **CM1-CM2** & son coffret MATÉRIEL

VOTRE ACCÈS NUMÉRIQUE

Activez votre **code unique** en vous rendant dans l'onglet
MES COMPLÉMENTS NUMÉRIQUES
de votre compte sur **www.acces-editions.com**.
L'activation de votre code vous permettra de **télécharger les compléments numériques**
et d'**accéder aux mises à jour** concernant votre ouvrage.

IM5245b6b56dc75f0a

Une fois ce code activé, rendez-vous dans l'onglet
MES LIVRES NUMÉRIQUES de votre compte pour bénéficier
d'**une réduction sur la version numérique** de votre ouvrage.

Attention, la première personne à saisir ce code deviendra
l'utilisateur principal de l'ouvrage. Son compte client y sera rattaché.
Cet utilisateur principal ne pourra donner accès au contenu
en ligne qu'à un nombre limité de personnes.

 Vous aimez nos ouvrages ? Faites-le-nous savoir en rédigeant
un commentaire sur notre site et suivez-nous sur
facebook.com/ACCES.editions et instagram.com/acceseditions

03 88 79 97 67   ACCÈS Éditions   www.acces-editions.com

Sommaire

Votre accès numérique	2	Comment utiliser cet ouvrage?	8
Avant-propos	4	Répartition des apprentissages sur le cycle	10
Le programme de l'école maternelle	5	Trucs & astuces	12
Nos convictions	6	Ouvrages, vidéos et applications autour	
Quelles démarches adopter?	7	du vivant, de la matière et des objets	14

LE VIVANT

LE CORPS DE L'ENFANT
Dossier hygiène et santé **16**
Notions pour l'enseignant **18**
Trucs & astuces **20**

LE SCHÉMA CORPOREL
Contours et silhouettes **22**
Prendre conscience de l'organisation
des parties du corps

Le déplacement de l'enfant **24**
Prendre conscience de ses capacités
motrices et les relier aux segments
du corps

Le corps articulé **27**
Prendre conscience de ses articulations
et de leurs possibilités d'action

LES CINQ SENS
Le toucher **30**
Explorer les perceptions tactiles,
associer la peau du corps comme
organe du toucher

Le gout **33**
Affiner ses perceptions gustatives
pour classer les aliments selon
leur saveur

L'odorat **36**
Prendre conscience de ses perceptions
olfactives, les affiner

L'ouïe **38**
Identifier des bruits, différencier
des paramètres du son

La vue **41**
Prendre conscience de ses capacités
visuelles en modifiant les perceptions

Les organes des sens **44**
Associer l'organe de chaque sens
à ses capacités sensorielles

Ouvrages autour du schéma corporel
et des cinq sens **46**

LA VIE ANIMALE
Dossier élevages **48**
Élevages à gogo **52**
Exploiter un élevage

LA LOCOMOTION
Notions pour l'enseignant **57**

Pigeon vole **58**
Identifier et classer les déplacements
des animaux

Ailes, pattes ou nageoires? **64**
Associer un organe moteur
aux déplacements qu'il permet

LA NUTRITION
Notions pour l'enseignant **67**

Bon appétit lapin! **68**
Découvrir l'alimentation du lapin
par l'expérimentation

À chacun son menu **70**
Associer des animaux à leur nourriture

LA REPRODUCTION
Notions pour l'enseignant **73**

Tableau de famille **74**
Associer des individus d'une même
espèce

Ovipare ou vivipare? **78**
Classer certains animaux selon
les modes de gestation

Des petits dans notre élevage **81**
Observer le développement
et la croissance des petits

Ouvrages autour de la vie animale **85**

LA VIE VÉGÉTALE
Dossier jardinage **88**
Notions pour l'enseignant **90**
Trucs & astuces **92**

Silence, ça pousse! **94**
Découvrir les différents stades
de la germination d'une graine

Graine ou pas graine? **101**
Expérimenter pour déterminer
ce qui est une graine

Du bulbe à la fleur **103**
Observer le développement
d'un bulbe et l'anatomie d'une fleur

Le cycle du blé **106**
Découvrir le cycle de vie d'une plante

Ouvrages autour de la vie végétale **110**
Exploitations de sorties **111**

LA MATIÈRE

LES MATÉRIAUX
Notions pour l'enseignant **114**
Trucs & astuces **115**

Les p'tits pâtissiers **116**
Transformer un matériau

En quoi c'est fait? **120**
Connaitre les différents matériaux
des objets qui nous entourent

Ça gratte ou ça pique? **124**
Nommer les sensations tactiles

Ma maison est la plus solide! **130**
Connaitre les propriétés
des matériaux les plus courants

Ouvrages autour des matériaux **134**

L'EAU
Notions pour l'enseignant **136**

Ça coule de source **138**
Utiliser des objets qui permettent
de transporter l'eau

Flotte-coule **142**
Trier des objets et des matériaux
qui flottent

Défi Le radeau de Zouglouglou **146**
Fabriquer une embarcation qui flotte

On the rocks **148**
Savoir fabriquer des glaçons

Menthe à l'eau **151**
Expérimenter des mélanges
homogènes et hétérogènes

Défi Boule de neige **154**
Trouver un matériau qui coule
doucement

Ouvrages autour de l'eau
et des bateaux **156**

L'AIR
Notions pour l'enseignant **158**
Trucs & astuces **159**

Le nez au vent **160**
Découvrir les effets du vent

Tournez moulinets! **164**
Fabriquer un moulinet

En coup de vent **166**
Fabriquer et utiliser les courants d'air

Un grand bol d'air **169**
Matérialiser l'existence de l'air
enfermé dans un contenant

Ouvrages, matériel
et jeux autour de l'air **172**

LES OMBRES ET LA LUMIÈRE
Notions pour l'enseignant **174**
Trucs & astuces **175**

À chacun son ombre **176**
Créer des ombres

Les maitres de l'ombre **178**
Prendre conscience de certaines
caractéristiques des ombres

Les ombres de la cour **182**
Comprendre le positionnement
d'une ombre selon le positionnement
de la lumière

Mon théâtre d'ombres **187**
Fabriquer les marionnettes
d'un théâtre d'ombres

Ouvrages et jeux autour des ombres
et de la lumière **190**

LES OBJETS

LES OBJETS DE CONSTRUCTION
Notions pour l'enseignant **192**
Trucs & astuces **193**

Comment tu t'appelles? **194**
Nommer précisément des éléments
pour pouvoir les reconnaitre

Les p'tits ingénieurs **196**
Lire une fiche de construction

Les p'tits architectes **198**
Découvrir la gravité

Défi Il suffit de passer le pont **200**
Trouver une solution technique

Défi De bas en haut **204**
Fabriquer un engin élévateur

Ouvrages et jeux
autour de la construction **206**

LES OBJETS MÉCANIQUES
Notions pour l'enseignant **208**
Trucs & astuces **209**

Une cuisine bien rangée **210**
Classer les ustensiles de cuisine
selon leur fonction

Les p'tits cuisiniers **216**
Choisir et utiliser des outils
adaptés à l'action à mener

Pince-mi et Pince-moi sont
dans une cuisine **220**
Découvrir la notion de levier

Ouvrages et jeux
autour de la cuisine
et de la mécanique **224**

LES OBJETS ROULANTS
Notions pour l'enseignant **226**
Trucs & astuces **227**

Les gardiens de parking **228**
Trouver des critères
de classement des véhicules

Les p'tits garagistes **234**
Démonter une voiture pour en nommer
chaque partie

Les constructeurs de voitures **236**
Construire une maquette d'objet
roulant

Défi Le défi des constructeurs **240**
Concevoir un mode de propulsion
sans contact

Ouvrages et jeux
autour des véhicules **242**

LES OBJETS MAGNÉTIQUES
Notions pour l'enseignant **244**
Trucs & astuces **245**

Accrochez-vous! **246**
Découvrir que les aimants attirent
les objets métalliques

Les p'tits pêcheurs **250**
Réaliser un jouet utilisant le principe
du magnétisme

Pôle position **253**
Comprendre un jouet utilisant
les propriétés des aimants dues
aux pôles

Défi Il avance tout seul! **256**
Trouver un mode de propulsion

Ouvrages et jeux autour
du magnétisme **258**

LES OBJETS EN ÉQUILIBRE
Notions pour l'enseignant **260**
Trucs & astuces **261**

Les culbutos **262**
Se familiariser avec la notion
d'équilibre

Les p'tits Calder **264**
Équilibrer un mobile

Questions d'équilibres **267**
Comprendre le principe
de l'équilibre d'une balance

Ouvrages, jeux et balances
autour de l'équilibre **270**

LES OBJETS ÉLECTRIQUES
Notions pour l'enseignant **272**
Trucs & astuces **273**

Y a-t-il un fil dans l'objet? **274**
Différencier les objets mécaniques
des objets électriques

Les p'tits dépanneurs **276**
Comprendre le rôle du générateur

Le chemin de l'électricité **279**
Reproduire un circuit fermé

Défi Mon clown voit rouge **284**
Comprendre la notion de circuit fermé

Ouvrages, jeux et vidéos autour
de l'électricité **286**

La boite à outils
pour la classe **287**
Liste des fournisseurs **288**
Index des ouvrages **288**

Sciences à vivre **3**

Léa SCHNEIDER, Dominique LAGRAULA, Nicolas BRACH et Dominique LEGOLL à ACCÈS Éditions en février 2015

Avant-propos

La loi de refondation de l'École de la République attribue deux missions essentielles à l'école maternelle. Tout en respectant le rythme de chacun, la première école doit préparer progressivement les enfants aux apprentissages qui seront dispensés à l'école élémentaire. Elle doit jouer un rôle clé dans la réduction des inégalités et dans la réussite de tous les enfants qu'elle accueille. L'école maternelle place au premier chef de ses priorités l'apprentissage du langage oral, outil essentiel dans la prévention des difficultés.

Dans le domaine de la découverte du monde et des apprentissages scientifiques et technologiques, trop peu de collègues de maternelle OSENT SE LANCER de peur d'être bloqués à un moment ou à un autre par manque d'idées, de ressources ou de matériel. Forts de ce constat, nous avons pris le parti de réaliser **SCIENCES À VIVRE MATERNELLE**, un outil complet et concret englobant LE VIVANT, LA MATIÈRE ET LES OBJETS.

Dans le domaine scientifique et technologique, les élèves ont besoin d'être confrontés le plus souvent possible à des supports concrets et vivants. Pour qu'ils puissent se questionner, observer, manipuler, chercher et verbaliser, le cœur des séquences se déroule en ateliers dirigés. Nous avons néanmoins choisi d'amorcer chaque séquence en classe entière, de manière à créer une émulation et un vécu communs. Les bilans se font également en classe entière, ce qui permet de favoriser les échanges entre les groupes et de construire des connaissances communes.

Nous mettons en œuvre la pédagogie d'investigation prônée par LA MAIN À LA PÂTE dans toutes les situations d'exploration ou d'observation. Nous sommes redevables aux méthodes de LA MAIN À LA PÂTE permettant de stimuler chez tous les élèves esprit scientifique, compréhension du monde et capacités d'expression.

Nous avons fait le choix de vous proposer des séances guidées et cadrantes. Nos démarches permettent de mobiliser fortement le langage des enfants. Elles sont volontairement très structurées et détaillées. Cependant, elles ne sont que des EXEMPLES destinés à vous DONNER ENVIE de faire plus de Sciences et de Technologie dans vos classes. Les interactions enseignant-élèves y sont permanentes. Des propositions de consignes énoncées par l'enseignant sont en italique gras. Les réponses attendues des élèves sont écrites en italique. Leurs conclusions espérées figurent en cursive. Ces exemples de questionnements, d'émissions d'hypothèses, de verbalisations et de conclusions ne sont en aucun cas des modèles à suivre à la lettre.

Vos séances seront d'autant plus réussies que les interrogations viendront de vos élèves eux-mêmes, que leurs conclusions seront formulées avec leurs propres mots. L'utilisation du registre humoristique, populaire et décalé de certains titres de séquence n'est qu'un clin d'œil ludique à destination des enseignants qui feront évidemment référence aux intitulés des programmes et aux questions des élèves pour établir les titres des séquences présents dans les traces écrites et les documents de la classe.

Nous n'avons volontairement pas traité les outils numériques car les équipements des écoles maternelles nous ont semblé trop différents les uns des autres. De plus, la rapidité avec laquelle les technologies évoluent ne nous permettait pas de proposer des séquences pérennes. Les tablettes arrivent dans les classes, mais lesquelles et en quelle quantité ? Ne seront-elles pas supplantées dans deux ou trois ans ? À l'heure où nous avons écrit cet ouvrage, il nous paraissait trop difficile de vous proposer des séquences réellement utilisables dans ce domaine. Comme vous, nous avons besoin de temps pour nous adapter au défi numérique qui nous attend.

Nos démarches ont été expérimentées en classe et soumises à une analyse critique à la lumière des apprentissages et des progrès des élèves. Conçues comme des situations de communication, les séances proposées éveillent la curiosité des élèves en privilégiant les échanges oraux, les questionnements et les manipulations de chacun et favorisent les découvertes scientifiques et technologiques.

Bonne exploration du monde à vous et à tous vos élèves.

Dominique LAGRAULA, Nicolas BRACH, Dominique LEGOLL et Léa SCHNEIDER

Avril 2022

Le programme de l'école maternelle

Bulletin officiel spécial n° 25 du 24 juin 2021

5. EXPLORER LE MONDE
5.1 Se repérer dans le temps et l'espace [...]
5.2 Explorer le monde du vivant, des objets et de la matière

À leur entrée à l'école maternelle, les enfants ont déjà des représentations qui leur permettent de prendre des repères dans leur vie quotidienne. Pour les aider à découvrir, organiser et comprendre le monde qui les entoure, l'enseignant propose des activités qui amènent les enfants à observer, formuler des interrogations plus rationnelles, construire des relations entre les phénomènes observés, prévoir des conséquences, identifier des caractéristiques susceptibles d'être catégorisées. Les enfants commencent à comprendre ce qui distingue le vivant du non-vivant; ils manipulent, fabriquent pour se familiariser avec les objets et la matière.

5.2.1 Objectifs visés et éléments de progressivité

Découvrir le monde vivant

L'enseignant conduit les enfants à observer les différentes manifestations de la vie animale et végétale. Ils découvrent le cycle que constituent la naissance, la croissance, la reproduction, le vieillissement, la mort en assurant les soins nécessaires aux élevages et aux plantations dans la classe. Ils identifient, nomment ou regroupent des animaux en fonction de leurs caractéristiques (poils, plumes, écailles…), de leurs modes de déplacements (marche, reptation, vol, nage…), de leurs milieux de vie, etc. À travers les activités physiques vécues à l'école, les enfants apprennent à mieux connaitre et maitriser leur corps. Ils comprennent qu'il leur appartient, qu'ils doivent en prendre soin pour se maintenir en forme et favoriser leur bien-être. Ils apprennent à identifier, désigner et nommer les différentes parties du corps. Cette éducation à la santé vise l'acquisition de premiers savoirs et savoir-faire relatifs à une hygiène de vie saine. Elle intègre une première approche des questions nutritionnelles qui peut être liée à une éducation au goût.

Les enfants enrichissent et développent leurs aptitudes sensorielles, s'en servent pour distinguer des réalités différentes selon leurs caractéristiques olfactives, gustatives, tactiles, auditives et visuelles. **Chez les plus grands**, il s'agit de comparer, classer ou ordonner ces réalités, les décrire grâce au langage, les catégoriser.

Enfin, les questions de la protection du vivant et de son environnement sont abordées dans le cadre d'une découverte de différents milieux, par une initiation concrète à une attitude responsable.

Explorer la matière

Une première appréhension du concept de matière est favorisée par l'action directe sur les matériaux **dès la petite section**. Les enfants s'exercent régulièrement à des actions variées (transvaser, malaxer, mélanger, transporter, modeler, tailler, couper, morceler, assembler, transformer). **Tout au long du cycle**, ils découvrent les effets de leurs actions et ils utilisent quelques matières ou matériaux naturels (l'eau, le bois, la terre, le sable, l'air…) ou fabriqués par l'homme (le papier, le carton, la semoule, le tissu…). Les activités qui conduisent à des mélanges, des dissolutions, des transformations mécaniques ou sous l'effet de la chaleur ou du froid permettent progressivement d'approcher quelques propriétés de ces matières et matériaux, quelques aspects de leurs transformations possibles. Elles sont l'occasion de discussions entre enfants et avec l'enseignant, et permettent de classer, désigner et définir leurs qualités en acquérant le vocabulaire approprié.

Utiliser, fabriquer, manipuler des objets

L'utilisation d'instruments, d'objets variés, d'outils conduit les enfants à développer une série d'habiletés, à manipuler et à découvrir leurs usages. **De la petite à la grande section**, les enfants apprennent à relier une action ou le choix d'un outil à l'effet qu'ils veulent obtenir: coller, enfiler, assembler, actionner, boutonner, découper, équilibrer, tenir un outil scripteur, plier, utiliser un gabarit, manipuler une souris d'ordinateur, agir sur une tablette numérique… Toutes ces actions se complexifient au long du cycle. Pour atteindre l'objectif qui leur est fixé ou celui qu'ils se donnent, les enfants apprennent à intégrer progressivement la chronologie des tâches requises et à ordonner une suite d'actions; **en grande section**, ils sont capables d'utiliser un mode d'emploi ou une fiche de construction illustrés.

Les montages et démontages dans le cadre des jeux de construction et de la réalisation de maquettes, la fabrication d'objets contribuent à une première découverte du monde technique.

Les utilisations multiples d'instruments et d'objets sont l'occasion de constater des phénomènes physiques, notamment en utilisant des instruments d'optique simples (les loupes notamment) ou en agissant avec des ressorts, des aimants, des poulies, des engrenages, des plans inclinés… Les enfants ont besoin d'agir de nombreuses fois pour constater des régularités qui sont les manifestations des phénomènes physiques qu'ils étudieront beaucoup plus tard (la gravité, l'attraction entre deux pôles aimantés, les effets de la lumière, etc.).

Tout au long du cycle, les enfants prennent conscience des risques liés à l'usage des objets, notamment dans le cadre de la prévention des accidents domestiques.

Utiliser des outils numériques

Dès leur plus jeune âge, les enfants sont en contact avec les nouvelles technologies. Le rôle de l'école est de leur donner des repères pour en comprendre l'utilité et commencer à les utiliser de manière adaptée (tablette numérique, ordinateur, appareil photo numérique…). Des recherches ciblées, via le réseau Internet, sont effectuées et commentées par l'enseignant. Des projets de classe ou d'école induisant des relations avec d'autres enfants favorisent des expériences de communication à distance. L'enseignant évoque avec les enfants l'idée d'un monde en réseau qui peut permettre de parler à d'autres personnes parfois très éloignées.

Ce qui est attendu des enfants en fin d'école maternelle

- reconnaitre et décrire les principales étapes du développement d'un animal ou d'un végétal, dans une situation d'observation du réel ou sur des images fixes ou animées.
- et décrire les besoins essentiels de quelques animaux et végétaux.
- Situer et nommer les différentes parties du corps humain, sur soi ou sur une représentation.
- Connaitre et mettre en œuvre quelques règles d'hygiène corporelle et d'une vie saine.
- Choisir, utiliser et savoir désigner des outils et des matériaux adaptés à une situation, à des actions techniques spécifiques (plier, couper, coller, assembler, actionner…).
- Réaliser des constructions; construire des maquettes simples en fonction de plans ou d'instructions de montage.
- Utiliser des objets numériques: appareil photo, tablette, ordinateur.
- Prendre en compte les risques de l'environnement familier proche (objets et comportements dangereux, produits toxiques).
- Commencer à adopter une attitude responsable en matière de respect des lieux et de protection du vivant.

Sciences à vivre 5

Nos convictions

Pourquoi explorer le vivant, la matière et les objets à l'école maternelle ?

Comment permettre cette exploration ?

DES SITUATIONS MOTIVANTES ET ADAPTÉES À L'ÂGE DES ENFANTS

En permettant aux élèves de maternelle d'explorer le vivant, la matière et les objets, on les confronte à des éléments concrets qui suscitent leur curiosité. Ces enfants sont curieux de nature et ont envie de comprendre le monde qui les entoure. La présence d'un animal, d'une plante ou de nouveaux objets va d'emblée les intéresser, leur donner envie d'apprendre et créer un vécu commun.

EN S'APPUYANT SUR LE RÉEL ET SUR LA MANIPULATION

Pour que les élèves de maternelle puissent s'approprier le vivant, la matière et les objets, ils ont besoin de voir et de toucher de vrais animaux, de vraies plantes, de vrais matériaux, de vrais objets… En observant au plus près et en manipulant, les enfants s'approprient le réel et se construisent des représentations qui leur permettront de fonder des apprentissages durables.

*Dans **Sciences à vivre**, nous vous proposons des situations qui s'appuient sur du matériel riche et motivant.*

DES SITUATIONS SOURCES DE LANGAGE

Pour qu'un enfant ait envie de parler, il faut qu'il ait envie d'entrer en communication. Grâce au vivant, à la matière et aux objets, l'enfant va avoir envie de s'exprimer, soit pour partager son ressenti soit pour poser une question : « c'est froid ! C'est chaud ! Ça chatouille ! C'est quoi ça ?... »

EN INTERPELANT LA SENSIBILITÉ DE L'ENFANT

Le vivant, la matière et les objets vont créer des situations qui interpellent la sensibilité de l'enfant : apporter un animal, lui faire toucher une matière inconnue, proposer de nouveaux objets…
Elles vont également faire appel à son vécu : montrer des photos de lui ou de ses camarades plantant une graine, lisant un album ou montrant des images où un personnage fait la même chose que lui…

*Dans **Sciences à vivre**, nous vous proposons des situations déclenchantes motivantes ainsi que des cartes-images et des jeux de Memory sources de langage.*

DES SITUATIONS RICHES EN LEXIQUE

Le lexique du monde du vivant, de la matière et des objets est intarissable. Pour chaque notion abordée vont être nommés et mémorisés un grand nombre de mots : des noms, des verbes et des adjectifs. Dans un premier temps, l'enfant tâchera de comprendre les mots en réception puis il essaiera progressivement de les réutiliser en production.

EN VARIANT LES SUPPORTS DE LANGAGE

Pour que le lexique soit mémorisé et utilisé, il faut l'utiliser à plusieurs reprises et permettre aux élèves de s'en emparer à différents moments : avant l'activité, lors de l'activité, lors du bilan, mais aussi lors de jeux et d'ateliers dirigés de langage. Pour ancrer le lexique, le mieux est de pouvoir varier les représentations : réel, photographie, dessin.

*Dans **Sciences à vivre**, nous vous proposons des ateliers dirigés de langage s'appuyant sur du réel, des photographies et des illustrations. À la fin de chaque séquence est listé le lexique qui y est abordé et qui peut être mémorisé par les élèves.*

DES SITUATIONS STRUCTURANTES

Le vivant, la matière et les objets sont source de beaucoup d'activités qui structurent la pensée de l'enfant : des tris, des classements, des démarches structurées qui l'amènent à organiser le monde qui l'entoure.

EN SUIVANT UNE DÉMARCHE STRUCTURÉE

Même en maternelle, il est possible de suivre une démarche scientifique ou technologique structurée, partant d'un questionnement et aboutissant à des réponses scientifiques ou des solutions techniques.

*Les séquences proposées dans **Sciences à vivre** suivent une démarche structurée pour permettre aux élèves d'organiser et de comprendre le monde qui les entoure.*

DES SITUATIONS PLEINES DE DÉTAILS

Grâce au vivant, à la matière et aux objets, les élèves apprennent à se focaliser sur des détails, à devenir plus méticuleux et plus précis dans leurs intentions. Cela développe considérablement leur faculté à observer, ce qui les aidera au quotidien à réussir leur scolarité.

EN PROPOSANT DES ACTIVITÉS QUI DÉVELOPPENT L'OBSERVATION

L'observation fait partie intégrante des activités de découverte du vivant, de la matière et des objets : observer un animal, d'abord à l'œil nu puis à la loupe, observer les détails d'un objet pour pouvoir comprendre comment il fonctionne, observer le résultat d'une action sur la matière…

*Dans **Sciences à vivre**, nous proposons des séances qui développent l'observation.*

DES SITUATIONS QUI PERMETTENT DE SE POSER DES QUESTIONS

Grâce à des situations déclenchantes bien choisies, l'enfant va être amené à se poser des questions sur le monde qui l'entoure, développant ainsi sa capacité à s'interroger de manière rationnelle.

EN METTANT L'ÉLÈVE EN SITUATION DE RECHERCHE

En posant aux élèves des problèmes qui font sens, la recherche devient naturelle et motivante, créant une émulation positive dans la classe.

*Dans **Sciences à vivre**, nous vous proposons des situations qui permettent de mettre les élèves en situation de recherche.*

DES SITUATIONS QUI DÉVELOPPENT DES HABILETÉS

La construction et l'utilisation d'objets apprennent à l'enfant à rendre ses gestes de plus en plus précis et à identifier les outils les plus efficaces pour une action donnée.

EN PROPOSANT DES RECETTES ET DES FICHES DE CONSTRUCTION

Suivre une recette de cuisine ou une fiche de construction, c'est à la fois suivre une démarche ordonnée et apprendre un certain nombre de gestes adaptés à une action, un outil ou un matériau donné.

*Dans **Sciences à vivre**, nous vous proposons douze recettes et huit fiches de construction.*

DES SITUATIONS QUI DÉVELOPPENT LA COLLABORATION

À travers des questionnements, des projets et des défis communs, les élèves apprennent à travailler ensemble, à échanger leurs points de vue, à écouter et à respecter leurs camarades.

EN PROPOSANT DES DÉFIS

Rien de tel qu'un défi pour permettre à tous les élèves de trouver des réponses, mais aussi d'écouter celles de leurs camarades, se mettre d'accord et travailler ensemble.

*Dans **Sciences à vivre**, nous vous proposons sept défis adaptés aux élèves de maternelle.*

Quelles démarches adopter?

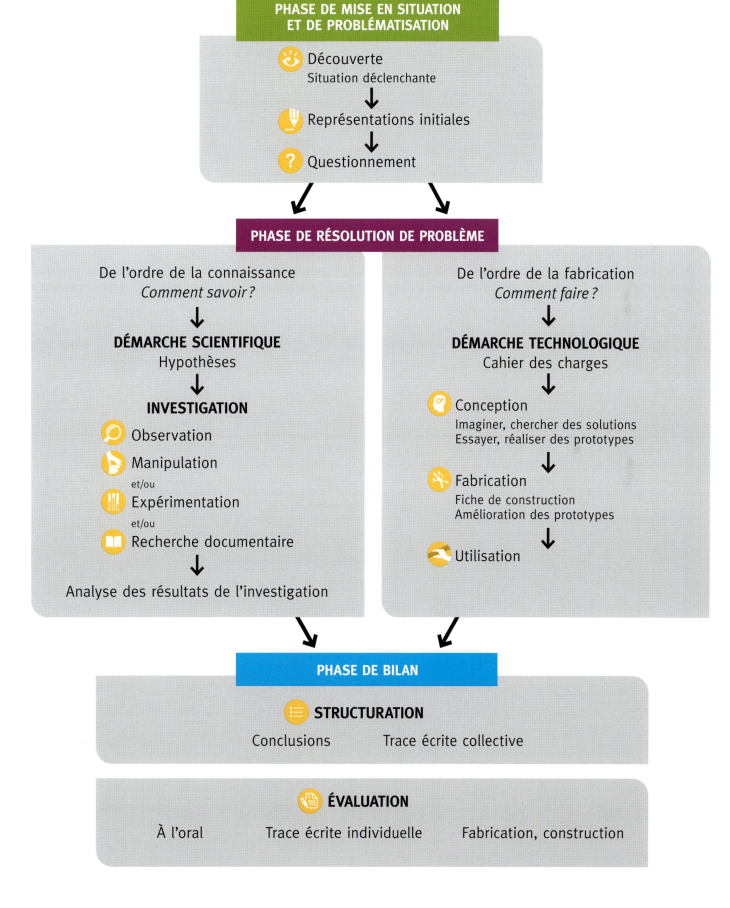

Comment utiliser cet ouvrage ?

LES NOTIONS POUR L'ENSEIGNANT
Au début de chaque chapitre, cette page explique brièvement à l'enseignant les savoirs scientifiques en jeu dans les séquences.

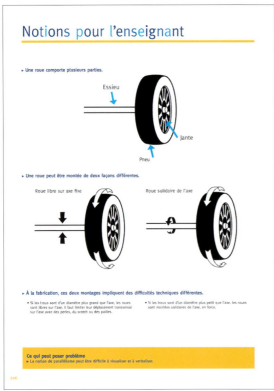

Les objets roulants. La page 226

LES TRUCS & ASTUCES
Cette page donne à l'enseignant des conseils pratiques pour trouver, acheter ou fabriquer le matériel nécessaire.

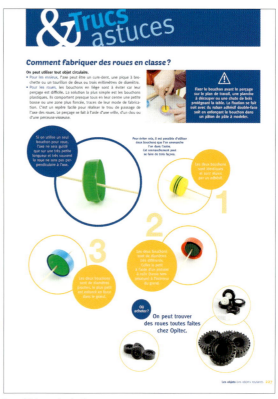

Les objets roulants. La page 227

LES RÉSEAUX
À la fin de chaque chapitre, cette page propose une sélection d'ouvrages, de vidéos et de jeux du commerce en lien avec les notions abordées.

Les objets roulants. La page 242

LES COMPLÉMENTS NUMÉRIQUES
Les compléments numériques peuvent être téléchargés à partir de l'espace client de notre site internet en utilisant le code unique qui se trouve à la page 2 (des vidéos sont proposées dans la rubrique aide de notre site internet).
Ils regroupent tout le matériel et les documents élèves cités dans les séquences, en noir et blanc et en couleur, prêts à être imprimés, ainsi que des vidéos et des photos à montrer aux élèves.

LA PAGE DE SÉQUENCE

Chaque séquence d'apprentissage se présente sur deux à six pages. Elle se compose de plusieurs étapes aux modalités variées. Elle est organisée par différentes rubriques.

Les pages 196 et 197

Le chapitre
Il rappelle dans quel chapitre s'inscrit la séquence.

Le titre
Il donne une indication ludique sur la séquence.

La partie
Elle rappelle dans quelle partie de l'ouvrage on se situe.

L'objectif général
Il concerne l'ensemble de la séquence proposée.

L'objectif spécifique
Il concerne l'étape développée en dessous.

Le matériel
Il précise ce qui est à prévoir pour l'étape. Le pictogramme indique le matériel présent dans le coffret MATÉRIEL SAV MATERNELLE et indique ce qui peut être téléchargé à partir des compléments numériques.

Les consignes
En italique gras, elles reflètent mot pour mot les paroles de l'enseignant.

Les réponses attendues
En italique, elles indiquent la réponse que l'on peut attendre des élèves.

Les conclusions
En cursive, elles permettent de visualiser ce qu'il faut retenir et donnent un exemple de ce que l'on peut noter sur une affiche.

L'organisation et la durée
Elles précisent le nombre d'élèves, le lieu et la durée approximative de l'étape.

Les remarques pour l'enseignant
Détachées du déroulement de la séance, elles attirent l'attention sur des détails qui facilitent sa mise en œuvre.

Le lien avec les autres ouvrages Accès
Il permet de visualiser quel attendu peut être validé dans *Mon carnet de suivi des apprentissages à l'école maternelle* ou quelles activités des autres ouvrages Accès peuvent être introduites parallèlement à la séance.

La période de l'année
Elle suggère quand il est judicieux de mener la séquence sur l'année, en fonction du niveau de classe.

LES DÉFIS
se distinguent des séquences plus classiques par un changement de couleur. Ils sont proposés pour la classe mais sont encore plus porteurs quand plusieurs classes relèvent le défi.

L'appareil photo
Il indique à quel moment il est judicieux de prendre des photos.

Les niveaux
Ils précisent à quel niveau de classe s'adresse l'étape. Ils peuvent varier d'une étape à l'autre selon leur difficulté.

Le pictogramme
Il permet de se situer au sein de la démarche.

Le prolongement ou la différenciation
Il donne des pistes d'activités supplémentaires en lien avec la séquence. Elle permet de savoir comment différencier.

Le cadre lexique
Il indique le lexique mobilisé tout au long de la séquence.

Sciences à vivre 9

Répartition des apprentissages sur le cycle

	PS					MS					GS				
	P1	P2	P3	P4	P5	P1	P2	P3	P4	P5	P1	P2	P3	P4	P5
Le corps de l'enfant															
L'HYGIÈNE ET LA SANTÉ															
Se laver				○	○	○	○	○	○	○				○	○
La visite médicale	○	○	○	○	○										
LE SCHÉMA CORPOREL															
Contours et silhouettes			○	○	○	○	○	○	○	○					
Le déplacement de l'enfant				○	○	○	○	○	○	○					
Le corps articulé									○	○	○	○	○	○	○
LES CINQ SENS															
Le toucher	○	○	○	○	○	○	○	○	○	○	○	○	○	○	○
Le goût	○	○	○	○	○	○	○	○	○	○	○	○	○	○	○
L'odorat	○	○	○	○	○	○	○	○	○	○	○	○	○	○	○
L'ouïe	○	○	○	○	○	○	○	○	○	○	○	○	○	○	○
La vue	○	○	○	○	○	○	○	○	○	○	○	○	○	○	○
Les organes des sens						○	○	○	○	○	○	○	○	○	○
La vie animale															
LES ÉLEVAGES															
Polochon le poisson	●	●	●	●	●	○	○	○	○	○	○	○	○	○	○
Romarin le lapin	●	●	●	●	●	○	○	○	○	○	○	○	○	○	○
Vanille la gerbille	○	○	○	○	○	●	●	●	●	●	○	○	○	○	○
Margot l'escargot	○	○	○	○	○	○	○	○	○	○	●	●	●	●	●
Stanislas le phasme						○	○	○	○	○	●	●	●	●	●
LA LOCOMOTION															
Pigeon vole				○	○	○	○	○	○	○	○	○	○	○	○
Ailes, pattes ou nageoires?											○	○	○	○	○
LA NUTRITION															
Bon appétit lapin!						○	○	○	○	○	○	○	○	○	○
À chacun son menu								○	○	○	○	○	○	○	○
LA REPRODUCTION															
Tableau de famille				○	○			○	○	○					
Ovipare ou vivipare?													○	○	○
Des petits dans notre élevage	○	○	○	○	○	○	○	○	○	○	○	○	○	○	○
La vie végétale															
LE JARDINAGE				○	○			○			○			○	○
Silence, ça pousse!				●	●			○						○	○
Graine ou pas graine?				○	○				●	●					
Du bulbe à la fleur		○	○				○	○				○	○	○	
Le cycle du blé	○	○	○	●	●	○	○	○	●	●	●	○	○	●	●

○ Périodes où il est **possible** de réaliser la séquence.
● Périodes où il est **conseillé** de réaliser la séquence.

P1 Septembre - Octobre
P2 Novembre - Décembre
P3 Janvier - Février
P4 Mars - Avril
P5 Mai - Juin

	PS					MS					GS				
	P1	P2	P3	P4	P5	P1	P2	P3	P4	P5	P1	P2	P3	P4	P5
Les matériaux															
Les p'tits pâtissiers		○	○	○	○	○	○	○	○	○	○	○	○	○	○
En quoi c'est fait?				○	○	○	○	○	○	○	○	○	○	○	○
Ça gratte ou ça pique?			○	○	○	○	○	○	○	○	○	○	○	○	○
Ma maison est la plus solide!								○	○					○	○
L'eau															
Ça coule de source					●										
Flotte-coule							○	○	○			○	○	○	○
DÉFI Le radeau de Zouglouglou											○	○	○	○	
On the rocks						○	●	○			○	●	○		
Menthe à l'eau											○	○	○	○	
DÉFI Boule de neige							○	○	○			○	○	○	
L'air															
Le nez au vent			○	●	○	○	○								
Tournez moulinets!						○	○	○	○	○	○	○	○	○	○
En coup de vent							○	○	○	○					
Un grand bol d'air													○	○	○
Les ombres et la lumière															
À chacun son ombre	●	○													
Les maitres de l'ombre						●	○	○	○						
Les ombres de la cour											●				●
Mon théâtre d'ombres													○	○	○
Les objets de construction															
Comment tu t'appelles?			●	○	○	●	○	○	○	○	●	○	○	○	○
Les p'tits ingénieurs									○	○		○	○	○	○
Les p'tits architectes			○	○	○		○	○	○	○					
DÉFI Il suffit de passer le pont													○	○	○
DÉFI De bas en haut									○	○	○	○	○	○	○
Les objets mécaniques															
Une cuisine bien rangée			○	○	○	○	○	○	○	○	○	○	○	○	○
Les p'tits cuisiniers						○	○	○	○	○	○	○	○	○	○
Pince-mi et Pince-moi	○	○	○	○	○	○	○	○	○	○	○	○	○	○	○
Les objets roulants															
Les gardiens de parking			○	○	○	○	○	○							
Les p'tits garagistes						○	○	○	○	○	○	○	○	○	○
Les constructeurs de voitures								○	○				○	○	○
DÉFI Le défi des constructeurs								○	○				○	○	○
Les objets magnétiques															
Accrochez-vous!				○	○	○	○	○	○	○					
Les p'tits pêcheurs									○	○	○	○	○	○	○
Pôle position									○	○		○	○	○	
DÉFI Il avance tout seul!									○	○			○	○	○
Les objets en équilibre															
Les culbutos			○	○	○		○	○	○	○				○	
Les p'tits Calder						○	○	○	○	○	○		○	○	○
Questions d'équilibres									○	○			○	○	○
Les objets électriques															
Y a-t-il un fil dans l'objet?						○	○	○	○	○	○	○	○	○	○
Les p'tits dépanneurs							○	○	○				○	○	○
Le chemin de l'électricité													○	○	○
DÉFI Mon clown voit rouge													○	○	○

Trucs & astuces

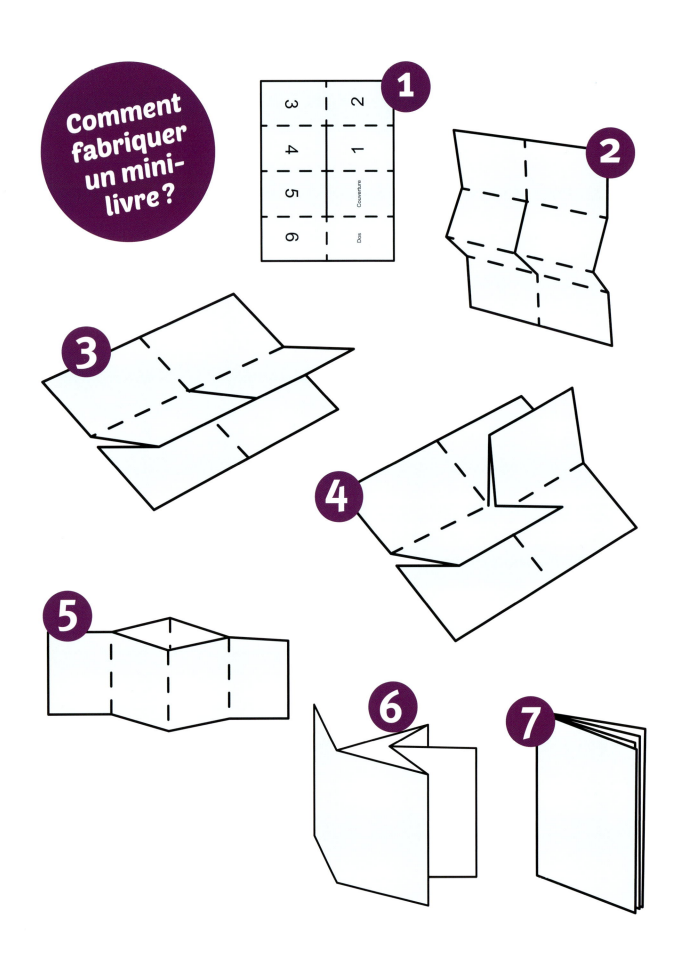

Comment fabriquer un mini-livre ?

Comment fabriquer des briques ?

Solution 1
Étaler la pâte à sel ou l'argile entre deux tasseaux d'épaisseur 1 cm. Couper les briques au couteau à l'aide d'un tasseau de 1,5 cm pour la profondeur et de 3 cm pour la longueur.

Que vous choisissiez l'une ou l'autre des solutions pour fabriquer les briques, elles devront respecter les proportions suivantes

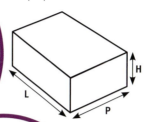

$L = 2P$
$P = 2H$

Les vraies briques prennent en compte les joints. L est donc un peu plus petit que 2P et P un peu plus petit que 2H.

Si vous ne souhaitez pas acheter les briques *Teifoc*, vous pouvez vous en fabriquer.
- **Soit en pâte à sel** (*recette 3*).
C'est la solution la plus économique, mais les briques seront à refaire régulièrement. Pour la couleur, utiliser du colorant marron versé dans l'eau servant au mélange.
- **Soit en argile.**
Il existe de l'argile séchant à l'air pour les écoles ne possédant pas de four permettant la cuisson de la terre.

Solution 2
Il est possible d'utiliser l'intérieur des boites de chocolats de type *Pyrénéen*. Les blocs à glaçons peuvent aussi être utilisés mais les proportions ne seront plus justes.

Comment fabriquer des gabarits de traçages ?

Pour faciliter le traçage, il est préférable d'utiliser un matériau assez rigide et ayant une certaine épaisseur. Les intercalaires en plastique épais sont faciles à découper, ont une rigidité et une épaisseur suffisantes pour guider le crayon. De plus, ils sont lavables. À la rentrée, ils sont beaucoup moins chers.

Comment percer les matériaux ?

AVEC QUEL OUTIL ?
- **Avec une aiguille de piquage, un clou ou une vrille.**
Il faut alors que la pointe de l'outil puisse traverser le matériau et s'enfoncer dans un matériau souple, un sandwich de cartons ou du liège par exemple.
- **Avec une perforatrice.**
Pour le papier, le carton ou le plastique fin. Uniquement si le trou doit être près des bords.
- **Avec des emporte-pièces + plaque martyre + marteau.**
Permet de percer n'importe où dans le matériau.
- **Avec une perceuse-visseuse et des forêts avec embout spécifique.**
À réserver pour le bois et les cartons épais.

LA TABLE DOIT ÊTRE PROTÉGÉE
- Planche à découper.

LE MATÉRIAU DOIT ÊTRE FIXÉ
- Au ruban adhésif double-face.
- Avec de la pâte à modeler.
- Avec un serre-joint.

Les références des outils cités se trouvent page 287.

OUVRAGES AUTOUR **DU VIVANT, DE LA MATIÈRE ET DES OBJETS**

(PS) (MS) (GS)
Mes P'tits DOCS
Stéphanie Ledu © Milan • 7,90 €
Une collection de documentaires aux pages glacées indéchirables.

(MS) (GS)
Mes premiers documentaires
Léa Schneider et Christina Dorner © ACCÈS Jeunesse • À partir de 9 €
Une collection de documentaires conçue par des pédagogues avec de magnifiques photos pour appréhender le réel au plus près.

(MS) (GS)
Mes premières découvertes
© Gallimard jeunesse • À partir de 9 €
Une collection incontournable de documentaires avec volets transparents.

(GS)
Mes années pourquoi
Anne-Margot Ramstein © Milan • 12,50 €
Une collection de documentaires relativement accessibles construits autour de questions sur différents sujets. Les textes sont simples et courts.

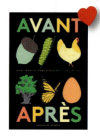

(MS) (GS)
Dokéo, je comprends comment ça marche
Cécile Jugla © Nathan jeunesse 2014 • 14,90 €
Un documentaire qui répond en illustrations à des questions sur les objets du quotidien.

(MS) (GS)
Ma première boite à outils
Anne-Sophie Baumann et Virginie Graire © Tourbillon • 2014 • 13,99 €
Un album animé très solide dans lequel le lecteur manipule les outils des grandes opérations de fabrication.

(PS) (MS) (GS)
Drôle d'engin pour Valentin
Géraldine Elschner et Rémi Saillard © L'élan vert • 2013 • 14,20 €
Léon petit berger conçoit et réalise un engin pour Valentin petit mouton qui rétrécit quand il pleut.

(MS) (GS)
Avant-après
Anne-Margot Ramstein et Matthias Aregui © Albin Michel • 2013 • 19,50 €
Ce très bel imagier met en regard des éléments (avant) et leurs évolutions ou régressions (après).

VIDÉOS ET APPLICATIONS AUTOUR **DU VIVANT, DE LA MATIÈRE ET DES OBJETS**

(MS) (GS)
Lumni
https://www.lumni.fr/primaire/maternelle/explorer-le-monde
Des vidéos faites pour les élèves de maternelle, essentiellement tournées sur le monde du vivant.
Des jeux interactifs pouvant être utilisés pour des réinvestissements de notions abordées lors des séquences.

(MS) (GS)
La récré des ptits loups
https://www.youtube.com/channel/UCh8oKBGM53MkjogMlByc3NA
Des documentaires essentiellement animaliers adaptés aux maternelles.

(MS) (GS)
Bayam
Apple et Androïd © Bayard • 5,99 € par mois ou 54,99 € par an
Application à visée essentiellement familiale.
Des documentaires, des séries, des bricolages à utiliser en complément des séquences.

LE VIVANT

Le corps de l'enfant

Dossier hygiène et santé	16
Notions pour l'enseignant	18
Trucs & astuces	20

LE SCHÉMA CORPOREL
Contours et silhouettes	22
Prendre conscience de l'organisation des parties du corps	
Le déplacement de l'enfant	24
Prendre conscience de ses capacités motrices et les relier aux segments du corps	
Le corps articulé	27
Prendre conscience de ses articulations et de leurs possibilités d'action	

LES CINQ SENS
Le toucher	30
Explorer les perceptions tactiles, associer la peau du corps comme organe du toucher	
Le gout	33
Affiner ses perceptions gustatives pour classer les aliments selon leur saveur	
L'odorat	36
Prendre conscience de ses perceptions olfactives, les affiner	
L'ouïe	38
Identifier des bruits, différencier des paramètres du son	
La vue	41
Prendre conscience de ses capacités visuelles en modifiant les perceptions	
Les organes des sens	44
Associer l'organe de chaque sens à ses capacités sensorielles	
Ouvrages autour du schéma corporel et des cinq sens	46

Les notions abordées

- L'hygiène
- La visite médicale
- La construction du schéma corporel : les membres, les articulations et les capacités motrices
- La prise de conscience des sensations associées à chacun des cinq sens
- L'utilisation à bon escient de ses sens dans des situations ponctuelles
- La découverte du monde, des objets à travers un sens isolé
- Le lien entre le sens et l'organe correspondant

Dossier hygiène et santé

Ce domaine est capital pour contribuer au développement physique et intellectuel du corps de l'enfant. Si les premières approches relèvent de l'éducation parentale, l'école s'assure que les élèves connaissent les principales mesures d'hygiène et de santé. La tâche n'est pas aisée car le vécu repose essentiellement sur des moments familiaux.

En maternelle, il est difficile de traiter ce domaine sous forme de démarche d'investigation. Les apprentissages reposent essentiellement sur des séances de langage, à partir de situations ou de supports qui s'appuient sur le vécu de l'élève : moments rituels, albums, photographies, illustrations, jeux. Pour vous munir de supports langagiers, des jeux de Memory et des cartes-images sont présents dans les compléments numériques et le coffret.

L'HYGIÈNE DU CORPS : SE LAVER QUOI ET QUAND ?

MON CARNET DE SUIVI des apprentissages à l'école maternelle
Je sais me laver les mains tout seul
Je sais expliquer quand et pourquoi il faut se laver les mains **page 43**

(PS)(MS)

Cartes-images ❶ Salle de bains
© ACCÈS Éditions • 2015
Des photos permettent aux élèves de nommer et d'expliquer les usages des objets de la salle de bains.

(PS)(MS)(GS)

Cartes-images ❷ Lavage du corps
© ACCÈS Éditions • 2015
Des illustrations permettant de répondre à la question : quelles parties du corps faut-il se laver?

(PS)(MS)(GS)

Cartes-images ❸ Les mains sales
© ACCÈS Éditions • 2015
Des illustrations permettant de répondre à la question : quand faut-il se laver les mains?

(PS)(MS)(GS)

Qui s'est bien brossé les dents?
Christine Beigel et Christine Destours
© Didier Jeunesse • 2020 • 9,90 €
Un livre rigolo qui demande à l'enfant de vérifier si les personnages de contes se sont bien lavé les dents.

(GS)

Mes P'tits DOCS : Les dents
Stéphanie Ledu et Claire Frossard
© Milan • 2014 • 7,90 €
Un documentaire qui répond à toutes les questions que peuvent se poser les enfants sur les dents.

(GS)

Comment bien laver son mammouth laineux?
Michelle Robinson et Kate Hindley
© Milan • 2013 • 11,90 €
Un album drôle et tendre dans lequel l'enfant apprend à donner un bain à un mammouth.

(GS)

Le pigeon a besoin wd'un bon bain!
Mo Willems
© Kaléidoscope • 2015 • 13 €
Un album très drôle dans lequel un pigeon très sale ne voit pas l'intérêt de prendre un bain.

LE SOMMEIL : POURQUOI JE DOIS DORMIR ?

Hormis le moment de la sieste, le sommeil ne constitue pas un vécu commun partagé à l'école. L'entrée dans le sommeil est un passage complexe, la traversée de la nuit peut être entravée d'émotions et d'interrogations qui nécessitent une approche plus subtile.
› Exploiter des albums permet d'évoquer ce qui se passe quand on dort, d'extérioriser ses appréhensions, de partager ses rituels.

MON CARNET DE SUIVI des apprentissages à l'école maternelle
Je sais expliquer pourquoi j'ai besoin de dormir et de manger **page 43**

(PS)

Au lit, Petit Lapin!
Jörg Mühle © Pastel • 2016 • 9 €
C'est le rituel du coucher et il ne faut rien oublier avant que Petit Lapin aille au lit.

(PS)(MS)

Dormir : ça sert à quoi?
Sophie Bellier et Sophie Ledesma
© Fleurus • 2019 • 4,95 €
Un petit loir ne veut pas dormir mais il est souvent fatigué, ronchon ou distrait. Une jolie histoire pour faire comprendre l'important du sommeil aux petits.

(GS)

Dis au pigeon d'aller se coucher!
Mo Willems © Kaléidoscope • 2020 • 13 €
Un album très drôle dans lequel un pigeon très fatigué refuse d'aller se coucher.

L'ALIMENTATION : POURQUOI JE DOIS MANGER AUSSI DES ALIMENTS QUI NE ME FONT PAS PLAISIR ?

Là encore, l'école n'a pas beaucoup de prise. Elle ne doit pas juger les repas préparés par les parents au risque de blesser les élèves. L'âge de la maternelle est celui où les fruits et légumes sont peu appréciés, les gouters étant essentiellement composés de gâteaux et de friandises.
▶ Organiser des collations de fruits ou de légumes sous forme d'ateliers sensoriels, toucher les aliments, les redécouvrir, les sentir, les gouter présentés en petits morceaux, réaliser des recettes… L'effet ne sera pas immédiat, mais la valorisation et la dégustation en groupes permettra à certains de découvrir de nouveaux aliments.

▶ Valoriser les gouters à base de pain en organisant une journée sur ce thème avec les parents, préparer des toasts avec toutes sortes de pains et de garnitures sucrées ou salées.
▶ Expliquer les bienfaits des aliments que l'adulte demande de manger, rappeler les conseils que le pédiatre et les parents ont certainement déjà donnés.

LA MALADIE : QUE SE PASSE-T-IL DANS MON CORPS ?

› Le retour en classe d'un élève malade est l'occasion de le faire parler de ce qu'il a ressenti. Découvrir des albums qui parlent de la maladie permet de structurer les souvenirs, de mettre des mots sur des sensations et des émotions.

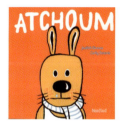

Atchoum
Stronk Cally © Nord Sud • 2011 • 8,50 €
Aujourd'hui, petit lapin reste au lit ! Il est malade, tout raplapla et… Atchoum ! Il éternue à tout va.

Ne lèche surtout pas ce livre!
Idan Ben-Barak et Julian Frost
© Milan • 2018 • 10,90 €
Ce livre permet de découvrir les microorganismes grâce à l'histoire de la bactérie Minnie.

Rien qu'une petite grippe!
Didier Dufresne et Armelle Modéré
© L'école des loisirs • 2002 • 11,70 €
Diego a la grippe. Le médecin vient l'ausculter et lui prescrit des médicaments.

LA VISITE MÉDICALE : QUE VA-T-ON ME FAIRE ?

La visite médicale organisée par le médecin scolaire est l'occasion d'aborder le sujet.
› Après avoir joué au jeu de Memory du médecin ou découvert l'album ci-dessous, les élèves peuvent réinvestir ce qu'ils ont appris au coin jeu si celui-ci dispose d'une mallette avec des objets médicaux.

Memory Médecin
© ACCÈS Éditions • 2015
Des photos des objets utilisées chez le médecin : une paire gagnante est constituée de la carte instrument et de la carte où le médecin ausculte un élève avec cet instrument.

Les Petits Cœurs aussi vont chez le docteur
Géraldine Collet et Roland Garrigue
© P'tit Glénat • 2010 • 10 €
Les Petits Cœurs explorent une salle d'attente pleine d'inconnus. Un monsieur en blouse blanche arrive.

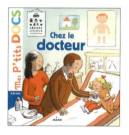

Mes P'tits DOCS : Chez le docteur
Stéphanie Ledu et Catherine Brus
© Milan • 2006 • 7,90 €
Ce documentaire aux pages indéchirables présente le docteur des enfants : le pédiatre.

Notions pour l'enseignant

Le schéma corporel

- La découverte du monde et des autres passe par celle de soi et de son schéma corporel. Selon Hélène Brochard, le schéma corporel est une perception que chacun a de son propre corps, de ses différentes parties, de sa position par rapport à la verticale ou à l'horizontale, de ses mouvements.
- Le schéma corporel renvoie à l'image du corps. Il permet progressivement à l'élève de prendre conscience de son corps et de la place qu'il occupe dans l'espace.
- L'image de ce corps commence à se construire après la naissance. Il se structure par l'apprentissage et l'expérience. Les informations sont multiples : sensorielles, tactiles, visuelles, kinesthésiques, vestibulaires.
- Cette notion de schéma corporel est complexe. C'est un sujet d'étude pour la neurobiologie, la psychanalyse, les neurosciences, l'ergothérapie et la psychomotricité.
- L'école maternelle propose de nombreuses séquences d'apprentissage pour permettre à ses jeunes élèves de construire leur schéma corporel. Le corps se vit, s'explore à travers la motricité et les cinq sens. Le langage contribue à sa structuration, les activités graphiques n'étant pas les seules composantes des apprentissages. L'enseignant est témoin de cette progression : il observe l'évolution des dessins du bonhomme, représentation qu'a l'élève de son propre corps à un moment donné.
- Attention, l'élève donne au psychomotricien des informations sur le degré d'évolution de son schéma corporel. Si les dessins d'élève représentent une activité importante à l'école maternelle, l'enseignant n'a pas les compétences pour les analyser ou se livrer à des *tests du bonhomme*. Tous les enfants du monde reproduisent ces mêmes dessins ! Pour Varenka et Olivier Marc, ils retraceraient à la fois l'histoire de l'enfant, mémoire du fœtus intra-utérin, de l'œuf fécondé à l'enfant à naitre et également l'histoire de l'évolution de l'homme, des premières bactéries à l'homo sapiens…

- Voici l'évolution des représentations du bonhomme.

Réalisme fortuit

Bonhomme têtard

Têtard enrichi

Bonhomme complet

Bonhomme habillé

Les cinq sens

Les perceptions sensorielles

- L'homme a **cinq sens** : la vue, l'ouïe, l'odorat, le goût, le toucher.
- À chaque sens correspond un organe précis appelé **organe des sens** : l'œil, l'oreille, le nez, la langue, la peau.
- Grâce à ces organes, nos sens nous permettent de saisir les odeurs, les gouts, les températures, les bruits, la lumière et de réagir pour nous protéger des dangers qui nous entourent.
- Chaque organe dispose de **récepteurs sensoriels** qui permettent de transmettre un **stimulus** extérieur au **système nerveux**, constitué des nerfs, de la moelle épinière et du cerveau. Celui-ci décode les informations sensorielles et les transforme en perceptions qui permettent de réagir au monde qui nous entoure.

Le toucher

- Le toucher se fait par l'intermédiaire de **récepteurs** qui se trouvent sous notre peau, dans le **derme**. Ils sont inégalement répartis et leur densité est bien plus importante sur le bout de nos doigts et sur nos lèvres.

L'odorat

- L'olfaction ou odorat est le sens qui permet d'analyser les substances chimiques volatiles de l'air. Il reste encore notre sens le plus mystérieux même s'il est largement moins développé que celui de la plupart des animaux. C'est un sens qui se fatigue rapidement, ce qui explique que l'odeur dans une pièce n'est plus ressentie au bout d'un moment.
- Les substances volatiles contenues dans l'air passent par les narines et stimulent les **récepteurs olfactifs**. En gagnant le cerveau, l'influx entre en contact avec des zones dévolues aux émotions et à la mémoire. Ainsi, une simple odeur peut engendrer une émotion, faire resurgir un souvenir.

Ce qui peut poser problème
- Si le corps ne doit pas être tabou, la pudeur de chacun doit être respectée. Les situations de contact doivent être cadrées. Nous proposons des jeux à deux avec un élève qui a un contact physique avec le corps de l'autre. L'enseignant établit des règles : on ne fait pas mal et on ne met pas l'autre mal à l'aise.

Le gout

- À sa surface, la langue est composée de nombreux organes sensoriels appelés *papilles.*
- Les bourgeons du goût se trouvent dans ces papilles. Ils contiennent des récepteurs gustatifs qui permettent de discerner les **cinq saveurs** fondamentales actuellement identifiées : **le sucré, le salé, l'acide, l'amer et l'umami,** dernière saveur de base identifiée en 1908 pour décrire la saveur des glutamates. Certains chercheurs décrivent une sixième saveur correspondant à la réglisse et réfléchissent à une septième saveur pour le gras.
- À ces cinq saveurs primaires, il faut ajouter lors de chaque dégustation
  - **Les arômes** qui résultent de l'excitation des récepteurs olfactifs du nez par les molécules dégagées par les aliments ingérés. Tout le monde a déjà pu constater que le nez bouché réduit considérablement le goût des aliments.
  - **Les sensations trigéminales** à savoir :
    - **le piquant** qui vient de l'activation par des composants du poivre ou du piment des récepteurs à la douleur.
    - **la fraicheur** qui vient de l'activation des récepteurs du froid de la bouche par les molécules de menthols et certains sucres.
    - **l'astringence** qui est provoquée par l'activation des récepteurs tactiles de la bouche qui resserre les tissus sous l'effet par exemple des tanins contenus dans le vin.

GOUT = saveur + arôme + sensations trigéminales, on parle aussi de FLAVEUR.

- Les autres sens, vue (pour l'anticipation) et ouïe (pour le croquant) participent également à la construction du gout.
- Le développement du gout est très culturel, très dépendant des habitudes alimentaires. Tout commence chez le fœtus qui reçoit les molécules des aliments consommés par sa mère.
- Le rejet de l'amer est considéré comme un mécanisme de survie pour l'espèce humaine, car de nombreux poisons sont amers. Cette aversion aurait pour rôle de protéger l'être humain et relève du réflexe.

L'ouïe

- L'oreille est l'organe qui permet de percevoir les sons. Sa partie visible, **le pavillon,** concentre le son vers **le conduit auditif** et jusqu'au **tympan.** Cette membrane transmet la vibration à une chaine de trois osselets : **le marteau, l'enclume et l'étrier.** Ce dernier appuie sur une membrane refermant l'oreille interne et qui transmet la vibration au liquide contenu dans **le limaçon,** où l'information est transmise au cerveau via **le nerf auditif.**

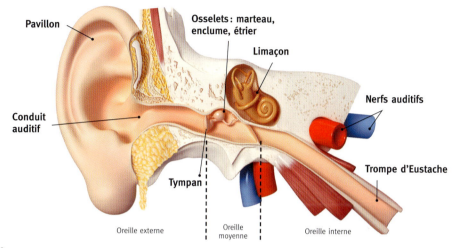

La vue

- L'œil est l'organe de la vue. La lumière passe par **la cornée** transparente puis par **la pupille,** qui se rétrécit quand il y a beaucoup de lumière et se dilate quand il y en a peu. **Le cristallin** modifie ensuite sa courbure en fonction de la distance de l'objet observé pour obtenir une image nette, réceptionnée par **la rétine,** où se trouvent **les cellules visuelles, les cônes** pour la vision des couleurs et les bâtonnets pour la vision en niveau de gris. L'information est ensuite transmise au cerveau par l'intermédiaire du **nerf optique.**

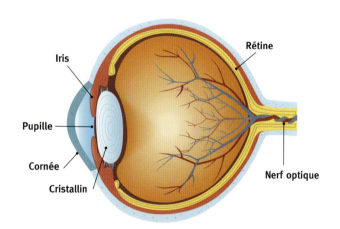

Ce qui peut poser problème

- Une première approche des cinq sens en maternelle peut sembler anodine, voire simpliste. Or, on s'aperçoit vite de la complexité des situations car chez les élèves, les cinq sens interfèrent sans cesse les uns avec les autres. L'utilisation des sens se fait le plus souvent de manière inconsciente. Les perceptions sont parfois subjectives et varient d'un élève à un autre.
- Pour découvrir l'étendue des perceptions sensorielles à la maternelle, il est souvent indispensable de supprimer la perception visuelle qui est prédominante. Ce n'est pas facile car certains élèves ne supportent pas qu'on leur bande les yeux. Il est alors préférable d'utiliser un dispositif pour cacher l'objet, comme la boite à toucher, pour découvrir cet objet autrement que par la vue.

Trucs & astuces

Comment organiser des ateliers sensoriels ?

Il est plus efficace et motivant de commencer par traiter les cinq sens ensemble. Pour votre organisation, inviter les parents à diriger un atelier, tout comme ils sont invités pour les ateliers de cuisine. Chaque parent dirige un atelier différent et la classe fait la rotation des ateliers sur la journée.

Comment fabriquer une boite à toucher ?

Récupérer un carton et y découper au cutteur deux trous d'environ dix centimètres de diamètre. Agrafer sur le pourtour de chacun des trous une chaussette assez longue dont les pieds ont été découpés pour faire des manchons. Découper la face opposée à celle des trous pour placer facilement les différents objets ou prendre une boite avec couvercle pour pouvoir l'ouvrir facilement. Peindre et décorer le carton.

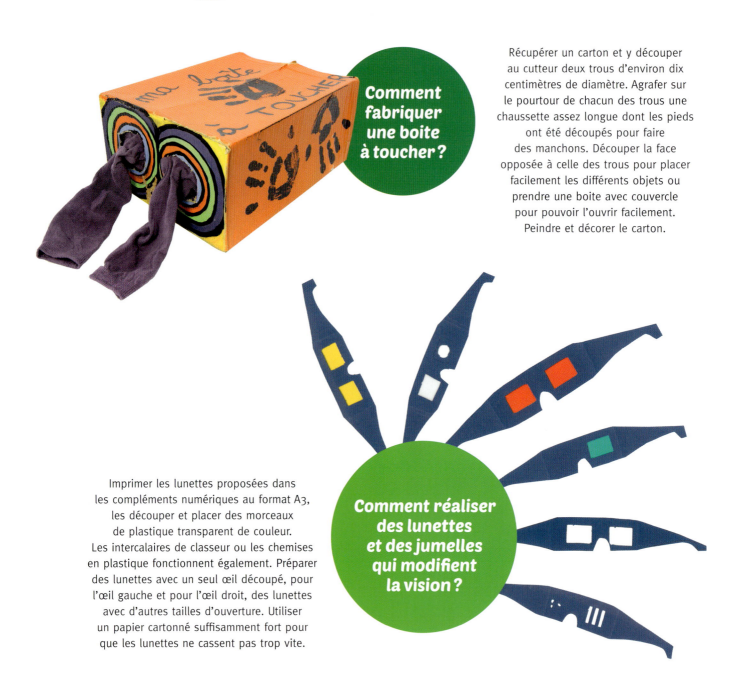

Comment réaliser des lunettes et des jumelles qui modifient la vision ?

Imprimer les lunettes proposées dans les compléments numériques au format A3, les découper et placer des morceaux de plastique transparent de couleur. Les intercalaires de classeur ou les chemises en plastique fonctionnent également. Préparer des lunettes avec un seul œil découpé, pour l'œil gauche et pour l'œil droit, des lunettes avec d'autres tailles d'ouverture. Utiliser un papier cartonné suffisamment fort pour que les lunettes ne cassent pas trop vite.

Mou
Coussin, plusieurs éponges attachées ensemble, matériel en plastique mou et déformable de la salle de jeu…

Dur
Brique et plot de salle de jeu…

Doux
Morceaux de fausse fourrure, feutrine…

Où acheter ? Dans les magasins de tissu

Le parcours pieds nus offre à l'élève la possibilité de marcher sur des éléments aux touchers très divers.

Pour réaliser ce parcours, récupérer des morceaux de matériaux de forme rectangulaire de dimensions 30x40 sur lequel il pourra poser ses deux pieds. Le matériel de salle de jeu peut également servir.

Rugueux
Protège-éviers placés à l'envers pour utiliser les ventouses, dos d'éponges fixés ensemble, sets de table en fibres tressées…

Comment réaliser un parcours tactile pieds nus ?

Lisse
Sous-main de bureau…

Piquant
Matériel de salle de jeu à picots, paillasson en paille, paillasson en plastique à effet gazon…

Vous pouvez également utiliser des bacs et les remplir de graviers, de coton, de morceaux d'écorce, d'eau, en prévoyant une serviette après le bac. Si vous n'êtes pas trop maniaque, remplissez-les de semoule, ça plait beaucoup aux élèves mais il faudra passer le balai ensuite! Pour limiter les salissures, placer le bac à eau après le bac à semoule. La semoule tombera dans l'eau et moins ailleurs.

Le vivant Le corps de l'enfant 21

LE CORPS DE L'ENFANT — LE SCHÉMA CORPOREL

CONTOURS ET SILHOUETTES
Prendre conscience de l'organisation des parties du corps

PS • MS

LE VIVANT

**ORGANISATIONS VARIÉES
ACTIVITÉS RITUELLES
Libre**

Matériel
- les albums inducteurs

L'abominable homme des bois
Léa Schneider et Bénédicte Sieffert
© ACCÈS Jeunesse • 2021 • 12 €

Il est où ?
Christian Voltz © Éditions du Rouergue
• 2007 • 13,70 €

Va-t'en Grand Monstre Vert !
Ed Emberley © Kaléidoscope
• 2021 • 12,50 €

Agathe
Pascal Teulade et Jean-Charles Sarrazin
© L'école des loisirs • 2002 • 5 €

AUTOUR DES LIVRES TPS-PS
Le schéma corporel **pages 135 à 146**

AUTOUR DES LIVRES MS
Le visage **pages 159 à 172**

ÉTAPE 1 PRENDRE CONSCIENCE DU SCHÉMA CORPOREL   PS • MS

Comptines et rondes
▶ Il existe beaucoup de comptines et de rondes dans lesquelles on fait intervenir à chaque fois une partie du corps. En suivant la même structure, il est facile d'inventer de nouvelles strophes pour cibler une partie particulière.
▶ Exemples de rondes : *Savez-vous planter les choux - Rond, tout rond - Dans mon château, y'a un robot - Jean Petit qui danse*.

Jeux de relaxation en binôme
▶ Un élève agit sur un autre par petit massage, tapotement… Cela permet à l'élève passif de ressentir des parties de son corps notamment celles auxquelles il n'a pas facilement accès, le dos, l'arrière des cuisses.
▶ Ces exercices doivent évidemment être ludiques et raconter quelque chose. Celui qui agit utilise différents gestes avec les doigts, les mains, cela doit toujours être agréable et respectueux.
- **Laver la petite voiture.** Un élève se recroqueville en voiture et l'autre fait les gouttes d'eau, savonne, essuie, saupoudre de paillettes…
- **Prendre une douche.** L'élève est debout, « la douche » est derrière lui et il procède comme pour la petite voiture.
- **Préparer une pizza.** Un élève est allongé sur le ventre. Le cuisinier pétrit la pâte, la roule, la recouvre de sauce tomate, y place champignons, olives…

Découvertes d'albums
▶ Dans l'album *L'abominable homme des bois*, un bonhomme disparait page à page suite aux actions du lecteur. Un album qui permet de développer le vocabulaire du schéma corporel et de s'approprier des verbes d'action.
▶ Dans l'album *Il est où ?*, un bonhomme en matériaux détournés apparait au fur et à mesure qu'un petit bouton le cherche dans l'univers enfantin et poétique de Christian Voltz.
▶ L'album *Va-t'en Grand Monstre Vert !* fait apparaitre et disparaitre les différentes parties du visage, ce qui permet de travailler sur ce lexique.
▶ Dans *Agathe*, le corps d'un élève est exploré petit à petit par une fourmi. Un point de vue original pour travailler les parties du corps.

Représentations
▶ Beaucoup d'activités artistiques sont possibles pour représenter le corps :
  - en volume avec de la pâte à modeler, des Clipo® ou d'autres jeux,
  - en dessin,
  - à la peinture.
▶ Par contraste ou par analogie, la comparaison avec la représentation du corps d'animaux d'élevage contribue également à la construction du schéma corporel de l'élève.

PS janvier ▶ juin
MS septembre ▶ juin

DEMI-CLASSE
SALLE DE MOTRICITÉ
25 minutes

Matériel
- 1 grande feuille à la taille des élèves, d'environ 1,50 m de longueur et 0,80 m de largeur
- 1 craie de cire

ÉTAPE 2 MATÉRIALISER LE CONTOUR DE SON CORPS — PS • MS

> Pour un petit, le corps est représenté par une boule et des traits. Tracer le contour de ce corps doit lui faire prendre conscience que les membres ont une épaisseur et que le tronc correspond davantage à un cylindre qu'à une boule.

Organisation
▶ L'enseignant constitue des binômes qui se répartissent dans la salle de jeu. Un élève se couche sur la feuille de papier légèrement plus grande que lui.
▶ Au préalable, l'enseignant a découpé une feuille par binôme et les a disposées dans la salle de jeu.

Contour ressenti par le toucher
▶ L'élève accroupi fait le contour du corps de son copain avec la main. Cela permet à l'élève couché de ressentir le contour de son corps grâce au contact et à l'autre de visualiser une silhouette.

Contour matérialisé par un tracé
▶ L'élève accroupi réalise le contour du corps de son copain avec une craie en cire, pas tâchante.
▶ Si nécessaire, l'enseignant rectifie les tracés des élèves, en général trop loin du corps.

ATELIERS
PUIS CLASSE ENTIÈRE
30 + 15 minutes

Matériel
- les silhouettes de l'étape précédente
- de la peinture
- des rouleaux

ÉTAPE 3 NOMMER LES PARTIES DE SON CORPS — PS • MS

Structuration
▶ De retour en classe, les silhouettes de l'étape précédente sont découpées par un adulte. Chaque élève pourra peindre la sienne au rouleau sur de grandes tables.
▶ Chacun se reconnaît et découvre son corps représenté à taille réelle. Les élèves se repositionnent à l'intérieur pour vérifier l'exactitude des dimensions.
▶ Ils observent leur corps, nomment les différentes parties : la tête, les bras, les jambes et le tronc dont on se rend bien compte ici qu'il n'est pas rond.

MON CARNET DE SUIVI
des apprentissages à l'école maternelle
Je situe et je nomme les parties et articulations du corps **page 42**

LEXIQUE

Noms : bras, main, jambe, pied, ventre, dos, tronc, tête, cou, fesse, coude, genou, visage, oreille, bouche, nez, cheveux, œil, yeux.

Le vivant Le corps de l'enfant 23

LE VIVANT — LE CORPS DE L'ENFANT — LE SCHÉMA CORPOREL

LE DÉPLACEMENT DE L'ENFANT
PS MS — Prendre conscience de ses capacités motrices et les relier aux segments du corps

Toutes les séances de motricité contribuent évidemment à la construction du schéma corporel de l'élève dès lors qu'elles sont explicitées : courir, sauter, grimper, ramper, rouler, lancer, attraper, viser, danser, remuer, onduler... autant d'actions dont l'élève prend d'autant plus conscience lorsqu'il les verbalise, lorsqu'il observe ses progrès et devient plus performant.

Les rondes et jeux chantés permettent également de nommer toutes les parties du corps après les avoir mobilisées.

 Le corps se vit, se parle : le dessin du bonhomme ne construit pas le schéma corporel mais montre la représentation qu'en a l'élève.

La séquence à venir est un moment dans votre programmation de motricité et ne se targue évidemment pas d'être l'unique moment où on prend conscience des capacités motrices de son corps.

Si vous avez prévu de traiter le chapitre de la locomotion chez les animaux, pratiquer ces étapes en parallèle ou en différé permettra aux élèves de comparer leurs déplacements à ceux des animaux ou de faire ultérieurement des rapprochements (voir pigeon vole pages 58 à 63).

**CLASSE ENTIÈRE
SALLE DE MOTRICITÉ
25 minutes**

Matériel
- Le livre-CD

Le Carnaval des animaux
de Camille Saint-Saëns
Léa Schneider et Camille Arbona
© ACCÈS Jeunesse • 2022 • 20 €

ÉTAPE 1 IMITER LES DÉPLACEMENTS DES ANIMAUX — PS • MS

Situation inductrice
▶ Au préalable, les élèves ont découvert *Le Carnaval des animaux* de Camille Saint-Saëns et vont en salle de jeu pour imiter des déplacements d'animaux.

Consigne
▶ *Choisissez un animal et déplacez-vous comme lui dans la salle de jeu. Recommencez en imitant d'autres animaux !*
▶ Laisser un temps pour qu'un maximum de déplacements aient été mimés. Relancer en valorisant certains mimes pour inviter les autres élèves à changer de déplacement.

Questionnement
▶ *Et vous, comment arrivez-vous à vous déplacer ?*
▶ L'enseignant laisse les élèves chercher leurs possibilités motrices. Il les rassemble pour une mise en commun : les élèves montrent et verbalisent. Évidemment il faudra faire un tri parmi les fantaisies relevant plus de la danse pour cibler les déplacements réalistes.
▶ Le recentrage *« qu'est-ce que tu fais dans la cour, dans la salle de jeu, dehors dans la rue, dans la nature ? »* permet d'éliminer et d'identifier des déplacements qu'ils ne pratiquent pas.

Conclusions
▶ Les élèves ont explicité les déplacements suivants : sauter, grimper, ramper, marcher, courir.

janvier ▶ juin
 septembre ▶ juin

CLASSE ENTIÈRE
COIN REGROUPEMENT
20 minutes

Matériel
- pictogrammes des déplacements
(matériel page 61)

ÉTAPE 2 ÉTABLIR LA LISTE DES DÉPLACEMENTS POSSIBLES PS • MS

Verbalisation, catégorisation et répertoire des déplacements
▶ De retour en classe, l'enseignant demande à ses élèves de lui citer à nouveau les déplacements réalisés dans la salle de jeu. Au fur et à mesure, l'enseignant présente les *pictogrammes des déplacements* (matériel page 61) et les explique. ***Cette carte veut dire sauter, marcher, courir…***

Discussion autour des déplacements NAGER et VOLER
▶ *Il me reste deux cartes de déplacement dont vous ne m'avez pas parlé. Certains animaux arrivent à se déplacer de cette façon, de quels déplacements s'agit-il ?*
▶ L'enseignant donne des indices pour permettre à ses élèves de trouver *nager* et *voler*.
▶ *Et vous, arrivez-vous à voler, à nager ?*
▶ Les élèves prennent conscience qu'ils ne sauront jamais voler avec leur corps.

Hiérarchisation des déplacements et conclusion
▶ L'enseignant aide les élèves à prendre conscience de leurs capacités motrices et à hiérarchiser les déplacements selon leur fréquence : ***Quels déplacements fais-tu le plus souvent, quelquefois ? Quel déplacement dois-tu encore apprendre ? Quel déplacement ne sauras-tu jamais faire ?***
• Je sais marcher, courir, grimper, sauter, ramper. Bientôt je saurai nager sans bouée, mais je ne saurai jamais voler.

ATELIER DIRIGÉ DE LANGAGE
DE 6 À 8 ÉLÈVES
20 minutes

Matériel
- cartes-images ❹
Déplacement de l'enfant
- pictogrammes
des déplacements
(matériel page 61)

ÉTAPE 3 ASSOCIER LES ORGANES AU DÉPLACEMENT PS • MS

Réinvestissement
▶ L'enseignant pose les cartes-images ❹ *Déplacement de l'enfant* face retournée sur la table. Les *pictogrammes des déplacements* sont également posés sur la table mais face visible.
▶ *Retournez une carte, dites ce que vous voyez, et cherchez la carte des déplacements qui correspond.*
▶ Chacun retourne une carte et verbalise ce qu'il voit : *c'est une petite fille, elle nage*.
▶ Un élève prend le bon pictogramme et l'associe à sa photo. Les autres valident ou non la réponse.

Prolongement pour associer les organes au déplacement
▶ *On va réfléchir pour trouver avec quelle partie du corps on peut marcher, courir, sauter…*
▶ Les élèves proposent leurs réponses. L'enseignant intervient pour faire améliorer les réponses.

Conclusion
• Pour marcher, courir, sauter j'utilise mes jambes et mes pieds.
• Pour grimper et nager, j'utilise mes bras, mes mains, mes jambes et mes pieds.
• Pour ramper, j'utilise tout mon corps.

ACTIVITÉ INDIVIDUELLE
25 minutes

Matériel
- 1 document par élève
Comment te déplaces-tu ?
(page 26)
- ciseaux et colle

ÉTAPE 4 ASSOCIER UN DÉPLACEMENT À SON CODAGE MS

Trace écrite individuelle
▶ Chaque élève reçoit le document *Comment te déplaces-tu ?* (document page 26)
▶ L'élève décrit les illustrations et nomme à nouveau le déplacement associé à chaque pictogramme.
▶ ***Colle l'étiquette des déplacements à côté de l'illustration correspondante.***

LEXIQUE

Verbes : marcher, courir, sauter, grimper, nager, voler, bouger, se déplacer, tirer, pousser, attraper, plier, se hisser.
Noms : main, bras, pied, jambe, corps, coude, genou.

Le vivant Le corps de l'enfant

PRÉNOM

DATE

Le corps de l'élève

Associer un déplacement à son codage

COMMENT TE DÉPLACES-TU ?

Colle l'étiquette des déplacements à côté de l'illustration correspondante.

Très souvent, je…	*(marche)*	
	(course)	
Parfois, je…	*(grimpe)*	
	(saut)	
	(ramper)	
Bientôt, je saurai…	*(nager)*	

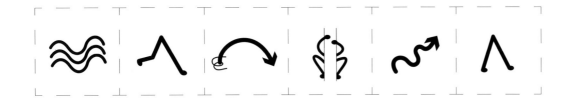

LE VIVANT

LE CORPS DE L'ENFANT — LE SCHÉMA CORPOREL

LE CORPS ARTICULÉ
MS / GS — Prendre conscience de ses articulations et de leurs possibilités d'action

ACTIVITÉS RITUELLES
20 minutes

Matériel
- aucun

MON CARNET DE SUIVI
des apprentissages à l'école maternelle
Je situe et je nomme les parties et articulations du corps **page 42**

ATELIER DIRIGÉ DE LANGAGE DE 6 À 8 ÉLÈVES
20 minutes

Matériel
- 1 mannequin articulé en bois

ÉTAPE 1 NOMMER LES PRINCIPALES ARTICULATIONS — GS

Imprégnation de comptines sur le schéma corporel
▶ Les élèves connaissent des comptines dansées, telles que *Jean petit qui danse*, *Savez-vous planter des choux*… En regroupement ou en motricité, l'enseignant les modifie pour faire intervenir les épaules, les coudes, les poignets, le cou, les hanches, les genoux, les chevilles.

Jacques a dit
▶ Jouer à *Jacques a dit* permet de réinvestir le vocabulaire, mais également d'utiliser un verbe d'action en relation avec les articulations.
▶ *Jacques a dit : plie tes coudes, tourne les poignets, balance tes hanches, penche la tête en arrière, fais un rond avec tes bras, monte tes épaules…*

ÉTAPE 2 DÉCRIRE LES MOUVEMENTS POSSIBLES POUR CHAQUE ARTICULATION — GS

Situation déclenchante
▶ L'enseignant a apporté un mannequin articulé en bois et laisse les élèves le manipuler librement.

Verbalisation et constatations
▶ Chaque élève présente aux autres une attitude du mannequin. L'enseignant fait nommer les articulations manipulées. Les autres élèves imitent la posture du mannequin.
▶ Certains ont remarqué que l'on ne peut pas faire plier les bras et les jambes du mannequin dans les deux sens. Les autres se rendent compte qu'ils n'arrivent pas non plus à le faire avec leur corps.

Élargissement de la recherche
▶ À partir de ces constatations, l'enseignant incite ses élèves à aller plus loin.

▶ *Cherchez les mouvements possibles et impossibles à faire avec les coudes, les poignets, les genoux, les chevilles, les hanches et le cou. Bougez lentement pour ne pas vous faire mal.*
▶ Les élèves explorent leurs capacités motrices. Ils se mettent évidemment debout à l'intérieur du coin regroupement pour avoir de la place pour se mouvoir, ils échangent librement entre eux. Puis chacun vient faire part de ses observations.

Observations, constatations et conclusions
- *Je peux faire bouger les poignets, les épaules, le cou, les hanches et les chevilles dans tous les sens, en pliant d'avant en arrière, en tournant dans un sens ou dans l'autre.*
- *Je peux plier et déplier les coudes et les genoux d'une seule façon, et je ne peux pas les faire tourner.*

CLASSE ENTIÈRE
SALLE DE MOTRICITÉ
20 minutes à renouveler

Matériel
- le livre audio inducteur

Je fais du yoga
Gilles Diederichs et Marion Billet
© Nathan • 2020 • 11,95 €

- 1 tapis par élève

ÉTAPE 3 RÉALISER DES POSTURES PRÉCISES — GS

Initiation au yoga

▶ Les séances de yoga se pratiquent dans le calme, avec quelques rituels à instaurer : disposer les tapis en cercle, se mettre en chaussettes pour être à l'aise, s'asseoir en petit yogi entre chaque posture, réveiller le corps en le massant avec des *papouilles*.
▶ L'enseignant explicite les bienfaits du yoga : être souple comme les animaux du livre, être calme pour se sentir bien, être fort pour tenir en équilibre.
▶ De séance en séance, les élèves découvrent de nouvelles postures. Les pistes audios indiquent ce qu'il y a à réaliser, les musiques et chansons maintiennent un climat de concentration.

Verbalisation

▶ À la fin de la séance, les élèves verbalisent ce qu'ils ont réalisé.

ATELIER DIRIGÉ
DE 6 À 8 ÉLÈVES
30 minutes

Matériel
★ Par élève :
- 1 photocopie du *pantin articulé* sur un papier légèrement cartonné (matériel page 29 ☁)
- ciseaux
- 1 aiguille de piquage
- 12 attaches parisiennes
- sandwich de cartons

EN LIEN
VERS L'AUTONOMIE
Dessiner un personnage en mouvement **page 231**

ÉTAPE 4 FABRIQUER UN PANTIN POUR MODÉLISER LE CORPS — GS

Présentation et fabrication

▶ Les élèves observent le *pantin articulé* (matériel page 29 ☁) et essaient de deviner ce dont il s'agit.
▶ L'enseignant explique l'objectif et le déroulement.
▶ *Vous allez fabriquer un pantin en papier, qui pourra s'articuler comme le pantin en bois.*
▶ *Découpez la tête, le tronc et les membres du corps.*
▶ *Percez chaque trou avec l'aiguille de piquage.*
▶ *Reconstituez le corps du pantin.*
▶ *Superposez les trous correspondants aux articulations et enfilez l'attache parisienne.*

Utilisation

▶ Lorsque le pantin est réalisé, les élèves le manipulent et forment différentes postures.

ACTIVITÉ INDIVIDUELLE
20 minutes

Matériel
- 1 photocopie d'un pantin en papier
- crayon de papier
- bandelettes de papier pour écrire les mots modèles

ÉTAPE 5 TRACE ÉCRITE INDIVIDUELLE — GS

▶ Au préalable, les élèves ont nommé les articulations du pantin à l'enseignant. Il les a écrites sur des modèles à disposition des élèves. Il réalise rapidement à côté de chaque mot un dessin pour permettre à ses élèves d'identifier chaque mot en autonomie.

Consigne

▶ *Écris le nom des articulations du corps et trace une flèche pour la relier à l'illustration.*
▶ Les élèves annotent leur photocopie du pantin en écrivant les noms des principales articulations.

EN LIEN
HORS D'ŒUVRE D'ARTS
Keith Haring **pages 190 à 207**

PROLONGEMENT

▶ Des pistes d'activité autour de Keith Haring sont proposées dans l'ouvrage *Hors-d'œuvre d'arts* de Patrick Straub chez ACCÈS Éditions.

LEXIQUE

Verbes : plier, déplier, balancer, tourner, redresser, abaisser.
Noms : corps, coude, genou, épaule, cheville, poignet, cou, hanche, bassin.

| MATÉRIEL | A3 141 % | PANTIN ARTICULÉ | 1 pantin par enfant Sur papier cartonné |

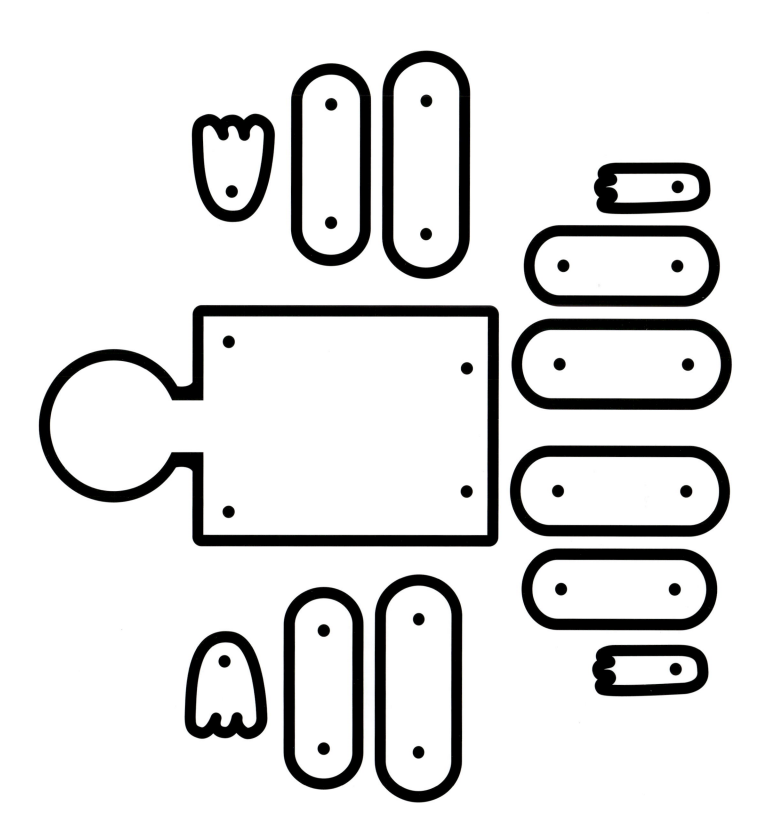

Le vivant Le corps de l'enfant 29

LE CORPS DE L'ENFANT — LES CINQ SENS

LE TOUCHER
PS MS GS
Explorer les perceptions tactiles, associer la peau du corps comme organe du toucher

ATELIER DIRIGÉ DE 6 À 8 ÉLÈVES PUIS À L'ACCUEIL
15 minutes

Matériel
- 8 petits sacs en tissu fin contenant chacun :
  - 1 clé
  - 1 bille
  - 2 billes
- 3 billes ou plus selon le niveau
  - 1 paire de ciseaux
  - 1 Clipo®
  - 1 petite voiture
  - 1 dé à jouer

VERS L'AUTONOMIE
Toucher différentes textures **page 218**
Toucher différents tissus **page 219**

ÉTAPE 1 DÉCOUVRIR DES OBJETS CONNUS AVEC LES MAINS PS • MS • GS

Questionnement
- ▶ *À quoi nous servent nos mains ?* À attraper, à manger, à faire les marionnettes, à peindre…
- ▶ Pour l'élève, la main est engagée dans l'action et il n'explicite que peu son rôle dans la perception.

Activité de découverte
- ▶ L'enseignant propose d'utiliser ses mains autrement et pose les petits sacs sur la table.
- ▶ *Voici des petits sacs avec un objet caché à l'intérieur. À vous de me dire ce qu'il y a dedans sans ouvrir le sac.*
- ▶ Les élèves palpent spontanément et s'échangent les sacs.

Verbalisation
- ▶ Ils proposent, nomment, contestent et valident le contenu de chaque sac.

Conclusion
- ▶ *À quoi ont servi vos mains ?* À toucher pour savoir ce qu'il y a à l'intérieur des sacs.

ATELIER DIRIGÉ DE 6 À 8 ÉLÈVES PUIS À L'ACCUEIL
30 minutes

Matériel
★ 1 boite à toucher
★ Des objets durs et mous :
  - pâte à modeler
  - cube en bois
  - balle en mousse
  - bille
★ Des objets piquants et doux :
  - brosse à cheveux
  - cure-dent
  - fourchette
  - plume
  - coton
  - fausse fourrure
★ Des objets lisses et rugueux :
  - savon
  - cuillère à soupe
  - Clipo®
  - caillou avec aspérités
  - galet lisse
  - éponge à récurer
★ Des échantillons de matières pour le classement

VERS L'AUTONOMIE
Toucher des textures dures et molles **page 219**
Identifier un objet par le toucher **page 220**

ÉTAPE 2 CARACTÉRISER UN OBJET EN LE TOUCHANT PS • MS • GS

Présentation du matériel
- ▶ L'enseignant montre et fait nommer les objets sélectionnés. Il explique l'utilisation de la boite à toucher.
- ▶ *Plongez vos mains dans les trous, touchez l'objet et dites-moi ce que vous ressentez.*

Verbalisation
- ▶ Chacun passe à tour de rôle. L'enseignant choisit les objets pour faire analyser des sensations contraires et place dans l'ordre suivant : un objet qui pique, un objet doux, un objet mou, un objet dur, un objet rugueux, un objet lisse.
- ▶ Un objet lisse est souvent ressenti comme doux. La différence entre piquant et rugueux est difficile à percevoir. Avec des PS, quatre sensations suffisent : dur, mou, piquant et doux.

Verbalisation et classement
- ▶ Les élèves nomment les sensations ressenties et regroupent les objets selon les sensations. L'enseignant laisse les discussions s'engager et encourage ses élèves à justifier leurs choix.
- ▶ Pour les matières que les élèves ont du mal à qualifier, les inciter à utiliser la joue pour mieux en ressentir l'effet tactile.
- ▶ En MS ou en GS, l'enseignant ajoute un classement où apparait la notion de contraire.

PS MS GS septembre ▶ juin

DEMI-CLASSE
SALLE DE MOTRICITÉ
15 minutes à renouveler

Matériel
- parcours pieds nus
- barquette d'eau froide
- barquette d'eau tiède
- 1 serviette

ÉTAPE 3 PERCEVOIR DES SENSATIONS TACTILES AVEC SES PIEDS   PS • MS • GS

Présentation du parcours
▶ Les élèves sont pieds nus.
▶ *Posez les deux pieds sur chaque tapis et observez ce que vous ressentez. Avancez de tapis en tapis.*

Premier passage
▶ Dans un premier temps, les élèves découvrent le parcours. Lorsqu'ils ont fini, l'enseignant les invite à s'exprimer de façon spontanée : *ici c'est doux, là ça pique, là-bas ça me chatouille.*

Deuxième passage
▶ L'enseignant choisit quelques élèves et leur précise où se placer : *allez à un endroit où c'est doux.* Les élèves se placent chacun sur un tapis doux.

Troisième passage
▶ Pour ce passage, l'enseignant a supprimé les bassines d'eau. Il constitue des binômes : un élève a les yeux bandés et un autre l'emmène doucement par le bras sur différents tapis. À chaque fois, l'élève avec les yeux bandés exprime son ressenti à son copain : *là, ça pique !*

EN LIEN
VERS L'AUTONOMIE
Toucher avec ses pieds
pages 219 et 221

CLASSE ENTIÈRE
SALLE DE MOTRICITÉ
20 minutes

Matériel
★ Par binôme :
- 1 tapis
- 1 plume
- 1 petite balle
- 1 boule de coton
- 1 boule de papier

ÉTAPE 4 DÉCOUVRIR LE RÔLE DE LA PEAU COMME ORGANE DU TOUCHER   MS • GS

Présentation de l'activité
▶ Les élèves se regroupent en binômes et se placent sur un tapis : un élève se couche sur le ventre, un autre s'assoit à côté de lui. Distribuer quatre objets à chaque binôme.
▶ *Touchez le dos de votre copain avec un objet sans le lui montrer. Bougez l'objet sur le dos sans faire mal. Il doit deviner ce que vous avez choisi.*

Verbalisation et ressentis
▶ Les élèves mentionnent le côté agréable et ludique de l'activité. Seule la pointe de la plume peut piquer, les autres objets procurent des sensations douces ou qui chatouillent.

Questionnement et conclusion
▶ *Dans votre corps, qu'est-ce qui vous a permis de ressentir ce que faisait le copain ?*
▶ À partir des réponses des élèves, l'enseignant oriente le questionnement pour passer de la réponse *mon dos* à la réflexion *ma peau* et aboutir à :
- *C'est la peau qui me permet de ressentir des sensations.*

septembre ▶ juin

**ATELIER DIRIGÉ
DE 6 À 8 ÉLÈVES
30 minutes**

Matériel
- plume, coton, cure-dent, éponge à gratter, fausse fourrure, laine vierge
- différents papiers texturés récupérés tels échantillons papier peint
- carton ondulé
- papier de soie
- papier-émeri
- papier bulle
- toile cirée lisse
- protège-cahier
- feutrine
- ballon de baudruche
- corde

ÉTAPE 5 CLASSER DES MATÉRIAUX MS • GS

Présentation du matériel et exploration tactile
▶ Les élèves touchent et nomment le matériel éparpillé sur la table. L'enseignant fait nommer ce qui est connu des élèves et apporte le vocabulaire manquant.

Questionnement
▶ *Comment pourrait-on classer ces différents matériaux ?*
▶ Les élèves vont certainement proposer un classement par couleur, par usage.
▶ Si le classement par sensation n'est pas apparu spontanément, l'enseignant demande à ses élèves de fermer les yeux, de toucher les matériaux et de reformuler la question.
▶ *Comment peut-on classer les matériaux quand on a les yeux fermés ?* On pourrait mettre ensemble ceux qui sont doux, ceux qui sont lisses, ceux qui piquent, ceux qui grattent ou qui ont du relief.

Classement
▶ Les élèves répartissent les matériaux selon leur sensation tactile. Pour mieux sentir la sensation, ils peuvent frotter l'objet sur leur joue.

VERS L'AUTONOMIE
Associer des objets identiques par le toucher **page 220**
Associer des tissus identiques
Associer des textures identiques **page 221**

**MON CARNET DE SUIVI
des apprentissages à l'école maternelle**
Je trie et je compare des matériaux à l'aide de mes cinq sens **page 46**

 L'ENSEIGNANT GARDE PRÉCIEUSEMENT CE MATÉRIEL CLASSÉ POUR LA RÉALISATION DU LIVRE TACTILE DE L'ÉTAPE SUIVANTE.

**ATELIER DIRIGÉ
OU AUTONOME
DE 6 À 8 ÉLÈVES
4x30 minutes pour les PS
30 minutes pour les GS**

Matériel
★ Pour le groupe :
- les matériaux de l'étape 5
- de la colle blanche

★ Par élève :
- 4 feuilles de papier Canson A4 de 4 couleurs d'un carré de 10x10 cm
- les photocopies du *poussin, crocodile, visage de bébé, et hérisson*
- 1 spirale pour relieuse

RÉALISATION LE LIVRE TACTILE PS • MS • GS

Présentation et fabrication
▶ Le projet est de réaliser un livre tactile de quatre pages :
- 1ère page : doux comme un mouton,
- 2e page : piquant comme un hérisson,
- 3e page : rugueux comme un crocodile,
- 4e page : lisse comme ma peau.

▶ Présenter les matériaux, soit tous (pour les GS), soit une partie du classement à chaque étape.
▶ Pour chaque page, les élèves collent le personnage au centre de la feuille Canson. Puis ils collent autour les matériaux correspondants (doux, piquant, rugueux ou lisse) qu'ils choisissent.
▶ Relier les pages avec une spirale.
▶ Une séquence alternative sur le toucher est disponible dans le chapitre sur les matériaux (*Ça gratte ou ça pique ?* pages 124 à 129). Plus axée sur les matériaux, elle consiste à créer un nid douillet pour un animal après avoir trié des échantillons de matière.

LEXIQUE

Verbes : ressentir, toucher, classer, palper, caresser.
Noms : les matières et objets utilisés. Contraire.
Adjectifs : dur/mou, piquant/doux, lisse/rugueux.

LE VIVANT

LE CORPS DE L'ENFANT   LES CINQ SENS

LE GOUT
Affiner ses perceptions gustatives
pour classer les aliments selon leur saveur

**CLASSE ENTIÈRE
TEMPS DE COLLATION
10 minutes**

Matériel
- 1 bol par élève
- morceaux de pommes, de poires,
de banane, de clémentines
répartis dans chaque bol

ÉTAPE 1 DÉCOUVRIR DES TEXTURES ET DES GOUTS DIFFÉRENTS   PS • MS • GS

Situation inductrice
▶ L'enseignant annonce la collation comme un moment de jeu.
▶ *Je vous ai préparé un gouter de fruits. Vous allez le déguster dans l'obscurité, ce sera plus rigolo !
À votre avis, allez-vous reconnaitre ce que vous allez manger dans le noir ?*

Présentation et déroulement de l'activité
▶ Les élèves s'assoient à table et découvrent rapidement le contenu du bol. L'enseignant assombrit
la classe et invite les élèves à gouter. Pendant qu'ils mangent, ils vont repérer les bruits engendrés
par les fruits croquants et être surpris par le jus qui sort de la clémentine mordue à pleine dent.
▶ Ne pas savoir du tout ce qu'ils vont manger bloquerait beaucoup d'élèves. C'est pourquoi le fait
d'avoir observé le contenu du bol est nécessaire.

Verbalisation
▶ Les élèves racontent leur perception et nomment les fruits qu'ils ont peut-être reconnus : la pomme
et la poire croquent, la banane non, et la clémentine a du jus qui coule. Même quand il fait sombre,
on reconnait les différents goûts.

**ATELIER DIRIGÉ
DE 6 À 8 ÉLÈVES
30 minutes**

Matériel
- 12 assiettes de 4 couleurs
(4+3+3+2)
- des aliments sucrés : confiture,
miel, chocolat blanc,
yaourt aux fruits
- des aliments acides :
yaourt nature, citron, cornichon,
- des aliments salés :
bretzel, chips, fromage salé (feta)
- des aliments amers :
chocolat noir à 85%, endive

ÉTAPE 2 GOUTER ET CLASSER DES ALIMENTS SELON QUATRE SAVEURS   PS • MS • GS

> POUR LES PS, SE LIMITER AUX ALIMENTS SUCRÉS ET SALÉS. AJOUTER LES ALIMENTS ACIDES POUR LES MS ET LES ALIMENTS
> AMERS POUR LES GS. VÉRIFIER LES RISQUES D'ALLERGIES ET LES COUTUMES CULTURELLES ET RELIGIEUSES AVANT DE FAIRE
> GOUTER QUOI QUE CE SOIT, NOTAMMENT LE JAMBON.

Présentation du matériel, de l'activité
▶ L'enseignant fait nommer les différents aliments
et présente la consigne. *Je vais vous faire gouter
chaque aliment, à vous de me dire ce que vous
ressentez.*

Déroulement et verbalisation
▶ L'enseignant fait gouter chaque échantillon.
Pour faire ressortir l'amertume du chocolat
noir, il le présente après le chocolat blanc.
Pour faire ressortir l'acidité du yaourt nature,
il le fait gouter après le yaourt aux fruits.
▶ Les élèves commentent leurs ressentis :
c'est bon, c'est sucré, ça pique, c'est salé, j'aime
ou pas...

Classement en fonction des quatre saveurs
▶ L'enseignant fait poser à ses élèves les aliments sur des assiettes de couleur au fur et à mesure
qu'ils ont été caractérisés : une couleur pour les aliments sucrés, une autre pour les aliments
acides, les aliments salés et les aliments amers.

**ATELIER DIRIGÉ
DE 6 À 8 ÉLÈVES
20 minutes**

Matériel
- jus de banane, jus de kiwi, jus d'ananas, jus de raisin, jus de pomme
- banane, kiwi, ananas, raisin, pomme en petits morceaux

ÉTAPE 3 IDENTIFIER DES GOUTS IDENTIQUES

PS • MS • GS

Présentation de l'activité
▶ L'enseignant a enlevé les étiquettes des bouteilles. Il propose à ses élèves de gouter un morceau de fruit, de gouter chaque jus et de retrouver de quel fruit il provient.

Dégustation et verbalisation
▶ Les élèves goutent chaque fruit et les nomment. L'enseignant remplit un gobelet d'un jus de fruit : les élèves décrivent et comparent les saveurs. Ils doivent ensuite associer le jus de fruit au fruit déjà gouté.

**ATELIER DIRIGÉ
DE 6 À 8 ÉLÈVES
20 minutes**

Matériel
- 1 pot de sucre
- 1 pot de sel
- 1 pot de noix de coco râpée
- 1 pot de farine
- 1 pot d'amandes en poudre

ÉTAPE 4 SE SERVIR DU GOUT POUR DIFFÉRENCIER DES ALIMENTS BLANCS

GS

Présentation du matériel et questionnement
▶ L'enseignant présente les pots sans nommer leur contenu et précise que ce sont tous des aliments que l'on peut manger. Il pose la question : *qu'est-ce que c'est ?*
▶ Les aliments sont tous blancs, il est difficile de les identifier visuellement. L'enseignant attend celui qui va proposer de les gouter au préalable pour les reconnaitre et non de jouer aux devinettes.

Dégustations et identifications
▶ En les goutant, les élèves vont reconnaitre facilement le sel, le sucre, la farine. La noix de coco et l'amande en poudre sont plus complexes à identifier et nécessitent de faire appel à des saveurs rencontrées lors de recettes faites en classe ou à la maison.

34

ATELIER DIRIGÉ DE LANGAGE DE 4 ÉLÈVES
15 minutes

Matériel
★ Par élève :
- 1 *grille de loto* ☁
★ Pour le groupe :
- cartes-images ❺
Loto du gout ☁ ⌺

ÉTAPE 5 ASSOCIER LES ALIMENTS À LEUR SAVEUR   PS • MS • GS

Rappels des différentes saveurs
▶ Les élèves rappellent le classement de l'étape 2 et citent pour chaque saveur un aliment : acide comme le citron…

Présentation de cette activité sous forme de jeu de loto
▶ L'enseignant montre et explique chaque *grille de loto* ☁. Le nombre de grilles augmente selon le niveau de classe : uniquement salé et sucré pour les PS, acide en plus pour les MS et amer pour les GS.
▶ *Voici la grille pour placer les aliments sucrés, celle pour les aliments salés (celle pour les aliments acides et celle pour les aliments amers). Je vais montrer des cartes avec un aliment, à vous de me la demander si l'aliment a la saveur indiquée par votre planche.*

Déroulement du jeu
▶ Les quatre élèves se répartissent les quatre grilles. Chacun la remplit avec les cartes-images ❺ *loto du gout* ☁ ⌺.
▶ L'enseignant présente une carte aux joueurs et nomme l'aliment : *voici le citron !*
▶ *Je prends le citron car j'ai la grille acide et le citron est acide !*
▶ Le temps de jeu se prête à une discussion sur la saveur de chaque aliment. Certains élèves contestent l'attribution de cartes : *non, le chocolat noir, je me rappelle, il est amer, pas sucré !*

Conclusion
- *Il y a des aliments qui sont sucrés comme le chocolat blanc, le miel, la confiture, des aliments qui sont salés comme les chips, les bretzels, le fromage (PS), des aliments qui sont acides comme le citron, le cornichon ou le yaourt nature (MS) et des aliments qui sont amers comme l'endive, le chocolat noir et la confiture d'oranges (GS).*

Trace écrite individuelle
▶ L'enseignant peut photocopier les planches complétées avec les cartes correspondantes pour constituer une trace écrite à distribuer aux élèves.

ATELIER CUISINE
**30 minutes de préparation
+ 45 minutes de cuisson**

Matériel
- Ingrédients et ustensiles de la *recette 1* ☁ ⌺

RÉALISATION DES CRÊPES AUX QUATRE SAVEURS   PS • MS • GS

▶ Préparer la pâte avec les élèves à partir de la *recette 1* présente dans les compléments numériques et le coffret.
▶ Demander l'aide de parents pour cuire une crêpe à couper en quatre ou quatre mini-crêpes par élève. Les garnir de confiture de fraises, de jus de citron néanmoins sucré, de tarama ou de fromage salé type feta, de confiture d'oranges amères ou de chocolat noir.
▶ Pour comparer les saveurs, gouter chaque mini-crêpe dans l'ordre suivant : la crêpe salée, la crêpe acide, la crêpe amère et la crêpe sucrée à la confiture de fraises.
▶ Faire expliciter sa saveur pour chaque crêpe.

LEXIQUE
Verbes : gouter, nommer, classer.
Noms : les aliments utilisés, saveurs.
Adjectifs : sucré, salé, acide, amer, des aliments.

Le vivant Le corps de l'enfant 35

LE CORPS DE L'ENFANT — LES CINQ SENS

L'ODORAT
PS MS GS
Prendre conscience de ses perceptions olfactives, les affiner

**CLASSE ENTIÈRE
À CHAQUE OCCASION
TOUT AU LONG DE L'ANNÉE**
Libre

Matériel
- en fonction de l'occasion

ÉTAPE 1 SENSIBILISER TOUT AU LONG DE L'ANNÉE   PS • MS • GS

▶ Exploiter les différentes activités rituelles ou liées à des projets pour rendre les élèves plus réceptifs aux odeurs.
• Lors du lavage des mains, verbaliser l'aspect agréable et différencier les différents savons.
• Lors de la réalisation de recettes, laisser un temps pour sentir les aliments odorants ou non, humer les odeurs qui sortent du four.
• Lors de moments de relaxation basée sur la respiration, vaporiser des essences de parfum et respirer, se boucher les deux narines et constater qu'on ne sent plus rien. Se boucher une seule narine et sentir *à moitié*, inverser et se boucher l'autre narine, dégager le nez pour respirer et sentir pleinement.

**ATELIER DIRIGÉ
DE 6 À 8 ÉLÈVES
PUIS À L'ACCUEIL**
30 minutes

Matériel
★ 9 pots contenant chacun :
- quartier d'orange
- quartier de citron
- bâton de cannelle
- lavande
- pâte à tartiner au chocolat
- clous de girofle
- vinaigre
- eau de fleur d'oranger

ÉTAPE 2 S'EXPRIMER SUR CERTAINES ODEURS   PS • MS • GS

Présentation du matériel
▶ L'enseignant montre les pots remplis. Il fait nommer ce qu'ils contiennent.

Consigne et activité
▶ ***Prenez chaque pot et sentez son contenu.***
▶ Les élèves sentent et découvrent l'odeur de chaque ingrédient. Si nécessaire, l'enseignant intervient pour faire circuler les pots et renommer.

Verbalisation
▶ Il invite les élèves à s'exprimer sur leurs ressentis.
▶ ***Quelles odeurs sont agréables pour vous ? Quelles sont les odeurs que vous n'aimez pas ?***

**EN LIEN
VERS L'AUTONOMIE**
Sentir avec son nez **page 227**

**ACTIVITÉ DIRIGÉE EN BINÔME
À L'ACCUEIL**
**5 minutes à renouveler
sur la semaine**

Matériel
- 1 foulard
- 10 pots
- quartier d'orange, quartier de citron, cardamome, lavande, pâte à tartiner au chocolat, clous de girofle, sauce nuocmam, morceaux de savon, vinaigre, eau de fleur d'oranger.

ÉTAPE 3 SENTIR DES ODEURS LES YEUX BANDÉS   PS • MS • GS

Réinvestissement et tri
▶ Reprendre la même activité mais cette fois en bandant les yeux. L'enseignant fait sentir les différents pots à un autre élève qui a les yeux bandés. Un élève remplace l'enseignant.
▶ Une fois qu'il a senti le pot, l'élève essaie d'identifier l'odeur. Il dit si elle est agréable ou non. Il trie chaque pot en le plaçant dans la catégorie des odeurs qu'il aime ou dans celle qu'il n'aime pas.

**EN LIEN
VERS L'AUTONOMIE**
Identifier une odeur connue **page 227**

septembre ▶ juin

ATELIER DIRIGÉ
DE 4 À 6 ÉLÈVES
20 minutes

Matériel
- 7 pots transparents
- 7 pots opacifiés
- coton
- quartier d'orange, quartier de citron, cardamome, lavande, pâte à tartiner au chocolat, clous de girofle, eau de fleur d'oranger

ÉTAPE 4 IDENTIFIER DES ODEURS IDENTIQUES

MS • GS

Présentation du matériel et consigne
▶ Les élèves nomment les ingrédients dans les pots transparents. L'enseignant leur présente les pots opacifiés recouverts d'un peu de coton pour cacher l'aliment tout en laissant passer l'odeur : *voici des pots masqués. À l'intérieur, il y a les mêmes ingrédients que dans les premiers pots. Grâce à leur odeur retrouve les pots qui contiennent la même chose.*

Déroulement
▶ L'enseignant répartit le matériel pour deux élèves qui vont travailler simultanément. Les autres observent en attendant leur tour.
▶ Quand les élèves pensent avoir trouvé, l'enseignant ouvre le pot pour faire voir ce qu'il y a à l'intérieur et valider ou non la réponse.

EN LIEN VERS L'AUTONOMIE
Associer deux odeurs identiques
page 227

ATELIER CUISINE
20 minutes

Matériel
- ingrédients et ustensiles de la *recette 3*

RÉALISATION LA PÂTE À SEL PARFUMÉE AUX ÉPICES

PS • MS

▶ Il est possible de réaliser de la pâte à sel parfumée aux épices en ajoutant des clous de girofle, de la cannelle ou des épices à pains d'épices dans la pâte à partir de la *recette 3* présente dans les compléments numériques et le coffret.

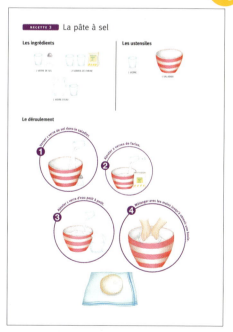

LEXIQUE

Verbes : sentir, respirer, inspirer.
Noms : odeur, noms des ingrédients utilisés.
Adjectifs : agréable, désagréable.

Le vivant Le corps de l'enfant

LE CORPS DE L'ENFANT — LES CINQ SENS

L'OUÏE
PS MS GS
Identifier des bruits, différencier des paramètres du son

LE VIVANT

CLASSE ENTIÈRE
COIN REGROUPEMENT
15 minutes

Matériel
- le matériel de la classe

ÉTAPE 1 FABRIQUER DES BRUITS À PARTIR D'OBJETS DE LA CLASSE   PS • MS • GS

> EN AMONT, IL PEUT ÊTRE JUDICIEUX D'AVOIR TRAVAILLÉ AVEC LES ÉLÈVES SUR LES BRUITS QUE L'ON PEUT FAIRE AVEC SA BOUCHE, CEUX QUE L'ON PEUT FAIRE AVEC SON CORPS. L'ÉTUDE DES BRUITS CORPORELS PRÉCÈDE CELLE DES BRUITS AVEC DES OBJETS.

Questionnement
▶ Les élèves sont assis au coin regroupement, l'enseignant leur demande. *Qui peut faire un bruit sans utiliser sa bouche, sans faire un bruit avec son corps ?*

Temps de recherche et propositions
▶ Cette question les laisse souvent perplexes, les premiers font un bruit avec le corps jusqu'à ce qu'un élève se lève et propose un bruit tel que faire tomber un objet, ou frapper un jeu contre une table. Les premiers bruits sont imités en général puis le reste de la classe diversifie les propositions.

CLASSE ENTIÈRE
SALLE DE MOTRICITÉ
30 minutes

Matériel
- 3 ou 4 feuilles de papier
- 2 plumes
- quelques Kapla®
- 2 ou 3 objets en mousse
- 1 foulard
- 1 clochette
- 1 petit xylophone
- 3 ou 4 mouchoirs en papier
- carton ondulé
- ciseaux

ÉTAPE 2 DIFFÉRENCIER L'INTENSITÉ DES BRUITS, ÊTRE DANS L'ÉCOUTE   PS • MS • GS

Présentation du matériel et de la consigne
▶ Les élèves enlèvent leurs chaussures pour être en chaussettes.
▶ L'enseignant divise sa classe en deux groupes : l'un marche, l'autre observe et écoute.
▶ *Promenez-vous dans la salle, prenez un objet au sol, faites un bruit avec cet objet. Reposez-le et continuez. Repérez les objets qui ne font pas de bruit.*

Réalisation et verbalisation
▶ Au cours du passage de chaque groupe, l'enseignant demande à chacun de montrer un bruit de son choix au groupe qui observe. Un même objet peut produire plusieurs bruits. Les élèves indiquent également les objets qui ne font pas de bruit.

Questionnement et classement
▶ *Quels sont les objets qui permettent les bruits les plus forts ou les bruits les plus doux ?*
▶ Les élèves regroupent les objets produisant des bruits d'intensité forte, faible, moyenne. Certains objets peuvent correspondre à plusieurs groupes selon le geste utilisé : faire tomber, taper, frotter, gratter, secouer.

Je sais mobiliser mon attention lors d'un moment d'écoute **page 28**

PS **MS** **GS** septembre ▶ juin

**ATELIER DIRIGÉ
DE 6 À 8 ÉLÈVES
PUIS À L'ACCUEIL
25 minutes**

Matériel
- feuilles de papier brouillon
- 1 bouteille remplie d'eau
- 1 entonnoir
- 1 gobelet
- 1 boite de crayons de couleurs
- 1 petite boule en bois
- 1 pot vide

ÉTAPE 3 PRODUIRE DES SONS DIFFÉRENTS À PARTIR D'UN MÊME OBJET   PS • MS • GS

Présentation du matériel et consigne
▶ L'enseignant montre le matériel et les élèves nomment les objets.
▶ *Trouvez plusieurs façons de produire un son à partir de ces objets. Ne faites rien tomber par terre.*

Manipulation, recherche, réponses
▶ Les élèves testent, s'imitent. L'enseignant les encourage à chercher une panoplie de bruits possibles.
▶ Actions attendues:
  - bouteille d'eau: secouer, frotter, gratter, verser dans le gobelet, remplir la bouteille avec l'entonnoir,
  - papier: déchirer, secouer, froisser, plier, lâcher en l'air,
  - boule et pot: faire rouler la boule, la placer dans le pot, la faire rouler, secouer le pot,
  - boite de crayons: secouer, taper, faire rouler sur la table, transvaser dans le pot vide.

MON CARNET DE SUIVI
des apprentissages à l'école maternelle
J'explore les possibilités sonores de mon corps, d'objets ou d'instruments **page 29**

**ATELIER SEMI-DIRIGÉ
DE 6 À 8 ÉLÈVES
PUIS À L'ACCUEIL
25 minutes**

Matériel
- identique à celui
de l'étape précédente

ÉTAPE 4 DISTINGUER ET IDENTIFIER DES SONS DIFFÉRENTS   PS • MS • GS

⭐ CETTE ÉTAPE EST UN RÉINVESTISSEMENT DE LA PRÉCÉDENTE SOUS FORME DE JEU.

Présentation de l'activité
▶ Un élève se retourne et se cache les yeux. Un autre choisit un objet et une action en réinvestissant les actions de l'étape précédente. Celui qui s'est caché les yeux doit reconnaitre le bruit en citant le matériel utilisé et le verbe d'action.

VERS L'AUTONOMIE
*Associer un son et l'objet qui le produit
Associer des sons identiques*
page 223

MON CARNET DE SUIVI
des apprentissages à l'école maternelle
Je sais identifier un son (objet, voix, cri d'animal, instrument...) **page 28**

Le vivant Le corps de l'enfant **39**

septembre ▶ juin

**ATELIER DIRIGÉ
DE 6 À 8 ÉLÈVES
15 minutes**

Matériel
- 1 maracas
- 6 petites bouteilles d'eau
- pois chiche
- riz
- lentilles
- petits clous
- gravier
- maïs
- 1 entonnoir

RÉALISATION CONCEVOIR DES MARACAS — PS • MS • GS

Présentation de l'objet à fabriquer
▶ L'enseignant montre une maracas. Chacun l'essaie et en joue. L'enseignant explique que c'est un instrument de musique et que chaque élève va fabriquer la sienne.

Question et recherche
▶ *À votre avis, pourquoi les maracas font-elles des sons ?* Parce qu'il y a quelque chose dedans qui fait du bruit quand on les secoue !

Écoute des sons, choix du contenu de la bouteille
▶ En regroupement, l'enseignant présente plusieurs objets pour produire des sons. Il remplit plusieurs bouteilles pour utiliser chaque proposition, ferme le bouchon, secoue chaque bouteille pour présenter le son qui en résulte.
▶ Les élèves verbalisent les différences entendues selon les objets placés dans la bouteille. Quand tous les sons possibles ont été écoutés, chacun choisit ce qu'il mettra dans sa bouteille.

> ⚠ ATTENTION, LES OBJETS À METTRE DANS LA BOUTEILLE POURRAIENT ÊTRE DANGEREUX SANS LA VIGILANCE DE L'ENSEIGNANT EN PARTICULIER LES PETITS CLOUS. VEILLER ÉVIDEMMENT À CE QU'AUCUN ÉLÈVE NE METTE QUOI QUE CE SOIT EN BOUCHE.

**ATELIER DIRIGÉ
DE 6 À 8 ÉLÈVES
30 à 40 minutes**

Matériel
- 1 petite bouteille d'eau par élève
- pois chiche
- riz
- lentilles
- petits clous
- gravier
- maïs
- 1 entonnoir
- papier journal
- colle à papier peint
- peinture acrylique

RÉALISATION FABRIQUER DES MARACAS — PS • MS • GS

Réalisation des maracas
▶ Les élèves remplissent leur bouteille avec les objets choisis. Ils testent le son produit et enlèvent ou ajoutent des objets jusqu'à obtenir un son satisfaisant.
▶ Ils recouvrent ensuite leur maracas de papier mâché.
▶ Lorsque les maracas sont sèches, ils les peignent avec de l'acrylique.

LEXIQUE
Verbes : faire tomber, gratter, taper, secouer, cogner, agiter, déchirer, frapper, froisser, écouter.
Noms : bruit, son.
Adjectifs : fort, doux, aigu, grave.

LE VIVANT

LE CORPS DE L'ENFANT — LES CINQ SENS

LA VUE
PS • MS • GS — Prendre conscience de ses capacités visuelles en modifiant les perceptions

---

À L'ACCUEIL
5 minutes

Matériel
- 10 paires de lunettes fabriquées à partir du *gabarit* proposé
- 1 feuille de papier transparent de couleur

ÉTAPE 1 METTRE EN ÉVIDENCE LE RÔLE DE L'ŒIL PS • MS • GS

Présentation du matériel
▶ À l'aide du *gabarit* fourni dans les compléments numériques, réaliser dix paires de lunettes différentes : deux paires avec un verre opaque et l'autre transparent et alterner œil gauche et œil droit, l'une avec les deux verres translucides avec du papier-calque, cinq paires avec des verres de couleurs différentes, l'une avec des verres transparents bardés de rayures noires, l'une avec deux petites ouvertures.

Découverte
▶ Les élèves s'amusent à porter les différentes lunettes et à verbaliser ce qu'ils voient.

ATELIER DIRIGÉ DE 6 À 8 ÉLÈVES PUIS À L'ACCUEIL
30 minutes

Matériel
- l'album inducteur

Couleurs
Pittau et Gervais © Albin Michel jeunesse
• 2014 • 15,90 €

- lunettes de différentes couleurs
- 6 à 8 objets blancs
- 6 à 8 objets unis et clairs par exemple en jaune, rose, bleu clair, vert clair

ÉTAPE 2 METTRE EN ÉVIDENCE L'ILLUSION ENTRE LES COULEURS RÉELLES ET OBSERVÉES MS • GS

Observation des objets avec des lunettes
▶ Chacun porte une paire de lunettes dont les verres sont de couleurs différentes. L'enseignant place sur la table les objets blancs et pose la question : *de quelle couleur sont ces objets ?*
▶ Chaque élève donne sa réponse sans enlever ses lunettes. L'enseignant relève les propositions et fait réagir sur les contradictions.

Constatations
▶ Les élèves enlèvent leurs lunettes et qualifient la couleur de chaque objet qui fait l'unanimité.

Reprise de l'expérience avec les objets en couleur
▶ L'enseignant montre des objets en couleur et les élèves les caractérisent au préalable sans lunettes.

Émission d'hypothèses et vérification
▶ *Remettez vos lunettes en couleur pour voir les objets. À votre avis, de quelle couleur vont-ils paraître ?*
▶ Les élèves observent et rectifient : les couleurs des objets ne sont pas forcément celles des lunettes, les couleurs se superposent.

Conclusion
▶ Quand je mets des lunettes avec des verres de couleur, je vois les couleurs différemment.

Découverte de l'album
▶ L'enseignant présente l'album *Couleurs*. La manipulation de feuillets de couleurs translucides travaille sous une autre approche la perception des couleurs.

Le vivant Le corps de l'enfant 41

septembre ▶ juin

ATELIER DIRIGÉ DE 6 À 8 ÉLÈVES
25 minutes

Matériel
- l'album inducteur

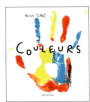

Couleurs
Hervé Tullet © Bayard jeunesse
• 2014 • 11,90 €

- gouaches de couleurs primaires : jaune primaire, bleu cyan, rouge magenta et blanc
- papiers blancs

VERS L'AUTONOMIE
Percevoir un mélange de couleurs
page 225

ÉTAPE 3 EXPÉRIMENTER LES MÉLANGES DE COULEURS — PS • MS • GS

Découverte de l'album
▶ L'enseignant lit et manipule les pages de l'album *Couleurs*.

Expérimentation
▶ Les élèves ont envie d'expérimenter les actions évoquées. Ils choisissent deux couleurs parmi les couleurs primaires, déposent côte à côte deux gouttes et les mélangent.

Mise en commun, constatations et conclusion
▶ Chaque élève explique les couleurs qu'il a mélangées et les couleurs obtenues. À force de les constater, ils en déduisent les couleurs obtenues à partir de chaque mélange.
• *Si on mélange du jaune et du bleu, ça devient vert.*
▶ La relecture de l'album confirme ces conclusions.

ATELIER DIRIGÉ DE 6 À 8 ÉLÈVES
20 minutes

Matériel
- différentes loupes
- des boites-loupes
- matériel intéressant à voir en grand : feuille d'arbre, insecte, plume, pièce de monnaie, morceau de roche, morceau de tissu…

VERS L'AUTONOMIE
Percevoir des illusions d'optique
page 224
Voir à travers des objets grossissants
Utiliser une loupe
page 225

ÉTAPE 4 SE SERVIR D'INSTRUMENTS POUR VOIR AUTREMENT — GS

Présentation du matériel
▶ L'enseignant montre les loupes et explique comment s'en servir.
▶ ***Placez un objet à l'intérieur, remettez le couvercle-loupe et placez votre œil correctement pour voir en grand.***

Observation
▶ L'élève découvre en visible des éléments miniatures qu'il distinguait à peine sans la loupe.

Conclusion
• *Il existe des instruments qui me permettent de voir des détails que mes yeux ne distinguent pas.*

ATELIER DIRIGÉ DE 6 À 8 ÉLÈVES
30 minutes

Matériel
- 1 *gabarit des lunettes* par élève ☁
- des feuilles en plastique translucide
- 1 feuille cartonnée A3 pour 4 paires de lunettes
- crayons
- ciseaux
- aiguilles de piquage
- colle

RÉALISATION FABRIQUER DES LUNETTES — GS

Fabrication des lunettes
▶ Les élèves de GS peuvent dessiner les lunettes sur du papier légèrement cartonné à l'aide d'un *gabarit* présent dans les compléments numériques puis les découper avec des ciseaux et les évider avec une aiguille de piquage. Puis ils choisissent une couleur de plastique translucide, coupent selon le gabarit, et enfin collent les verres à l'arrière des montures avec l'aide d'un adulte.

LEXIQUE

Verbes : voir, regarder, observer, mélanger, transformer.
Noms : œil, yeux, couleur, loupe.
Adjectifs : transparent, translucide, clair, foncé, uni, rayé, différent, agrandi.

| MATÉRIEL | A4 100% | PICTOGRAMMES DES 5 SENS | |

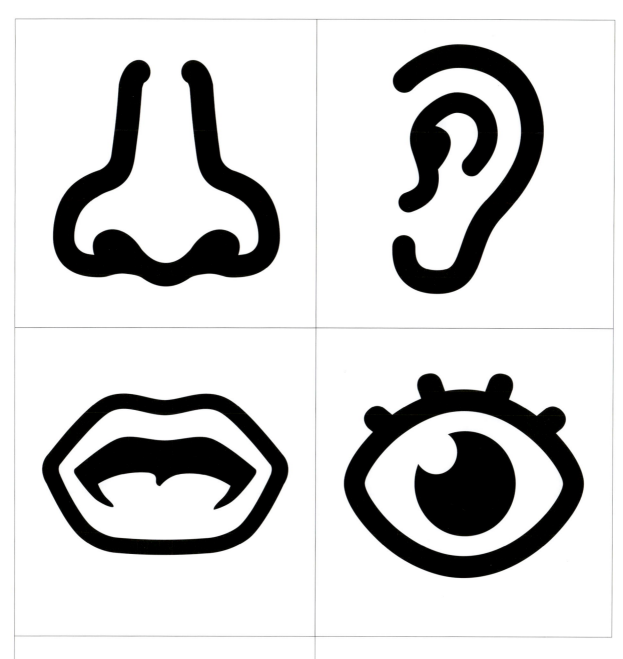

Le vivant Le corps de l'enfant

LE CORPS DE L'ENFANT — LES CINQ SENS

LES ORGANES DES SENS
Associer l'organe de chaque sens à ses capacités sensorielles

(MS) (GS)

LE VIVANT

CLASSE ENTIÈRE
COIN REGROUPEMENT
10 minutes

Matériel
- *pictogrammes des 5 sens*
(matériel page 43)

ÉTAPE 1 IDENTIFIER LES PICTOGRAMMES DES CINQ SENS   MS • GS

Présentation du matériel

▶ L'enseignant accroche chaque pictogramme au tableau (matériel page 43). Les élèves décrivent ce qu'ils voient.

▶ Une fois que chaque organe des sens a été nommé, l'enseignant fait associer l'organe au sens qui lui correspond : ***l'ŒIL permet de VOIR et voici la carte pour LA VUE.***

▶ Poursuivre pour chaque sens. La carte de la main demande plus de discussion pour rappeler que c'est LA PEAU qui permet LE TOUCHER mais que c'est compliqué de représenter la peau sur un dessin.

▶ Selon le niveau de langage des élèves, utiliser le verbe peut être plus facile qu'utiliser le nom, notamment pour *entendre* et l'ouïe. Dans ce cas, formuler ainsi : ***voici la carte avec l'OREILLE pour ENTENDRE.***

CLASSE ENTIÈRE
COIN REGROUPEMENT
5 temps de regroupement dans la même journée
20 minutes (toucher)
+ 5 minutes (entendre)
+ 10 minutes (sentir)
+ 15 minutes (gouter)
+ 5 minutes (voir)

Matériel
- boite à toucher
- 1 orange entière et 1 orange coupée en petits morceaux
- 1 clémentine entière et 2 clémentines coupées en petits morceaux
- 1 kiwi entier et 1 kiwi coupé en petits morceaux
- 1 boule de pâte à modeler
- 1 boule en bois
- 1 couverture et 2 chaises pour fabriquer un paravent
- 1 bonnet ou 1 foulard pour chaque élève
- 3 coupelles contenant les fruits coupés

ÉTAPE 2 EXPLORER DES OBJETS AVEC SES 5 SENS : JEU DES OBJETS MYSTÈRES   MS • GS

Présentation du matériel et questionnement

▶ L'enseignant montre la boite à toucher contenant les objets.

▶ ***Aujourd'hui, nous allons faire le jeu des objets mystères : cinq objets sont cachés dans cette boite. Vous allez vous servir de votre corps pour avoir le plus d'informations possible sur ces objets. Que peut-on utiliser pour savoir quelque chose sur ces objets ?***

▶ Les élèves proposent les mains, le nez…

▶ L'enseignant explique l'ordre dans lequel ils vont explorer les objets : en premier avec les mains, ensuite avec les oreilles, puis avec le nez, la bouche et enfin avec les yeux. Chaque exploration sensorielle se déroule sur une même journée à un moment de regroupement différent.

Avec les mains

▶ Les élèves touchent les objets directement dans la boite à toucher et observent :
- ***la forme*** en boule de chaque objet,
- ***les différentes tailles*** de chaque objet,
- ***les différentes textures.***

Avec les oreilles

▶ L'enseignant se fabrique un paravent avec deux chaises et une couverture de la salle de sieste. Il laisse tomber chaque objet, les élèves discernent :
- ***le bruit sec et fort*** de la boule en bois,
- ***les bruits plus ou moins étouffés*** des autres.

Avec le nez

▶ Les élèves ont les yeux bandés.

▶ L'enseignant prend les coupelles de fruits prédécoupés, la boule en bois et la pâte à modeler. Il fait sentir à tout le monde les cinq objets dans l'ordre : kiwi, clémentine, boule en bois, pâte à modeler, orange.

▶ Les élèves repèrent :
- ***les objets qui ont une odeur*** et ceux qui n'en ont presque pas,
- ***les odeurs caractéristiques.***

▶ À ce stade, certains objets sont identifiables et peuvent être identifiés.

MS **GS** septembre ▶ juin

Avec la bouche
▶ L'enseignant précise que deux objets ne sont pas comestibles. Il fait gouter des morceaux de fruits. Les élèves identifient :
- *les différentes saveurs,*
- *les différents goûts et essaient de les reconnaitre.*

▶ La dégustation permet à nouveau d'identifier des objets ou de valider les réponses déjà trouvées.

Avec les yeux
▶ Les élèves vont donner d'emblée le nom de chaque objet, le jeu des objets mystères est résolu. L'enseignant leur demande ce que la vue leur a permis de découvrir à savoir :
- **l'identification immédiate** et définitive des objets,
- **leur couleur.**

CLASSE ENTIÈRE
COIN REGROUPEMENT
20 minutes

ÉTAPE 3 CONCEVOIR UNE AFFICHE RÉCAPITULATIVE   PS • MS • GS

Structuration
▶ Les cinq pictogrammes sont collés sur l'affiche. Les élèves dictent à l'enseignant ce que permet chaque sens en faisant appel aux constatations de l'étape précédente.

Matériel
- 1 affiche
- photocopies des *pictogrammes des 5 sens* (matériel page 43)

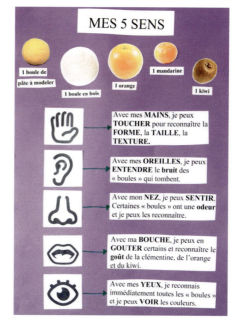

EN LIEN – AUTOUR DES LIVRES GS – *Les cinq sens* pages 181 à 200

LEXIQUE
Verbes : toucher, écouter, sentir, gouter, voir.
Noms : main, oreille, nez, bouche, œil, yeux, sensation, texture, forme, taille, bruit, son, odeur, saveur, toucher, ouïe, odorat, gout, vue.

Le vivant Le corps de l'enfant 45

OUVRAGES AUTOUR DU SCHÉMA CORPOREL

(PS)
L'abominable
homme des bois
Léa Schneider et Bénédicte Sieffert
© ACCÈS Jeunesse • 2020 • 12 €
Un album qui invite le lecteur
à agir sur les parties du corps
d'un personnage adorable.

(PS)
Gros cornichon
Édouard Manceau © Seuil Jeunesse
• 2014 • 11,90 €
Page après page, le lecteur
chatouille les différentes
parties du corps du monstre
qui se déconstruit petit à petit.

(PS) (MS)
Va-t'en,
Grand Monstre Vert!
Ed Emberley © Kaléidoscope
• 2021 • 12,50 €
Un grand monstre vert apparait
par accumulation page après
page, puis disparait. Album
de référence pour travailler sur
les parties du visage.

(PS) (MS) (GS)
Agathe
Pascal Teulade et Jean-Charles
Sarrazin © L'école des loisirs
• 2002 • 5 €
La fourmi Agathe rencontre une
drôle de montagne mouvante,
au sommet de laquelle pousse
un arbre rose et chaud…

(PS) (MS) (GS)
Je fais du yoga
Gilles Diederichs et Marion Billet
© Nathan • 2020 • 11,95 €
Ce livre audio en format chevalet alterne
les moments de motricité et les moments
de détente. En réalisant les postures
adaptées, l'élève renforce son schéma
corporel.

(MS) (GS)
Il est où?
Christian Voltz
© Éditions du Rouergue • 2007 • 13,70 €
Un petit bouton cherche quelqu'un sous
un ramassis de caillou, fil de fer, bouton,
perles… Au fur et à mesure,
il reconstitue un bonhomme.

(MS) (GS)
Le livre des monstres
Christina Dorner et Édouard Manceau
© ACCÈS Jeunesse • 2020 • 12 €
Grâce aux actions du jeune lecteur,
des monstres attachants apparaissent
et disparaissent au fil des pages.
Un livre à compter rigolo pour apprendre
à nommer les différentes parties du visage.

OUVRAGES AUTOUR DES CINQ SENS

Des ouvrages autour du toucher sont proposés dans le chapitre sur les matériaux page 134.

(MS) (GS)
Des goûts
et des odeurs
Catherine Rayner
© Kaléidoscope • 2014 • 13 €
Freddo est un chien
qui sent la rose.
Et ça, il n'aime pas.
Alors il va se balader
pour retrouver sa bonne
odeur à lui.

(PS) (MS)
Mon imagier
des couleurs
Léa Schneider et Bénédicte
Sieffert © ACCÈS Jeunesse
• 2021 • 12 €
À gauche, une couleur.
À droite, une devinette.
Une imajeux pour
découvrir onze couleurs.

(PS) (MS) (GS)
Couleurs
Hervé Tullet
© Bayard jeunesse
• 2014 • 11,90 €
Au fur et à mesure
du livre, l'élève est
incité à utiliser ses
doigts pour caresser,
frotter, tapoter, secouer,
mélanger les couleurs
qui sont sur les pages.

(PS) (MS) (GS)
Couleurs
Pittau et Gervais © Albin
Michel jeunesse • 2014 •
15,90 €
Grâce à des transparents
de couleurs, ce livre
permet à l'élève de
modifier lui-même
les images pour faire
apparaitre le résultat
de combinaisons
de couleurs.

(GS)
Au-delà des yeux
Sandra Giraud
© ACCÈS Jeunesse
• 2021 • 12 €
À travers une partie
de colin-maillard,
Léa invite Marcus à
la rejoindre dans son
monde imaginaire.
Une histoire pour ouvrir
les yeux sur la
différence.

LE VIVANT

La vie animale

Dossier élevages	**48**
Élevages à gogo	**52**
Exploiter un élevage	
LA LOCOMOTION	
Notions pour l'enseignant	**57**
Pigeon vole	**58**
Identifier et classer les déplacements des animaux	
Ailes, pattes ou nageoires?	**64**
Associer un organe moteur aux déplacements qu'il permet	
LA NUTRITION	
Notions pour l'enseignant	**67**
Bon appétit lapin!	**68**
Découvrir l'alimentation du lapin par l'expérimentation	
À chacun son menu	**70**
Associer des animaux à leur nourriture	
LA REPRODUCTION	
Notions pour l'enseignant	**73**
Tableau de famille	**74**
Associer des individus d'une même espèce	
Ovipare ou vivipare?	**78**
Classer certains animaux selon les modes de gestation	
Des petits dans notre élevage	**81**
Observer le développement et la croissance des petits	
Ouvrages autour de la vie animale	**85**

Les notions abordées

- Les bases du concept de vivant à travers l'observation des grandes fonctions
- Les différents modes de déplacement et leurs organes spécifiques
- Les organes sensoriels spécifiques de certains animaux
- L'alimentation des animaux, la relation entre un animal et le choix d'aliments spécifiques à chaque espèce
- Les ovipares et les vivipares
- Le cycle de vie complet de la naissance à la mort

Dossier élevages

Mettre en place un élevage dans sa classe, dans le cadre de l'enseignement des Sciences, permet d'aborder et de traiter de nombreux champs d'apprentissages qui vont aider l'élève à construire le concept de vivant.

DES RÈGLES À RESPECTER

▶ Il n'existe aucune législation particulière règlementant la mise en place d'élevage dans la classe.

▶ En l'absence de textes règlementaires précis sur ce sujet, une disposition législative existe cependant. Elle est de portée générale et s'applique à tous les produits et tous les services. Il s'agit de **l'article L.221.1 du code de la consommation :**

« Les produits et les services doivent, dans des conditions normales d'utilisation ou dans d'autres conditions prévisibles par le professionnel, présenter la sécurité à laquelle on peut légitimement s'attendre et ne pas porter atteinte à la santé des personnes ».

▶ **La note de service n°85-179 du 30 avril 1985 publiée au BO n°20 du 15 mai 1985** apporte des informations concernant les élevages et l'introduction d'animaux en classe. La pertinence d'un élevage dans la classe est donc laissée à la seule appréciation des enseignants qui doivent toujours vérifier que l'élevage mis en place respecte certaines règles concernant la protection et les conditions de vie de l'animal, l'hygiène et la sécurité des élèves.

▶ Il n'existe pas non plus de liste d'animaux autorisés ou non dans les écoles.

▶ De nombreux animaux peuvent faire l'objet d'un élevage en classe, chaque espèce pouvant présenter des avantages et des inconvénients selon les objectifs que l'on s'est fixé.

▶ Nous vous conseillons néanmoins de vérifier qu'aucun élève n'est allergique aux animaux à poils ou à plumes. Le cas échéant l'élevage ne pourrait être installé dans la salle de classe car même sans contact physique avec l'animal, les poils sont disséminés dans l'air.

POURQUOI METTRE EN PLACE UN ÉLEVAGE DANS SA CLASSE ?

▶ L'élevage en classe permet de confronter directement les élèves à la notion fondamentale de **vivant.**

▶ Il assure la mise en place de façon pertinente des différentes étapes de la démarche d'investigation scientifiques (questionner, chercher, tester, expérimenter, modéliser, représenter, conclure) et contribue à développer l'observation, processus intellectuel qui nécessite un apprentissage progressif.

▶ L'observation continue des animaux élevés va permettre la mise en évidence des caractères fondamentaux communs à tous les êtres vivants :
- **la naissance, la croissance, la reproduction et la mort,**
- **la nutrition et les régimes alimentaires,**
- **la locomotion,**
- **les interactions avec l'environnement.**

▶ L'élevage génère des situations extrêmement motivantes et crée **un vécu commun** indispensable à la construction des connaissances.

▶ Il sensibilise aussi les élèves aux questions liées à la protection de la nature (EDD) et les responsabilise quant au respect de la vie et du bien-être animal.

QUEL ANIMAL CHOISIR ?

Le choix de l'animal est important.

▶ L'enseignant doit se fixer **des objectifs** et en fonction de cela choisir l'animal adéquat à élever. Même si parfois, c'est l'opportunité d'introduire l'animal en classe qui va induire l'élevage et la recherche d'objectifs à travailler.

▶ **La comparaison** de plusieurs élevages peut être un moyen très efficace de mettre en évidence certains concepts. Ainsi, les gerbilles et les escargots permettent d'observer des modes de reproduction différents et une première approche des reproductions ovipares et vivipares.

▶ Bien sûr, d'autres élevages sont possibles, mais à exploiter scientifiquement plutôt au cycle 2 : papillons, poussins, gendarmes et autres petites bêtes de la cour de récréation, animaux de la mare...

▶ Les amphibiens sont protégés, on ne peut plus en prélever dans la nature et leur élevage est donc impossible.

Quels pièges éviter ?

▶ Avant d'installer un élevage dans sa classe, il faut savoir :
- ce que l'on va faire des animaux pendant les congés scolaires,
- ce que l'on va faire des animaux à la fin de l'année scolaire,
- ce que l'on fera des *petits* en cas de reproductions nombreuses et répétées.

Où s'en procurer ?

▶ Se faire prêter un animal pour une durée déterminée est une solution idéale :
- prêt par un élève, des connaissances, une ferme…,
- prêt par certains ESPE pour des durées données,
- en animalerie,
- sur certains sites dédiés : www.insecte.org, petites annonces sur www.phasmes.com

---

Ce qui peut poser problème

▶ Dans un élevage, certains comportements sont parfois imprévisibles : agressivité entre individus, mort, entrée en vie ralentie, reproduction pas souhaitable, attendue ou inexpliquée. Il ne faut pas le cacher aux élèves mais s'appuyer sur la recherche documentaire et leur expliquer que l'élevage n'est pas la nature in situ. On utilise ici l'animal comme « modèle » mais il évolue différemment dans son milieu naturel.

▶ Il faut faire attention même si on met en œuvre des démarches d'investigations à ce que les conditions de vie de l'animal soient toujours stables et qu'il évolue dans un bien-être maximal.

QUEL ANIMAL CHOISIR ?

ANIMAL	INTÉRÊTS DE L'ÉLEVAGE	À SAVOIR
Gerbille	• Observation aisée des différents modes de déplacement : sauter, courir, marcher, grimper. • Observation de la reproduction vivipare. • Reproduction rapide et relativement aisée. • Animal suscitant la curiosité, l'adhésion et l'empathie. • Beaucoup moins d'odeurs que les autres rongeurs car la gerbille urine peu.	• Saletés générées : les gerbilles passent leur temps à réaménager leur cage et expulsent chaque jour un peu de litière. • Croissance exponentielle du nombre de petits : savoir quoi faire des petits (animalerie, don aux enfants ou sur internet, collègues…). • Agressivité et conflits entre individus dans la même cage qui peuvent aller jusqu'à la mort. Si un individu est séparé du groupe pendant plus de 24h, il ne sera plus accepté.
Poisson	• Appréhension de la relation entre le déplacement et le milieu de vie.	• À part le nourrissage, aucune interaction possible avec l'animal. • Aquarium à nettoyer régulièrement.
Lapin	• Possibilité de mener une investigation sur le régime alimentaire. • Animal suscitant la curiosité, l'adhésion et l'empathie.	• Longue durée de vie de l'animal, dont il faut pouvoir s'occuper pendant plusieurs années, y compris pendant les vacances : si possible, préférer le prêt.
Phasme	• Observation du cycle de vie complet, ce qui permet d'aborder la notion de vie et de mort. • Reproduction parthénogénétique relativement aisée mais longue (3 mois minimum). • Animal qui oblige à focaliser le regard, qui rend l'élève particulièrement actif dans l'observation.	• S'approvisionner en feuilles de ronces même en hiver. • Entretien du terrarium : il faut sortir tous les phasmes… même les petits que l'on a du mal à trouver et séparer les œufs et les crottes. • Certaines espèces de phasmes sont toxiques (ex : Oreophoetes peruvana). • Le phasme se met en bâton : ses antennes et ses pattes se collent le long de son thorax et abdomen. Il peut même faire le mort. C'est son mécanisme d'autodéfense.
Escargots	• Observation de la reproduction ovipare. • Reproduction rapide et relativement aisée. • Observation d'un mode de déplacement spécifique.	• Entretien du terrarium. • Prélever des individus dans la nature est interdit dans certaines régions à certaines périodes.

QUELLES LOUPES CHOISIR ?

Les loupes à main			Les boites-loupes		Les loupes USB
Ensemble de 10 loupes simples © Celda Ref. 51172.55 8,75 €	10 loupes x4 x6 © Wesco 18,36 € les 10	Loupes sur pied © Wesco 32,28 € les 6	10 boites-loupes petit modèle © Celda Réf. 51164.55 19,10 €	Boite-loupe triple vue © Wesco 9,60 € pièce	Pour une observation fine menée par l'enseignant. Prix très variable.

Dossier élevages

Polochon
le poisson

Le poisson rouge est le moins cher et correspond bien à la représentation morphologique classique que l'on se fait de l'animal.
Le combattant survit dans des conditions difficiles, mais il ne correspond pas à la représentation morphologique classique du poisson : il a des nageoires en forme de voiles difficilement identifiables et peut être très belliqueux s'il n'est pas seul dans l'aquarium.

À PRÉVOIR : aquarium, gravier, au moins une vraie plante pour oxygéner.

Romarin
le lapin

Le lapin nain, hormis sa taille, diffère peu du lapin classique et il a les mêmes besoins. Il en existe plus de dix races différentes reconnues et vendues en animalerie. Il est cependant plus fragile que son cousin de grande taille et supporte mal les courants d'air et les aliments trop humides. Cela ne l'empêche pas de vivre jusqu'à huit ans. C'est un herbivore strict qui mange des plantes et des légumes Le foin lui est indispensable et doit être distribué à volonté dans la cage. Sa maturité sexuelle est atteinte au bout de trois à quatre mois et les portées comportent en général de trois à cinq lapereaux.

À PRÉVOIR : cage d'environ un mètre de long, litière végétale, paille foin, biberon, un abri.

Vanille
la gerbille

La gerbille est un rongeur de la sous-famille des muridés. C'est un animal grégaire, plutôt diurne contrairement au hamster, qui ne peut pas vivre seule dans une cage. Sa physiologie est adaptée au milieu désertique et elle urine très peu ce qui est un avantage car la cage dégage peu d'odeurs. C'est un végétarien granivore avec une tendance omnivore : elle mange des graines et quelques fruits. Il ne faut pas lui donner trop de graines de tournesol, trop riches et souvent présentes en grandes quantités dans les mélanges pour hamster. Sa durée de vie est de deux à trois ans maximum.

À PRÉVOIR : cage profonde à rebord en plastique à plusieurs niveaux, litière végétale, abri (noix de coco, pot de confiture…), laine pour le nid, biberon, rouleaux de papier toilette.

Margot
l'escargot

L'escargot n'est actif que dans des conditions d'humidité élevées. Pour le réveiller, utiliser un vaporisateur et l'asperger. Assister alors au déploiement de la tête, suivi des tentacules puis du reste du corps.
L'escargot a un régime végétarien. Sa nourriture est surtout composée de feuilles, mais il apprécie aussi les fruits. La reproduction peut être provoquée par un éclairement du terrarium d'au moins quinze heures par jour.

À PRÉVOIR : terrarium ou aquarium, fibre humidifiée, viseline non collante (se trouve dans les magasins de tissu), pot transparent rempli de terre pour la ponte, couvercle rempli d'eau pour boire, éléments naturels (écorce, feuilles, mousse, branches…), pulvérisateur.

Stanislas
le phasme

Environ 300 espèces de **phasmes** se trouvent actuellement en élevage. L'espèce la plus facile à élever est appelée phasme bâton ou Dixippe morose (Carausius morosus). L'adulte mesure dix à douze centimètres de long, son corps ressemble à une brindille grise. Il a une activité principalement nocturne et se nourrit de feuilles de ronce ou de lierre que l'on peut facilement se procurer. La chaleur (20 à 25°C) et un taux d'hygrométrie élevé (60 à 70 %) sont essentiels pour que sa croissance soit optimale. Il faut vaporiser la cage tous les jours pour remplacer la rosée de la nuit et y placer des branches pour que le phasme puisse s'y accrocher.

À PRÉVOIR : terrarium ou aquarium, fibre humidifiée, viseline non collante, couvercle rempli d'eau pour boire, éléments naturels (écorce, feuilles, mousse, branches…), branches de ronce.

Comment garder une trace écrite ?
Pour garder une trace écrite de votre élevage, nous vous proposons d'établir en fin de séquence une *carte d'identité* relatant les principales observations sur l'animal. L'organisation de cette carte d'identité est la même quel que soit l'animal étudié, de manière à pouvoir les comparer. Il est possible d'en établir d'autres à partir d'animaux familiers, d'animaux rencontrés lors d'une sortie, dans des livres ou des vidéos. Des cartes-images permettent de la compléter (cartes-images ❻ et ❼).

Le vivant La vie animale

LE VIVANT — LA VIE ANIMALE — DOSSIER ÉLEVAGES

ÉLEVAGES À GOGO
Exploiter un élevage
PS • MS • GS

CLASSE ENTIÈRE
COIN REGROUPEMENT
20 à 30 minutes

Matériel
- l'animal placé dans un récipient transparent : boite ou sachet dans le cas du poisson
- cage, terrarium ou aquarium
- accessoires (voir pages 50 et 51)
- nourriture adaptée à l'animal

ÉTAPE 1 DÉCOUVRIR L'ANIMAL
PS • MS • GS

Situation déclenchante
- L'enseignant a caché sous un drap une boite ou un sachet transparent contenant l'animal.
- Il propose de faire deviner aux élèves de quel animal il s'agit à l'aide d'une petite devinette.
- Lorsqu'un élève donne le nom de l'animal ou d'un animal proche, retirer le drap.

★ Pour le phasme, présenter plutôt le terrarium et demander aux élèves de repérer l'animal.

Verbalisation
- Les élèves verbalisent ce qu'ils savent sur l'animal et ce qu'ils voient.
- L'enseignant note les premières observations et les questions si certaines surgissent, en précisant qu'on essaiera d'y répondre plus tard.

Installation de l'animal
- L'enseignant fait remarquer aux élèves que la boite ou le sachet dans lequel se trouve l'animal n'est pas très confortable et leur demande s'ils savent comment on pourrait mieux l'installer.
  - Dans le cas d'un animal en cage, il présente le matériel. Les élèves nomment ce qu'ils voient et essaient de comprendre la fonction de chaque objet.

- Dans le cas d'un animal en aquarium, ils placent les petits cailloux au fond de l'aquarium, remplissent l'aquarium et lâchent l'animal dans l'eau (voir situation problème *Comment faire pour remplir l'aquarium ?* page 138).

- Dans le cas d'un animal en terrarium, les élèves placent de la terre, quelques cailloux, de la mousse, une branche, quelques feuilles, une petite fleur avec ses racines si c'est possible. L'enseignant apporte le terme *terrarium* : **dans un aquarium il y a de l'eau, ici on a mis de la terre, on dit terrarium.**

MON CARNET DE SUIVI
des apprentissages à l'école maternelle
Je sais reconnaitre et nommer des animaux observés ou élevés en classe **page 44**

52

PS MS GS septembre ▶ juin

**CLASSE ENTIÈRE
COIN REGROUPEMENT
PUIS À L'ACCUEIL
5 minutes par jour**

Matériel
- l'animal dans sa cage, son terrarium ou son aquarium
- de la nourriture adaptée à l'animal

ÉTAPE 2 S'INTERROGER SUR L'ALIMENTATION DE L'ANIMAL   PS • MS

Situation problème
▶ *Nous avons bien installé notre animal, mais que faut-il encore lui donner ?*
À manger, sinon il va mourir !
▶ *Et que mange notre animal ?*

Hypothèses
▶ Les élèves ont des connaissances et proposent des aliments. D'autres ne sont pas sûrs.
▶ L'enseignant note les hypothèses.

Démarche d'investigation
▶ Pour les animaux ne risquant pas d'en mourir, à partir de la MS, il est possible de mener une démarche d'investigation en expérimentant différents aliments (voir *Bon appétit lapin !* pages 68 et 69).
▶ Pour le poisson, expliquer que l'animal mange uniquement des granulés.

Responsabilisation
▶ Expliquer qu'il faudra nourrir l'animal régulièrement et définir les rôles de chacun.
▶ Dans le cas des gerbilles, du lapin ou des escargots, les élèves pourront apporter tous les jours de la nourriture et la donner lors de l'accueil.
▶ Dans le cas du poisson, un élève différent est chargé chaque jour de le nourrir.

 MON CARNET DE SUIVI
des apprentissages à l'école maternelle
Je sais que les animaux ont besoin de manger et de boire pour vivre **page 44**

**ATELIER DIRIGÉ DE LANGAGE
DE 6 À 8 ÉLÈVES
10 à 20 minutes**

Matériel
- l'animal dans sa cage, son aquarium ou son terrarium

ÉTAPE 3 OBSERVER LES ACTIVITÉS DE L'ANIMAL   PS • MS • GS

Verbalisation
▶ Au départ l'enseignant laisse ses élèves s'exprimer librement. Puis il centre les questions pour orienter les observations. Il note également leurs questions.
▶ *Que fait l'animal ?*
▶ Les élèves verbalisent leurs observations.

Découverte sensorielle
▶ Si l'animal est serein, le sortir et laisser les élèves le toucher après avoir précisé qu'il faut faire très attention à ne pas lui faire mal.
▶ Les mains de l'enseignant sont en dessous des leurs, prêtes à récupérer l'animal au cas où.
▶ Au-delà de la dimension ludique, cette approche par le toucher est nécessaire pour construire des connaissances : présence de poils, contractions musculaires d'un animal vivant, mouvement des moustaches, traces de bave…
▶ Cette observation par le toucher renforce les observations visuelles.

 CERTAINS ÉLÈVES NE VOUDRONT PAS TOUCHER L'ANIMAL. NE PAS LES FORCER.

Le vivant La vie animale **53**

**CLASSE ENTIÈRE
COIN REGROUPEMENT
15 minutes**

Matériel
- l'animal
- 1 affiche

ÉTAPE 4 S'INTERROGER SUR L'ANIMAL   GS

Présentation du matériel
▶ Quelques jours après avoir accueilli l'animal, plusieurs questions ont surgi naturellement de la bouche des élèves. L'enseignant les note au fur et à mesure et les relit à l'ensemble de la classe.
▶ *Nous allons noter toutes les questions qu'on se pose sur notre animal de manière à ne pas les oublier. Ça nous permettra de savoir exactement ce qu'on cherche quand on observe notre animal.*
▶ Noter le titre sur l'affiche et les questions déjà posées par les élèves.
▶ *Certains d'entre vous se posent-ils d'autres questions sur notre animal ?*
▶ Noter les questions et montrer de temps en temps l'animal ou des traces de son activité pour générer de nouvelles questions. Si les élèves ont du mal à en trouver de nouvelles, en proposer.
▶ Si de nouvelles questions surgissent plus tard, les ajouter. Écrire les réponses dès que la classe a réussi à en trouver.

Des questions sur notre élevage

Que mange le lapin ?
La gerbille fait-elle des bébés ?
Comment le poisson se déplace-t-il ?
Est-ce que le phasme dort ?
Pourquoi les bébés gerbilles sont-ils tout roses ?
Comment les bébés gerbilles grandissent-ils
Combien le phasme a-t-il de pattes ?
Les phasmes ont-ils une bouche ?
Des yeux ? Des dents ?

Comment le phasme fait-il pour grimper sur la paroi verticale ?
Comment les escargots font-ils pour tenir au plafond ?
Comment les escargots font-ils pour avancer ?
Les escargots ont-ils une bouche ? Des yeux ?
Font-ils caca ? Font-ils pipi ?
Comment le poisson fait-il pour avancer ?
Le poisson fait-il caca ? Fait-il pipi ?

 CHAQUE QUESTION POURRA ÊTRE LE POINT DE DÉPART D'UNE NOUVELLE OBSERVATION, D'UNE EXPÉRIMENTATION OU D'UNE RECHERCHE DOCUMENTAIRE. MÊME L'ENSEIGNANT PEUT NE PAS SAVOIR ET S'APPUYER SUR UNE RECHERCHE POUR RÉPONDRE AUX QUESTIONS DES ÉLÈVES.

ÉTAPE 5 OBSERVER LE DÉPLACEMENT DE L'ANIMAL   PS • MS • GS

 CETTE ÉTAPE EST DÉVELOPPÉE DANS *PIGEON VOLE* PAGE 58.

**ATELIER DIRIGÉ DE LANGAGE
DE 6 À 8 ÉLÈVES
15 minutes**

Matériel
- l'animal
- la *carte d'identité*

ÉTAPE 6 OBSERVER GLOBALEMENT LE CORPS DE L'ANIMAL   PS • MS • GS

Comparaison
▶ L'enseignant fait comparer le corps de l'animal au corps de l'élève.
▶ *Votre corps et celui de l'animal sont-ils pareils ?*
▶ Les élèves énumèrent les points communs et les différences facilement identifiables.
▶ L'enseignant demande des précisions supplémentaires concernant la taille et la forme des oreilles ou de la queue, la différence de taille entre les pattes avant et arrière, l'emplacement des pattes...
▶ Il apporte le vocabulaire nécessaire : moustaches, museau, griffes, queue, nageoires, écailles, branchies, pied, coquille, tentacules, abdomen, thorax...
▶ La comparaison suscite de nouvelles interrogations qui peuvent être ajoutées à l'affiche de l'étape précédente.
▶ Cette observation permettra de répondre à certaines questions de l'affiche.
▶ Pour certaines parties du corps, la réponse n'est pas évidente et nécessitera une observation à la loupe ou une recherche documentaire.

Structuration
▶ Les élèves commencent à remplir la *carte d'identité* avec les éléments observés.

PS MS GS septembre ▶ juin

**ATELIERS SEMI-DIRIGÉS
DE 6 À 8 ÉLÈVES
20 minutes**

Matériel
- puzzle
- éléments prédécoupés en carton
- craies
- pâte à modeler
- fil de fer
- colle repositionnable en bombe

ÉTAPE 7 RECONSTITUER LE CORPS DE L'ANIMAL   PS • MS • GS

⭐ Plusieurs reconstitutions sont possibles en fonction du niveau des élèves.

Reconstitution d'un puzzle
▶ Les élèves tentent de reconstituer un puzzle de l'animal et nomment ses parties.

Reconstitution de la silhouette et empreinte
▶ *Reconstituez un lapin, recouvrez d'une feuille et frottez avec la craie à plat.*

⭐ Pour que les éléments prédécoupés en carton ne bougent pas lors du frottage, il est recommandé de les faire tenir avec de la colle repositionnable en bombe.

Réalisation en volume
▶ *Représentez le corps de l'animal en pâte à modeler / avec du fil de fer.*

**ATELIER DIRIGÉ
DE 6 À 8 ÉLÈVES
10 à 15 minutes**

Matériel
⭐ Par élève:
- 1 loupe
- 1 escargot ou 1 phasme

ÉTAPE 8 OBSERVER CERTAINS ANIMAUX À LA LOUPE   MS • GS

⭐ Manipuler une loupe n'est pas inné: le premier réflexe va être de placer la loupe sur l'animal, au risque de l'écraser. Une activité de découverte de cet objet en amont est donc nécessaire, en remplaçant les vrais animaux par des jouets en plastique.

Observation de l'escargot
▶ Grâce à la loupe, les élèves aperçoivent les yeux au bout des longs tentacules. Ils en déduisent que ces tentacules servent à voir. L'enseignant leur apprend que les tentacules courts servent à toucher *comme si c'étaient des mains*.
▶ La bouche n'est pas visible au premier coup d'œil, les élèves ont cru qu'ils n'en avaient pas. C'est lorsque l'escargot se déplace contre une surface transparente qu'il est le plus facile de l'observer.

Observation du phasme
▶ On voit mieux la différence entre pattes et antennes en plaçant l'animal dans une boite loupe.
▶ Il est possible de voir les yeux et éventuellement les mandibules.
▶ On peut également visualiser la segmentation entre le thorax et l'abdomen.

Observation du poisson
▶ Il est possible d'observer à la loupe un poisson acheté chez le poissonnier pour mettre en évidence les écailles, la bouche, les branchies.

Le vivant La vie animale

 septembre ▶ juin

ATELIER DIRIGÉ DE 6 À 8 ÉLÈVES
20 à 30 minutes

Matériel
★ Par élève :
- 1 animal
- 1 crayon
- 1 feuille

★ Pour le groupe :
- le poster A3 de l'*animal à légender* ☁ 🖼

MON CARNET DE SUIVI
des apprentissages à l'école maternelle
Je sais réaliser un dessin d'observation **page 23**

ÉTAPE 9 RÉALISER UN DESSIN D'OBSERVATION MS • GS

Il est intéressant de demander aux élèves de réaliser un dessin d'observation à chaque stade de la démarche. Au fur et à mesure, ils gagneront en confiance et affineront leurs observations pour obtenir un dessin de plus en plus précis.

Dessins d'observation
▶ ***Dessinez l'animal pour qu'on voie bien toutes les parties nécessaires de son corps.***
▶ L'enseignant annote les dessins ou écrit les mots nécessaires sur le poster de l'*animal à légender* ☁ 🖼.

Comparaison des dessins
▶ En comparant leurs dessins, les élèves prennent conscience de leurs oublis ou de leurs ajouts.
▶ Lorsqu'il y a un doute sur un détail, il est possible de vérifier sur l'animal.

ÉTAPE 10 DÉCOUVRIR LA REPRODUCTION PS • MS • GS

Cette étape est développée dans *des petits dans notre élevage* pages 81 à 84.

CLASSE ENTIÈRE COIN REGROUPEMENT
10 à 15 minutes

Matériel
- des photographies
- des vidéos
- des livres documentaires

ÉTAPE 11 SE DOCUMENTER MS • GS

Recontextualisation
▶ Régulièrement, l'affiche avec les questions sur l'animal est complétée avec les réponses trouvées aux questions posées. Pour certaines questions, il s'agira d'avoir recours à la documentation.
▶ ***Où pourrait-on trouver une réponse à cette question ?*** *Dans des livres !*

Recherche documentaire
▶ Les élèves cherchent des indices leur permettant de répondre aux questions.
▶ Si les questions demeurent, l'enseignant lit des extraits de documentaires y répondant.

CLASSE ENTIÈRE COIN REGROUPEMENT
15 minutes

Matériel
- affiche de la *carte d'identité* ☁ 🖼
- cartes-images ❻ *Animaux pour carte d'identité* ☁ 🖼
- cartes-images ❼ *Aliments* ☁ 🖼

ÉTAPE 12 FINALISER LA CARTE D'IDENTITÉ DE L'ANIMAL PS • MS • GS

Rappel
▶ L'enseignant reprend les différents points déjà complétés avec les élèves.
▶ Ils complètent la *carte d'identité* avec les cartes-images ❻ *Animaux pour carte d'identité* et ❼ *Aliments*.

Trace écrite individuelle
▶ La *carte d'identité* ☁ 🖼 peut être photocopiée pour chaque élève pour son cahier.
▶ Ils peuvent la personnaliser en collant des étiquettes, en l'annotant ou en dessinant.

LEXIQUE

Verbes : correspondant aux activités des animaux.
Noms : morphologie des animaux, aliments…

Notions pour l'enseignant

La locomotion

Les notions abordées

- Les différents déplacements des animaux : marcher, courir, sauter, grimper, nager, ramper, voler
- Plusieurs modes de déplacement pour un même animal
- L'adaptation des déplacements aux milieux de vie
- L'adaptation des organes aux modes de déplacement

Qu'est-ce que la locomotion ?

▶ La locomotion est la faculté pour un être vivant de se mouvoir pour se déplacer.

▶ La locomotion est une fonction essentielle qui permet de distinguer les animaux des végétaux.

Pourquoi les animaux se déplacent-ils ?

▶ Les animaux se déplacent pour se nourrir, pour se reproduire, pour fuir un prédateur ou poursuivre une proie, pour trouver des conditions de vie plus clémentes.

Quels déplacements pour quel milieu de vie ?

▶ La locomotion est une suite de mouvements qui entraînent un déplacement. On peut associer les déplacements au milieu de vie : un animal ne se déplace pas de la même façon dans l'eau, dans l'air ou sur la terre. Ce déplacement peut être la nage ou la propulsion dans l'eau, le vol dans l'air, une progression bipède, quadrupède ou apode sur terre.

▶ Certains ne se déplacent que dans un seul milieu, comme les poissons, alors que d'autres sont capables de se mouvoir dans plusieurs milieux, comme les canards.

▶ Se déplacer, c'est toujours prendre appui sur quelque chose de résistant :
- le sol pour marcher, courir, ramper, sauter,
- l'eau pour nager,
- l'air pour voler.

▶ Dans l'eau, les animaux nagent. Il existe certes des animaux marcheurs, comme le crabe, mais s'ils vivent dans l'eau, le déplacement se fait sur une surface solide correspondant aux fonds aquatiques. Le singe qui grimpe dans l'arbre n'est pas aérien pour autant ! Certains animaux tels les gerris arrivent à marcher sur l'eau. Cet exemple est permis grâce aux forces de tension de surface de l'eau et constitue un cas particulier.

La locomotion chez l'homme

▶ La locomotion est une fonction commune aux animaux et à l'homme.

▶ L'étude de ses différents modes de déplacements par l'élève contribue à la construction de son schéma corporel.

Quel organe pour quel déplacement ?

▶ Pour une même fonction « se déplacer », les organes de déplacement sont adaptés au milieu de vie. De manière générale, on trouve des pattes pour le milieu terre, des ailes pour le milieu air et des nageoires pour le milieu eau.

▶ Chez les vertébrés, des modifications très importantes sont apparues pour adapter les membres au type de déplacement malgré une organisation générale commune du squelette. Ainsi la patte antérieure du cheval, l'aile de la chauvesouris et la nageoire du dauphin ont subi d'importantes modifications qui les adaptent au milieu de vie dans lequel ils évoluent.

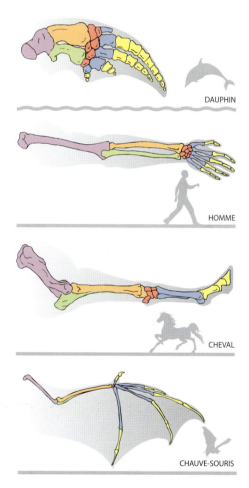

DAUPHIN

HOMME

CHEVAL

CHAUVE-SOURIS

Ce qui peut poser problème

▶ La locomotion est impossible à étudier à partir de photos d'animaux ou de recherches documentaires.

▶ Pour motiver une recherche et s'interroger sur la locomotion, l'élève doit être confronté à l'observation d'un animal vivant qui se déplace (élevages, sorties) et à des vidéos d'animaux se déplaçant.

▶ Pour bien intégrer un mode de déplacement comme la reptation, il est intéressant que l'élève puisse faire un parallèle avec ses propres possibilités de ramper en salle de motricité.

Le vivant La vie animale

LA VIE ANIMALE — LA LOCOMOTION

PIGEON VOLE
Identifier et classer les déplacements des animaux

PS · MS · GS

LE VIVANT

**CLASSE ENTIÈRE
COIN REGROUPEMENT
OU
SALLE DE MOTRICITÉ
10 minutes à renouveler
2 ou 3 fois**

Matériel
- l'animal de l'élevage
- la *carte d'identité* de l'animal

ÉTAPE 1 OBSERVER LE DÉPLACEMENT D'UN ANIMAL   PS • MS • GS

★ Si vous n'avez pas d'élevage dans la classe, passez directement à l'étape 1bis.

Situation déclenchante et questionnement
▶ L'enseignant sort l'animal de la classe et le place au milieu des élèves.
▶ *Comment se déplace cet animal ?*

▶ Pour l'observation des petits mammifères tels que lapins et gerbilles, utilisez l'espace autour d'un grand tapis. Les élèves sont assis tout autour pour matérialiser une barrière. On peut également observer ces déplacements autour d'une table, mais l'espace est plus petit, l'animal se contente souvent de marcher.

▶ L'observation des insectes peut se faire au regroupement sur le sol, sur une partie du corps ou sur le tableau de la classe.
▶ Le déplacement de l'escargot peut se faire sur une ardoise blanche pour mettre en évidence le mucus (la bave). En plongeant son pied dans du colorant alimentaire, on visualise le tracé du déplacement.

Observations et verbalisations
▶ Les élèves observent et nomment les déplacements. Ils identifient les organes impliqués.
▶ Mimer les sauts du lapin permet de différencier corporellement le rôle des pattes avant et des pattes arrière, puis de le décrire verbalement.
▶ L'enseignant relance par des questions pour affiner l'observation. Il apporte le vocabulaire nécessaire : les nageoires du poisson, l'escargot rampe sur son pied.
▶ Le phasme marche et grimpe dans toutes les positions.

Conclusion
▶ Les élèves énumèrent les déplacements caractéristiques de l'animal et les organes impliqués.
- *Pour avancer, l'escargot rampe sur son pied. Il fabrique de la bave pour mieux glisser et ne pas se blesser.*
- *Le lapin peut avancer tranquillement ou vite. Il se déplace en sautant avec les pattes arrière. Les pattes avant marchent, ou sautent aussi quand le lapin accélère.*
- *La gerbille peut marcher, courir, grimper, sauter.*
- *Le phasme ne peut ni courir, ni sauter, il ne sait que marcher et grimper, mais il peut se déplacer dans toutes les positions, même à l'envers.*
- *Le poisson nage grâce à ses nageoires (caudale, dorsale, ventrale et latérales).*

▶ Ils peuvent ensuite compléter la *carte d'identité* de l'animal.

PS mars ▶ juin
MS GS septembre ▶ juin

CLASSE ENTIÈRE
COIN REGROUPEMENT
25 à 30 minutes

Matériel
- vidéos 1 à 28 :
déplacements des animaux
- *pictogrammes des déplacements*
(matériel page 61)

ÉTAPE 1BIS DÉCOUVRIR LES DÉPLACEMENTS DES ANIMAUX   PS • MS • GS

Questionnement et hypothèses
▶ *Comment se déplacent les autres animaux ?*
▶ L'enseignant laisse les élèves réagir, citer différents animaux et déplacements, faire des hypothèses.

Recherche
▶ L'enseignant propose de visionner des vidéos sur le *déplacement des animaux*.
▶ *Observez comment chaque animal se déplace.*
▶ Les élèves nomment les animaux et les déplacements qu'ils connaissent.
▶ Si nécessaire, le groupe valide, corrige les réponses.
▶ L'enseignant présente pour chaque déplacement cité un pictogramme.

Conclusion
▶ À la fin de la séance, les élèves ont répertorié tous les déplacements des animaux. Les pictogrammes accrochés au tableau permettent d'en garder une trace.

DEMI-CLASSE
COIN REGROUPEMENT
20 minutes

Matériel
- *pictogrammes des déplacements*
(matériel page 61)
- cartes-images ❽ *Locomotion des animaux*
ou
- *illustrations des animaux*
(matériel page 62)
- ordinateur et compléments numériques accessibles si besoin

ÉTAPE 2 ASSOCIER UN ANIMAL À SON DÉPLACEMENT   PS • MS • GS

Réinvestissement
▶ L'enseignant distribue les cartes-images ❽ *Locomotion des animaux*.
▶ Chacun nomme son animal et cite son mode de déplacement. Les autres valident ou non.

Structuration
▶ L'enseignant accroche au tableau les sept *pictogrammes des déplacements*.
▶ *Accrochez l'image de votre animal sur le pictogramme du déplacement qui lui convient.*

⭐ CERTAINS ANIMAUX ONT PLUSIEURS DÉPLACEMENTS. S'IL N'Y A PAS DE DÉBAT LORSQUE L'ÉLÈVE ACCROCHE SON ANIMAL À UN DÉPLACEMENT ALORS QUE D'AUTRES SONT POSSIBLES, L'ENSEIGNANT PEUT INTERVENIR POUR ALLER PLUS LOIN DANS L'ANALYSE. COMME IL FAUDRA ASSOCIER UN ANIMAL À PLUSIEURS DÉPLACEMENTS, LES IMAGES SONT PRÉVUES EN DOUBLE, VOIRE TRIPLE.

Le vivant La vie animale 59

(PS) mars ▸ juin
(MS) (GS) septembre ▸ juin

**CLASSE ENTIÈRE
SALLE DE MOTRICITÉ
20 minutes**

Matériel
- aucun

ÉTAPE 3 SE DÉPLACER COMME... PS • MS

Réinvestissement
▶ L'enseignant propose que les élèves se déplacent comme les animaux qu'il va citer.
▶ *Déplacez-vous comme... un escargot !*
▶ Les élèves rampent et prennent conscience qu'ils utilisent l'ensemble de leur corps.

Verbalisation
▶ Un élève nomme à chaque fois le déplacement choisi. Les élèves valident ou corrigent leurs déplacements et prennent conscience des contraintes et caractéristiques de chaque déplacement proposé : *quand je rampe comme l'escargot, j'avance lentement, je n'utilise pas mes bras ou mes jambes, j'utilise tout mon corps.*

**ACTIVITÉ INDIVIDUELLE
20 minutes**

Matériel
- 1 document par élève *Pigeon vole* (page 63 ☁)
- colle
- ciseaux

**EN LIEN
VERS L'AUTONOMIE**
Identifier le mode de locomotion d'un animal **page 232**

MON CARNET DE SUIVI
des apprentissages à l'école maternelle
Je sais identifier les déplacements de certains animaux **page 44**

ÉTAPE 4 CLASSER UN ANIMAL SELON SON DÉPLACEMENT MS • GS

Trace écrite individuelle
▶ L'enseignant présente le document *Pigeon vole* ☁. Les élèves nomment ce qu'ils reconnaissent.
▶ *Collez chaque animal sous son déplacement. S'il y a plusieurs fois le même animal, c'est qu'il peut se déplacer de plusieurs façons.*
⭐ Certains animaux ont plusieurs déplacements et doivent donc être collés plusieurs fois.

DIFFÉRENCIATION

▶ L'enseignant peut choisir le niveau de difficulté.
• Niveau simple : les élèves classent selon le déplacement de l'animal sur l'image.
• Niveaux plus complexes : les élèves connaissent les autres façons de se déplacer et associent l'animal à ses autres déplacements.

LEXIQUE

Verbes : marcher, courir, ramper, sauter, nager, voler, grimper, se déplacer.
Noms : marche, nage, vol, course, patte, nageoire, aile, corps, air, eau, terre.

| MATÉRIEL | A3 141% | PICTOGRAMMES DES DÉPLACEMENTS |

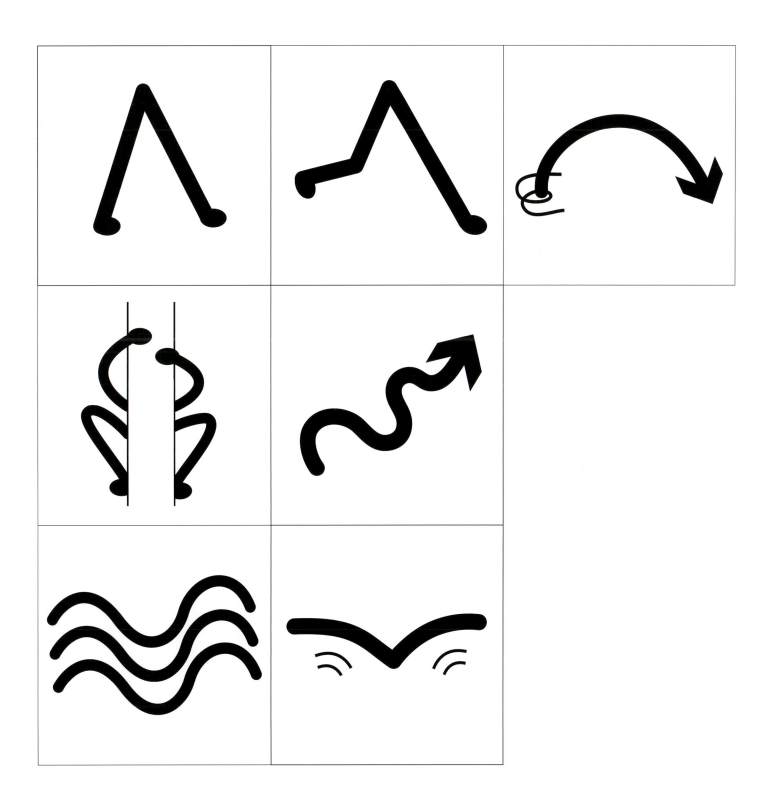

Le vivant La vie animale

Matériel — A3 141% — Illustrations des animaux

62

PRÉNOM

DATE

Locomotion

Classer un animal selon son déplacement

PIGEON VOLE

Colle chaque animal sous son déplacement.

LA VIE ANIMALE   LA LOCOMOTION

AILES, PATTES OU NAGEOIRES ?
(GS) Associer un organe moteur aux déplacements qu'il permet

CLASSE ENTIÈRE
COIN REGROUPEMENT
20 minutes

Matériel
- 1 plateau de jeu
Ailes, pattes ou nageoires
- 24 cartes de jeu ❾
Ailes, pattes ou nageoires

ÉTAPE 1 COMPRENDRE LE JEU

Situation déclenchante
▶ L'enseignant propose un nouveau jeu et en explique rapidement les règles.
▶ *Vous êtes une petite boule et vous devez vous déplacer sur ce chemin pour arriver le premier à la dernière case. Sur le chemin, il faudra marcher, courir, grimper, sauter, nager, voler, ramper, mais toute seule la boule ne peut pas avancer. Des animaux vont vous aider et vous prêter une partie de leur corps pour vous permettre de vous déplacer.*

Questionnement
▶ *Quelle partie de leur corps les animaux doivent-ils vous donner pour que votre boule puisse se déplacer ?*
▶ Les élèves réfléchissent et sont amenés à citer les pattes, les ailes et les nageoires.

Présentation des cartes
▶ L'enseignant pose les cartes sur la table, face cachée. Les élèves les retournent les unes après les autres et décrivent à chaque fois ce qu'ils voient.

Observation et verbalisation
▶ Pour chaque carte, les élèves reconnaissent l'animal, observent et nomment ses organes de déplacement. Ils identifient également les pictogrammes des déplacements possibles.

Présentation du plateau
▶ L'enseignant fait repérer à ses élèves les différentes parties du parcours : le chemin principal où il faut marcher ou courir, les passages où il faut nager et les trois raccourcis que l'on peut emprunter en grimpant, en sautant, en rampant ou en volant.

Explication de la règle du jeu
▶ *Chaque joueur a trois cartes devant lui. Pour avancer, il pioche une quatrième carte puis choisit celle qu'il veut utiliser. Il la dépose au centre et déplace son pion d'une case. Si l'animal choisi peut courir, il peut avancer de trois cases, sauf s'il veut s'arrêter avant pour pouvoir prendre un raccourci.*
▶ *La carte Atout permet de passer partout.*
▶ *Chaque joueur joue à tour de rôle. Le premier joueur qui atteint la case d'arrivée a gagné.*

GS septembre ▶ juin

**ATELIER SEMI-DIRIGÉ
DE 2 À 4 ÉLÈVES
25 minutes**

Matériel
★ Pour 4 élèves :
- 1 plateau de jeu
Ailes, pattes ou nageoires ☁ ▣
- 24 cartes de jeu ❾
Ailes, pattes ou nageoires ☁ ▣
- 4 pions

ÉTAPE 2 JOUER   MS • GS

★ Le plateau de jeu convient pour des parties à deux, trois ou quatre élèves maximum.

▶ L'enseignant fait reformuler les règles du jeu et la partie débute.

Verbalisation

▶ Le joueur place au centre la carte qu'il utilise et verbalise.
- *Je prends les pattes du tigre pour courir et j'avance de deux cases.*
- *Je prends le corps du serpent pour ramper et je passe sous la barrière. C'est un raccourci.*
- *Je prends les ailes de la cigogne pour voler et prendre ce raccourci.*

★ Au fil des parties, les élèves conservent stratégiquement dans leur main certaines cartes qu'ils pourront utiliser plus loin. Exemple : si possible, ne pas utiliser les pattes de l'ours pour marcher ou courir mais les garder pour nager ou grimper.

**ACTIVITÉ INDIVIDUELLE
20 minutes**

Matériel
- 1 document par élève
Ailes, pattes ou nageoires
(page 66 ☁)

ÉTAPE 3 TRACE ÉCRITE   MS • GS

Présentation du matériel
▶ Les élèves identifient les colonnes du tableau et les organes de déplacement choisis.

Consigne
▶ *Colle dans chaque colonne les organes qui permettent le déplacement demandé.*

LEXIQUE

Verbes : avancer, jouer, ramper, marcher, courir, sauter, nager, voler, tirer une carte, attendre son tour, gagner.
Noms : jeu, case, carte, logo, nage, marche, saut, course, vol, raccourci.

Le vivant La vie animale **65**

PRÉNOM

DATE

Locomotion — Associer un organe moteur aux déplacements qu'il permet

AILES, PATTES OU NAGEOIRES ?

Colle dans chaque colonne les organes qui permettent le déplacement demandé.

∧	∧	↻	🐸	↯	≈	⌣

Notions pour l'enseignant

La nutrition

Les notions abordées
- **L'universalité de la nutrition**
- **La spécificité de l'alimentation**
- **Les régimes alimentaires**

Qu'est-ce que la nutrition ?

▶ **La nutrition** correspond à toutes les fonctions assurant l'approvisionnement en matière et en énergie d'un organisme nécessaire à sa survie et à son développement. Elle comprend **l'alimentation, la digestion, la respiration, la circulation et l'excrétion**.

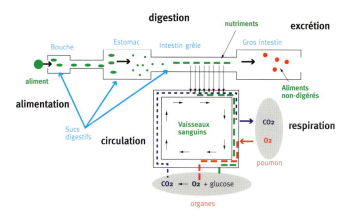

Qu'est-ce que l'alimentation ?

▶ **L'alimentation** désigne la manière dont s'alimente un animal et ce qu'il mange : **sa prise de nourriture et son régime alimentaire**. C'est cette composante de la nutrition qui est travaillée à la maternelle.

▶ Tous les animaux se nourrissent. L'observation directe des animaux, l'observation des traces d'un repas et la recherche documentaire permettent de le mettre en évidence à la maternelle.

Qu'est-ce que le régime alimentaire ?

▶ **Le régime alimentaire** définit la façon dont un animal se nourrit. Son régime alimentaire peut être constitué exclusivement d'animaux, de végétaux ou parfois des deux. C'est sur la base de cette différence d'origine des aliments que l'on a établi une classification des régimes alimentaires.

▶ Les animaux qui ont **un régime alimentaire carnivore** se nourrissent d'aliments d'origine animale. Ce sont les zoophages. Exemples : le hibou, le lion, la couleuvre, le héron, la coccinelle, l'étoile de mer...
Certains régimes carnivores sont très spécialisés.
- Les **insectivores** ne consomment que des insectes. Ex : l'hirondelle.
- Les **charognards** ne mangent que des cadavres. Ex : le vautour.
- Les **piscivores** ne mangent que des poissons. Ex : le martin-pêcheur.

▶ Les animaux qui ont **un régime alimentaire végétarien** se nourrissent d'aliments d'origine végétale et de substances produites par les végétaux comme la sève ou le nectar. Ce sont **des phytophages.** Exemples : le phasme, la gerbille, le lapin, le cerf...
Ce régime alimentaire peut également être très spécialisé.
- Les **herbivores** ne mangent que de l'herbe. Ex : la vache.
- Les **granivores** ne mangent que des graines. Ex : le verdier d'Europe.
- Les **nectarivores** ne se nourrissent que de nectar sécrété par les fleurs. Ex : le colibri.

▶ D'autres animaux ont **un régime alimentaire omnivore**. Ils se nourrissent à la fois d'aliments d'origine animale et d'aliments d'origine végétale. Exemples : le renard, le sanglier, le raton laveur, l'ours, le merle...
Ce régime peut étonnamment être aussi très spécialisé.
- Les **planctophages** ne consomment que du plancton d'origine animale et végétale. Ex : la baleine.

▶ Le régime alimentaire a une influence sur le comportement de l'animal (prédateur, proie), sur la structure anatomique de certaines parties du corps (bouche, dents, griffes, estomac...).

▶ Il peut varier au cours de la vie de l'animal. Le jeune mammifère se nourrit de lait maternel au début de sa vie puis adopte le régime alimentaire de son espèce.

▶ Il peut également varier en fonction des saisons quand la quantité de nourriture disponible change. Le raton laveur se nourrit beaucoup de larves, d'œufs, d'oisillons et de vers de terre au printemps, puis de fruits, graines et baies en automne.

▶ Les animaux qui sont exclusifs dans leur régime alimentaire sont souvent plus vulnérables à la sélection naturelle que les omnivores. Ex : le panda.

Ce qui peut poser problème
▶ Il faut faire attention de ne pas heurter la sensibilité des jeunes élèves en leur montrant des séquences filmées de prédation trop impressionnantes. Il faut bien choisir les animaux à visionner. On peut cependant déjà amener l'élève de maternelle à considérer le prédateur comme un animal qui se nourrit et pas comme « un méchant tueur ».

LA VIE ANIMALE • LA NUTRITION

BON APPÉTIT LAPIN !
Découvrir l'alimentation du lapin par l'expérimentation

MS • GS

CLASSE ENTIÈRE
COIN REGROUPEMENT
OU COIN ÉLEVAGE
20 minutes

Matériel
- aucun

ÉTAPE 1 S'INTERROGER SUR L'ALIMENTATION DU LAPIN MS • GS

Situation inductrice
▶ La classe travaille actuellement sur un projet élevage ou accueille un lapin pour quelques jours.

 UNE EXPÉRIMENTATION ANALOGUE PEUT ÊTRE EFFECTUÉE AVEC D'AUTRES ANIMAUX ÉLEVÉS EN CLASSE, NOTAMMENT L'ESCARGOT. EN THÉORIE, ELLE POURRAIT SE MENER AVEC TOUS LES ANIMAUX, MAIS CERTAINS MANGENT PEU ET LENTEMENT ET L'ALIMENT TESTÉ POURRIT DANS LA CAGE (PHASME). CERTAINS ANIMAUX ONT DES PRÉFÉRENCES ALIMENTAIRES FORTES ET L'EXPÉRIMENTATION NE RÉVÈLE PAS CE QUE L'ANIMAL SAUVAGE MANGERAIT (GERBILLE). ON NE PLACERA PAS DANS UN AQUARIUM DES ALIMENTS À TESTER CHEZ LE POISSON, DE PEUR DE LE VOIR MOURIR RAPIDEMENT.

Questionnement et hypothèses
▶ L'enseignant interroge sa classe : *que va-t-on donner à manger au lapin ?*
▶ Les élèves font appel à des connaissances qu'ils ont déjà et vont certainement proposer des carottes, du pain dur, du chou…

Explication du dispositif expérimental
▶ L'enseignant les encourage à proposer d'autres aliments : *pour savoir ce que mange ce lapin, on va lui proposer tous les jours deux aliments différents et on regardera ce qu'il a mangé et ce qu'il a laissé.*
▶ Les élèves ajoutent des aliments.
▶ L'enseignant s'arrange pour en choisir six à huit avec quelques-uns que le lapin ne mange pas (jambon, thon, fromage…).
▶ Cependant, il élimine tout de suite des aliments qui sont toxiques pour le lapin en l'expliquant.
• *Le lapin mange le chocolat mais ça peut le rendre aveugle !*
• *La salade donne la diarrhée au lapin nain.*
• *Il faut toujours que le lapin ait du foin pour ses dents.*

CLASSE ENTIÈRE
COIN REGROUPEMENT
5 minutes à renouveler plusieurs fois

Matériel
- cage avec le lapin
- carotte
- chou
- pomme
- pain dur
- fromage
- jambon
- thon
- autres propositions des élèves

ÉTAPE 2 TESTER LES ALIMENTS MS • GS

Expérimentation
▶ Certains élèves ont apporté des aliments cités précédemment. Celui qui a apporté un aliment le met dans la cage.

 CHOISIR DEUX ALIMENTS À LA FOIS ET EN QUANTITÉ MODÉRÉE POUR QUE LE LAPIN NE PUISSE PAS ÊTRE RASSASIÉ PAR UN SEUL. PAR RESPECT DU BIEN-ÊTRE ANIMAL, ON NE DONNE PAS UN SEUL ALIMENT AU LAPIN SACHANT QU'IL N'EN MANGERA PAS.

Observation
▶ Le lapin est gourmand, les élèves pourront observer le matin et dans la journée les aliments auxquels il a touché. Les élèves responsables du nourrissage sont chargés également de l'observation.

Conclusion
▶ Les élèves établissent la liste des aliments que le lapin mange et ceux qu'il ne mange pas.

 ÉVITER LES TERMES AIME / ET N'AIME PAS, TROP ANTHROPOMORPHIQUES.

Pour aller plus loin
▶ Établir une liste de préférence parmi les aliments que mange le lapin : présenter deux aliments simultanément. Observer lequel est choisi en premier, ceux mangés totalement ou partiellement.

septembre ▶ juin

CLASSE ENTIÈRE
COIN REGROUPEMENT
20 minutes

Matériel
- aimants
- les images *bouche ouverte / bouche barrée*
- cartes-images ❼ *Aliments*

ÉTAPE 3 STRUCTURATION COLLECTIVE   MS • GS

Verbalisation
▶ L'enseignant montre les cartes-images ❼ *Aliments*. Les élèves les reconnaissent et les nomment.

Consigne
▶ *Au tableau, accrochez dans la colonne avec la bouche ouverte les aliments que le lapin mange et dans celle avec la bouche barrée, les aliments qu'il ne mange pas.*

ATELIER DIRIGÉ
DE 6 À 8 ÉLÈVES
25 minutes

Matériel
- albums documentaires et magazines pour élèves sélectionnés par l'enseignant

ÉTAPE 4 SE DOCUMENTER POUR GÉNÉRALISER   MS • GS

Questionnement
▶ L'enseignant demande à ses élèves si tous les lapins mangent les mêmes aliments que le leur.
• *Comment savoir ce que mangent LES lapins ?*
• *Regarde maitresse, tu as apporté des livres qui expliquent la vie du lapin.*

Consultation des documentaires
▶ En ciblant la recherche et en observant les images, les élèves vont pouvoir apporter des réponses.
▶ L'enseignant peut lire pour apporter des réponses non illustrées.

Conclusion
• *Tous les lapins mangent les mêmes aliments. Dans la nature, les lapins trouvent encore d'autres aliments et ils mangent aussi...*
▶ Ajouter des aliments non encore mentionnés et trouvés dans la recherche documentaire (maïs, navet...).

CLASSE ENTIÈRE
COIN REGROUPEMENT
20 minutes

Matériel
- 1 affiche
- cartes-images ❼ *Aliments*
- la *carte d'identité* du lapin
- des photos prises ou des images des aliments testés
- des images découpées d'aliments

ÉTAPE 5 RÉALISER UNE TRACE ÉCRITE   MS • GS

Structuration
▶ L'enseignant propose de réaliser une affiche qui récapitule ce que mangent les lapins.
▶ À partir de la structuration de l'étape 3 déjà accrochée au tableau, les élèves complètent la colonne « mange » de la *carte d'identité* du lapin avec les cartes-images ❼ *Aliments* en fonction des informations recueillies lors de l'étape 4.

LEXIQUE

Verbes : manger, se nourrir, nourrir, ronger, grignoter, observer, proposer, essayer, chercher, se documenter.
Noms : lapin, aliment, cage, carotte, pain dur, chou, fromage, foin, pomme.

Le vivant La vie animale **69**

LA VIE ANIMALE — LA NUTRITION

À CHACUN SON MENU
Associer des animaux à leur nourriture

MS • GS

LE VIVANT

CLASSE ENTIÈRE
COIN REGROUPEMENT
15 minutes

Matériel
- L'album inducteur

La grenouille à grande bouche
Christina Dorner et Camille Tisserand
© ACCÈS Jeunesse • 2021 • 12 €

- *éléments de l'album* ☁ plastifiés
- les *bouches* ☁

ÉTAPE 1 S'INTERROGER SUR L'ALIMENTATION DES ANIMAUX   MS • GS

Situation inductrice
▶ Les élèves connaissent l'album *La grenouille à grande bouche*. La grenouille n'aime plus les mouches et demande à d'autres animaux ce qu'ils mangent, jusqu'au moment où elle rencontre le crocodile…

> Si le début et la fin de l'histoire relèvent de la fiction, les réponses des animaux quant à leur alimentation sont exactes d'un point de vue biologique.

Questionnement
▶ *Qui mange quoi ?*
▶ Les élèves se souviennent. *La grenouille mange des mouches, l'hippopotame des algues…*
▶ Chaque élève accroche au tableau sa réponse avec les *éléments de l'album* ☁ plastifiés et les *bouches* ☁. La bouche ouverte signifie « mange », la bouche barrée signifie « ne mange pas ».

CLASSE ENTIÈRE
COIN REGROUPEMENT
15 minutes

Matériel
- cartes d'identité déjà réalisées au cours de l'année à partir des élevages

ÉTAPE 2 ENRICHIR LA RECHERCHE AVEC SES CONNAISSANCES   MS • GS

Lancement d'un projet de réalisation d'une affiche
▶ *Nous allons faire une grande affiche qui présente des animaux et explique ce qu'ils mangent. Quels animaux connaissons-nous déjà ?*

Réponses
À partir de cartes d'identité d'animaux étudiés en élevage.
▶ Les élèves citent des animaux observés en élevage et dont on a noté l'alimentation.
À partir des connaissances personnelles des élèves.
▶ Les élèves nomment un animal qu'ils connaissent (animal domestique, visite…) et précisent comment il faut le nourrir.
▶ L'enseignant prend des notes.

MS janvier ▶ juin
GS septembre ▶ juin

**ATELIER SEMI-DIRIGÉ
DE 6 À 8 ÉLÈVES
20 minutes**

Matériel
★ au moins 2 documentaires par élève à emprunter dans une BCD :
- magazines type Wakou
- livres documentaires

ÉTAPE 3 INVESTIGUER PAR UNE RECHERCHE DOCUMENTAIRE — MS • GS

Questionnement
▶ *Voilà des magazines et des livres qui expliquent la vie des animaux. Que veut-on savoir sur les animaux pour réaliser notre affiche ?* On veut savoir ce qu'ils mangent.

Consigne
▶ *Feuilletez les documentaires, cherchez des images où on voit un animal manger et où l'on peut reconnaître ce qu'il mange.*
▶ *Placez un papier pour garder la page. À la fin, chacun me présentera ce qu'il a trouvé.*

Recherche
▶ Les élèves cherchent des photos, mettent les papiers pour garder la page.
▶ De temps en temps, l'enseignant les questionne pour voir comment ils s'en sortent, Il vérifie qu'ils ont bien choisi un animal en train de manger où l'aliment est identifiable. Pour ceux qui ont du mal, il peut leur choisir les documentaires les plus riches.

Conclusion
▶ Chaque élève expose ses recherches. L'enseignant laisse les marque-pages pour photocopies.

**ATELIER SEMI-DIRIGÉ
DE 6 À 8 ÉLÈVES
25 minutes**

Matériel
- images découpées des animaux
- étiquettes
- modèles avec les noms des animaux
- modèles avec les noms des aliments mangés
- colle
- ciseaux

ÉTAPE 4 FINALISER SA RECHERCHE AVEC UNE AFFICHE — MS • GS

 Avec des GS, on peut trier les aliments selon l'origine : végétale ou animale. Faire alors l'étape 5.

Présentation de l'activité
▶ Les élèves nomment chaque animal et ce qu'on le voit manger sur la photo.
▶ *Voilà les animaux trouvés. Chacun choisit une photocopie et découpe soigneusement la photo.*
▶ *Vous écrivez le nom de l'animal sur une étiquette et ce qu'il mange sur une autre étiquette.*

Réalisation
▶ Les élèves coupent et écrivent grâce aux modèles préparés par l'enseignant.

 Il y a beaucoup de papiers sur la table entre les photocopies, les découpages, les modèles et les étiquettes. L'idéal serait d'écrire sur un autre espace que celui du découpage.

Le vivant La vie animale

**ATELIER SEMI-DIRIGÉ
DE 6 À 8 ÉLÈVES
25 minutes**

Matériel
- images découpées des animaux
- étiquettes
- modèles avec les noms des animaux
- modèles avec les noms des aliments mangés
- colle et ciseaux

ÉTAPE 5 ALLER VERS LA NOTION DE VÉGÉTARIEN ET DE CARNIVORE   GS

Présentation de l'activité
▶ Les élèves nomment chaque animal et ce qu'on le voit manger sur la photo.
▶ *Voilà les animaux que vous avez trouvés. Chacun choisit une photocopie et découpe la photo.*
▶ *Vous écrivez le nom de l'animal sur une étiquette et ce qu'il mange sur une autre étiquette.*

Réalisation
▶ Les élèves coupent et écrivent grâce aux modèles préparés par l'enseignant.

Classement
▶ *Parmi ces animaux, certains mangent d'autres animaux, d'autres mangent des plantes.*
▶ *Posez votre feuille sur l'affiche rouge si votre animal mange un autre animal, ou posez-le sur l'affiche verte s'il mange une plante ou quelque chose qui vient d'une plante.*
▶ Chaque élève vient poser sa feuille en justifiant son choix.

Observation des deux affiches
▶ Quand les deux affiches sont terminées, l'enseignant amène les termes *carnivore* et *végétarien*.
▶ Les élèves citent alors des exemples d'animaux végétariens ou carnivores.

Conclusion
• Il y a des animaux qui mangent d'autres animaux. On les appelle des carnivores.
• Il y a des animaux qui mangent des plantes ou des aliments qui viennent d'une plante (les fruits, les graines...). On les appelle les végétariens.

⭐ DANS CETTE PREMIÈRE APPROCHE VÉGÉTARIEN/CARNIVORE, L'ENSEIGNANT VEILLERA À UTILISER DES EXEMPLES CARICATURAUX : UN ANIMAL QUI MANGE DU YAOURT OU DES CROQUETTES EST TROP COMPLEXE À ANALYSER.

LEXIQUE

Verbes : manger, dévorer, nourrir, se nourrir.
Noms : lapin, grenouille, ver, mouche, carotte, renard, viande, herbe, fruit, insecte, salade, affiche, animal, animaux.
Adjectifs : végétarien, carnivore.

Notions pour l'enseignant

La reproduction

Les notions abordées

- Première approche de la notion d'espèce.
- La reproduction sexuée : mâle, femelle, petits
- Les développements ovipare et vivipare
- Croissance et développement des petits

Qu'est-ce que la reproduction ?

▶ La reproduction regroupe tous les processus permettant la perpétuation des espèces par la naissance de nouveaux organismes. C'est une des activités fondamentales des êtres vivants.

▶ On distingue

- **La reproduction sexuée.** Elle est assurée par la fécondation et la rencontre des gamètes mâles et femelles. Elle est très importante car elle assure le brassage génétique entre les individus d'une même espèce.

- **La reproduction asexuée ou multiplication végétative.** Elle permet, sans fécondation ni gamètes, d'avoir des descendants tous identiques génétiquement. Seules certaines espèces d'animaux très primitifs peuvent se multiplier de cette façon, à partir d'un individu isolé (des protozoaires : individus unicellulaires, certaines hydres d'eau douce, certaines anémones de mer...).

▶ Cas particuliers chez les animaux.

- **La parthénogénèse,** considérée comme un mode de reproduction sexuée car elle fait intervenir des gamètes, est la faculté de l'ovule non fécondé à pouvoir se développer. Elle produit, le plus souvent, un individu femelle identique à sa mère. Parfois, certaines formes de parthénogénèses, par des phénomènes de fusions complexes, peuvent ne donner que des mâles ou encore des mâles et des femelles.

  Dans la nature, on trouve ce mode de reproduction chez des insectes (phasmes, fourmis, abeilles...), des annélides et plus rarement chez certains vertébrés : certains requins, le dragon de Komodo...

  Pour certaines espèces de phasmes, ce mode de reproduction est tellement répandu que l'on n'a jamais encore identifié d'individus mâles dans l'espèce.

- **L'hermaphrodisme.** Tous les escargots sont hermaphrodites. Ils sont à la fois mâles et femelles et peuvent produire des gamètes mâles et des gamètes femelles simultanément. Ils ne peuvent cependant pas s'autoféconder et doivent toujours être deux individus pour se reproduire. C'est une fécondation croisée et les deux individus se fécondent mutuellement.

Ovipare ou vivipare ?

▶ Un animal **ovipare** est un animal dont la femelle pond des **œufs.** Le développement et la croissance de l'embryon se déroulent hors du corps de la femelle dans cet œuf.

Pour que l'œuf puisse se développer, il doit avoir été fécondé par le mâle. Selon les espèces, cette **fécondation** résulte de **l'accouplement** des parents : le mâle dépose sa semence dans le corps de la femelle (ex : la poule) ou le mâle peut féconder les ovules après leur ponte (ex : les grenouilles).

L'embryon se développe ensuite dans cette enveloppe extérieure solide chez les oiseaux, plutôt gélatineuse chez les poissons et les batraciens ou de forme particulière chez certains requins. L'œuf contient toutes les réserves nécessaires au bon développement de l'embryon.

Lorsque le petit sort de l'œuf, on appelle cela **l'éclosion**.

Les oiseaux, les batraciens, les insectes, les araignées, beaucoup de reptiles et de poissons sont ovipares.

▶ Un animal **vivipare** est un animal dont la femelle assure le développement de l'embryon dans son utérus. La nutrition de ce dernier est mise en place par **le placenta via le cordon ombilical** et la femelle va le garder dans son corps jusqu'à l'expulsion. Tous les mammifères sont vivipares à l'exception de l'ornithorynque et de l'échidné.

Croissance et développement des animaux

▶ Tout animal, au cours du temps, se développe par une succession de différentes phases : la naissance, le développement et la croissance, l'âge adulte, le vieillissement et la mort.

Certains animaux possèdent **un développement direct :** le jeune ressemble à l'adulte dès sa naissance. D'autres connaissent **un développement indirect :** la larve subit des transformations importantes appelées **métamorphoses** pour devenir adulte.

▶ **La croissance des animaux est définie** par opposition à celle des végétaux qui se poursuit tout au long de leur vie.

Généralement, la croissance s'arrête à la maturité sexuelle de l'animal. Elle peut être **continue** si elle se poursuit en permanence jusqu'à l'âge adulte (ex : la gerbille) **ou discontinue** si elle résulte d'une succession de mues car l'augmentation de taille n'a alors lieu qu'au moment de la mue (ex : le phasme).

Ce qui peut poser problème

▶ À part la naissance d'un petit frère ou d'une petite sœur, les élèves ont souvent peu de vécu dans ce domaine.
Il faut donc prendre le temps de recueillir les représentations initiales et privilégier les observations d'élevages pour construire des connaissances.

Le vivant La vie animale

LA VIE ANIMALE · LA NUTRITION

TABLEAU DE FAMILLE
Associer des individus d'une même espèce

PS • MS

CLASSE ENTIÈRE REGROUPEMENT
20 minutes

Matériel
- l'album inducteur

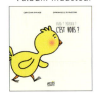

Papa ? Maman ? C'est vous ?
Christina Dorner et Emmanuelle di Martino
© ACCÈS Jeunesse • 2020 • 12 €

ÉTAPE 1 DÉCOUVRIR LE LIEN PETITS-PARENTS DANS UNE MÊME ESPÈCE   PS • MS

⭐ IDÉALEMENT, CE CHAPITRE EST À TRAITER EN AMONT OU EN EXPLOITATION D'UNE SORTIE À LA FERME.

Situation déclenchante
▶ L'enseignant lit l'album *Papa ? Maman ? C'est vous ?* Un poussin cherche ses parents.
Il rencontre différents animaux de la ferme qui lui disent comment ils s'appellent.

Questionnement
▶ À la fin de l'histoire, l'enseignant demande à ses élèves de nommer les différents animaux rencontrés par le poussin.

ATELIER DIRIGÉ DE LANGAGE DE 4 À 6 ÉLÈVES
20 minutes

Matériel
- Memory **B** *Petits / parents* ☁ 🗂

ÉTAPE 2 ASSOCIER UN PETIT ET SES PARENTS   PS • MS

Présentation des cartes
▶ L'enseignant montre les cartes du Memory **B** *Petits / parents* ☁ 🗂.
Les élèves reconnaissent et nomment les animaux.
Ils constatent qu'il y a des cartes avec des bébés animaux et d'autres avec *le papa et la maman*.

Jeu
▶ L'enseignant explique la règle du Memory consistant à apparier un bébé animal et ses parents.
▶ En jouant, l'élève reconnaît les parents d'un petit grâce à leurs ressemblances morphologiques.
Il nomme chaque animal avec l'aide de l'enseignant.

AUTOUR DES LIVRES TPS-PS
Les animaux de la ferme
pages 183 à 194

(PS) mars ▶ juin
(MS) janvier ▶ juin

**ATELIER DIRIGÉ DE LANGAGE
DE 4 À 6 ÉLÈVES
25 minutes**

Matériel
- cartes-images ⑩
Association petit-mâle-femelle

ÉTAPE 3 ASSOCIER LE MÂLE ET LA FEMELLE D'UNE MÊME ESPÈCE — PS • MS

Appropriation du matériel et apport de vocabulaire
▶ L'enseignant dispose les cartes-images ⑩ *Association petit-mâle-femelle* au centre de la table et donne la consigne. ***Reconstituez une famille d'animaux de votre choix.***
▶ À tour de rôle, chaque élève, prend trois images pour reconstituer une famille.
▶ Quand toutes les familles sont assemblées, l'enseignant fait nommer les cartes à ses élèves.
▶ Ils vont utiliser les termes de *maman* et *papa*. L'enseignant apporte maintenant des rectificatifs de vocabulaire : ***on ne dit pas « la maman » mais la femelle et on ne dit pas « le papa » mais le mâle.***
▶ L'enseignant fait répéter le vocabulaire exact pour chaque carte, tel que *poule, coq, poussin…*

Jeu de cartes et utilisation de ce vocabulaire
▶ L'enseignant distribue aléatoirement les cartes aux élèves. Chacun dispose les cartes devant lui et choisit une famille à reconstituer. Pour obtenir les cartes qui lui manquent, l'élève doit la demander à celui qui l'a en utilisant les termes appropriés : *Adam, donne-moi le coq s'il te plait.*
▶ L'élève qui collecte le plus de familles a gagné.

**ACTIVITÉ INDIVIDUELLE
30 minutes**

Matériel
- 1 document par élève
Tableau de famille
(page 76 ou 77)
- ciseaux et colle

MON CARNET DE SUIVI
des apprentissages à l'école maternelle
J'associe des individus d'une même espèce
page 44

ÉTAPE 4 TRACE ÉCRITE INDIVIDUELLE — PS • MS

Consigne
▶ Chaque élève reçoit un document *Tableau de famille* (page 76 ou 77 selon son niveau).
▶ ***Colle les animaux d'une même famille ensemble.***

Réalisation
▶ Les élèves posent puis collent. L'enseignant détermine le nombre d'étiquettes selon le niveau des élèves : 3 familles pour un PS, 4 pour un MS, 5 pour un GS.
▶ À la fin de l'activité, chacun nomme à l'enseignant les animaux qu'il a collés.

**CLASSE ENTIÈRE
REGROUPEMENT
25 minutes**

Matériel
- l'album inducteur

Les bébés animaux
© Gallimard Jeunesse • 2015 • 9 €

ÉTAPE 5 DÉCOUVRIR LES SOINS DES PARENTS POUR LEURS PETITS — PS • MS

Lecture de l'album et verbalisation
▶ L'enseignant lit l'album *Les bébés animaux*. Il fait verbaliser ce que les élèves ont retenu : c'est un livre qui explique comment certains animaux s'occupent de leurs petits.

Questionnement
▶ ***Connaissez-vous d'autres comportements d'animaux avec leur petit ?***
▶ Les élèves apportent des éléments de réponse grâce à leur culture, constatent peut-être aussi que certains animaux se débrouillent seuls après la naissance.

Conclusion
- *Certains animaux s'occupent de leurs petits : ils les protègent, les nourrissent, les allaitent, les réchauffent, les lèchent, les tiennent contre leur corps…*
- *D'autres les abandonnent, ne s'occupent pas d'eux et les petits sont alors, dès la naissance, capables de survivre seuls.*

LEXIQUE

Verbes : protéger, nourrir, allaiter, réchauffer, lécher.
Noms : petit, mâle, femelle, espèce, lion, lionne, lionceau, canard, cane, caneton, bélier, brebis, agneau, vache, taureau, veau, chien, chienne, chiot, coq, poule, poussin, cerf, biche, faon, lapin, lapine, lapereau, cheval, étalon, jument, poulain.

Le vivant **La vie animale** 75

PRÉNOM .... DATE ....

La vie animale

Associer des animaux d'une même espèce

TABLEAU DE FAMILLE

Colle les animaux d'une même famille dans le même enclos.

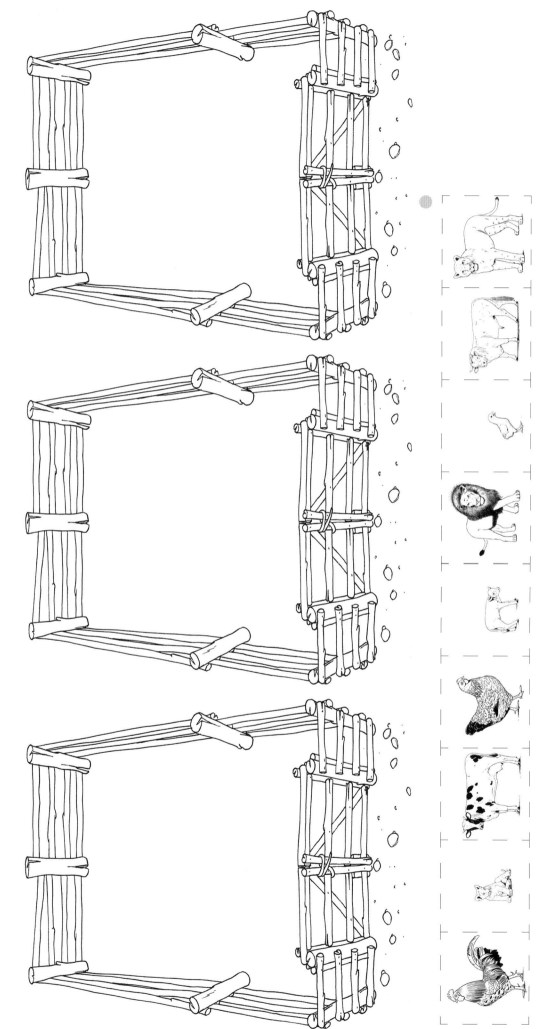

PRÉNOM

DATE

La vie animale

Associer des animaux d'une même espèce

TABLEAU DE FAMILLE

Colle les animaux d'une même famille dans le même enclos.

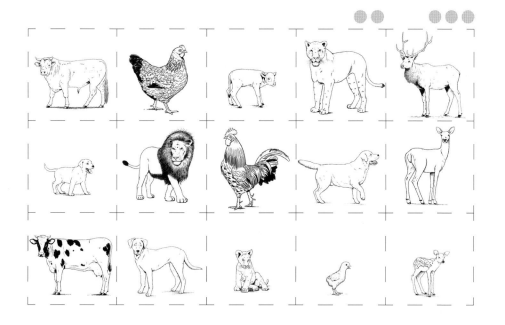

LE VIVANT — LA VIE ANIMALE · LA NUTRITION

OVIPARE OU VIVIPARE ?
Classer certains animaux selon les modes de gestation
(GS)

**CLASSE ENTIÈRE
REGROUPEMENT
25 minutes**

Matériel
- l'album inducteur

C'est à moi, ça !
Michel Van Zeveren
© Pastel • 2009 • 12 €

ÉTAPE 1 S'INTERROGER SUR LA VENUE AU MONDE GS

Situation déclenchante et questionnement
▶ L'enseignant lit l'album *C'est à moi, ça !*
▶ ***Est-ce que l'œuf aurait pu appartenir à tous les animaux de cet album ?*** *Oui, parce que tous les animaux de l'album pondent des œufs.*
▶ ***Est-ce que tous les animaux sortent d'un œuf ?***
▶ L'enseignant peut faire référence à la naissance d'un petit frère ou d'une petite sœur pour permettre à ses élèves de trouver que des petits peuvent aussi sortir du ventre.
▶ ***Qui connait des animaux qui sortent d'un œuf et qui connait des animaux qui sortent du ventre ?***
▶ Les élèves apportent leurs réponses personnelles, puis l'enseignant poursuit la lecture de l'album pour élargir les recherches et permettre à tous les élèves d'avoir une culture commune.

Conclusion
- *Il y a des animaux qui sortent d'un œuf, et d'autres animaux qui sortent du ventre de la mère, comme nous.*

**ATELIER DIRIGÉ DE LANGAGE
EN DEMI-CLASSE
20 minutes**

Matériel
- le poster
Ovipare vivipare ☁

ÉTAPE 2 DÉFINIR LES TERMES OVIPARES ET VIVIPARES GS

Verbalisation et consigne
▶ Les élèves reformulent le contenu de l'album.
▶ ***Citez des animaux qui sortent d'un œuf et citez-en d'autres qui sortent du ventre.***

Réponses et apport de vocabulaire
▶ Les élèves apportent les réponses. L'enseignant trace un tableau : dans une des colonnes, il écrit les noms des animaux qui sortent d'un œuf, dans l'autre ceux qui sortent du ventre de leur mère.
▶ L'enseignant introduit alors les termes d'ovipares et de vivipares.

Recherche à partir des images du poster
▶ L'enseignant présente le poster *Ovipare vivipare* ☁.
▶ ***Observe le poster et précise pour chaque animal s'il est ovipare ou vivipare.***
▶ Les élèves identifient chaque animal, puis déterminent son mode de reproduction à l'aide des indices. Si nécessaire, l'enseignant lit les écrits du poster.
▶ L'enseignant rajoute les noms des animaux dans les colonnes du tableau.

78

ATELIER DIRIGÉ DE 6 À 8 ÉLÈVES
20 minutes

Matériel
- cartes-images ⑪
ovipare ou vivipare ?

ÉTAPE 3 RÉINVESTIR LES NOTIONS D'ANIMAUX OVIPARES ET VIVIPARES — GS

Présentation du matériel et hypothèses
- L'enseignant montre les cartes-images ⑪ *Ovipare ou vivipare ?* et demande pour chaque animal s'il est ovipare ou vivipare.
- Pour chaque image, les élèves proposent une réponse : *je pense que le petit du canard sort d'un œuf, je pense que le canard est ovipare.*
- Cette hypothèse devra être vérifiée plus tard pour être validée. Les élèves sont d'accord ou non avec les propositions et le font savoir.

Vérification des réponses
- Puis l'enseignant dispose face cachée les photos permettant la validation. Un élève retourne une carte, décrit ce qu'il voit : *c'est un canard qui a pondu des œufs, le canard est bien ovipare.*
- Quand tous les élèves ont retourné toutes les cartes, l'enseignant fait classer les animaux ovipares et les animaux vivipares en accrochant les photos dans deux colonnes au tableau.

ACTIVITÉ INDIVIDUELLE
5 minutes

Matériel
- 1 document par élève
Œuf ou pas œuf
(page 80)
- ciseaux et colle

MON CARNET DE SUIVI
des apprentissages à l'école maternelle
Je connais des animaux vivipares et ovipares
page 44

ÉTAPE 4 CLASSER DES ANIMAUX SELON LEUR MODE DE NAISSANCE — GS

Trace écrite individuelle
- Les élèves nomment les animaux. L'enseignant énonce la consigne et explicite chaque colonne du tableau avec le symbole qui permet de mémoriser partie ovipare et partie vivipare : l'œuf pour les animaux ovipares et l'œuf barré pour les vivipares qui naissent comme nous.
- ***Coupe et colle les animaux dans la bonne colonne : les animaux ovipares dans la colonne avec l'œuf et les animaux vivipares dans la colonne avec l'œuf barré.***

PROLONGEMENT OBSERVER DIFFÉRENTS ŒUFS

- Décrire différents œufs d'après leur taille, leur couleur, leur forme… à partir d'échantillons d'œufs apportés par des élèves ou à partir d'illustrations de documentaires.

LEXIQUE

Verbes : pondre, éclore, naitre, sortir de l'œuf, sortir du ventre.
Noms : ovipare, vivipare.
Adjectifs : ovipare, vivipare.

Le vivant La vie animale   79

PRÉNOM

DATE

La vie animale

Classer les animaux selon leur mode de naissance

ŒUF OU PAS ŒUF ?

Découpe et colle les animaux dans la bonne colonne : les animaux ovipares dans la colonne avec l'œuf et les animaux vivipares dans la colonne avec l'œuf barré.

🥚 OVIPARE	❌ VIVIPARE

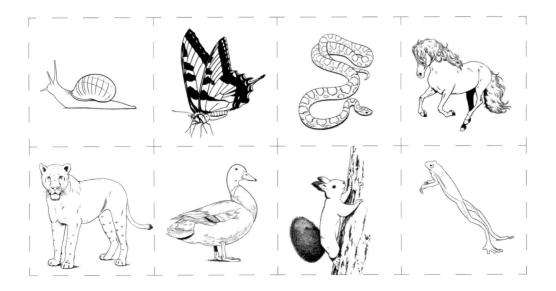

LA VIE ANIMALE · LA REPRODUCTION

DES PETITS DANS NOTRE ÉLEVAGE
Observer le développement et la croissance des petits
PS · MS · GS

CLASSE ENTIÈRE REGROUPEMENT
25 minutes

Matériel
- élevage de la classe

ÉTAPE 1 FAIRE DES HYPOTHÈSES — PS • MS • GS

Présentation
▶ Dans un élevage, vous aurez certainement l'occasion d'observer des naissances.
▶ L'enseignant explique qu'il y a un papa et une maman dans la cage, dans le terrarium. Comme les animaux observés ne sont pas encore des parents, l'enseignant corrige son vocabulaire et apporte les termes *mâle* et *femelle*.

Questionnement et hypothèses
▶ L'enseignant interroge ses élèves, de préférence avant les naissances.
▶ *Comment vont naitre les petits ?*
▶ Certains élèves pensent que tous les bébés sortent d'un œuf. D'autres sont plus informés, surtout s'ils ont un petit frère ou une petite sœur et savent qu'un bébé peut sortir du ventre de la mère.
▶ *Pour les gerbilles, on va découvrir comment ça se passe : si elles sortent d'un œuf, on verra les morceaux de coquille.*

CLASSE ENTIÈRE REGROUPEMENT
15 minutes

Matériel
- élevage ovipare

ÉTAPE 2 OBSERVER DES ŒUFS — PS • MS • GS

Questionnement
▶ Dans le terrarium des escargots, on observe un jour des petites boules blanches translucides plaquées contre la paroi du pot en verre et enfouies dans la terre.
▶ *Qu'est-ce que c'est ? Je crois que ce sont des œufs.*
▶ *Qui a pondu ces œufs ? C'est l'escargot qui les a pondus !*

⭐ L'ESCARGOT ÉTANT HERMAPHRODITE, ON NE PEUT PAS PARLER DE MÂLE OU DE FEMELLE.

▶ Dans le terrarium des phasmes aussi, on peut observer des œufs, mais ils sont plus difficiles à trouver. L'enseignant doit guider ses élèves et les aider à distinguer les œufs des crottes.
▶ *Que vont devenir ces œufs ? Des petits escargots ou des petits phasmes vont naitre et sortir des œufs.*

CLASSE ENTIÈRE REGROUPEMENT
10 minutes à renouveler dans la journée

Matériel
- élevage de la classe

ÉTAPE 3 DÉCOUVRIR LA NAISSANCE DES PETITS — PS • MS • GS

Observation et vérification
▶ Dans la cage des gerbilles, les élèves découvrent un matin la portée lovée dans un coin.
▶ On ne voit aucune trace d'œuf, les bébés sont sortis du ventre.

Verbalisation
▶ L'enseignant fait observer ces petits sans les toucher ou les déranger et fait décrire ce qu'on voit.
  • Les petits escargots sont minuscules et leur coquille est transparente et fragile.
  • Les petits phasmes sont à peine visibles. Quelquefois on peut encore observer la coquille de l'œuf accrochée à leurs pattes.
  • Les petites gerbilles ressemblent pour l'instant à de gros vers roses foncés. On voit à peine les quatre pattes, elles n'ont pas de poils, et leurs yeux sont fermés.
  • La femelle s'occupe de ses petits sans qu'on comprenne toujours bien ce qu'elle fait.

⭐ LES SOINS DE LA MÈRE VONT INTERPELER LES ÉLÈVES CAR SES MANIÈRES SONT BRUSQUES. ILS AURONT BESOIN QU'ON LEUR EXPLIQUE QU'ELLE NE FAIT PAS POUR AUTANT MAL À SES PETITS.

**CLASSE ENTIÈRE
REGROUPEMENT
SOUS FORME DE RITUELS
À L'ACCUEIL
5 à 10 minutes**

Matériel
- élevage
- appareil photo

ÉTAPE 4 OBSERVER LES DIFFÉRENTS STADES DE DÉVELOPPEMENT   PS • MS • GS

Observations

▶ **Pour l'escargot.** Les œufs pondus sont d'abord clairs et brillants puis deviennent beiges et plus mâts. Ils éclosent trois semaines après la ponte. L'escargot grossit et la coquille se colore. Sa taille augmente et elle est définitive lorsque sa coquille a un bourrelet au bout de plusieurs mois.

▶ **Pour le phasme.** Les œufs éclosent deux à quatre mois après la ponte. Le petit ressemble à l'adulte et il va grandir par mues successives que l'on peut observer (six mues en six mois environ).

▶ **Pour la gerbille.** Les petits naissent après vingt-quatre à vingt-six jours de gestation. Ils pèsent trois grammes et sont dépourvus de poils, sourds et aveugles. Ils ressemblent à de gros *vers rouges*. Au bout de sept jours, les poils apparaissent. Au bout de quinze jours, ils se déplacent à l'aveugle dans la cage. Au bout de vingt jours, leurs yeux s'ouvrent et ils commencent à manger comme les adultes. Ils grandissent.

Activités des élèves

📷 Prendre des photos et faire des dessins d'observation.
▶ Verbaliser les changements et les évolutions. Dater ces observations sur le calendrier.

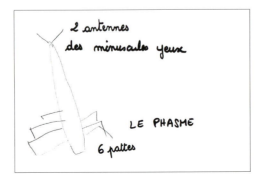 

septembre ▸ juin

ATELIER DIRIGÉ DE LANGAGE DE 4 À 6 ÉLÈVES
20 minutes

Matériel
- photos prises lors du développement
ou
- cartes-images ⑫ *Images séquentielles croissance*

ÉTAPE 5 RECONSTITUER LA CHRONOLOGIE DU DÉVELOPPEMENT DES PETITS   PS • MS • GS

Verbalisation
▶ L'enseignant distribue les photos ou les cartes-images ⑫ *Images séquentielles croissance*.
Les élèves les décrivent et situent le moment de la photo.

Consigne
▶ *Retrouvez l'ordre chronologique du développement des petits.*
▶ Les élèves accrochent leur photo au tableau dans l'ordre en justifiant leur choix.

ACTIVITÉ INDIVIDUELLE
25 minutes

Matériel
- 1 document par élève
Des petits qui grandissent (page 84)

ÉTAPE 6 TRACE ÉCRITE INDIVIDUELLE   PS • MS • GS

Consigne
▶ *Découpe les étiquettes et colle-les dans l'ordre chronologique.*

ATELIER DIRIGÉ DE LANGAGE DE 6 À 8 ÉLÈVES
20 à 25 minutes

Matériel
- cartes-images ⑫ *Images séquentielles croissance*

VERS L'AUTONOMIE
Ordonner les étapes de développement d'un animal
page 233

MON CARNET DE SUIVI
des apprentissages à l'école maternelle
Je connais les principales étapes de développement d'un animal **page 44**

ÉTAPE 7 TRANSFÉRER SES CONNAISSANCES À D'AUTRES ANIMAUX   MS • GS

Verbalisation
▶ L'enseignant montre les cartes-images ⑫ *Images séquentielles croissance* du poussin ou de la grenouille.
▶ Les élèves décrivent les images et font des observations.

Remise dans l'ordre chronologique
▶ L'enseignant invite les élèves à remettre les images dans l'ordre chronologique et les incite à justifier leur choix. Il les pousse à utiliser des connecteurs temporels.
▶ Le groupe valide. La chronologie peut être verbalisée à nouveau et prise en dictée à l'adulte.

LEXIQUE

Verbes : observer, décrire, naitre, grandir, pondre.
Noms : œufs, ponte, petits, adultes, naissance, ventre de la maman, taille.
Adverbes : puis, ensuite, après, avant.

Le vivant La vie animale **83**

PRÉNOM　　　　　　　　　　　　　　**DATE**

La vie animale | Ordonner les étapes de développement et de croissance des petits

DES PETITS QUI GRANDISSENT !

Colle les illustrations dans l'ordre chronologique.

✂

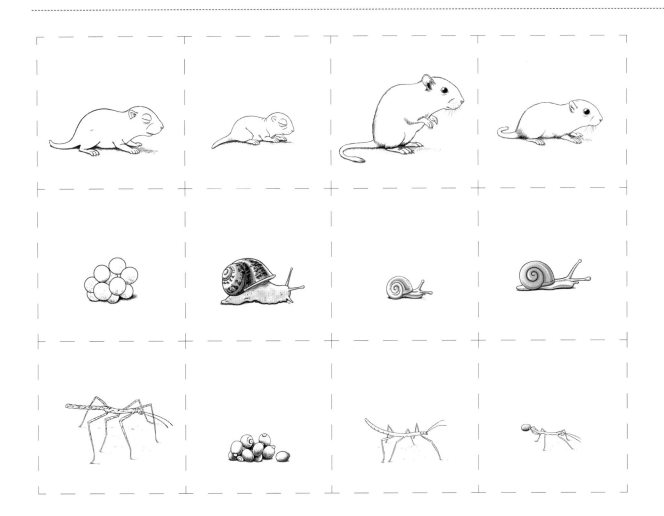

DOCUMENTAIRES AUTOUR DES ANIMAUX D'ÉLEVAGE

(PS) (MS) (GS)
Mes premières découvertes
© Gallimard jeunesse • 9 €
Une collection de documentaires avec volets transparents.
Existe pour le poisson, l'escargot et le phasme.

(MS) (GS)
Mes premiers documentaires
Léa Schneider et Christina Dorner
© ACCÈS Jeunesse • 9 €
Une collection de documentaires conçue par des pédagogues avec de magnifiques photos pour appréhender le réel au plus près.

(GS)
Les sciences naturelles
Tatsu Nagata © Seuil jeunesse • À partir de 9,90 €
Une collection de documentaires formidables pour parler de différents animaux avec humour et vérité scientifique.
Existe pour le lapin, l'escargot et le phasme.

ALBUMS AUTOUR DES ANIMAUX D'ÉLEVAGE

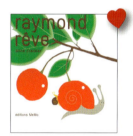

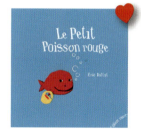

(PS) (MS) (GS)
Raymond rêve
Anne Crausaz © Éditions MeMo • 2007 • 14 €
L'album graphique d'un escargot qui aimerait bien se métamorphoser en un autre animal.

(PS) (MS) (GS)
Qui a mangé?
Anne Crausaz
© Éditions MeMo • 2011 • 12 €
À chaque page un légume a été mangé… Qui se cache là-dessous?

(MS) (GS)
Le voyage de l'escargot
Ruth Brown
© Gallimard jeunesse • 2018 • 12,50 €
Le trajet d'un escargot dans une petite parcelle de jardin quand il pense gravir des obstacles incroyables.

(MS) (GS)
Le petit poisson rouge
Éric Battut
© L'élan vert • 2017 • 12,20 €
Une revisite du conte *Le petit chaperon rouge* avec un poisson rouge.

JEUX AUTOUR DES ANIMAUX D'ÉLEVAGE

(PS)
Puzzles Les animaux
© Nathan ref. 3133093751560 • 33,50 €
Quatre puzzles composés de trois pièces avec des photos réelles d'animaux.

(PS)
Encastrement poisson
© Goki 2041530 • À partir de 9 €
Encastrement en bois de cinq pièces.

(MS) (GS)
Puzzle papillon 3 niveaux
© Goula 53121 • À partir de 12,95 €
Encastrement en bois de huit pièces réparties sur trois niveaux pour aborder la métamorphose du papillon.

(MS) (GS)
Puzzle lapin
© Au bois enchanté • À partir de 29,90 €
Un puzzle en hêtre massif de sept pièces peint à la main.

OUVRAGES AUTOUR DE LA LOCOMOTION ET DE LA REPRODUCTION

(PS)
Saute
Tatsuhide Matsuoka
© L'école des loisirs • 2014 • 7 €
Un livre cartonné très simple dans lequel différents animaux sautent, sauf l'escargot. La fin invite le lecteur à sauter lui aussi.

(PS)
Papa? Maman? C'est vous?
Christina Dorner et Emmanuelle di Martino
© ACCÈS Jeunesse • 2020 • 12 €
Un poussin cherche ses parents. Dans sa quête, il rencontre différents animaux qui lui présentent leur famille.

(MS) (GS)
L'oiseau qui ne savait pas voler
Aurélie Wynant • 2018 • 9 €
Un petit oiseau bleu cherche quelqu'un qui pourrait lui apprendre à voler. Il rencontre alors des animaux qui se déplacent en marchant, en nageant, en sautant ou en rampant.

(PS) (MS) (GS)
Les bébés animaux
© Gallimard Jeunesse • 2015 • 9 €
Un album qui explique comment certains animaux s'occupent de leurs petits.

(PS) (MS) (GS)
Un peu perdu
Chris Haughton
© Thierry Magnier • 2013 • 9 €
Un bébé chouette tombé du nid ne retrouve plus sa maman.

(MS) (GS)
C'est à moi, ça!
Michel Van Zeveren
© Pastel • 2009 • 12 €
Une grenouille trouve un œuf. Les autres animaux ovipares clament chacun leur tour que c'est à eux, jusqu'à ce que l'éléphant s'en mêle.

(MS) (GS)
Mes premiers documentaires: La poule
Léa Schneider
© ACCÈS Jeunesse • 2022 • 9 €
Un documentaire faisant la part belle aux photos pour tout découvrir sur la poule: son mode de vie, son alimentation, sa locomotion, sa reproduction...

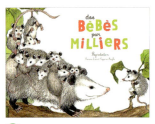

(GS)
Des bébés par milliers
Françoise Laurent et Capucine Mazille
© Ricochet • 2017 • 13,50 €
Un ouvrage très complet sur la reproduction des animaux.

OUVRAGES AUTOUR DE L'ALIMENTATION

(PS) (MS)
Qui a mangé mon amie la chenille?
Sylvain Diez
© Thomas jeunesse • 2020 • 9,90 €
Le cochon part à la recherche de la chenille qui a disparu. Chaque animal rencontré lui explique ce qu'il a mangé.

(MS) (GS)
La grenouille à grande bouche
Christina Dorner et Camille Tisserand
© ACCÈS Jeunesse • 2021 • 12 €
Un livre animé dans lequel la grenouille à grande bouche demande à plusieurs animaux ce qu'ils mangent.

(MS) (GS)
Bon appétit, Monsieur Lapin!
Claude Boujon
© L'école des loisirs • 1985 • 12 €
Monsieur Lapin n'aime plus les carottes. Il quitte sa maison pour aller regarder dans l'assiette de ses voisins.

(GS)
Dis, que manges-tu?
Françoise de Guibert et Clémence Pollet
© La Martinière Jeunesse • 2018 • 12,90 €
L'enfant est convié au banquet de 43 animaux du jardin, de la campagne, de la montagne etc.

LE VIVANT

La vie végétale

Dossier jardinage	88
Notions pour l'enseignant	90
Trucs & astuces	92
Silence, ça pousse !	94
Découvrir les différents stades de la germination d'une graine	
Graine ou pas graine ?	101
Expérimenter pour déterminer ce qui est une graine	
Du bulbe à la fleur	103
Observer le développement d'un bulbe et l'anatomie d'une fleur	
Le cycle du blé	106
Découvrir le cycle de vie d'une plante	
Ouvrages autour de la vie végétale	110
Exploitations de sorties	111

Les notions abordées

- **Les conditions de la germination :** mise en évidence du besoin en eau
- **Les étapes de la germination à partir de graines diverses**
- **L'anatomie simple d'une plante :** mise en évidence des racines, de la tige, des feuilles, de la fleur
- **Le développement d'une plante**
- **Le cycle d'une plante à travers le développement de grains de blé**
- **La relation entre production végétale et aliment fabriqué (du blé au pain)**

Dossier jardinage

Créer et entretenir un jardin est évidemment un projet motivant et porteur de sens pour les enfants dès l'école maternelle, mais le seul enthousiasme d'un enseignant ne suffit malheureusement pas à garantir la réalisation de ce projet.

AVANT DE COMMENCER

Travailler avec des partenaires
▶ Il vous faut l'appui total de votre école et surtout le soutien de la municipalité.
- Les terrains de l'école appartiennent à la mairie et les aménagements permanents nécessitent son accord.
- La mairie peut apporter un soutien logistique pour la mise en place de bacs ou de platebandes. Elle peut aussi accorder un soutien financier pour l'achat de plantes.
- Des agents municipaux peuvent vous aider à rendre le terrain cultivable, à arroser, à entretenir.

▶ Commencez par de petites surfaces pour garder la maitrise des plantations et de l'entretien des parcelles.
▶ Renseignez-vous et recherchez des bénévoles auprès d'associations.

Créer du lien social, des rencontres entre générations
▶ Invitez des personnes âgées ou non, passionnées de jardin et flattées de transmettre des savoirs à la jeunesse, ravies d'apporter de l'aide pour l'entretien (arrachage des mauvaises herbes, taille...).

Consulter absolument le site Jardinons à l'école
www.jardinons-alecole.org
▶ C'est une véritable mine de renseignements pour démarrer un jardin, notamment pour connaitre les dates de floraison et de récoltes.

Se renseigner sur l'évènement
La semaine du jardinage à l'école
▶ Cette semaine est parrainée par les ministères de l'Éducation nationale, de l'Écologie et du Développement Durable. Connaitre les partenaires et les distributeurs pour chaque région de France.

S'organiser dans le temps
▶ Avant de démarrer le projet, choisissez les plantations selon la saison et le temps dont on dispose, en prenant en compte notamment les vacances scolaires.

Se poser les bonnes questions
- Quelqu'un peut-il s'occuper du jardin pendant les vacances? Selon la réponse vous pourrez cultiver ou non des plantes qui se récoltent en automne, des plantes qui poussent sans entretien ou des plantes qui ont un grand besoin en eau.
- Où y a-t-il du soleil et un point d'eau dans la cour?
- De quel budget disposons-nous? Les graines, bulbes et autres plantes à transplanter ont un cout car chaque élève va les utiliser.

	SEMIS EN PLEINE TERRE	PLANTATION	DURÉE AVANT RÉCOLTE	FLORAISON	RÉCOLTE
LÉGUMES					
Carottes	Mars à juillet		Entre 3 et 5 mois		Juin-novembre
Courgettes	Mars à mai	Mai-juin	Entre 2 et 3 mois		mi-juillet à octobre
Fèves	Février à avril		Entre 3 et 4 mois		Mai-juin
Haricots et petits pois	Mars à juin		Entre 2 et 3 mois	Mai à juillet	Juin à septembre
Laitue	Mars-avril		Environ 2 mois		Mai-juin
Maïs	Avril-mai		Environ 5 mois		Septembre-octobre
Pommes de terre		Avril-mai	Entre 3 et 5 mois		Septembre-octobre
Potiron	Avril-mai		Entre 5 et 6 mois		Septembre-novembre
Radis	Mars à juillet		Entre 3 et 6 semaines		Avril à aout
Tomate		Mai	Entre 2 à 4 mois		Juillet à octobre
FRUITS					
Fraisier		Septembre à mi-octobre		Avril-mai	Mai-juin
Framboisier		Novembre à février		Avril-mai • Juillet-aout	Juin - juillet • Septembre - octobre
HERBES AROMATIQUES					
Basilic	Mars à mai				mai à octobre
Menthe	Mars à juin				Toute l'année
Ciboulette	Février à mai				avril à novembre
Persil	Mars à aout				Toute l'année
BULBES					
Tulipes		Octobre à décembre		Mars à mai	
Amaryllis		Octobre à février		2 mois plus tard	
Jacinthe		Septembre à janvier		Décembre à mai	
Perce-neige		Septembre-octobre		Janvier à mars	
Crocus et jonquille		Septembre à novembre		Février à mai	
Muscari		Septembre à novembre		Mars à mai	
Dahlia		Mars à juin		Juin à octobre	
Glaïeuls		Mars à juillet		Juillet à septembre	
Arums		Mars à mai		Juin à octobre	

JARDINER EN PLEINE TERRE OU EN BACS ?

▶ Le travail de la terre est une activité particulièrement pertinente pour les enfants de maternelle. Prévoyez au moins trois séances pour utiliser chaque outil et enlever les cailloux, aérer et aplanir le terrain, même si les adultes ont déjà rendu ce terrain cultivable.

▶ Jardiner en pleine terre permet d'utiliser correctement tous les outils de jardinage. La surface doit être allongée, ni trop large pour ne pas être obligé de piétiner la terre, ni trop étroite pour éviter les accidents de serfouette et de râteaux. Aménager un terrain en platebande est une bonne solution et les élèves restent propres.

▶ Pour les écoles qui n'ont pas de possibilité de travailler directement la terre, la culture en bacs permet néanmoins de réaliser un jardin, la hauteur des bacs correspond à la hauteur des cuisses des élèves.

▶ Utilisez les bacs pour planter plutôt les plantes vivaces et persistantes (bulbes, plantes aromatiques, fraisiers), afin que ces plantes ne vous gênent pas l'année suivante pour travailler la terre d'un espace que vous remanierez chaque année.

▶ N'oubliez pas d'utiliser l'espace vertical le long des clôtures, les plantes grimpantes sont vigoureuses et ont plein d'astuces pour s'accrocher.

UN JARDIN SENSORIEL

▶ L'approche sensorielle du jardin et du jardinage correspond bien à l'âge des élèves de maternelle et peut être facilement associée à d'autres projets menés dans la classe. Il n'est évidemment pas nécessaire de planter les six coins ci-dessous.

La fourche • L'arrosoir • La serfouette • La pelle • La griffe à dents • Le râteau • La bêche • Le transplantoir • Le plantoir • Le râteau • Le transplantoir à bulbes

Coin gourmand
• Fruits : fraises, groseilles, cassis et framboises, cerises et pommes (attendre au moins cinq ans après la plantation des arbres).
• Légumes : radis, salades, potirons, courgettes, carottes.
• Plantes aromatiques : persil, ciboulette, coriandre.

Coin couleurs et formes
• Plantes vivaces à bulbes : perce-neige, crocus, muscaris, jacinthe, tulipe.
• Annuelles à semer : capucine, coquelicot, souci...
• Transplanter des semis offerts par des partenaires.

Coin 3D des grimpantes
• Liseron (envahissant mais jolies feuilles en forme de cœur).
• Ipomée (très jolies fleurs en tube).
• Clématite (choisir celles qui fleurissent au printemps).
• Chèvrefeuille.

Coin texture
• Grande feuille lisse de rhubarbe.
• Plante qui pique : le chardon.
• Feuille épaisse et douce de sauge.
• Longues tiges et épis des graminées, choisir différentes variétés et prévoir notamment un petit carré de blé.

Coin aromatique
• Plantes à semer ou à transplanter : thym, romarin, menthe poivrée, menthe citronnée, lavande, estragon, sarriette, basilic, chèvrefeuille.

Coin sonore
• Placer quelques instruments qui vont jouer au gré du vent :
- pot avec une perle comme une cloche,
- installation de bambous en suspension.
• Acheter une grenouille et un oiseau qui se déclenche lorsqu'on passe devant eux (nature et découverte).

EDD Installation d'un compost et d'un récupérateur d'eau en concertation avec la municipalité.

Notions pour l'enseignant

Qu'est-ce qu'une plante verte ?

▶ Les plantes sont des organismes **autotrophes**, c'est-à-dire capables de produire leur propre matière organique à partir du CO_2 de l'air, de l'eau, des sels minéraux du sol et en utilisant l'énergie solaire. Elles se distinguent également des animaux par leur enracinement dans le sol pour un grand nombre d'espèces et donc d'une faible mobilité.

▶ Le terme de végétaux n'existe plus dans la classification actuelle des êtres vivants. Les plantes vertes regroupent les algues vertes, les mousses, les fougères, les conifères, **les angiospermes** (ou plantes à fleurs). C'est ce dernier groupe qui est étudié dans cette partie.

Anatomie d'une plante

▶ Une plante est un organisme moins complexe qu'un animal du point de vue de ses tissus et organes. Elle est constituée de **racines, tiges, feuilles, bourgeons, fleurs**.

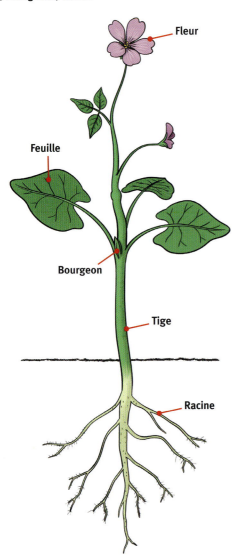

▶ **Le tronc** de l'arbre correspond ainsi à une tige, c'est-à-dire l'organe qui permet la circulation de la sève et le port de la plante.

▶ **Une plantule** est une jeune pousse issue de l'embryon après germination de la graine.

Qu'est-ce qu'un bulbe ?

▶ **Un bulbe** est un organe végétal souterrain formé par un bourgeon entouré de feuilles rapprochées et charnues.
Les feuilles externes sont mortes, desséchées et ont un rôle protecteur. Les feuilles plus internes sont remplies de réserves nutritives qui permettent à la plante de reformer chaque année ses parties aériennes.

▶ Certains bulbes s'achètent et se plantent à l'automne : amaryllis, jacinthe. D'autres se plantent au printemps : crocus narcisse, iris, tulipe, muscari.

▶ Pour une plantation en pleine terre, en règle générale, il faut planter les bulbes à une profondeur égale à deux fois sa hauteur et utiliser de préférence un plantoir à bulbe.

Qu'est-ce qu'une graine ?

▶ **Une graine** contient essentiellement **un embryon** ayant des **réserves** suffisantes et entouré d'**enveloppes protectrices** qui lui permettent de rester à l'état de vie ralentie, puis de germer quand les conditions favorables sont réalisées. La graine permet **une reproduction sexuée**, la nouvelle plante combine les informations génétiques des gamètes mâles et femelles.

▶ La graine est elle-même souvent contenue dans le fruit. Il existe quatre sortes de fruits :
  - **les fruits entièrement charnus à une ou plusieurs graines,** comme l'avocat ou la tomate,
  - **les fruits charnus à un ou plusieurs noyaux,** comme la cerise : le plus souvent, une seule graine est enfermée dans la membrane durcie, la plus interne, de la paroi du fruit,
  - **les fruits secs à plusieurs graines,** comme la gousse de haricot,
  - **les fruits secs à une seule graine,** comme le gland.

ATTENTION. Le classement fruit et légumes correspond à une habitude alimentaire et ne repose en rien sur une distinction botanique : certains légumes sont des fruits charnus comme la tomate, d'autres des fruits secs comme les haricots. Les épinards, choux, salades sont des feuilles, on mange l'inflorescence de l'artichaut, la tige et la racine de la carotte, les tubercules de la pomme de terre, la tige renflée du céleri.

Les conditions de germination des graines

▶ Trois facteurs sont déterminants :
la température, l'humidité et l'oxygénation.
Attention à certaines idées reçues : les graines n'ont pas besoin de lumière pour germer et heureusement car c'est très sombre sous la terre !

▶ **Phénomène de dormance :** certaines graines doivent subir une période de froid avant de germer, cette dormance en climat tempéré préserve les graines d'une germination prématurée en automne.
À savoir en conséquence : pour faire germer des pépins de pomme, les placer trois semaines au réfrigérateur.

Comment faire germer une graine ?

▶ Il suffit de la mouiller sans la noyer. En plus de l'eau, la graine doit **être oxygénée**. Le substrat (terre, coton…) permet de contenir l'eau tout en permettant une aération.

▶ **Le substrat** n'est là que pour conserver l'eau nécessaire à la graine, la graine ne *mange* pas la terre, elle possède ses propres réserves et la plante n'utilisera que plus tard les sels minéraux du sol. Lors de la croissance de la plante, la terre permet un meilleur enracinement de la plante, les plantules du germoir et du coton ploient et retombent sur le côté au bout d'un moment.

▶ La longévité des graines est variable d'une espèce à l'autre, en moyenne de deux à cinq ans, et dépend beaucoup des conditions de conservation (température et degré de dessiccation).

Les stades de la germination

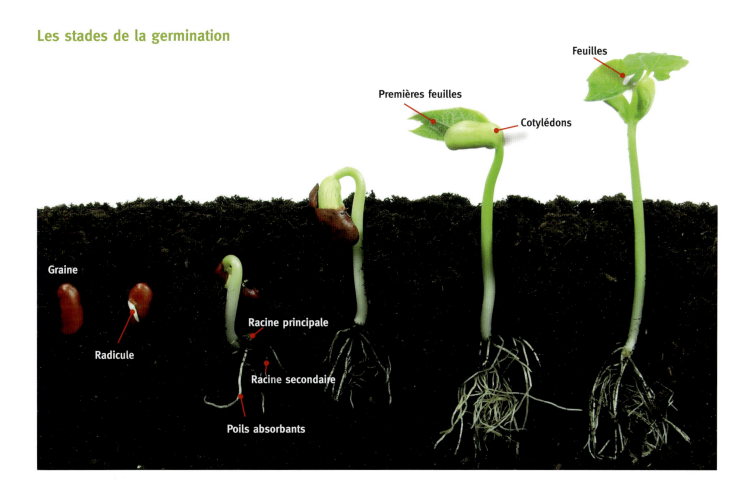

La reproduction asexuée ou multiplication végétative

▶ Elle peut être naturelle ou engendrée par l'homme. Ce type de reproduction permet l'obtention d'une nouvelle plante qui a les mêmes qualités que la plante mère.
La multiplication asexuée naturelle s'opère à partir :
- **des bulbes** (attention, là aussi les bulbes ont besoin d'une période de froid pour fleurir),
- de tiges rampantes comme **les stolons**,
- de tiges souterraines comme **les rhizomes et tubercules**.

▶ L'homme a inventé d'autres opérations comme **le bouturage, le marcottage, le greffage, la culture en tube**.

▶ La reproduction asexuée est un moyen de reproduction plus sûr et plus rapide que la reproduction sexuée.

Ce qui peut poser problème

▶ Le vivant est souvent représenté par les animaux. En faisant pousser une plante, l'enfant va se rendre compte qu'elle a des besoins nutritifs, qu'elle se développe, se reproduit et meurt.

▶ La représentation d'une plante pour un enfant de maternelle correspond à une fleur. Ce mot fleur est pour eux un terme générique qui désigne aussi bien les feuilles qu'une plante. C'est pourquoi beaucoup de petits désignent par le mot fleur des éléments qui n'en sont pas comme les feuilles, les petites plantes herbacées.

▶ Les enfants ne savent pas définir la graine par sa nature, mais ils possèdent déjà des connaissances sur sa fonction et son besoin en eau. Ils ont souvent une représentation fausse concernant le besoin en terre : si le plus souvent une graine germe dans la terre, cela n'est pas une nécessité pour elle, mais même en expérimentant des germinations sur du coton, ou directement sur un germoir, cette représentation du besoin en terre persiste longtemps.

Trucs & astuces

Quelles graines utiliser?

▶ L'utilisation de graines variées permet d'aborder les notions de formes et de grandeurs et d'associer un type de graine à une plante précise.
▶ Les graines sélectionnées ci-dessous ne demandent aucune précaution particulière et germent rapidement. Vous pouvez réduire les couts en privilégiant des graines que l'on peut acheter au rayon alimentaire de magasin bio ou non (lentilles, haricots, pois chiches, soja, maïs, alfalfa, luzerne...).

Les graines de haricot
Morphologie la plus caricaturale de la graine. Existent en plusieurs couleurs. Germination facilement observable même pour un petit, et rapide (48h) : au bout de trois semaines, la plante a produit plusieurs stades de feuilles.

Les graines de radis
Petites graines claires qui germent très rapidement. Le légume radis s'obtient trois à quatre semaines après la germination. Pour observer ces petits radis, il faut clairsemer les plantules : les élèves ont tendance à planter trop et à trop serrer. Pour que la racine du radis grossisse et devienne le *radis*, arracher les plants trop rapprochés.

Les graines du potager

Les lentilles
Brunes ou vertes, germination également très rapide (24h).

Les graines de petits pois
Germination comparable à celle du haricot mais les feuilles découpées de la plante sont très différentes.

Les graines de basilic
Très petites et noires. La germination est visible au bout de cinq à sept jours. Intéressantes à comparer aux graines plus rapides de radis, haricot, lentilles, car du coup on a l'impression qu'il ne se passe rien jusqu'à ce que…

Les graines de tournesol
La plantule sort de la coque, bel effet !

Les graines que les élèves sont susceptibles d'avoir mangées et qui germent facilement

Les graines de soja vert
Graines un peu plus petites que les graines de haricot, mais le soja fait partie de la même famille. Germination visible au bout de 48h.

Les graines cultivées en germoir
Alfalfa, luzerne

Les pois chiches
Germent au bout de quatre ou cinq jours.

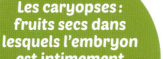

Le maïs
Il germe au bout d'une semaine.

Les caryopses : fruits secs dans lesquels l'embryon est intimement soudé. On parle du coup de grains et non de graines !

Le gazon
Mélange de caryopses de graminées, l'ensemble ressemble à des débris de foin et n'est pas immédiatement identifiable comme *graines*. Au début, on pense également qu'il ne se passe rien, mais il germe au bout de sept à dix jours.

Le blé
On peut extraire les grains directement de l'épi, ce qui permet un bon support pédagogique pour visualiser le cycle d'une plante.

Dans quoi planter ?

Substrat

LE TERREAU

Le terreau est le substrat idéal : c'est une terre enrichie en matière organique et minérale. C'est un substrat plus léger que la terre grâce à la présence de fibres et d'écorces.

LA TERRE

La terre est un substrat naturel dont la composition est essentiellement déterminée par la nature de la roche mère. Elle varie ainsi énormément selon les régions.

LE COMPOST

Le compost est le résultat du recyclage et de la décomposition de matières organiques. Son rôle principal est d'enrichir le sol ou le terreau en micro-organismes, éléments minéraux et humus. Il doit être mélangé à la terre et ne peut pas être utilisé pur.

LES COPEAUX DE BOIS OU SCIURES

Les copeaux de bois peuvent remplacer le terreau pour les bricolages de *Tête à cheveux* (page 98 et fiche de construction 1).

Inconvénient. Pour des enfants qui ont toujours planté dans du terreau, utiliser des copeaux ne correspond pas à un réel réinvestissement, il serait plus pédagogique de faire une étape pour montrer aux enfants que la terre n'est pas indispensable à la germination et utiliser d'autres substrats (coton, rien comme le germoir, copeaux).

Avantages. Les copeaux de bois ou sciures sont moins salissants, ils sont trop gros pour passer à travers les mailles du collant, la tête obtenue est moins lourde et conserve plus facilement sa forme ronde.

Récipients : acheter ou récupérer

- **Gobelets en plastique.** À percer au fond.
- **Pots en verre de confiture.** Attention de ne pas asphyxier les graines à l'arrosage. En plaquant les graines contre les parois, mise en évidence du système racinaire à moindres frais.
- **Pots en terre.** De préférence troués au fond.
- **Jardinières**
- **Pots en terreau.** À acheter en jardinerie. Très pratiques pour transplanter dans le jardin de l'école.
- **Bacs en plastique.** À récupérer chez le fleuriste
- **Autres.** Amusez-vous en détournant des objets (vieilles baskets, boite à œufs, valise, boite à thé…) et lancez-vous dans un projet artistique bohème.

Germination dans un germoir

1- Mettez vos graines à tremper la veille dans un bol d'eau.
2- Répartissez-les sur les plateaux du germoir.
3- Rincez et arrosez matin et soir. L'eau en surplus tombe dans la coupelle du fond.

Germination sur du coton

▶ Recouvrir une barquette de coton, placer les graines, recouvrir de coton et arroser sans noyer.
▶ On peut utiliser un cure-dent ou une pique à brochette avec le nom de la plante et quelques graines scotchées.

 Les graines ont besoin d'eau pour germer mais également d'oxygène. Lors de l'arrosage, il ne faut pas noyer le milieu, la graine serait asphyxiée et ne germerait plus. Pour éviter que l'eau ne stagne au fond du pot, utiliser de préférence des pots troués au fond.

Pour les plantations dans du coton, éliminer l'eau qui n'a pas été absorbée par les fibres de coton.

De manière générale, les germinations ratées le sont essentiellement parce qu'elles ont été trop arrosées.

Plantation de bulbes en intérieur

 De nombreux bulbes sont toxiques et les élèves ne doivent jamais porter les bulbes à leur bouche.

Pour faire pousser des bulbes dans sa classe, si on veut qu'ils fleurissent, il faut leur faire subir un traitement spécial appelé forçage. Les bulbes doivent être placés au réfrigérateur pour une durée de 6 semaines. Le forçage évite que la tige et les feuilles ne se développent avant les racines et ne permettent pas le fleurissement.

On peut pratiquer la culture en carafe dans des vases spéciaux mais on peut également les fabriquer soi-même en coupant une bouteille d'eau minérale en deux. La partie supérieure est placée retournée sur la partie inférieure. Dans celle-ci, on place le bulbe qui doit affleurer l'eau.

On peut également pratiquer la culture à la chinoise dans un récipient peu profond. On y étale une couche de gravier jusqu'à mi-hauteur, on place ensuite les bulbes bien serrés en évitant qu'ils ne se touchent. On remplit d'eau jusqu'au niveau supérieur du gravier et on complète avec une deuxième couche de gravier pour bien caler le tout.

LA VIE VÉGÉTALE

SILENCE, ÇA POUSSE !
Découvrir les différents stades de la germination d'une graine

PS • MS • GS

**CLASSE ENTIÈRE
COIN REGROUPEMENT
30 à 35 minutes**

Matériel
- les albums inducteurs

L'énorme radis
Christina Dorner et Nicole Colas des Francs
© ACCÈS Jeunesse • 2020 • 12 €

Ça pousse
Léa Schneider et Anne Crausaz
© ACCÈS Jeunesse • 2021 • 12 €

Toujours rien ?
Christian Voltz
© Éditions du Rouergue • 1999 • 11,70 €

- pots en terre cuite
- 2 cuillères
- terreau
- plusieurs sortes de graines : haricots, soja, radis, basilic

MON CARNET DE SUIVI
des apprentissages à l'école maternelle
Je participe à la plantation de graines **page 45**

AUTOUR DES LIVRES TPS-PS
Le radis **pages 207 à 218**

AUTOUR DES LIVRES MS
Les graines **pages 233 à 246**

AUTOUR DES LIVRES GS
Les graines **pages 249 à 262**

ÉTAPE 1 SEMER DES GRAINES COLLECTIVEMENT   PS • MS • GS

Au préalable
▶ L'enseignant lit l'un des albums suivants : *L'énorme radis*, *Ça pousse !* ou *Toujours rien ?*

Situation déclenchante
▶ L'enseignant a apporté des graines dans leur sachet d'achat : radis, haricots, soja, basilic.
▶ Il les sort pour les montrer à ses élèves. **Qu'est-ce que c'est ?** *Des graines.*
Qu'est-ce qu'une graine ? *On la met dans la terre. Il faut l'arroser et après ça pousse.*

Questionnement – Lancement de l'activité
▶ L'enseignant invite à deviner son projet.
À votre avis, pourquoi ai-je acheté des graines ?
Pour les semer, comme dans l'album !
▶ Il dévoile le reste du matériel : les pots, la terre.
▶ **Comment doit-on faire pour les semer ?** *Il faut mettre de la terre et les graines dans les pots.*

Manipulations
▶ Deux par deux, des enfants viennent au centre du regroupement pour semer les différentes graines dans les différents pots. Un échantillon de chaque graine est disposé dans une petite assiette pour se rappeler comment étaient les graines.

Verbalisation
▶ Quand les graines sont semées, les enfants verbalisent. *D'abord, on remplit le pot avec la terre en se servant d'une cuillère. Après on creuse un trou avec le doigt. Ensuite, on sème quelques graines et on les recouvre avec la terre. À la fin on arrose.*

Retour à l'album
▶ **Et maintenant, que doit-on faire ?** *Il faut attendre, comme Monsieur Louis.*
▶ Montrer à nouveau la page de l'album où Monsieur Louis dit : « Je t'attends », puis tourner la page et expliquer qu'il va falloir laisser passer plusieurs journées et plusieurs nuits avant de pouvoir observer le résultat. **Nous allons dormir, et chaque matin, quand vous arriverez à l'école, nous observerons nos semis pour voir si ça a poussé.**

**CLASSE ENTIÈRE
COIN REGROUPEMENT
15 minutes**

Matériel
- barquettes
- coton
- germoir
- graines de haricot, soja, radis, lentilles, basilic

ÉTAPE 2 FAIRE GERMER DES GRAINES AUTREMENT

PS • MS • GS

Situation inductrice
▶ L'enseignant dit qu'il connait d'autres façons de semer des graines.
Dans la terre, on ne voit pas ce qui se passe, on est comme Monsieur Louis, on ne sait pas si ça pousse ou non. Moi, je connais deux autres façons de faire germer les graines et on pourra tout voir.

Proposition d'autres dispositifs de plantations
▶ L'enseignant explique à ses élèves deux autres façons de faire germer les graines.
▶ Sur du coton. ***Prenez une barquette, recouvrez-la de coton, posez les graines dessus, recouvrez de coton et arrosez légèrement.***

★ Utiliser des graines de haricot, de soja, et de basilic.

▶ Dans un germoir. ***Prenez les graines mises à tremper dans un verre, répartissez-les sur un étage du germoir et arrosez-les!***

★ Utiliser les graines de soja, radis, lentilles. Éviter les grosses graines comme le haricot.

**ATELIER DIRIGÉ
DE 6 À 8 ÉLÈVES
20 à 30 minutes**

Matériel
★ Par élève :
- 1 gobelet transparent percé au fond
- 1 pique à brochettes sectionnée en 2 morceaux

★ Pour le groupe :
- des graines de radis, soja, haricot et basilic
- des cuillères
- du terreau
- des étiquettes prénom et des étiquettes avec le nom des graines

ÉTAPE 3 SEMER DES GRAINES INDIVIDUELLEMENT

PS • MS • GS

Verbalisation
▶ L'enseignant fait nommer le matériel. Les enfants réinvestissent l'étape précédente en reformulant ce qu'ils vont faire.
▶ ***Choisissez vos graines et semez-les dans un petit pot. Essayez de ne pas renverser la terre.***

Manipulations
▶ À tour de rôle, chaque enfant remplit son pot, décide de ce qu'il souhaite semer. Pour un petit de quatre ans, la tâche n'est pas si facile et correspond à des objectifs de motricité fine. L'enseignant jette un coup d'œil à l'arrosage pour réguler.
▶ Chaque élève précise sur son pot quelles graines il a semées grâce à des étiquettes.

VERS L'AUTONOMIE
Semer une graine **page 234**

Le vivant La vie végétale **95**

CLASSE ENTIÈRE
COIN REGROUPEMENT
15 à 20 minutes

Matériel
- 4 photos retraçant les *étapes des plantations* ☁
- 4 illustrations retraçant les *étapes des plantations* (matériel page 99 ☁)

ÉTAPE 4 RETRACER LES ÉTAPES DES PLANTATIONS   PS • MS • GS

Présentation du matériel
▶ L'enseignant montre les photos. Les élèves font la correspondance entre les actions montrées et leurs actions précédentes.

Ordre chronologique des étapes
▶ L'enseignant demande d'accrocher au tableau les photos dans l'ordre chronologique.

De la photo à l'image
▶ L'enseignant montre ensuite les illustrations. Les élèves verbalisent à nouveau chaque action et associent l'image avec la photo, ce qui les amène à ordonner les images dans l'ordre chronologique.

ACTIVITÉ INDIVIDUELLE
15 à 20 minutes

Matériel
- 1 document par élève *Savez-vous planter des graines ?* (page 100 ☁)
- colle

ÉTAPE 5 ORDONNER LES ÉTAPES DES PLANTATIONS   PS • MS • GS

Présentation du matériel
▶ L'enseignant montre le document *Savez-vous planter des graines ?* ☁ et l'explique.

Consigne
▶ *Colle les illustrations dans l'ordre chronologique.*

CLASSE ENTIÈRE
COIN REGROUPEMENT
5 à 10 minutes par jour sous forme de rituels

Matériel
- les plantules des étapes 1 et 2
- 1 appareil photo

ÉTAPE 6 OBSERVER LES PLANTATIONS   PS • MS • GS

Observation in vivo
 Tous les jours, les élèves observent les pots en germination. L'enseignant prend des photos.

Constatations
▶ Les différentes phases de développement font apparaitre des évolutions successives.
   wCertaines plantations poussent plus vite que d'autres : on voit quelque chose sortir de terre. Pour les autres pots, il faudra encore attendre (basilic).
   • Dans le germoir et sur le coton, la graine a grossi.

   ⭐ LES GRAINES PLACÉES DANS UNE ASSIETTE PERMETTENT LA COMPARAISON.

   • La peau de la graine s'est déchirée.
   • La plantule se développe et forme des racines et une tige.

   ⭐ AU BOUT DE 4-5 JOURS, ON PEUT DISTRIBUER UNE PLANTULE DE SOJA À CHAQUE ÉLÈVE.

   • La racine, la tige, le reste de la graine et même des petites feuilles apparaissent au bout de 4-5 jours.

   LA PLANTULE DU HARICOT MET BIEN EN ÉVIDENCE LE SYSTÈME RACINAIRE DE PLUS EN PLUS POILU : LES DEUX COTYLÉDONS DE LA GRAINE QUI S'OUVRENT POUR LAISSER SORTIR LA TIGE.
   ⭐ LES GRAINES DE BASILIC SONT PLUS DIFFICILES À OBSERVER. AVEC LES GRAINES DE RADIS ON VOIT QU'IL S'EST PASSÉ QUELQUE CHOSE ET QUE LA GRAINE A GERMÉ. MAIS AU DÉBUT ELLES NE SONT PAS AUSSI MANIPULABLES ET OBSERVABLES QUE LES GRAINES DE HARICOT OU DE SOJA.

▶ En distribuant une plantule de sept jours aux élèves, et en demandant de toucher les racines de la plante, les élèves vont constater qu'elles sont mouillées, l'enseignant leur explique que les racines permettent à la plante d'aspirer l'eau comme une petite paille.
▶ L'enseignant nomme et fait répéter les termes *feuilles*, *tige* et *racines*.

MON CARNET DE SUIVI
des apprentissages à l'école maternelle
Je nomme les différentes parties d'une plante
page 45

(PS) (MS) (GS) mars ▶ juin

ACTIVITÉ INDIVIDUELLE
15 minutes

Matériel
★ Par élève :
- 1 feuille A4
- 1 crayon à papier

ÉTAPE 7 FAIRE UN DESSIN D'OBSERVATION   MS • GS

Consigne
▶ *Dessinez la graine qui a germé avec la tige, les racines, les petites feuilles.*
▶ À la fin de la séance, l'enseignant annote les dessins des élèves.

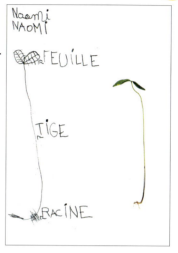

**ATELIER DIRIGÉ
DE 6 À 8 ÉLÈVES
15 minutes**

Matériel
- cartes-images ⑲ *Germination d'une graine*
- court-métrage sans parole de Christian Voltz *Der kleine Käffer*

ÉTAPE 8 COMPARER LA GERMINATION À L'ALBUM TOUJOURS RIEN   MS • GS

Découverte des cartes et commentaires des élèves
▶ L'enseignant a posé toutes les cartes-images ⑲ *Germination d'une graine* face cachée. Les élèves les retournent au fur et à mesure et explicitent ce qu'ils voient.
▶ L'enseignant induit un classement graines de l'album ou graines réelles.

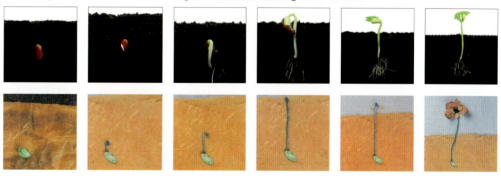

Comparaison entre les graines réelles et les graines de l'album
▶ Les élèves essaient d'associer la photo avec une illustration.
▶ L'enseignant leur demande d'observer ce qui n'est pas juste sur les illustrations de l'album.
• *Il n'y a pas les racines !*
• *Nous, on a des petites feuilles, pas une fleur.*
• *Et la graine s'ouvre pour laisser pousser les feuilles, elle sort même de la terre en vrai. Ce sont les racines qui restent dans la terre.*

Prolongement en lien avec l'histoire *Toujours rien*
▶ L'enseignant montre également le film *Monsieur Louis und der kleine Käffer* directement inspiré de l'album *Toujours rien* et réalisé par Christian Voltz lui-même. Le film permet d'appréhender davantage la notion de durée. La germination permet de structurer le temps qui passe. La fin de l'album a été légèrement modifiée, une seconde fleur pousse pour Monsieur Louis.

Le vivant La vie végétale **97**

mars ▶ juin

**ATELIER DIRIGÉ
DE 6 À 8 ÉLÈVES
20 minutes**

Matériel
★ Pour les PS :
- 4 photos de la germination du haricot en terre
- 1 frise
- de la pâte à fixer puis de la colle

★ Pour les MS :
- 5 photos de la germination du haricot en terre
- 5 photos de la germination du haricot sur du coton
- 5 photos de la germination du radis du germoir
- 5 photos de la germination du radis en terre
- 4 frises bandeaux de papier cartonné de 20 x 60 cm
- de la colle

ÉTAPE 9 RETROUVER LES DIFFÉRENTES PHASES DE LA GERMINATION PS • MS • GS

Organisation
▶ Avec des PS, chaque groupe ordonne quatre photos de germination identiques du haricot dans la terre.
▶ Avec des MS, la classe est divisée en quatre groupes. Chaque groupe ordonne cinq photos de germinations différentes.
• Germination du haricot dans la terre.   • Germination du haricot dans du coton.
• Germination du radis dans le germoir.   • Germination du radis dans la terre.

Verbalisation
▶ L'enseignant présente les photos prises auparavant. Les élèves commentent chaque photo.

Rangement dans l'ordre chronologique
▶ Les photos rangées, les élèves retracent verbalement les différentes étapes de la germination.
▶ Ils collent les photos sur le bandeau de papier pour réaliser une frise chronologique. Les photos sont d'abord fixées avec de la pâte à fixer puis collées définitivement à la fin.
▶ Il est possible de projeter la vidéo *Germination accélérée* ☁ et de compléter les posters *Dernier stade du haricot à légender* ☁ 📄 et *Étapes de germination* ☁ 📄.

**ATELIER DIRIGÉ
DE 6 À 8 ÉLÈVES
25 à 35 minutes**

Matériel
- 1 photocopie par élève du *mini-livre de la germination* ☁
- ciseaux

ÉTAPE 10 RÉALISER UN MINI-LIVRE POUR SE RAPPELER LES ÉTAPES DE GERMINATION   MS • GS

Distribution du matériel et réalisation du mini-livre à partir de la germination de la graine de haricot
▶ L'enseignant distribue le *mini-livre de la germination* ☁ qui retrace les étapes de la germination en cinq étapes.
• La graine est plantée dans la terre.
• Une radicule sort de la graine.
• Le système racinaire se développe.
• Les cotylédons de la plantule émergent de la terre.
• La plante a deux feuilles et deux cotylédons.
▶ Le livre est déjà prédécoupé, mais avant le pliage les illustrations paraissent être à l'envers (voir *Trucs & astuces* page 12).
▶ L'enseignant aide les élèves à plier et à réaliser leur mini livre.
▶ La dernière page est laissée blanche pour leur permettre de dessiner, d'écrire le mot GRAINE.

PROLONGEMENT
▶ Il est possible de proposer aux enfants de jouer au Memory
🎬 *Outils de jardinage* ☁ 📄.
▶ Il est possible de proposer la fabrication d'une tête à cheveux avec un collant et des graines de gazon à partir de la *fiche de construction 1* ☁ 📄.

LEXIQUE
Verbes : planter, semer, arroser, pousser, germer, ranger dans l'ordre.
Noms : racine, tige, feuille, graine, enveloppe, germoir, pot, coton, plantation, semis.

| Matériel | A3 141% | ÉTAPES DES PLANTATIONS | |

PRÉNOM

DATE

La vie végétale

Ordonner les étapes des plantations

SAVEZ-VOUS PLANTER DES GRAINES ?

Colle les illustrations dans l'ordre chronologique.

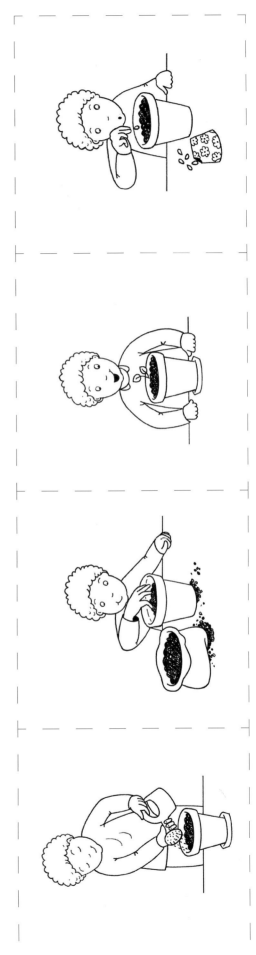

LE VIVANT — LA VIE VÉGÉTALE

GRAINE OU PAS GRAINE ?
Expérimenter pour déterminer ce qui est une graine

PS • MS

CLASSE ENTIÈRE
COIN REGROUPEMENT
15 à 20 minutes

Matériel
- les albums inducteurs

Toujours rien ?
Christian Voltz © Éditions du Rouergue
1999 • 11,70 €

L'histoire du bonbon
Anaïs Vaugelade © L'école des loisirs
1997 • 5 €

- des graines déjà connues : haricots, soja, radis, lentilles
- des graines inconnues : grosses fèves, pois chiches, graines de petits pois, de tournesol, de capucine, maïs, semoule
- des coquillettes, cailloux, des bonbons en forme de dragées
- 2 feuilles cartonnées où sont déjà notés les titres *oui c'est une graine* et *non, ce n'est pas une graine* et où sont déjà placés des morceaux de scotch double face
- des étiquettes avec le nom de chaque objet

VERS L'AUTONOMIE
Trier ce qui est une graine et ce qui ne l'est pas **page 234**

AUTOUR DES LIVRES MS
Les graines **pages 233 à 246**

ÉTAPE 1 METTRE EN PLACE UNE DÉMARCHE D'INVESTIGATION   PS • MS

Situation déclenchante
▶ Les élèves connaissent déjà l'album *Toujours rien ?*
▶ Après la lecture de *L'histoire du bonbon*, l'enseignant questionne ses élèves.
Est-ce qu'un bonbon peut pousser comme on le raconte dans cette histoire ?
▶ *Les élèves se doutent bien que non, mais la situation est tentante, ils se prêtent volontiers au jeu.*

Questionnement
▶ L'enseignant utilise cette motivation pour les faire s'interroger. **Comment pourrait-on le vérifier ?**
On n'a qu'à le planter comme les graines, on l'arrose, et on attend pour voir s'il pousse !
▶ L'enseignant sort un bonbon du matériel et dévoile les autres objets sans montrer les emballages. Les élèves vont reconnaître notamment tout ce qu'ils ont déjà mangé : coquillettes, pois chiches, tournesol. La semoule va les induire en erreur par sa forme et le fait que le couscous est aussi appelé graine. Les graines de haricot, lentilles et soja sont identifiées comme graines grâce au chapitre précédent et prennent un rôle de témoin.

Recherche
▶ **Triez ce qui est une graine et ce qui n'est pas une graine.**
▶ Les élèves vont vouloir répondre immédiatement. L'enseignant les pousse à entrer dans un protocole en leur demandant **Comment faire pour être absolument sûr ?**
▶ Les élèves vont proposer la même solution que pour le bonbon : *il faut les planter.*

Hypothèses
▶ L'enseignant a préparé deux cartons avec des morceaux de scotch double face.
▶ Il montre chaque objet et demande à un élève s'il faut le placer sur le carton « *oui, c'est une graine* » ou sur le carton « *non, ce n'est pas une graine* ». À chaque fois, il colle le nom de l'objet.

> ⭐ LA PRÉPARATION SCRUPULEUSE VOUS ÉVITERA DES DÉSAGRÉMENTS. TOUTES CES GRAINES SONT PETITES, ROULENT, SE MÉLANGENT ET L'ÉTAPE PEUT VITE DEVENIR HARASSANTE !

Le vivant La vie végétale **101**

mars ▶ juin

ATELIER DIRIGÉ DE 6 À 8 ÉLÈVES
25 minutes

Matériel
- barquettes à compartiments en terreau
- 2 boites vides de 10 œufs
- coton
- objets à faire germer
- étiquettes avec le nom de chaque objet

ÉTAPE 2 PLANTER POUR VÉRIFIER SI C'EST UNE GRAINE PS • MS

⭐ On reprend en petit groupe ce qui vient d'être fait en grand groupe.
Chaque enfant va à nouveau émettre une hypothèse en plaçant dans un premier tri son objet, et va enfin planter son objet dans une barquette de germination en se servant du coton.

Consigne
▶ *Il y a deux boites à œufs : une pour celles que vous pensez être des graines, une pour les objets qui n'en sont pas. Choisissez et placez les objets dans les boites.*

Manipulations
▶ Chacun prend un objet et le place dans la boite à œufs de son choix, pour matérialiser son hypothèse.
▶ Lorsque tout est réparti, les objets de la boite à œufs hypothèse *oui, c'est une graine* sont mises à germer dans la barquette *oui*. De la même manière les graines de la boite à œufs *non, ce n'est pas une graine* sont mises à germer dans la barquette *non*.
Les graines sont posées sur du coton puis recouvertes de coton et arrosées.

⭐ Les hypothèses des groupes ne seront pas forcément les mêmes que celles collées sur les cartons par le grand groupe. Ce n'est pas gênant. Les enfants planteront en fonction du tri du groupe.

CLASSE ENTIÈRE COIN REGROUPEMENT
25 minutes

Matériel
- des objets et des graines testés
- les 2 feuilles cartonnées hypothèses
- 2 nouvelles feuilles cartonnées pour matérialiser les conclusions
- scotch double face
- papier affiche
- feutres

ÉTAPE 3 OBSERVER ET CONCLURE PS • MS

Observations et constatations
▶ Au bout d'une dizaine de jours, les résultats sont bien visibles.
▶ Les élèves observent sans difficulté et concluent facilement : *regarde, ça pousse, c'est bien une graine ! Ici, rien n'a poussé !*
▶ L'enseignant passe en revue chaque objet pour faire constater si oui ou non c'est une graine, et si oui ou non l'hypothèse de départ était juste ou fausse. Il y a souvent des erreurs sur la semoule supposée graine, et sur les grosses graines comme les fèves.
▶ Les cailloux, coquillettes et bonbons ont valeur de témoin pour prouver que tout ne germe pas quand on l'arrose.

Confrontation aux hypothèses de départ et conclusions
▶ L'enseignant a accroché les hypothèses du groupe classe sur les feuilles cartonnées. Les enfants nomment ce qui était bien une graine et ce qui ne l'était pas, et comparent les conclusions aux hypothèses de départ.

⭐ En général, personne ne se souvient être l'auteur d'une hypothèse fausse !

▶ De la même façon que pour les hypothèses, les enfants collent à l'aide de scotch double face les objets sur les cartons *oui, c'est bien une graine* et *non, ce n'est pas une graine*.

Structuration et trace écrite collective
▶ Une affiche est réalisée. Elle présente les hypothèses et conclusions déjà élaborées.

MON CARNET DE SUIVI
des apprentissages à l'école maternelle
Je fais la différence entre ce qui est une graine et ce qui n'en est pas **page 45**

LEXIQUE

Verbes : planter, arroser, pousser, germer, trier
Noms : graines, coton, boite à œufs, tri

LA VIE VÉGÉTALE

DU BULBE À LA FLEUR
Observer le développement d'un bulbe et l'anatomie d'une fleur

PS • MS • GS

CLASSE ENTIÈRE EN REGROUPEMENT
15 minutes

ÉTAPE 1 OBSERVER DES BULBES   PS • MS • GS

★ Lire absolument les trucs et astuces : toxicité, forçage des bulbes, montage en carafe et montage à la chinoise.

Matériel
- 1 bulbe de narcisse
- 1 bulbe de muscaris
- 1 bulbe de crocus
- 1 bulbe de jacinthe

Situation déclenchante
▶ L'enseignant propose de fleurir la cour. Il montre différents types de bulbes (déjà forcés), explique ce que c'est et ce qu'on va en faire. *Ce sont des bulbes. Ce ne sont pas des grosses graines, mais en les arrosant on va observer ce qui pousse. Vous allez planter les bulbes dans les jardinières.*

Observations
▶ Il y a des bulbes de plusieurs tailles : des petits, des gros, des très gros. Ils ont une forme arrondie et pointue. L'enseignant explique que la partie pointue du bulbe doit être placée vers le haut.

Hypothèses
▶ *Qu'est-ce qui va pousser à partir de ces bulbes ?*
▶ Les enfants essaient de répondre. Certains réinvestissent les acquis de la germination.

ACTIVITÉ INDIVIDUELLE
15 minutes

ÉTAPE 2 REPRÉSENTER SA PROPOSITION PAR UN DESSIN   GS

Matériel
- des feuilles de dessin
- 1 crayon à papier

Présentation de l'activité
▶ Chaque enfant matérialise ses hypothèses par un dessin.
▶ *Dessinez comment vous allez planter votre bulbe dans la jardinière, puis ce qui va se passer.*

  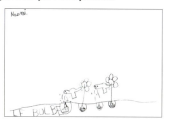

---

4 ATELIERS SEMI-DIRIGÉS DE 6 À 8 ÉLÈVES
20 minutes

ÉTAPE 3 PLANTER LES BULBES   PS • MS • GS

Matériel
★ Par élève :
- 1 bulbe déjà forcé (jacinthe, muscaris, crocus, amaryllis)

★ Pour le groupe :
- des piques à brochette
- des étiquettes

★ Pour l'enseignant :
- 1 bulbe de narcisse
- 1 bouteille sectionnée en 2

Réalisation
▶ Les enfants ayant choisi un même bulbe se retrouvent autour de la même jardinière.
▶ *Prenez un bulbe. Déposez une couche de graviers au fond puis remplissez la jardinière de terre. Faites un trou plus ou moins profond selon la grosseur de votre bulbe : il ne doit pas être trop enfoui sous la terre.*
▶ *Placez votre bulbe avec la partie pointue en haut, et recouvrez de terre.*
▶ À la fin, une étiquette avec le nom du bulbe est fixée sur chaque jardinière par une pique à brochette.

Autre système de plantation
▶ L'enseignant explique une autre technique de plantation pour bien observer tout ce qui va se passer.
▶ Il installe le bulbe de narcisse en carafe.

Installation
▶ Les jardinières sont placées dans la cour. Le bulbe de narcisse reste en classe.
Le bulbe à l'intérieur se développera plus vite car jusqu'en avril, il fait plus chaud à l'intérieur.

Le vivant La vie végétale 103

novembre ▸ février

ACTIVITÉS RITUELLES AU COIN REGROUPEMENT ET À L'ACCUEIL
5 à 10 minutes

Matériel
- bulbe placé en carafe
- des feuilles de dessin
- des crayons à papier
- des bandelettes de papier
- 1 appareil photo
- 1 calendrier de la classe
- cartes-images ⓮ *Stades de développement du bulbe*
- affiche : *bulbe à légender*
- affiche : *stades de développement du bulbe*

ÉTAPE 4 OBSERVER LE DÉVELOPPEMENT DES BULBES   MS • GS

1ᵉʳ stade : apparition et croissance des racines
Activités des élèves.
- Prendre des photos et faire des dessins d'observation.
- Dater les relevés sur le calendrier de la classe.

2ᵉ stade : apparition et croissance de la tige
Activités des élèves, à alterner sur trois jours.
- Prendre des photos et faire des dessins d'observation.
- Mesurer la longueur de la tige du bulbe à l'aide d'une bandelette en papier.
- Dater les relevés sur le calendrier de la classe.

3ᵉ stade : apparition des bourgeons floraux et développement de la fleur
Activités des élèves.
- Prendre des photos et faire des dessins d'observation.
- Dater les relevés sur le calendrier de la classe.
- Nommer toutes les parties de la plante : racines, tige, feuilles, bourgeons, fleur, pétales.

 Les dessins d'observation successifs sont à chaque fois plus rigoureux, plus précis. Si besoin, les élèves peuvent les reprendre et les annoter en collant des étiquettes ou en écrivant les mots suivants : racines, tige, feuilles, fleur.

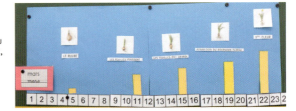

MON CARNET DE SUIVI
des apprentissages à l'école maternelle
Je nomme les différentes parties d'une plante
page 45

ATELIER SEMI-DIRIGÉ DE 6 À 8 ÉLÈVES
25 minutes

Matériel
- 1 document par élève *Le développement du bulbe* (page 105)
- colle

ÉTAPE 5 ORDONNER LES ÉTAPES DE DÉVELOPPEMENT DU BULBE   MS • GS

Consigne
▶ *Place les illustrations dans l'ordre pour expliquer le développement du bulbe.*

Réalisation de la consigne et verbalisation
▶ Les élèves travaillent en autonomie pour placer les photos. Avant de les coller, l'enseignant intervient pour les faire verbaliser les différents stades en réinvestissant le vocabulaire.

CLASSE ENTIÈRE COUR DE RÉCRÉATION

Matériel
- des jardinières avec bulbes de l'étape 3

ÉTAPE 6 OBSERVER LE DÉVELOPPEMENT DES BULBES DANS LES JARDINIÈRES   MS • GS

Réinvestissement différé
▶ Les élèves réinvestissent leurs connaissances à partir du développement des bulbes placés à l'extérieur.
▶ Ils observent que les plantes sont différentes en fonction des différents bulbes plantés.

LEXIQUE

Verbes : planter, arroser, observer, dessiner, photographier, mesurer, ordonner.
Noms : bulbe, racines, tige, feuille, bourgeon, fleur, amaryllis, pétales, jardinière.

PRÉNOM | DATE

La vie végétale — Ordonner les étapes de développement du bulbe

LE DÉVELOPPEMENT DU BULBE

Colle les illustrations dans l'ordre chronologique.

LA VIE VÉGÉTALE

LE CYCLE DU BLÉ
Découvrir le cycle de vie d'une plante

PS • MS • GS

CLASSE ENTIÈRE
COIN REGROUPEMENT
15 minutes

Matériel
- l'album inducteur

La petite poule rousse
Léa Schneider et Philippe Jalbert
© ACCÈS Jeunesse • 2020 • 12 €

- 1 botte de blé d'une quarantaine d'épis

ÉTAPE 1 DÉCOUVRIR LE BLÉ   PS • MS • GS

Situation déclenchante
- L'enseignant lit l'album *La petite poule rousse*.
- À la fin de la lecture, il interroge les élèves sur la provenance du pain.
- L'enseignant a apporté une petite botte de blé qu'il a récoltée pendant l'été, en prenant soin de conserver quelques racines. Il montre un épi et sa tige aux élèves.
- ***Je vous ai apporté du blé. Nous allons l'observer attentivement. Décrivez-le moi.*** *Il y a une longue tige, des racines, et une partie en haut avec des sortes de cheveux.* ***Oui, on appelle cette partie l'épi, et les poils sont appelés la barbe.***
- ***Savez-vous où se trouvaient les racines de cette plante avant que je la cueille ?*** *Dans la terre.*
- L'enseignant nomme à nouveau chaque partie, de la racine vers l'épi. Lorsqu'il arrive à l'épi, il explique que celui-ci renferme plein de grains de blé, en extrait un et le montre aux élèves.

ACTIVITÉ INDIVIDUELLE
25 minutes

Matériel
★ Par élève :
- 1 épi de blé avec sa tige et des racines si possible
- 1 crayon à papier
- 1 feuille avec la consigne

ÉTAPE 2 DESSINER DU BLÉ   PS • MS • GS

Présentation de l'activité
- *Chaque élève va essayer de dessiner du blé en l'observant attentivement.*
- *Que faut-il dessiner pour que l'on voie que c'est du blé ? Il faut dessiner la tige, l'épi et les racines.*
- *Une fois qu'on a réussi à dessiner toutes les parties du blé, on va annoter le dessin.*
- L'enseignant explique ce que veut dire *annoter* en montrant un exemple au tableau. Il écrit ensuite les différents mots dont les élèves vont avoir besoin pour annoter leur dessin, de manière à ce qu'ils puissent les copier : RACINES, TIGE, ÉPI, BARBE, GRAIN DE BLÉ.

Réalisation du dessin d'observation
- L'enseignant distribue du blé à chaque élève.
- Les élèves dessinent le blé puis l'annotent.

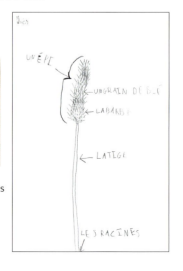

★ IL EST POSSIBLE DE PROPOSER DES ÉTIQUETTES AUTOCOLLANTES AVEC LES MOTS DÉJÀ ÉCRITS AUX ÉLÈVES LENTS OU AYANT DES DIFFICULTÉS À ÉCRIRE DES MOTS EN CAPITALES D'IMPRIMERIE.

 MON CARNET DE SUIVI
des apprentissages à l'école maternelle
Je sais réaliser un dessin d'observation **page 23**

 **AUTOUR DES LIVRES TPS-PS**
Le pain **pages 219 à 230**

(PS) (MS) (GS) mai ▶ juin

ACTIVITÉ INDIVIDUELLE
5 minutes

Matériel
★ Par élève :
- 1 ou 2 épis de blé
- 1 petite barquette

★ Pour 4 à 6 élèves :
- 1 grande barquette

ÉTAPE 3 EXTRAIRE LES GRAINS DE BLÉ DE L'ÉPI

TRÈS COURTE, CETTE ÉTAPE, PEUT AVOIR LIEU À LA SUITE DE L'ÉTAPE PRÉCÉDENTE.

Manipulations

▶ *Nous allons maintenant récolter les grains de blé qui se trouvent dans l'épi. Chacun met ses grains de blé dans une petite barquette et le reste dans une grande barquette.*

CLASSE ENTIÈRE
COIN REGROUPEMENT
10 à 15 minutes

Matériel
- l'album inducteur

La petite poule rousse
Léa Schneider et Philippe Jalbert
© ACCÈS Jeunesse • 2020 • 12 €

- 1 barquette avec quelques grains de blé
- 1 barquette avec des tiges de blé
- 1 pilon et un mortier ou une pince plate
- cartes-images ⑮ *Blé*
- vidéo de *moissonneuse-batteuse*
- vidéo de *moulin à farine*

ÉTAPE 4 COMPRENDRE CE QU'EST LA FARINE

Verbalisation

▶ Demander aux élèves de raconter brièvement l'histoire de *La petite poule rousse* et de rappeler qu'il faut du blé pour faire de la farine et de la farine pour faire du pain.

Questionnement

▶ Montrer le contenu d'une petite barquette.
Maintenant, nous avons des grains de blé, mais nous n'avons pas de farine ! Comment faire pour obtenir de la farine avec ces grains de blé ?

▶ Laisser les élèves faire quelques propositions. Montrer le mortier et le pilon ou la pince et écraser quelques grains de blé. Montrer le résultat : une poudre blanche. *C'est de la farine !*

▶ Montrer le contenu d'une grande barquette.
Que fait-on avec ce qui reste ? Avec la tige du blé ? Ces tiges ne vous font pas penser à quelque chose ?

SI LES ÉLÈVES N'ONT PAS D'IDÉE, EXPLIQUER QUE C'EST DE LA PAILLE ET DEMANDER À QUOI ELLE SERT. GÉNÉRALEMENT, CERTAINS ÉLÈVES SAVENT QUE L'ON UTILISE LA PAILLE COMME LITIÈRE OU COMME NOURRITURE POUR LES ANIMAUX. CERTAINS SE SOUVIENNENT QUE L'UN DES TROIS PETITS COCHONS UTILISE LA PAILLE POUR CONSTRUIRE SA MAISON. PRÉCISER QUE DANS LE CAS D'UNE MAISON DONT LE TOIT EST EN PAILLE, ON APPELLE LA PAILLE DU CHAUME ET LA MAISON UNE CHAUMIÈRE.

Documentation

▶ Montrer les cartes-images ⑮ *Blé* ou les vidéos *Moissonneuse-batteuse* et *Moulin à farine* pour que les élèves visualisent ce qu'est une moissonneuse-batteuse, une botte de paille, un moulin.

▶ Pour leur permettre de mémoriser le vocabulaire, faire le lien avec la chanson *Meunier, tu dors*.

Conclusions

• Lors de la moisson, on récolte le blé. On utilise les grains de blé pour faire de la farine et les tiges pour faire de la paille. Pour obtenir de la farine, on écrase des grains de blé avec des meules. Les grains de blé sont moulus par un meunier dans un moulin.

Le vivant La vie végétale 107

**ATELIER SEMI-DIRIGÉ
DE 6 À 8 ÉLÈVES
30 à 40 minutes**

Matériel
★ Par élève :
- 1 blouse
- 1 petit saladier
- 1 verre
- 1 grande cuillère
- 1 petite cuillère
- 1 torchon
- 1 sachet de levure

★ Pour le groupe :
- la *recette 2*
- 1 kg de farine réparti dans 3 ou 4 récipients
- 2 grands récipients remplis d'eau tiède
- du sel fin
- de l'huile d'olive

ÉTAPE 5 FAIRE DU PAIN

PS • MS • GS

Présentation du projet
▶ *Maintenant que nous avons de la farine, nous allons pouvoir faire du pain comme dans l'album La petite poule rousse. Pour vous aider, je vous ai apporté une recette (recette 2).*

Lecture de la recette
▶ Un élève s'aide des illustrations pour nommer les ingrédients. Un autre élève fait de même pour les ustensiles, et un troisième déchiffre les étapes de la recette.
▶ L'enseignant distribue les ustensiles et explicite les attendus : *chacun va réaliser sa boule de pain, que nous allons cuire ensuite. Vous allez faire le mélange des ingrédients dans votre saladier. Vous avez chacun un verre et un saladier, mais il y a un récipient de farine et d'eau pour plusieurs. Il va donc falloir partager et attendre son tour.*

⭐ Si l'on ne dispose pas de suffisamment de saladiers, il est possible de réaliser une boule de pain pour deux.

Réalisation de la recette
▶ Les élèves réalisent leur boule de pain en suivant les étapes de la recette.
▶ L'enseignant peut intervenir pour rappeler à un élève où il en est dans la recette et le faire verbaliser.

▶ Quand chacun a obtenu une boule de pain, la recouvrir d'un torchon humide.

Cuisson
▶ Après l'activité, les boules de pain sont mises à reposer pendant une heure. Elles sont ensuite rassemblées sur une plaque de cuisson avec un petit papier indiquant le prénom de chaque enfant et sont cuites dans le four de l'école. Les boules sont mises à refroidir.

Bilan et dégustation
▶ Les boules de pain sont montrées à l'ensemble de la classe. Les élèves les ayant réalisées rappellent les étapes de la recette.
▶ Chacun goute sa boule de pain et en donne un petit morceau à ses camarades.
▶ Certains donnent leur avis : *je trouve que ce pain est trop/pas assez salé. Je trouve que ce pain est dur. Je trouve que ce pain est meilleur que celui de la cantine…*

mai ▶ juin

ATELIER SEMI-DIRIGÉ DE 6 À 8 ÉLÈVES
10 minutes

Matériel
★ Par élève :
- 1 pot en terreau

★ Pour le groupe :
- les grains de blé récupérés à l'étape 3
- du terreau
- des pelles
- des étiquettes autocollantes
- des crayons
- 1 arrosoir rempli d'eau

ÉTAPE 6 PLANTER DES GRAINS DE BLÉ   PS • MS • GS

Questionnement

▶ *Maintenant que nous savons comment faire de la farine et comment faire du pain, j'aimerais savoir comment faire pour avoir encore plus de pain.*
▶ *Pour avoir plus de pain, il faut avoir plus de...* farine. *Pour avoir plus de farine, il faut avoir plus de...* blé.
▶ *Comment faire pour avoir plus de blé ?* Il faut semer des grains de blé !

Réalisation des plantations

▶ *Voici un petit pot pour chacun d'entre vous. Vous allez y mettre de la terre avec une pelle et y semer des graines. Quand vous aurez terminé, n'oubliez pas d'écrire votre prénom sur une étiquette et de la coller sur votre barquette.*
▶ Après avoir planté leurs graines, les élèves les arrosent avec un arrosoir.

> Ces plantations réalisées en classe vont permettre de bien observer leur évolution sur le court terme, mais les conditions ne permettront pas d'obtenir des épis de blé à maturité. Pour une observation sur du plus long terme, il est conseillé de semer quelques grains à l'extérieur, idéalement dans un carré de jardinage. En plantant en octobre ou en novembre, il faudra attendre juin pour voir de vrais épis de blé se former.

CLASSE ENTIÈRE COIN REGROUPEMENT
2 à 3 minutes par jour

Matériel
- les plantations de l'étape précédente

ÉTAPE 7 OBSERVER L'ÉVOLUTION DES PLANTATIONS   PS • MS • GS

Observation

▶ Tous les jours, les élèves observent leurs plantations. Au bout de quelques jours, on observe quelques pousses.
📷 Prendre des photos régulièrement pour garder une trace des différentes étapes de la germination.
▶ Les pousses ressemblent à de l'herbe, que l'on appelle communément *herbe à chat*.
▶ Après une quinzaine de jours, la croissance ralentit, les plantations sont à l'étroit. Pour poursuivre l'observation, il faudrait repiquer les semis en pleine terre et attendre plusieurs mois.

Conclusions

• *Pour obtenir des épis de blé, il faut semer des grains de blé. Pour chaque grain planté, on obtient un épi. Il faut attendre plusieurs mois pour obtenir des épis à maturité. C'est pour cela que l'on sème et que l'on récolte le blé une seule fois par an.*

LEXIQUE

Verbes : récolter, moudre.
Noms : blé, grain de blé, tige, racines, barbe, épi, dessin d'observation, farine, moissonneuse-batteuse, moisson, botte de paille, moulin, meunier, meules, chaume, chaumière.

Le vivant La vie végétale

OUVRAGES AUTOUR DU JARDINAGE ET DES GRAINES

Mon imagier des fruits et légumes
Léa Schneider et Bénédicte Sieffert
© ACCÈS Jeunesse • 2021 • 12 €
Un imaJeux pour découvrir les fruits et légumes.

L'énorme radis
Christina Dorner
et Nicole Colas des Francs
© ACCÈS Jeunesse • 2020 • 12 €
Un petit garçon et une petite fille sèment une graine de radis. Ils s'en occupent si bien que le radis devient énorme. Qui les aidera à le sortir de terre?

Toujours rien?
Christian Voltz © Éditions du Rouergue • 1999 • 11,70 €
Monsieur Louis sème une graine. Le temps passe et chaque matin Monsieur Louis s'étonne qu'il n'y ait toujours rien. Il s'impatiente.

J'ai grandi ici
Anne Crausaz
© Éditions Memo • 2008 • 14,20 €
Une petite graine est tombée. Elle germe, se développe, malgré les éléments et les animaux qui s'acharnent contre elle.

Mes premiers documentaires: Les saisons
Christina Dorner
© Accès Jeunesse • 2021 • 9 €
Une série de documentaires sur les saisons pour mieux les connaitre et comprendre leurs particularités.

Ça pousse!
Léa Schneider et Anne Crausaz
© ACCÈS Jeunesse • 2021 • 12 €
Un album pour découvrir avec poésie les différents modes de dispersion des graines.

Dix petites graines
Ruth Brown
© Gallimard jeunesse • 2001 • 13,50 €
Les étapes de la germination, le cycle de la graine à la fleur sous forme d'album à compter.

Jack et le haricot magique
Christina Dorner et Rose Poupelain
© Accès Éditions • 2021 • 12 €
Une version moderne du célèbre conte anglais.

OUVRAGES SUR LE BLÉ ET LE PAIN

La petite poule rousse
Léa Schneider et Philippe Jalbert
© Accès Éditions • 2020 • 12 €
La petite poule rousse sème du blé. Elle voudrait bien un peu d'aide mais personne ne veut l'aider.

La grosse faim de P'tit bonhomme
Pierre Delye et Cécile Hudrisier
© Didier jeunesse • 2012 • 5 €
Un album en randonnée qui permet de visualiser tout ce dont on a besoin pour avoir du pain.

Non, je n'ai jamais mangé ça!
Jennifer Dalrymple
© L'école des loisirs • 2000 • 5 €
Léo sème du blé avec son Papi à l'automne. Il observe le blé grandir jusqu'à sa transformation en farine.

Mes P'tits DOCS: Le pain
Stéphanie Ledu
© Milan • 2009 • 7,90 €
Un documentaire qui explique les étapes de la fabrication du pain puis retrace les différentes manières de le faire.

Exploitations de sorties

À la ferme

- **Trier et classer** des animaux à plumes ou à poils, à 2 pattes ou 4 pattes, des ovipares et des vivipares.
- **Reconnaitre, comparer, associer** le mâle, la femelle et le petit d'une même espèce.
- **Observer** le déplacement des animaux : marcher, courir, nager, voler.
- **S'interroger** sur l'alimentation des animaux : que mangent les animaux de la ferme ?
- **Retrouver** des aliments que l'on consomme et qui sont produits à la ferme.
- **Récolter** des matériaux pour fabriquer son mini-livre à toucher (Les 5 sens / les matériaux. Ça gratte, ça pique, c'est doux, c'est lisse).

OUVRAGES AUTOUR D'UNE SORTIE À LA FERME

(PS)

Papa ? Maman ? C'est vous ?
Christina Dorner et Emmanuelle di Martino
© ACCÈS Jeunesse • 2020 • 12 €
Un poussin cherche ses parents. Dans sa quête, il rencontre différents animaux de la ferme.

(PS) (MS) (GS)

La ferme
Sophie Amen et Robert Barborini
© Le vengeur masqué • 2009 • 22 €
Ce livre animé permet d'explorer le monde de la ferme avec beaucoup de plaisir.

(PS) (MS) (GS)

Mes p'tits DOCS : La ferme
Stéphanie Ledu et Robert Barborini
© Milan • 2019 • 7,90 €
Un documentaire aux pages indéchirables et aux textes courts bien adapté aux élèves de maternelle.

(MS) (GS)

Mes premières découvertes : Les animaux de la ferme
Delphine Gravier-Badreddine
© Gallimard jeunesse • 2013 • 11,70 €
Un documentaire très complet avec pages transparentes.

OUVRAGES AUTOUR D'UNE SORTIE AU ZOO

(MS) (GS)

Mes premiers documentaires : La savane
Christina Dorner
© ACCÈS Jeunesse • 2021 • 9 €
Un documentaire pour découvrir la savane et comprendre la vie de ses occupants.

(GS)

J'aimerais tant changer de peau
Emmanuelle di Martino
© ACCÈS Jeunesse • 2021 • 12 €
Un éléphant imagine qu'il se transforme. Dans la peau de quel animal se sentira-t-il le mieux ?

(PS) (MS) (GS)

Zoo logique
Joëlle Jolivet © Seuil jeunesse • 2002 • 22 €
350 animaux bien rangés selon des associations inattendues.

(MS) (GS)

Visite au zoo
Francesco Pittau et Bernadette Gervais
© Giboulées • 2011 • 20,30 €
Un livre grand format pour visiter un zoo illustré et découvrir les cris des animaux.

Au zoo

- **Trier et classer** des animaux à plumes, à poils ou à écailles, sans pattes, à 2 pattes, à 4 pattes, des ovipares et des vivipares, des carnivores et des végétariens.
- **Reconnaitre, comparer, associer** le mâle, la femelle et le petit d'une même espèce.
- **Observer** le déplacement des animaux : marcher, courir, nager, voler, grimper, ramper, sauter.
- **S'interroger** sur l'alimentation des animaux : que mangent les animaux du zoo ?

En forêt

- **Récolter** des écorces, des fruits.
- **Trier et classer** les feuilles des arbres.
- **Récolter** des matériaux pour trier le vivant et le non vivant.
- **Repérer** des traces et des indices de la présence animale (une pomme de pin grignotée, une empreinte de patte, le chant d'un oiseau…).
- **Découvrir** la forêt autrement par une approche sensorielle : toucher l'écorce d'un arbre les yeux bandés, marcher sur de la mousse pieds nus…

OUVRAGES AUTOUR D'UNE SORTIE EN FORÊT

Une vie merveilleuse
Mélissa Pigois
© Tom'poche • 2013 • 5,50 €
Le défilé de la vie vu par une feuille. Le cycle de l'arbre au cours des saisons est également abordé.

Mes premières découvertes : L'arbre
© Gallimard jeunesse • 2008 • 9 €
Un documentaire aux pages transparentes et aux textes courts pour mieux comprendre les arbres.

Mes premières découvertes : La forêt
René Mettler
© Gallimard jeunesse • 2012 • 9 €
Un merveilleux documentaire avec des transparents pour découvrir la vie de la forêt.

Mes premiers documentaires : La forêt
Christina Dorner
© ACCÈS jeunesse • 2022 • 9 €
Un documentaire pour mieux connaître la forêt et comprendre la vie de ses occupants.

OUVRAGES AUTOUR DE SORTIES EN MILIEU NATUREL

Mes premiers documentaires : Le cygne
Léa Schneider
© ACCÈS Jeunesse • 2021 • 9 €
Un documentaire pour tout découvrir sur le cygne.

Mes premiers documentaires : L'abeille
Léa Schneider
© ACCÈS Jeunesse • 2022 • 9 €
Un documentaire pour tout découvrir sur l'abeille.

Mes premières découvertes : Les petites bêtes
Delphine Gravier-Badreddine
© Gallimard jeunesse • 2013 • 12,90 €
Un livre documentaire avec lampe magique pour découvrir les petites bêtes.

Mes années pourquoi : Les petites bêtes
Delphine Huguet
© Milan • 2017 • 12,50 €
Un livre documentaire relativement accessible construit autour de questions sur les petites bêtes.

En milieu naturel

Dans un milieu naturel particulier proche de l'école (la cour d'école, un jardin, un parc public, une zone nature…)

- **Observer** des petites bêtes.
- **Trier et classer** des feuilles.
- **Récolter** des écorces, des fruits, des légumes.
- **Récolter** des matériaux pour trier le vivant et le non vivant.

LA MATIÈRE

Les matériaux

Notions pour l'enseignant	**114**
Trucs & astuces	**115**
Les p'tits pâtissiers	**116**
Transformer un matériau	
En quoi c'est fait ?	**120**
Connaitre les différents matériaux des objets qui nous entourent	
Ça gratte ou ça pique ?	**124**
Nommer les sensations tactiles	
Ma maison est la plus solide !	**130**
Connaitre les propriétés des matériaux les plus courants	
Ouvrages autour des matériaux	**134**

Les notions abordées

- **Les propriétés des matériaux**
- **Les sensations tactiles**
- **La transformation des matériaux**

Notions pour l'enseignant

Les états de la matière

▶ La matière existe à l'état naturel sous trois états : solide, liquide, gazeux.
- **Un solide** a une forme qui ne dépend pas de son contenant. Ses particules sont serrées les unes contre les autres. Elles ne bougent pas.
- **Un liquide** prend la forme de son contenant. La surface de séparation entre le liquide et l'air est toujours horizontale. Un liquide occupe un volume propre : un litre d'eau occupera toujours le même volume même si la forme du volume diffère. Les particules d'un liquide sont proches mais elles peuvent se déplacer dans toutes les directions.
- **Un gaz** n'a ni forme ni volume propre, il occupe toute la place qu'on lui donne.

▶ Les particules sont éloignées les unes des autres et se déplacent dans toutes les directions.

  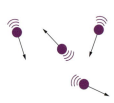

Particules d'un solide   Particules d'un liquide   Particules d'un gaz

▶ Toute matière est susceptible de passer d'un état à l'autre sous des conditions de température et de pression.

Le cas des solides en grains, comme le sable et le sucre, est difficile à traiter car chaque grain est un solide mais un ensemble de grains se comporte en partie comme un liquide. En effet, il prend la forme du récipient dans lequel on le verse mais la surface de séparation ne sera pas horizontale.

Les propriétés de la matière

▶ Un matériau est caractérisé par :
- sa couleur,
- son état de surface,
- sa forme,
- sa dureté (cette propriété est testée à l'aide du test de la rayure, entre deux matériaux, le plus dur est celui qui raye l'autre),
- sa fragilité (un matériau fragile se casse facilement. Un matériau dur, comme le verre par exemple, peut être fragile),
- sa conductivité thermique, capacité à transmettre la chaleur.
- sa conductivité électrique, capacité à laisser circuler un courant électrique,
- son magnétisme, capacité à attirer les éléments ferreux,
- sa malléabilité, capacité à être déformé,
- sa flottabilité, capacité à flotter sur l'eau,
- son élasticité, capacité à se déformer sous l'action de forces et à retrouver sa forme initiale.

Remarque

▶ La notion de flottabilité est abordée dans le chapitre sur l'eau.

Ce qui peut poser problème

▶ Les problèmes sont essentiellement dus au vocabulaire.
Un solide peut être dur et fragile, comme le verre par exemple.
Le papier d'aluminium n'est pas du papier mais du métal.
▶ Les possibilités de déformer et d'utiliser les matériaux demandent des capacités motrices proportionnelles à leur malléabilité et à leur dureté. Il est beaucoup plus simple d'obtenir une forme voulue avec un matériau très malléable comme la pâte à modeler qu'avec du bois. Ce dernier ne peut être utilisé qu'avec des outils demandant une certaine force et un minimum de coordination, comme une scie par exemple.
▶ Il est donc judicieux de penser une progression dans l'introduction des matériaux utilisés comme éléments de fabrication du plus malléable au plus dur : pâte à modeler, pâte à sel, argile, papier, carton, bois, métal. Le tissu est un matériau difficile à découper et à percer en raison de sa souplesse.

&Trucs astuces

Où trouver les matériaux ?

Où trouver des cailloux ?
Dans les grandes surfaces de bricolage. Le gros œuvre se trouve au rayon matériaux, mais il est difficile d'en acheter en petites quantités. Dans les rayons décoration ou jardinage, il existe des sacs de cailloux pour décoration à mettre au fond des vases.

Où trouver du bois ?
Parmi les jetons de jeux, les jeux de constructions, les cuillères en bois en récupérant des cagettes pour légumes, des chutes de bois dans les grandes surfaces de bricolage, des boites de fromage, des bâtonnets de glace, également vendus pour les loisirs créatifs.

Où trouver du sable ?
Dans les grandes surfaces de bricolage, il existe du sable spécifique pour les bacs à sable des enfants. Dans le rayon jardinerie, on trouve des sables décoratifs.

Où trouver du métal ?
En récupérant des boites de conserve, des canettes, des ustensiles de cuisine, des clefs, des pièces de monnaie...

Où trouver du plastique ?
En récupérant divers emballages. Pour les plastiques souples, penser aux intercalaires, pochettes ou chemises plastique.

Où trouver du verre ?
En récupérant des pots de yaourt ou des petits pots de bébé. En achetant des mosaïques au rayon loisirs et création.

Où trouver de la brique ?
En achetant des briques *Teifoc* dans les magasins de jouets ou sur Internet.

Où trouver de la paille ?
Dans les animaleries ou les jardineries.

Qu'utiliser pour la reconnaissance de sensations tactiles ?

Rugueux
Papier de verre, éponge à récurer, gant de crin...

Doux
Coton, fausse fourrure, tissu, feutrine...

Dur
Bois, métal, plastique...

Mou
Éponge, tissu épais, moquette...

Lisse
Plastique, métal de canette...

Ondulé ou bosselé
Carton ondulé, emballage intérieur de petits gâteaux... Papier bulles, papier peint à motifs en relief...

La matière Les matériaux **115**

LES MATÉRIAUX

LES P'TITS PÂTISSIERS
Transformer un matériau

PS • MS • GS

LA MATIÈRE

CLASSE ENTIÈRE
COIN REGROUPEMENT
10 à 15 minutes

Matériel
- 1 boule de pâte à sel
- la *recette 3*

ÉTAPE 1 DÉCRIRE UN MATÉRIAU

PS • MS • GS

Situation inductrice
▶ L'enseignant arrive avec une boule de pâte à sel. Les élèves ne la touchent pas.

Questionnement
▶ Il les interroge sur ce qu'ils voient. Ils décrivent la pâte et font des hypothèses sur sa nature.
▶ L'enseignant distribue un petit bout de pâte à chaque élève pour les inviter à décrire plus finement. Il les interroge sur la texture, l'odeur, le goût : elle est molle, on peut l'écraser, on sent des petits grains. Elle a l'odeur du pain, du sel. Elle est salée.

Trace écrite
▶ L'enseignant rédige une affiche pour résumer ce qui a été dit :

Carte d'identité de la pâte
Couleur : beige   Aspect : brillant   Forme : boule
Odeur : salée   Goût : salé   Toucher : mou

Lancement du projet et hypothèses
▶ *Je vous propose de fabriquer de la pâte comme celle que nous avons observée.*
▶ *À votre avis, de quoi avons-nous besoin ?* Du sel, de la farine, du beurre, du sucre.
▶ *Vous me donnez les ingrédients pour faire un gâteau ! Comment savoir quels sont les ingrédients ?* Il faut la recette.

Lecture de la recette
▶ L'enseignant affiche au tableau la *recette 3*.
▶ *J'ai la recette, nous allons la lire.*
▶ Les élèves décodent la recette. L'enseignant montre les ustensiles nécessaires ainsi que les ingrédients.

> UNE FOIS LES OBJETS FAÇONNÉS LORS DE L'ÉTAPE 5, LA PÂTE À SEL DOIT ÊTRE CUITE.
> APRÈS AU MOINS UNE JOURNÉE DE SÉCHAGE À L'AIR LIBRE, IL Y A DEUX MODES DE CUISSON DE LA PÂTE À SEL :
> • AU FOUR TRADITIONNEL À TEMPÉRATURE 80°, DE 2 À 3 HEURES SELON LES ÉPAISSEURS À CUIRE. CRAQUÈLEMENTS POSSIBLES DE LA CROUTE SI LA TEMPÉRATURE EST TROP FORTE.
> • AU MICRO-ONDES EN POSITION DÉCONGÉLATION, DE 30 SECONDES EN 30 SECONDES JUSQU'À CUISSON COMPLÈTE. LES ZONES NON CUITES SE VOIENT CAR ELLES N'ONT PAS LA MÊME COULEUR. UNE CUISSON À UNE PUISSANCE TROP FORTE ET/ OU TROP LONGUE PEUT FAIRE PRENDRE FEU À L'ÉLÉMENT À CUIRE ET DONC ABIMER L'APPAREIL.

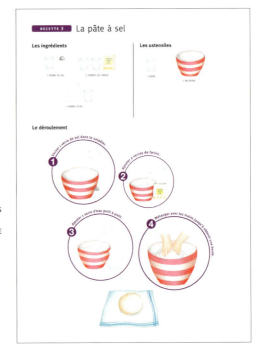

(PS)	novembre ▸ juin
(MS) (GS)	septembre ▸ juin

ATELIER DIRIGÉ DE 6 À 8 ÉLÈVES
30 à 40 minutes

Matériel
- la *recette 3*
- colorant alimentaire
- les ustensiles et ingrédients de la recette

ÉTAPE 2 FABRIQUER EN SUIVANT UNE RECETTE PS • MS • GS

Réalisation

▶ *Je vous ai préparé des gobelets avec de l'eau colorée, des épices à ajouter si vous voulez que votre pâte à sel soit odorante.*

★ POUR QUE LES ÉLÈVES PUISSENT MALAXER FACILEMENT LA BOULE, PROPOSER UN PETIT VOLUME DE BASE, COMME UNE TASSE À CAFÉ OU UN POT DE PETIT-SUISSE.

▶ Les élèves suivent les étapes de la recette. Chacun obtient une petite boule de pâte de couleurs et d'odeurs différentes.

★ LES ÉLÈVES AURONT À CHOISIR LA COULEUR ET L'ODEUR DE LEUR PÂTE À SEL. LA PÂTE À SEL DE CHAQUE ÉLÈVE EST RANGÉE DANS UN SAC PLASTIQUE AVEC SON PRÉNOM ET MISE AU RÉFRIGÉRATEUR JUSQU'À LA SÉANCE SUIVANTE.

DEMI-CLASSE
25 à 30 minutes

Matériel
★ Par élève :
- 1 boule de pâte à sel

★ Pour le groupe :
- 2 ou 3 couteaux en plastique
- des emporte-pièces
- des moules
- 1 rouleau
- 2 tasseaux d'épaisseurs identiques

ÉTAPE 3 MANIPULER LA PÂTE À SEL PS • MS • GS

Manipulations

▶ La pâte à sel fabriquée est mise à disposition pour qu'elle puisse être manipulée librement. Des outils, couteaux en plastique, roulettes, emporte-pièces divers, moules sont disponibles.

▶ Ils explorent les différentes possibilités de mise en œuvre. Il peut être intéressant de leur montrer :
- comment faire des plaques régulières avec un rouleau positionné sur deux cales de même épaisseur,
- la technique du colombin.

Verbalisation

📷 Une liste des actions possibles sur la pâte à sel est construite par l'enseignant lors de l'atelier. Il fait nommer les actions que les élèves sont en train de réaliser et prend les actions en photos : malaxer, étaler, rouler, aplatir, décorer, découper, mouler, appuyer, enrouler, émietter…

Structuration

▶ Après séchage, des productions types des différentes techniques sont affichées et légendées.

MON CARNET DE SUIVI des apprentissages à l'école maternelle
Je transforme la matière en la chauffant, en réalisant des mélanges, en la mouillant, en utilisant mes mains ou des outils **page 46**

La matière Les matériaux **117**

PS novembre ▶ juin
MS GS septembre ▶ juin

ATELIER SEMI-DIRIGÉ DE 6 À 8 ÉLÈVES
15 à 20 minutes

Matériel
★ Par élève :
- 1 feuille
- 1 photocopie des *illustrations d'outils* (matériel page 119 ☁)

★ Pour le groupe :
- cartes-images ⓰ *Viennoiseries* ☁
- crayons de couleur
- ciseaux
- colle

ÉTAPE 4 ANTICIPER DES CHOIX TECHNIQUES APPROPRIÉS   MS • GS

Bilan
▶ À l'aide des affichages, l'enseignant fait reverbaliser ce qu'ils ont appris sur la pâte à sel.
▶ *Il y a une chose que je ne vous ai pas encore dite, c'est que la pâte à sel peut être cuite. J'ai cuit certaines de vos productions, voilà ce qu'elles sont devenues. C'est devenu dur ! La pâte à sel est un matériau mou qui devient dur quand on le cuit.*

Lancement du projet
▶ *Nous allons réaliser des viennoiseries en pâte à sel pour le coin cuisine.*
▶ *Où trouve-t-on des viennoiseries ? À la boulangerie.*
Quelles viennoiseries connaissez-vous ?
▶ Les élèves citent des viennoiseries, l'enseignant montre les cartes-images ⓰ *Viennoiseries* ☁.

Conception
▶ *Tout d'abord, vous allez dessiner en couleur ce que vous voulez fabriquer. Puis vous collerez à côté de votre dessin les illustrations des outils dont vous aurez besoin.*
▶ Les élèves dessinent leur projet, découpent et collent les *illustrations d'outils* (matériel page 119 ☁).

ATELIER SEMI-DIRIGÉ DE 6 À 8 ÉLÈVES
25 à 30 minutes

Matériel
- les ustensiles et ingrédients de la recette
- colorant alimentaire
- les dessins de l'étape précédente
- cartes-images ⓰ *Viennoiseries* ☁

ÉTAPE 5 RÉALISER SON PROJET   MS • GS

Réalisation
▶ Chaque élève réalise son projet, de la fabrication de la pâte à la finition. Une fois la fabrication terminée, l'enseignant évalue avec l'élève si elle correspond bien au projet forme, couleur, outils utilisés. L'enseignant interroge l'élève sur la pertinence de la technique choisie.

Cuisson et installation
▶ Après leur cuisson par l'enseignant, les réalisations sont installées dans le coin cuisine. Chaque élève nomme sa viennoiserie.

DIFFÉRENCIATION / TRANSVERSALITÉ
▶ D'autres projets selon la même démarche sont possibles : décorations de Noël, suspensions pour mobiles, fruits et légumes, poissons, animaux, formes, bijoux, cadres photos, pions de jeux de société…

LEXIQUE
Verbes : fabriquer, écraser, aplatir, émietter, enrouler, étaler, modeler, sculpter, pincer, griffer, rouler, mouler, découper, pétrir, étaler, creuser.
Noms : colombins, emporte-pièces, empreintes.
Adjectifs : malléable, poisseux, friable, grumeleux.

| MATÉRIEL | A4 100% | ILLUSTRATIONS DES OUTILS | 1 photocopie par élève |

Les objets Les matériaux 119

LA MATIÈRE

LES MATÉRIAUX

EN QUOI C'EST FAIT ?
Connaitre les différents matériaux des objets qui nous entourent
PS • MS • GS

ATELIER DIRIGÉ DE LANGAGE DE 4 À 6 ÉLÈVES
20 à 25 minutes

Matériel
★ Le même type d'objet dans différents matériaux (gobelet, cuillères, jouets, boites…) :
- en bois
- en métal
- en plastique
- en porcelaine
- en verre
- en carton

★ Des objets de la classe de différents matériaux :
- papier
- tissu
- laine
- cuir
- mousse
- terre…

ÉTAPE 1 DIFFÉRENCIER DIFFÉRENTS MATÉRIAUX   PS • MS • GS

Situation déclenchante
▶ Une collection de gobelets est proposée aux élèves à l'occasion d'une installation du coin cuisine, de sa réorganisation ou tout simplement de son rangement.

Questionnement
▶ *Que pouvez-vous dire sur ces objets ?*
▶ Inciter à parler des matériaux, de leurs propriétés. *C'est chaud, c'est froid quand on touche, cela se casse, c'est solide, c'est transparent…*
▶ *Connaissez-vous d'autres objets dans les mêmes matériaux ?*
▶ Les élèves citent des objets du quotidien et l'enseignant les incite à préciser le matériau ainsi que la sensation tactile associée.
▶ *Y a-t-il des objets qui nous entourent qui sont dans d'autres matériaux ?* Papier, tissu, laine, cuir, mousse, terre…

Recherche
▶ L'enseignant propose une chasse aux matériaux : les élèves cherchent des objets dans la classe et les positionnent devant le bon gobelet en verbalisant le matériau constituant l'objet.

VERS L'AUTONOMIE
Associer des objets faits d'un même matériau **page 245**

À L'ACCUEIL PENDANT UNE À DEUX SEMAINES
10 minutes

Matériel
- des grandes boites en carton

ÉTAPE 2 FAIRE DES COLLECTIONS D'OBJETS FABRIQUÉS DANS LE MÊME MATÉRIAU   PS • MS • GS

Questionnement
▶ Pendant la durée de la séquence, mettre à disposition des élèves des grandes boites en carton dans lesquelles ils peuvent déposer des objets ayant tous le même matériau de base. Lors de l'accueil, ils peuvent apporter des objets venant de chez eux ou chercher des objets dans la classe.
▶ Chaque carton est différencié par un objet trouvé dans l'étape précédente et pris en photo.
▶ Un carton peut servir à regrouper les objets *multimatériaux*.
▶ Il est aussi possible de faire la semaine du bois, du plastique, du papier…

MON CARNET DE SUIVI
des apprentissages à l'école maternelle
Je trie et je compare des matériaux à l'aide de mes cinq sens
Je reconnais quelques matériaux **page 46**

PS mars ▸ juin
MS GS septembre ▸ juin

CLASSE ENTIÈRE
COIN REGROUPEMENT
20 minutes

Matériel
- les boites en carton de l'étape précédente et les objets s'y trouvant
- les photographies des objets
- 1 affiche par boite

ÉTAPE 3 TRACE ÉCRITE COLLECTIVE PS • MS • GS

▶ Les objets de chaque boite sont sortis un à un et nommés. La classe valide le classement de cet objet dans ce carton.
▶ Cette énumération peut donner lieu à des questionnements sur la fonction des objets, leur lieu de rangement, les consignes à respecter pour les utiliser…
▶ Une affiche par matériau est réalisée avec les photos des objets et leur désignation.
▶ Selon le nombre d'objets, il est possible de faire un carton par jour pour que la séance ne soit pas trop longue.

ATELIER DIRIGÉ DE LANGAGE
DE 6 À 8 ÉLÈVES
20 minutes

Matériel
- 1 échantillon de bois, cuir, métal, laine, plastique, tissu en coton
- cartes-images ⑰ *Matières d'origine*

ÉTAPE 4 ASSOCIER UN MATÉRIAU ET SA MATIÈRE D'ORIGINE MS • GS

Questionnement
▶ Montrer un échantillon de matériau puis demander d'où il vient.
▶ Montrer les cartes-images ⑰ *Matières d'origine* ☁📄 et expliquer comment le matériau a été obtenu.

Jeu d'association
▶ Demander à chaque élève d'associer un échantillon à une photo en verbalisant.

> ⭐ IL EST DIFFICILE DE MONTRER L'OBTENTION DU MÉTAL ET DU PLASTIQUE. POUR CES DEUX MATÉRIAUX, IL EST DIFFICILE POUR LES ÉLÈVES DE SE RENDRE COMPTE DE LA TRANSFORMATION QUI NON SEULEMENT LEUR PARLE DE MATIÈRE QU'ILS N'ONT JAMAIS VUE MAIS QUI DE PLUS PASSE DE L'ÉTAT LIQUIDE À L'ÉTAT SOLIDE.

ACTIVITÉ INDIVIDUELLE
5 à 15 minutes

Matériel
- 1 document par élève *En quoi c'est fait ?* (pages 122 et 123 ☁)
- des échantillons déjà découpés de bois, papier, carton, tissu, métal
- du scotch double face pour les échantillons difficiles à coller comme le métal et le plastique

ÉTAPE 5 TRACE ÉCRITE INDIVIDUELLE MS • GS

▶ Pour que cette trace écrite ait du sens, il faut que les matières puissent être collées sur le document. Il faut donc la réserver aux matériaux pour lesquels il est facile de récupérer des échantillons (*Trucs & astuces* page 115).

LEXIQUE

Verbes : fabriquer, classer.
Noms : origine, bois, plastique, papier, carton, verre, porcelaine, métal, aimant, matière, matériau.
Adjectifs : doux, rugueux, lisse, bosselé, ondulé, mou, dur, fragile.

PRÉNOM

DATE

Les matériaux

Associer un objet à son matériau

EN QUOI C'EST FAIT ?

- **Colle** sous chaque illustration un échantillon du matériau avec lequel est fabriqué l'objet.
- **Colle** sous chaque échantillon l'étiquette-mot du matériau.
- **Colle** sous chaque échantillon l'illustration de la matière d'origine.

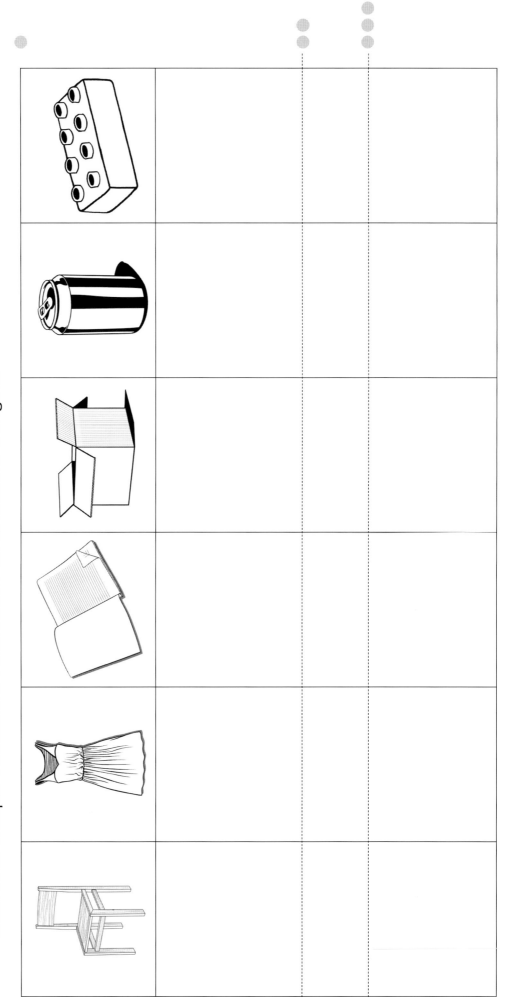

Niveau 1 (PS-MS) Donner uniquement les échantillons de matériaux et cacher les deux consignes inutiles.

Niveau 2 (MS performants et GS) Donner les échantillons de matériaux, les 6 étiquettes-mots et cacher la consigne inutile.

Niveau 3 (GS) Donner les échantillons de matériaux, les 6 étiquettes-mots et les 6 illustrations des matières d'origine.

MÉTAL	PAPIER	CARTON
PLASTIQUE	BOIS	TISSU
MÉTAL	PAPIER	CARTON
PLASTIQUE	BOIS	TISSU
MÉTAL	PAPIER	CARTON
PLASTIQUE	BOIS	TISSU

LES MATÉRIAUX

ÇA GRATTE OU ÇA PIQUE ?
Nommer les sensations tactiles

PS • MS • GS

CLASSE ENTIÈRE
COIN REGROUPEMENT
10 minutes

Matériel
- l'album inducteur

Dis, où tu habites ?
Françoise de Guibert et Clémence Pollet
© De La Martinière Jeunesse • 2017 • 12,90 €
- 1 peluche d'un animal vivant dans un nid : oiseau, souris…

ATELIER DIRIGÉ DE LANGAGE
DE 4 À 6 ÉLÈVES
15 à 20 minutes

Matériel
- des échantillons de matériaux doux, rugueux, lisses, bosselés, ondulés, mous, durs
- 1 barquette par sensation tactile : 4 pour les PS, 6 pour les MS

ÉTAPE 1 DÉCOUVRIR LA SITUATION PROBLÈME   PS • MS • GS

Situation déclenchante
▶ L'enseignant lit quelques pages sélectionnées de l'album *Dis, où tu habites ?*
▶ Il présente ensuite à l'ensemble de la classe une nouvelle mascotte, sous la forme d'une peluche animale dont l'habitat est un nid, une souris par exemple.
▶ *Je vous présente une nouvelle mascotte qui a un problème à vous poser :*
« J'aime beaucoup votre classe, mais il me manque une chose importante pour m'y sentir bien. Je voudrais que vous me fabriquiez un nid bien douillet. »

Questionnement
▶ *Savez-vous ce qu'est un nid ?* La maison des oiseaux.
▶ *Oui, mais on appelle aussi nid la maison des souris, des hamsters, des serpents, des guêpes et de beaucoup d'autres animaux. Et un nid douillet ?* Un nid bien doux.
▶ *Comment faire un nid douillet à notre nouvelle mascotte ?* Il faut trouver des matériaux doux.

ÉTAPE 2 CLASSER DES MATÉRIAUX   PS • MS • GS

 Les sensations les plus simples à exploiter sont doux et rugueux. Ces matériaux sont les plus simples à trouver. Lisse et bosselé ou ondulé sont aussi des sensations assez faciles à cerner. Le problème est que souvent un même matériau peut être doux et lisse ou doux et ondulé. Attention aux échantillons choisis.

Consigne
▶ *Pour trouver les matériaux qui vont nous servir à fabriquer le nid de notre mascotte, il nous faut classer tous les échantillons que je vous ai apportés.*
▶ *Touchez tous les échantillons qui sont sur la table et dites-moi ce que vous sentez.*

Manipulations
▶ Les élèves touchent les matériaux et verbalisent la sensation tactile.
▶ L'enseignant verbalise à nouveau en utilisant le vocabulaire pertinent si nécessaire : rugueux pour *ça gratte*, ondulé pour *ça fait des vagues*, bosselé pour *ça a des bulles*.
▶ Pour les matériaux que les élèves ont du mal à qualifier, les inciter à utiliser la joue pour mieux en sentir l'effet tactile.
▶ Choisir un échantillon pour chaque sensation tactile. Le placer dans une barquette pour constituer un échantillon témoin.

Classement
▶ Les élèves proposent, pour chaque échantillon, un classement dans une des barquettes en explicitant leur proposition : *je trouve que ce bout de bois est doux mais qu'il est aussi très dur, il va faire mal à la mascotte. Je trouve cette éponge à la fois douce et molle, la mascotte va bien s'enfoncer dedans.*
▶ Les élèves peuvent s'aider de l'échantillon témoin pour valider leur classement.

AUTOUR DES LIVRES TPS-PS
Les doudous - Trier des matériaux selon le critère de la douceur page 58

MON CARNET DE SUIVI
des apprentissages à l'école maternelle
Je trie et je compare des matériaux à l'aide de mes cinq sens
Je reconnais quelques matériaux page 46

PS janvier ▶ juin
MS GS septembre ▶ juin

CLASSE ENTIÈRE
COIN REGROUPEMENT
10 minutes

Matériel
- *pictogramme des sensations tactiles* (matériel page 128)
- 1 échantillon par sensation

ÉTAPE 3 UTILISER UN CODAGE   MS • GS

Trace écrite : dictée à l'adulte
- ▶ *Qu'avez-vous découvert lors de l'atelier ?* Quand on touche un matériau, il peut être doux, lisse…
- ▶ *Pourquoi avons-nous touché les matériaux ?* Pour fabriquer le nid douillet de notre mascotte, nous avons touché des matériaux. Il y en a des doux, des rugueux, des mous, des durs, des lisses, des bosselés.

Présentation des symboles associés à chaque sensation
- ▶ L'enseignant affiche au tableau les *pictogramme des sensations tactiles* (matériel page 128).
- ▶ *Quel symbole choisiriez-vous pour doux ?* La plume.
- ▶ Discussion collective autour des symboles. Fixation d'un échantillon du matériau dont la sensation tactile est illustrée à côté du symbole.

> ⭐ Si des symboles ne font pas l'unanimité, il est possible de les transformer sous la dictée des élèves pour arriver à un consensus.

ATELIER AUTONOME
DE 4 À 5 ÉLÈVES
10 à 15 minutes

Matériel
- au moins 3 échantillons pour chaque sensation
- des barquettes
- *pictogramme des sensations tactiles* (matériel page 128)

ÉTAPE 4 CLASSER DES MATÉRIAUX EN UTILISANT UN CODAGE   MS • GS

Présentation de l'activité
- ▶ L'enseignant fait reverbaliser la signification de chaque *pictogramme des sensations tactiles* (matériel page 128) et demande à différents élèves de trouver un échantillon témoin pour chaque barquette.
- ▶ *Chacun à votre tour, prenez un échantillon, nommez la sensation puis faites passer aux autres élèves pour qu'ils vérifient. Si tout le monde est d'accord, mettez l'échantillon dans la bonne barquette. Laissez sur la table les échantillons pour lesquels vous n'arrivez pas à vous mettre d'accord.*

Manipulations et classement
- ▶ Les élèves touchent les matériaux et établissent le classement.

MON CARNET DE SUIVI
des apprentissages à l'école maternelle
Je trie et je compare des matériaux à l'aide de mes cinq sens
Je reconnais quelques matériaux **page 46**

La matière Les matériaux **125**

CLASSE ENTIÈRE
COIN REGROUPEMENT
10 minutes

Matériel
- cartes-images ⑱ *Nids*

ÉTAPE 5 DÉCRIRE DIFFÉRENTS NIDS   PS • MS • GS

Rappel
▶ *Que nous avait demandé notre mascotte ?* De lui fabriquer un nid douillet.
▶ *Qu'avons-nous fait ?* Nous avons trouvé des matériaux doux.
▶ *Et maintenant ?* Il faut faire le nid.

Observation
▶ *J'ai apporté des photos de Nids (cartes-images ⑱), décrivez-les.*
▶ Les élèves doivent faire ressortir les notions d'endroit plus ou moins fermé, fait avec des matériaux composites.
▶ *Pour notre mascotte, comment faire ?*

Propositions des élèves
▶ Les élèves proposent d'utiliser divers contenants, selon les possibilités de la classe : *une boite à chaussures, un saladier, une barquette...*
▶ Ce contenant doit être garni des échantillons classés *doux*.

ATELIER AUTONOME
DE 4 À 6 ÉLÈVES
10 à 15 minutes

Matériel
- 1 boite à chaussures recouverte d'adhésif double face
- des échantillons de matériaux doux

ÉTAPE 6 FABRIQUER LE NID DOUILLET   PS • MS

Réalisation du nid
▶ Après décision sur le contenant le plus adéquat en fonction de la dimension de la peluche, les élèves garnissent le nid d'échantillons qu'ils ont choisis dans la barquette des matériaux doux.

⭐ NE PROPOSER QUE DE PETITS ÉCHANTILLONS DE MANIÈRE À CE QUE TOUS LES ÉLÈVES PUISSENT GARNIR LE NID.

Installation de la mascotte
▶ L'enseignant installe la peluche dans son nid et lui demande s'il est assez douillet pour elle.

PS janvier ▶ juin
MS GS septembre ▶ juin

ACTIVITÉ INDIVIDUELLE
15 à 20 minutes

Matériel
- 1 document par élève *Ça gratte ou ça pique ?* (page 129 ☁)
- des échantillons de matériaux

ÉTAPE 7 TRACE ÉCRITE INDIVIDUELLE   PS • MS

Questionnement
▶ *Trouvez un échantillon pour chaque sensation tactile.*
▶ *Posez chaque échantillon dans le carré sous le bon symbole.*
▶ *Quand vous avez terminé, appelez-moi.*
▶ Rappeler la signification de chaque symbole si nécessaire.

Activité des élèves
▶ Quand l'enseignant est appelé, il s'assure que le vocabulaire est acquis et que les matériaux choisis sont bien représentatifs de la sensation symbolisée. Les élèves collent alors les échantillons.

ATELIER SEMI-DIRIGÉ DE 4 À 8 ÉLÈVES
20 à 25 minutes

Matériel
★ Par élève :
- 1 photocopie du *mini-livre des matériaux* ☁
- 1 photocopie de *la souris* sur papier cartonné ☁
- 1 crayon
- 1 paire de ciseaux
- 15 cm de ficelle ou un scoubidou
- de l'adhésif double face
- 1 pastille d'autoagrippant (facultatif)

★ Pour le groupe :
- des échantillons de matériaux

PROLONGEMENT

▶ Il est possible de transformer la trace écrite individuelle en mini-livre retraçant la fabrication du nid sous forme d'histoire (*mini-livre des matériaux* ☁).
▶ Après la lecture d'un livre terminé, l'enseignant demande à chaque élève de coller à la bonne place un échantillon comme dans la trace écrite précédente.
▶ La petite *souris* ☁ est découpée : détourée pour les élèves capables de découper correctement ou selon le rectangle l'entourant. Elle est solidarisée au mini-livre à l'aide d'un fil ou d'un scoubidou de 15 cm représentant sa queue, scotché à une extrémité sur la page 3 à l'emplacement de la croix ainsi qu'à l'arrière de la souris. Elle peut ainsi se promener de page en page.
▶ Une pastille autoagrippante positionnée en page 3 pour un des deux éléments, l'autre étant fixé à l'arrière de la souris, peut servir à la ranger.

LEXIQUE

Verbes : toucher, ressentir, palper, caresser.
Noms : noms des matériaux utilisés, nid, symbole.
Adjectifs : doux, rugueux, piquant, mou, dur, lisse, bosselé, ondulé, troué, perforé.

La matière **Les matériaux** 127

| MATÉRIEL | A4 100% | PICTOGRAMMES DES SENSATIONS TACTILES | Une photocopie par élève |

Les matériaux — Associer un matériau au symbole représentant sa sensation tactile

ÇA GRATTE OU ÇA PIQUE ?

Colle les bons échantillons sous chaque symbole.

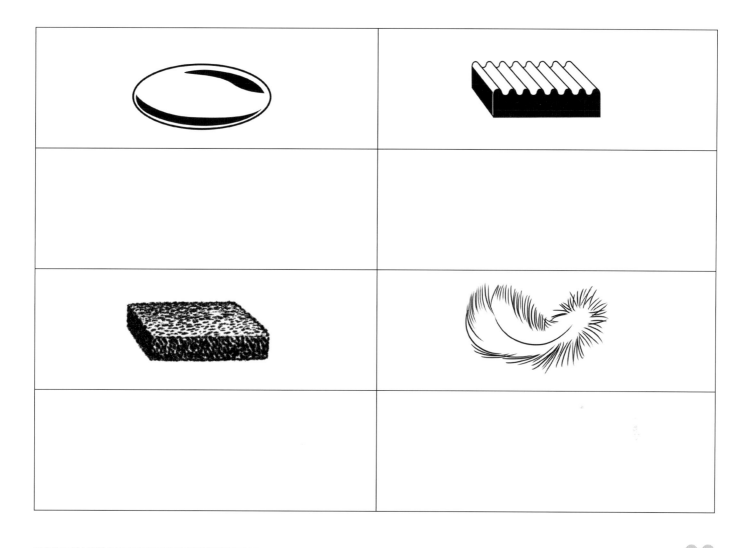

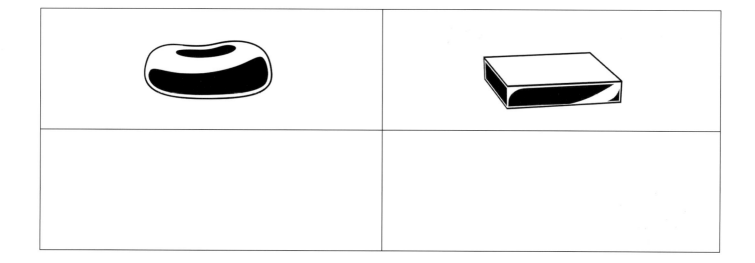

LES MATÉRIAUX

MA MAISON EST LA PLUS SOLIDE !
Connaitre les propriétés des matériaux les plus courants
(MS • GS)

CLASSE ENTIÈRE
COIN REGROUPEMENT
20 minutes

Matériel
- l'album inducteur

Les trois petits cochons
Christina Dorner et Christian Voltz
© ACCÈS Jeunesse • 2021 • 12€

★ Des échantillons des 3 matériaux :
- paille
- brindilles de bois
- 1 brique Tefoc® ou son équivalent fabriqué maison
(*Trucs et astuces* page 13)

ÉTAPE 1 S'INTERROGER SUR LA SOLIDITÉ DES MATÉRIAUX MS • GS

Situation déclenchante
▶ L'enseignant lit l'album *Les trois petits cochons*.

Questionnement
▶ Amener les élèves à verbaliser que les cochons utilisent des matériaux très différents pour fabriquer leur maison : la paille, le bois, les briques.
▶ Faire circuler des échantillons et les afficher au tableau.
▶ *Quelles sont les différences entre ces trois matériaux ?*
▶ Les amener à parler de leur solidité. La couleur, la facilité d'utilisation, le prix des matériaux peuvent être discutés puisqu'il en est question dans l'album.
▶ *D'après l'album quel est le matériau le plus solide ? Quel est le plus fragile ?*
▶ *Comment pouvons-nous vérifier si c'est vrai ?*
▶ Les amener à la possibilité de faire des tests pour vérifier la solidité des trois matériaux.

 LES ÉTAPES 2, 2 BIS, 2 TER SONT DES ATELIERS DIRIGÉS PERMETTANT DE TESTER SELON PLUSIEURS CARACTÉRISTIQUES LES MATÉRIAUX. LES COMPÉTENCES MISES EN JEU ÉTANT IDENTIQUES, CHAQUE ÉLÈVE NE PASSE DONC QU'À UN DES TROIS ATELIERS. SOIT LA CLASSE EST DIVISÉE EN TROIS GROUPES, SOIT IL EST AUSSI POSSIBLE DE DOUBLER CERTAINS ATELIERS.

ATELIER DIRIGÉ
DE 4 À 6 ÉLÈVES
10 à 15 minutes

Matériel
- des brins de paille
- des brindilles de bois
- des bandes de papier
- des bandes de carton épais
- 1 brique Lego®
- 1 brique Tefoc® ou son équivalent fabriqué maison
(*Trucs et astuces* page 13)

ÉTAPE 2 TESTER LA RÉSISTANCE DES MATÉRIAUX AU VENT MS • GS

Questionnement
▶ *Comment le loup arrive-t-il à détruire la première maison ?* En soufflant.
▶ *Comment peut-on vérifier si un matériau résiste au souffle du loup ?* En faisant comme lui : en soufflant dessus / avec un ventilateur / avec un sèche-cheveux.

Présentation de l'atelier
▶ *Sur la table il y a les matériaux utilisés par les petits cochons. J'ai ajouté du papier, du carton, du plastique. Vous allez poser l'échantillon sur le support. Puis vous allez souffler. Si l'échantillon s'envole, qu'en concluez-vous ?* Le matériau ne résiste pas au souffle.
▶ *Avec les matériaux restants, vous allez recommencer mais en utilisant le sèche-cheveux, que vous me demanderez de brancher. Vous allez observer ce qui se passe.*

Tests
▶ Les élèves font les tests en essayant les matériaux chacun à leur tour. Le fait d'avoir ajouté papier, carton et plastique, élargit le test en permettant à chaque élève d'être responsable d'au moins un test.

Conclusion
▶ *Qu'avez-vous constaté ?* La paille, le carton et le papier s'envolent avec notre souffle. Le bois et le plastique s'envolent avec le sèche-cheveux. La brique ne s'envole ni avec le souffle, ni avec le sèche-cheveux.
▶ *Avez-vous une explication ?* Les matériaux légers s'envolent, les plus lourds résistent au vent.

Trace écrite individuelle
▶ *Dessinez le test que vous avez fait.*
▶ Les élèves dessinent leur test et dictent à l'enseignant les légendes à apposer et les conclusions.

 mars ▶ juin

**ATELIER DIRIGÉ
DE 4 À 6 ÉLÈVES
10 à 15 minutes**

Matériel
- des brins de paille
- des brindilles de bois
- des bandes de papier
- des bandes de carton épais
- 1 brique Lego®
- 1 brique Tefoc® ou son équivalent fabriqué maison
(*Trucs et astuces* page 13)
- 1 marteau et 1 plaque martyre

ÉTAPE 2BIS TESTER LA RÉSISTANCE DES MATÉRIAUX AUX CHOCS MS • GS

Questionnement
▶ *Après avoir soufflé, que fait le loup ?* Il tape sur la maison.
▶ *Que dit-on d'un matériau qui résiste à des coups ?* Il est solide. **On dit qu'il résiste aux chocs.**
▶ *Comment peut-on vérifier si un matériau est solide ?* En faisant comme le loup : en tapant dessus / en essayant de le casser en deux avec les mains / avec un marteau / en faisant tomber le matériau par terre.

Présentation de l'atelier
▶ *Sur la table, il y a les matériaux utilisés par les petits cochons. J'ai ajouté du papier, du carton, du plastique. Vous allez poser l'échantillon sur le support pour ne pas abimer la table. Puis vous allez le taper avec votre main. S'il résiste, vous essayez de le couper en deux toujours avec vos mains. S'il se casse dans un de ces deux cas, qu'en concluez-vous ?* Le matériau n'est pas très solide.
▶ *Avec les matériaux restants, vous allez faire 2 nouveaux tests. Vous laissez tomber le matériau du haut de la table. S'il résiste, vous le tapez avec un marteau.*

Tests
▶ Les élèves font les tests en essayant les matériaux chacun à leur tour. Le fait d'avoir ajouté papier, carton et plastique élargit le test mais permet aussi la réalisation d'au moins un test par élève.

Conclusion
▶ *Qu'avez-vous constaté ?* La paille et le papier se plient et se cassent facilement avec les mains. Ils sont fragiles. Le carton et le bois sont plus solides mais on arrive quand même à les casser. Les deux briques sont très solides : nous ne sommes pas arrivés à les casser.

Trace écrite individuelle
▶ *Dessinez le test que vous avez fait.*
▶ Les élèves dessinent leur test et dictent à l'enseignant les légendes à apposer et les conclusions.

La matière Les matériaux

**CLASSE ENTIÈRE
COIN REGROUPEMENT
10 à 15 minutes**

Matériel
- des brins de paille mis en botte, assemblés par un élastique
- des brindilles de bois mises en botte assemblées par un élastique
- des bandes de papier assez larges
- des bandes de carton épais assez larges
- 1 plaque Lego®
- 1 mur de brique Tefoc® ou son équivalent fabriqué maison (*Trucs et astuces* page 13)
- 1 petit arrosoir
- de l'eau
- des feuilles de papier
- 1 barquette par échantillon pour éviter de mettre de l'eau partout
- des éléments type Kapla®, permettant de pencher les barquettes

ÉTAPE 2TER TESTER LA RÉSISTANCE DES MATÉRIAUX À LA PLUIE MS • GS

Rappel
▶ ***Dans l'histoire, la maison du troisième petit cochon est solide car elle résiste au souffle et aux coups du loup. Mais une vraie maison ne doit-elle être que solide ? À quoi doit-elle résister ?***
Au vent, au soleil, à la neige et à la pluie.
▶ ***Qu'est-ce que cela veut dire qu'un matériau résiste à la pluie ?***
▶ Inciter les élèves à verbaliser que l'eau ne doit pas traverser le matériau.
▶ ***Cela s'appelle l'imperméabilité. Un matériau qui ne laisse pas passer l'eau est imperméable.***
▶ ***Comment vérifier qu'un matériau est imperméable ?*** *En les plongeant dans l'eau.*
▶ ***Vais-je voir si l'eau traverse le matériau ?*** *Non. Pourquoi ?*
▶ Cette proposition généralement vient de la confusion entre *imperméabilité* et *flottabilité*.
▶ Pour sortir de cette confusion, prendre l'exemple de la brique.
▶ ***À votre avis, les briques protègent-elles de la pluie ?*** *Oui, beaucoup de maisons sont fabriquées en brique.*
▶ ***Donc si je la plonge dans l'eau, que va-t-il se passer ?***
▶ Généralement, les élèves à ce moment sont perplexes et réalisent que le test proposé ne va rien dire sur la propriété.
▶ ***Il faut un test qui nous permet de voir si l'eau ne traverse pas le matériau quand il pleut.***
▶ Ce test est difficile à imaginer par les élèves. Si aucune idée permettant de tester réellement l'imperméabilité du matériau ne vient, l'enseignant propose le test suivant.

Présentation de l'atelier
▶ ***Sur la table, il y a les matériaux utilisés par les petits cochons. J'ai ajouté du papier, du carton, du plastique. Vous allez poser l'échantillon sur une feuille de papier dans une barquette. Maintenant, vous positionnez le Kapla® sous un côté de la barquette pour la pencher. Puis vous versez doucement de l'eau sur l'échantillon. Ensuite vous soulevez l'échantillon et vous regardez si la feuille de papier est mouillée ou non là où se trouvait le matériau.***

Tests
▶ Les élèves font les tests en essayant les matériaux chacun à leur tour. Le fait d'avoir ajouté papier, carton et plastique, élargit le test mais permet aussi que chaque élève puisse passer.

Conclusion
▶ ***Qu'avez-vous constaté ?*** *Le papier et le carton ne sont pas imperméables. Les fagots de paille et de bois laissent un peu passer l'eau mais c'est parce qu'il y a des trous. Le plastique et la brique sont imperméables.*

Trace écrite individuelle
▶ ***Dessinez le test que vous avez fait.***
▶ Les élèves dessinent leur test et dictent à l'enseignant les légendes à apposer et les conclusions.

CLASSE ENTIÈRE **COIN REGROUPEMENT** **15 à 20 minutes** **Matériel** - 1 affiche	**ÉTAPE 3 COMMUNIQUER LES RÉSULTATS DES TESTS À L'ENSEMBLE DE LA CLASSE** MS • GS **Rappels** ▶ Le bilan commence par un rappel des trois tests menés. *Nous avons mené des tests pour savoir quels matériaux résistent au vent, aux chocs et à la pluie.* ▶ Les élèves ayant mené les tests racontent aux autres ce qu'ils ont fait et verbalisent à nouveau leurs bilans. *La paille et le papier s'envolent avec notre souffle.* *Le bois, le carton et le plastique s'envolent avec le sèche-cheveux.* *La brique ne s'envole ni avec le souffle, ni avec le sèche-cheveux.* *La paille et le papier se cassent facilement avec les mains. Ils sont fragiles.* *Le carton et le bois sont plus solides, mais on arrive quand même à les casser.* *Les deux briques sont très solides : nous ne sommes pas arrivés à les casser.* *Le papier et le carton ne sont pas imperméables.* *Les fagots de paille et de bois laissent un peu passer l'eau, mais c'est parce qu'il y a des trous.* *Le plastique et la brique sont imperméables.*
CLASSE ENTIÈRE **COIN REGROUPEMENT** **10 à 15 minutes** **Matériel** - L'album *Les Trois petits cochons* - les échantillons de matériaux avec leur nom écrit au tableau - 1 feuille A3 pliée en mini-livre (voir *Trucs et astuces* page 12) - 1 crayon - l'affiche réalisée à l'étape précédente	**ÉTAPE 4 RÉÉCRIRE L'HISTOIRE DES TROIS PETITS COCHONS** MS • GS **Présentation du projet** ▶ *Pour que vous ayez chacun le livre des Trois petits cochons, vous allez me dicter l'histoire. Nous allons y ajouter ce que nous avons trouvé. Chacun d'entre vous aura alors son mini-livre.* **Réécriture de l'histoire** ▶ L'enseignant fait verbaliser à nouveau l'histoire et écrit les phrases sous la dictée des élèves. ▶ Son support est une feuille A3, pliée sous forme de mini-livre (voir *Trucs et astuces* page 12) ▶ Sur chaque page du mini-livre, une place est laissée libre pour que les élèves puissent dessiner. Les matériaux sont écrits en capitales d'imprimerie comme au tableau lors de la première étape. **Reproduction du mini-livre** ▶ Une fois le mini-livre rédigé, l'enseignant le photocopie en le réduisant ou non.
ACTIVITÉ INDIVIDUELLE **20 à 30 minutes** **Matériel** ★ Par élève : - 1 photocopie A3 du mini-livre rédigé à l'étape précédente ou du *mini-livre* fourni ☁ - des crayons de couleur - les échantillons et leur nom écrit au tableau	**ÉTAPE 5 TRACE ÉCRITE INDIVIDUELLE** MS • GS **Démonstration de la réalisation du mini-livre** ▶ Les élèves plient, découpent et montent le mini-livre en suivant la démonstration de l'enseignant (voir *Trucs et astuces* page 12). **Consigne** ▶ *Maintenant que vous avez votre mini-livre, vous pouvez illustrer chaque page.* **Dessins** ▶ Pour que les élèves repèrent la teneur du texte et donc l'illustration à faire, leur rappeler qu'ils peuvent repérer le matériau dont il est question en comparant le nom du matériau qui aura été écrit en lettres d'imprimerie au tableau.

LEXIQUE

Verbes : tester, essayer, souffler, briser, arroser, verser.
Noms : paille, bois, brique, plastique, papier, carton, souffle, vent, choc, pluie.
Adjectifs : léger, lourd, fragile, solide, perméable, imperméable.

OUVRAGES AUTOUR DES MATÉRIAUX

(PS)
Doudours est triste
Sandra Giraud
© ACCÈS Jeunesse • 2021 • 12 €
Un album tout doux pour parler des peaux des animaux et des doudous.

(PS) (MS) (GS)
Dis, où tu habites ?
Françoise de Guibert et Clémence Pollet © De La Martinière Jeunesse • 2017 • 12,90 €
Chaque double-page de ce livre présente un animal ainsi que la façon dont il fabrique lui-même son habitat.

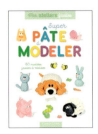

(PS) (MS) (GS)
Super pâte à modeler
Sandra Lebrun et Loïc Audrain
© Larousse • 2018 • 9,95 €
Plus de 60 modèles faciles à réaliser en pâte à modeler.

(MS) (GS)
Initiation à la pâte fimo
Denis Cauquetoux
© Fleurus • 2018 • 10 €
Un livre essentiel et facile d'accès pour découvrir toutes les bases de la pâte Fimo.

(PS) (MS) (GS)
Les trois petits cochons
Christina Dorner et Christian Voltz
© ACCÈS Jeunesse • 2021 • 12 €
Trois petits cochons construisent chacun une maison dans un matériau différent.

(GS)
Le Grand voyage de monsieur papier
Angèle Delaunois et Bellebrute
© Les 400 coups • 2013 • 9,50 €
Un album qui explique à l'enfant le parcours du papier après l'avoir déposé dans la poubelle de recyclage.

(GS)
L'arbre en bois
Philippe Corentin
© L'école des loisirs • 2000 • 13 €
La table de chevet raconte son histoire : avant, elle était un arbre en bois.

(MS) (GS)
Kididoc : D'où ça vient ?
Anne-Sophie Baumann et Mélanie Combes © Nathan • 2014 • 12,95 €
Un livre animé qui explique la provenance ou la fabrication des objets du quotidien.

(MS) (GS)
Mes maisons du monde
Clémentine Sourdais
© Seuil jeunesse • 2011 • 19 €
Cinq double-pages à volets et un pop-up présentant extérieur et intérieur d'habitats typiques de pays aux climats très différents.

(GS)
Chacun sa maison
Paul Faucher et Alexandre Chem
© Père Castor Flammarion • 2012 • 15,25 €
Cet album nous invite à rencontrer huit enfants du monde en habits traditionnels et à les associer à un type d'habitat.

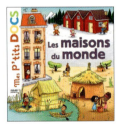

(MS) (GS)
Mes P'tits DOCS : Les maisons du monde
Stéphanie Ledu et Delphine Vaufrey
© Milan • 2006 • 7,90 €
Ce documentaire aux pages indéchirables présente des maisons du monde entier étonnantes.

(GS)
Gare au gaspi !
Geneviève Rousseau et Estelle Meens
© Mijade • 2018 • 5,20 €
Philémon met en application ce qu'il apprend en classe sur les gestes à faire pour aider la planète.

134

LA MATIÈRE

L'eau

Notions pour l'enseignant	**136**
Ça coule de source	**138**
Utiliser des objets qui permettent de transporter l'eau	
Flotte-coule	**142**
Trier des objets et des matériaux qui flottent	
Défi Le radeau de Zouglouglou	**146**
Fabriquer une embarcation qui flotte	
On the rocks	**148**
Savoir fabriquer des glaçons	
Menthe à l'eau	**151**
Expérimenter des mélanges homogènes et hétérogènes	
Défi Boule de neige	**154**
Trouver un matériau qui coule doucement	
Ouvrages autour de l'eau et des bateaux	**156**

Les notions abordées

- Le transport d'un liquide
- Une première approche de la flottabilité
- Les différents états de l'eau
- Une première approche de la solubilité : mélanges de substances avec l'eau

Notions pour l'enseignant

Les trois états de l'eau

▶ La matière eau peut se présenter sous **trois états : solide, liquide ou gazeux.** Ce sont les différentes façons dont les molécules d'eau sont liées entre elles qui définissent son état : les liaisons sont fortes pour de l'eau solide, plus faibles pour de l'eau liquide et presque inexistantes pour de l'eau à l'état gazeux.

Chaque état présente des caractéristiques physiques particulières :
- **l'eau solide** est incompressible et a une forme indépendante de son récipient,
- **l'eau liquide** est peu compressible et sa forme s'adapte à son récipient,
- **l'eau gazeuse** est compressible et occupe tout le volume disponible dans un récipient.

▶ **Les changements d'états de l'eau** correspondent au passage d'un état à un autre. On peut les représenter et les nommer sur le schéma suivant :

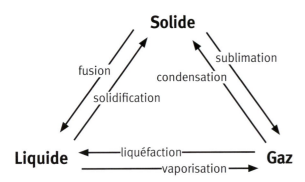

On peut observer assez facilement les trois états de l'eau et le passage de l'un à l'autre dans la vie quotidienne.
- L'eau liquide qui chauffe dans la casserole bout à 100 ° et devient de l'eau à l'état gazeux : la vapeur d'eau. Attention, la vapeur d'eau est invisible. Ce que l'on voit au-dessus de la casserole et qui est habituellement appelé vapeur d'eau est de l'eau liquide sous forme de fines gouttelettes.
- La neige qui fond montre le passage de l'eau solide à l'eau liquide
- L'eau liquide placée au congélateur devient de l'eau solide dans le bac à glaçons.
- En soufflant sur un miroir, la vapeur d'eau présente dans l'air à l'état gazeux se condense en gouttelettes d'eau liquide, la buée.

Le cycle de l'eau

▶ Entre ciel et terre, l'eau est en circulation permanente depuis des milliards d'années. Elle se transforme en permanence, changeant d'état au cours de son cycle naturel dans l'atmosphère, à la surface et dans les sous-sols de notre planète.

EDD Préserver l'eau

Cette eau qui circule en permanence sur la terre est une ressource vitale qu'il est important de préserver.

L'eau un milieu de vie à découvrir et à protéger, l'eau et son usage quotidien (consommation, traitement, utilisation) sont des thèmes que l'on peut aborder dès l'école maternelle.

Le théorème d'Archimède

▶ Le constat *c'est léger, ça flotte ou c'est lourd, ça coule* n'est pas juste pour expliquer pourquoi un corps plongé dans de l'eau flotte ou coule. Il faut faire référence au principe de la poussée d'Archimède pour expliquer correctement ce phénomène.

Tout corps plongé dans un liquide au repos subit une force verticale dirigée du bas vers le haut et opposée au poids du volume de fluide déplacé : cette force est appelée poussée d'Archimède.

INFLUENCE DU POIDS

▶ Pour un même volume, un objet coule ou flotte en fonction de son poids.

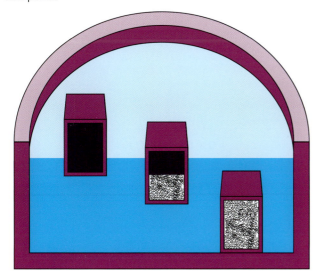

▶ La première boite ne contient que de l'air. Elle flotte car son poids est moins important que le poids de l'eau déplacée.
▶ La deuxième boite contient du sable. Elle s'enfonce un peu car son poids est plus important mais toujours inférieur à celui de l'eau qu'elle déplace.
▶ La troisième boite est remplie de sable. Elle coule car son poids est supérieur à celui de l'eau qu'elle déplace.

INFLUENCE DE LA DENSITÉ

▶ Plus un fluide est dense, plus la poussée d'Archimède subie par un objet plongé dans ce fluide sera importante.

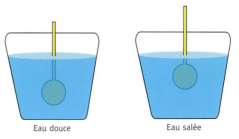

Eau douce   Eau salée

▶ L'eau salée, plus dense que l'eau douce, exerce une poussée d'Archimède plus importante sur les objets qui y sont plongés car son poids est supérieur à celui de l'eau douce à volume égal. C'est pour cette raison que certains objets flottent dans l'eau de mer alors qu'ils coulent dans l'eau douce.
▶ À l'inverse, plus un objet a une densité importante, plus son poids est important et plus il a de chances de couler. C'est pour cela que certains matériaux flottent plus facilement que d'autres.

INFLUENCE DE LA FORME

▶ Pour un même poids, un objet flotte ou coule en fonction de sa forme.
▶ Une boule d'acier va couler car son poids est supérieur au poids du volume d'eau qu'elle déplace. Si on fabrique la coque d'un bateau avec de l'acier,  ce bateau a une surface de contact avec l'eau plus importante, ce qui lui permet de déplacer plus d'eau. Le poids de la coque creuse et de l'air qu'elle contient devient ainsi inférieur à celui de l'eau qu'elle déplace. Donc le bateau flotte.
▶ À l'école primaire, il n'y a pas d'explications possibles de ce phénomène. On peut observer que des objets de même forme mais de matières différentes n'ont pas la même flottabilité (ex : une cuillère en bois, une cuillère en métal, une cuillère en plastique). On peut également amener les élèves à remarquer que tout objet lourd peut flotter s'il est creux ou s'il a une très grande surface et que c'est la forme qui est déterminante.

Ce qui peut poser problème

▶ En petite section, les enfants n'ont que peu de notions des propriétés liées à la fluidité de l'eau. Que de l'eau s'écoule par les trous d'un contenant percé qu'ils ont choisi pour transporter de l'eau ne manquera pas de les surprendre.
▶ En moyenne et grande sections, les élèves associent souvent la flottabilité d'un objet à sa taille ou son poids.
▶ Les objets utilisés dans le chapitre Flotte/Coule doivent être testés par l'enseignant au préalable.
  • La pâte à modeler est en général un matériau qui coule, mais attention cependant, il existe des pâtes à modeler qui flottent.
  • Le papier aluminium est du métal mais lorsqu'il est comprimé en boule, il flotte car il y a beaucoup d'air qui est resté piégé à l'intérieur dans les plis de la boule.
  • Le papier flotte puis coule car il absorbe l'eau. Certains papiers coulent plus vite que d'autres.

LA MATIÈRE — L'EAU

ÇA COULE DE SOURCE
Utiliser des objets qui permettent de transporter l'eau
(PS)

CLASSE ENTIÈRE
COIN REGROUPEMENT
25 minutes

Matériel
- aquarium
- point d'eau à proximité
- seau
- bol
- gobelet
- gobelet percé
- cuillères de différentes tailles
- écumoire
- passoire
- serviette
- serpillère

ÉTAPE 1 REMPLIR L'AQUARIUM

Situation problème déclenchante
▶ L'aquarium est posé loin du robinet de la classe, il sera trop lourd à porter quand il sera rempli.
▶ *Comment faire pour remplir l'aquarium ?*

Questionnement, recherche, proposition
▶ Les enfants sont en situation de recherche. L'idée de transporter n'est pas évidente immédiatement à cet âge, l'enseignant relance si besoin en induisant la nécessité de contenant.

⭐ EN TRANSPORTANT UN SEAU D'EAU PRÈS DE L'AQUARIUM, IL N'EST PAS NÉCESSAIRE DE FAIRE TRANSPORTER L'EAU DANS UNE CUILLÈRE OU UN GOBELET À TRAVERS LA CLASSE SUR TOUTE LA SÉANCE.

Manipulations et observation
▶ Lorsque l'idée de transporter avec des objets, notamment ceux du coin cuisine, a été proposée, l'enseignant incite à un large choix de contenants et complète pour arriver au matériel cité.
▶ Les élèves remplissent l'aquarium. Les contenants non adaptés laissent l'eau s'échapper. L'enseignant doit tolérer que de l'eau se renverse un peu, il incite à la verbalisation, aux commentaires.

Conclusion
• L'eau ne peut pas être transportée avec n'importe quel objet. Avec certains elle s'écoule ; les mains en particulier laissent l'eau s'échapper.

⭐ POUR ALLER PLUS LOIN : LA TAILLE DU CONTENANT PERMET DE REMPLIR PLUS OU MOINS RAPIDEMENT L'AQUARIUM.

ATELIER AUTONOME
DE 4 À 6 ÉLÈVES
15 minutes

Matériel
- bac à eau
- tabliers
- objets de l'étape 1
- pailles
- bouteilles
- moulin à eau
- serpillère

ÉTAPE 2 RÉINVESTIR

Consigne
▶ *Utilisez le bac à eau comme vous voulez, sans mouiller par terre et sans mouiller les copains.*

⭐ L'ENSEIGNANT DOIT ÊTRE RIGOUREUX QUANT AU RESPECT DE CETTE CONSIGNE POUR PLACER LES ENFANTS EN SITUATION D'AUTONOMIE. CETTE CONSIGNE RESPECTÉE, LE BAC À EAU PEUT ÊTRE MIS À DISPOSITION DES ÉLÈVES À L'ACCUEIL, EN ATELIER SATELLITE ET ÊTRE UTILISÉ SOUVENT. LES ÉLÈVES AIMENT TELLEMENT JOUER AVEC L'EAU QU'ILS SONT CAPABLES DE FAIRE BEAUCOUP D'EFFORTS POUR NE PAS EN ÊTRE PRIVÉS.

Manipulations
▶ Les élèves ne se lassent pas de remplir, vider, verser, transvaser, actionner le moulin à eau. L'exploration de la matière eau est intarissable, ils sont loin d'avoir fait le tour de ses propriétés.

VERS L'AUTONOMIE
Expérimenter des objets à eau
page 244

MON CARNET DE SUIVI
des apprentissages à l'école maternelle
Je manipule la matière, je transvase, je malaxe, je transporte, je mets en mouvement **page 46**

(PS) mai ▶ juin

**ATELIER DIRIGÉ
DE 4 À 6 ÉLÈVES
20 minutes**

Matériel
- 2 bassines
- 2 seaux
- 1 gobelet
- 1 gobelet percé
- 1 louche
- 1 bouteille
- 1 bouteille percée
- 1 entonnoir
- 1 écumoire
- 1 cuillère
- 1 éponge
- 2 serviettes de couleurs différentes pour matérialiser le tri

ÉTAPE 3 EXPÉRIMENTER POUR TRIER   PS

Consigne
▶ *Transportez l'eau du seau à la bassine en utilisant les objets à disposition.*

Manipulations
▶ Chaque enfant choisit le matériel, l'expérimente et passe plusieurs fois.

Verbalisation
▶ À chaque passage, l'enfant est invité à verbaliser ce qu'il a fait, s'il a réussi à remplir. Il pourra éventuellement aller plus loin dans ses commentaires en jugeant de la quantité d'eau déposée dans la bassine et en comparant les contenus de chaque contenant.

Tri
▶ Les élèves posent sur l'une ou l'autre serviette les objets selon qu'ils permettent ou non de transporter l'eau.

📷 L'enseignant prend des photos tout au long de l'atelier.

⭐ Certains objets sont plus efficaces au début car ils transportent une grande quantité d'eau. Mais pour vider le fond il faut un petit contenant (cuillère, petit gobelet) et pour récupérer les dernières gouttes il faut l'éponge.

**CLASSE ENTIÈRE
COIN REGROUPEMENT
15 minutes**

Matériel
- photos prises lors de l'étape précédente
- illustrations des *objets* ☁ à trier

ÉTAPE 4 TRIER DES OBJETS QUI TRANSPORTENT L'EAU   PS

Verbalisation
▶ L'enseignant montre les photos prises lors de l'étape précédente. Les élèves commentent ce qu'ils font, nomment les objets utilisés et mentionnent s'ils permettaient ou non de transporter l'eau du seau à la bassine.

Tri
▶ L'enseignant montre les illustrations des *objets* ☁ et trace deux colonnes au tableau.
▶ *Placez dans cette colonne les images des objets qui permettent de transporter l'eau et dans l'autre colonne les objets qui ne le permettent pas.*
▶ Un élève choisit un dessin et le place dans la bonne colonne, le reste du groupe valide ou non.

La matière L'eau 139

mai ▶ juin

ACTIVITÉ INDIVIDUELLE
20 minutes

Matériel
- 1 document par élève *Qui transporte l'eau ?* (document page 141)
- colle

ÉTAPE 5 TRACE ÉCRITE INDIVIDUELLE

Présentation de l'activité
▶ *Colle les objets qui permettent de transporter l'eau dans la bassine pleine et ceux qui ne permettent pas de transporter l'eau dans la bassine vide.*

ATELIER DIRIGÉ DE 4 À 6 ÉLÈVES
20 minutes

Matériel
- saladier
- pot (type pot de cornichons)
- pot de confiture
- petit pot bébé
- 2 bouteilles en plastique (1 à remplir et 1 pour verser)
- gobelets (petit et grand)
- cuillères (petite et grande)
- entonnoir
- louche
- bassine remplie d'eau
- éponge
- torchon
- papier essuie-tout
- mouchoir

ÉTAPE 6 ADAPTER L'OUTIL AU RÉCIPIENT À REMPLIR

Présentation de l'atelier
▶ *Remplissez le saladier, les pots, la bouteille à l'aide des autres objets.*

Manipulations
▶ L'enseignant laisse les élèves se débrouiller, même quand ils renversent.
▶ Il observe si les élèves adaptent l'outil à la situation, s'ils savent se servir de l'entonnoir. À défaut, il relance la situation : *Là, tu as mis plus d'eau sur la table que dans la bouteille, comment faire ?*

Verbalisation
▶ Les enfants expliquent leur difficulté à remplir le petit pot et la bouteille. Ceux qui sont parvenus à remplir correctement les contenants expliquent comment ils ont fait, quels objets ils ont choisis et comment ils les utilisent.

Questionnement
▶ *Comment enlever l'eau ?*
▶ L'enseignant demande aux élèves d'essuyer la table et le matériel. Il leur met à disposition éponge, serviette, torchon, papier essuie-tout, mouchoirs.
▶ Les élèves commentent l'efficacité de chaque outil. L'enseignant verbalise et introduit les verbes essuyer, essorer, éponger et absorber.

PROLONGEMENT

▶ Verser dans différents contenants dont l'ouverture devient de plus en plus étroite.

LEXIQUE

Verbes : verser, renverser, couler, transporter, remplir, vider, essuyer, essorer, éponger, absorber.
Noms : eau, bassine, seau, bac à eau, cuillère, louche, entonnoir, bouteille, gobelet, éponge.

PRÉNOM	DATE
La matière	Trier les objets selon leur capacité à transporter l'eau

QUI TRANSPORTE L'EAU ?

Colle les objets qui permettent de transporter l'eau dans la bassine pleine et ceux qui ne permettent pas de transporter l'eau dans la bassine vide.

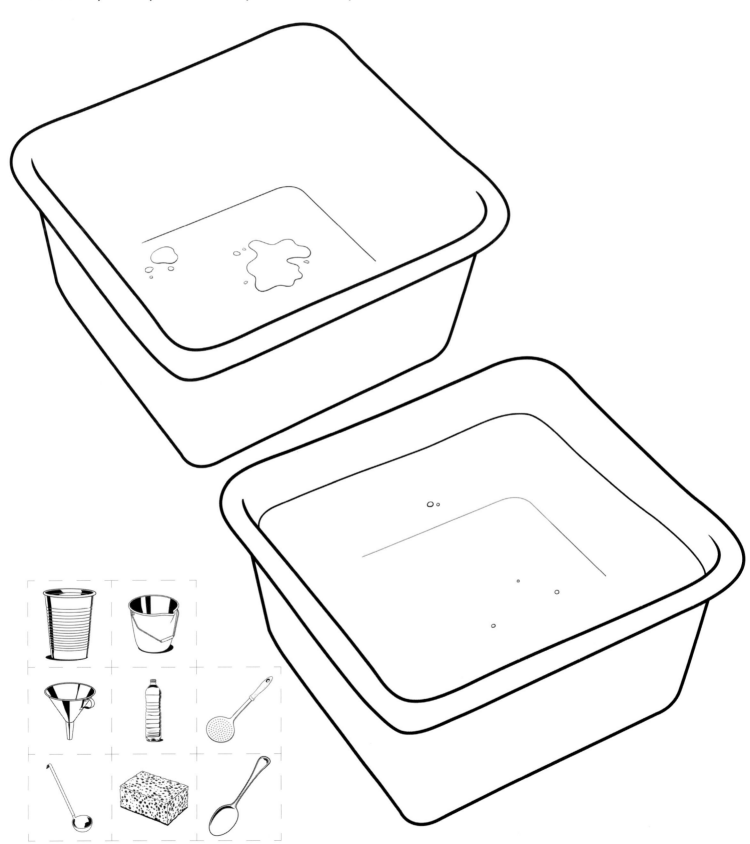

LA MATIÈRE

L'EAU

FLOTTE-COULE
Trier des objets et des matériaux qui flottent

MS • GS

CLASSE ENTIÈRE
COIN REGROUPEMENT
20 minutes

Matériel
- l'album inducteur

Le bateau de M. Zouglouglou
Coline Promeyrat et Stéphany Devaux
© Didier Jeunesse • 2000 • 12,90 €

- 1 aquarium rempli d'eau
- **les personnages** ☁
photocopiés et plastifiés
- 1 noix
- 1 petite assiette en plastique

ÉTAPE 1 DÉCOUVRIR L'ACTION DE COULER

Situation déclenchante
▶ L'enseignant fait découvrir l'album *Le bateau de Monsieur Zouglouglou*.
▶ Dans cet album en randonnée, Monsieur Zouglouglou a construit un bateau avec une noix. Au fur et à mesure qu'il vogue sur la rivière, il invite plusieurs animaux à monter dedans. À la fin, une petite puce les rejoint sans rien demander et fait couler le bateau.
▶ L'enseignant raconte l'histoire en matérialisant les actions à chaque page avec les **personnages** ☁.
▶ Il prend une noix, la casse en deux parties et montre la coque aux élèves. Étant trop petite pour illustrer le reste de l'album, l'enseignant explique qu'il prend une assiette pour faire le bateau.

Découverte
▶ Chaque personnage est placé sur l'assiette au fur et à mesure de l'histoire, quand la petite puce saute sur le bateau, l'enseignant s'arrange pour appuyer discrètement sur l'assiette : les élèves observent le bateau couler au fond de l'aquarium avec à chaque fois le même plaisir.

ATELIER DIRIGÉ
DE 4 À 6 ÉLÈVES
30 minutes

Matériel
- bac à eau
★ Différents objets du quotidien, des petits et des grands, des lourds et des légers :
- petite et grande cuillère en bois, en métal, en plastique
- balle en plastique
- pâte à modeler
- plume
- noix de coco
- feutre
- crayon à papier
- clef
- trombone
- ciseaux
- bille
- assiette en plastique
- cube en bois
- 2 plateaux

ÉTAPE 2 TESTER L'ACTION DE L'EAU SUR DES OBJETS

⭐ AU PRÉALABLE, LES ENFANTS ONT DÉJÀ UTILISÉ LE BAC À EAU AFIN DE S'APPROPRIER LE MATÉRIEL ET D'ACCEPTER DE RESPECTER LA CONSIGNE DE CETTE ÉTAPE.

Présentation du matériel
▶ Les enfants nomment ce qu'ils voient.

Questionnement
▶ *Que va-t-il se passer si on pose un objet dans l'eau ?* Il va nager, tomber, couler, voguer (idem l'histoire).

Consigne
▶ *Posez doucement un objet sur l'eau et observez ce qui se passe.*

Tests et manipulations
▶ Chaque enfant choisit un objet, le pose, observe et verbalise : *il coule, il flotte*.
▶ Puis, l'enseignant lui demande d'anticiper ce qui va se passer : *Peut-être que mon objet va couler, je crois que mon objet va flotter*.

Conclusion
▶ L'enseignant fait sortir le matériel du bac à eau, en posant sur un plateau les objets qui ont coulé et sur l'autre les objets qui ont flotté.

• *Certains objets coulent, d'autres flottent.*

| MS | janvier ▶ juin |
| GS | novembre ▶ juin |

**ATELIER DIRIGÉ
DE 6 À 8 ÉLÈVES
20 minutes**

Matériel
- aquarium rempli d'eau
- 1 balle de golf
- 1 petite bille en métal
- 1 petite et une grande bille en verre
- 1 petit caillou et un gros galet
- 1 petite et une grande boule de polystyrène
- 1 boule en bois, à défaut un morceau de bois plus gros que la boule de pétanque
- 1 petite boule et une grosse boule de pâte à modeler
- 1 grosse bougie en forme de boule
- 1 boule en liège ou par défaut un bouchon en liège coupé

ÉTAPE 3 DÉCOUVRIR QUE DES MATÉRIAUX FLOTTENT ET D'AUTRES COULENT GS

Description du matériel

Mise en évidence des différentes tailles et masses

▶ Les enfants nomment et décrivent le matériel : *je vois plein de boules, il y en a des petites et des grandes, mais pas toutes pareilles.*

▶ *Il y a encore autre chose qui est différent entre ces boules.*

▶ L'enseignant invite un élève à porter et à soupeser les boules dans la main.

▶ *Il y a des boules qui sont légères et d'autres qui sont lourdes.*

Mise en évidence des différents matériaux

▶ *Qu'est-ce qui n'est pas pareil ? Elles ne sont pas faites avec le même matériau.*

▶ L'enseignant fait nommer les matériaux que les enfants connaissent et aident à nommer les autres.

▶ Les élèves classent les boules selon la matériau.

⭐ ATTENTION AUX BOULES EN PLASTIQUE : LE PLASTIQUE COULE, MAIS COMME EN GÉNÉRAL L'OBJET EN PLASTIQUE EST CREUX, CET OBJET FLOTTE.

Représentations initiales et hypothèses

▶ *Quelles sont les boules qui vont couler et quelles sont celles qui vont flotter ?*

▶ Les élèves vont certainement penser que les petites boules flottent et que les plus grosses coulent ou que les légères flottent et que les plus lourdes coulent.

Expérimentation

▶ *Mettez la main dans l'eau et posez doucement la boule au fond de l'aquarium. Observez si elle reste au fond ou si elle remonte pour flotter.*

Observation

▶ Les boules qui flottent et celles qui coulent ne correspondent pas aux hypothèses des élèves.

Conclusions

- Il y a des boules lourdes qui flottent et des boules légères qui coulent.
- Les boules qui flottent sont faites en bois, en liège, en cire, en polystyrène.
- Il y a des matériaux qui flottent et d'autres qui coulent.

⭐ BIEN SÛR, IL EST POSSIBLE DE FAIRE FLOTTER DES MATÉRIAUX QUI COULENT EN MODIFIANT LEUR FORME, MAIS CONSTATER L'IMPORTANCE DU MATÉRIAU CONCERNANT LA FLOTTABILITÉ D'UN OBJET EST UN OBJECTIF SUFFISANT À LA FIN DE L'ÉCOLE MATERNELLE.

EN LIEN VERS L'AUTONOMIE
Expérimenter la flottabilité d'objets
page 245

MON CARNET DE SUIVI
des apprentissages à l'école maternelle
Par expérimentation, je sais dire si un objet flotte ou coule **page 46**

ATELIER SEMI-DIRIGÉ DE 6 À 8 ÉLÈVES
30 minutes

Matériel
- aquarium rempli d'eau
- paille
- plume
- brindille
- crayon à papier
- ciseaux
- clef
- bille
- bouchon en liège
- trombone
- Duplo®
- bougie
- caillou
- 1 document par élève *Ça flotte ou ça coule ?* (document page 145)
- colle

ÉTAPE 4 TRIER DES OBJETS SELON LEUR FLOTTABILITÉ

 MS • GS

Présentation du matériel
▶ L'aquarium est disposé au milieu de la table, les objets à trier à côté, les enfants nomment ce qu'ils voient, ils reconnaissent certains objets de l'étape 2, d'autres ont été remplacés.

Hypothèses
▶ *Placez les étiquettes des objets au fond de l'aquarium si vous pensez qu'ils coulent et au-dessus du niveau de l'eau si vous pensez qu'ils flottent.*

Vérification
▶ *Avant de coller les étiquettes, vérifiez à l'aide des vrais objets puis collez son étiquette au bon endroit.*

PROLONGEMENT

▶ Pour aller plus loin, il est possible d'essayer de faire flotter une matière qui coule en modifiant sa forme.
▶ Pour cela, il est possible de réaliser une expérience avec de la pâte à modeler : elle coule si elle est en boule et flotte si elle a la forme d'une assiette ou de la coque d'un bateau.

★ TESTER L'EXPÉRIENCE AU PRÉALABLE, CAR CERTAINES PÂTES À MODELER FLOTTENT MÊME EN BOULE.

MON CARNET DE SUIVI des apprentissages à l'école maternelle
Par expérimentation, je sais dire si un objet flotte ou coule **page 46**

LEXIQUE

Verbes : couler, flotter, voguer, tomber au fond, peser.
Noms : noix, boule, bille, galet, bois, liège, cire, polystyrène, métal, verre, plastique, matériau.
Adjectifs : lourd, léger, petit, grand.

PRÉNOM

DATE

L'eau

Trier les objets selon leur flottabilité

ÇA FLOTTE OU ÇA COULE ?

Colle l'étiquette de chaque objet au fond de l'aquarium s'il coule et au-dessus du niveau de l'eau s'il flotte.

LA MATIÈRE — DÉFI — L'EAU

LE RADEAU DE ZOUGLOUGLOU
Fabriquer une embarcation qui flotte
(GS)

CLASSE ENTIÈRE
COIN REGROUPEMENT
10 à 15 minutes

Matériel
- l'album inducteur

Le bateau de M. Zouglouglou
Coline Promeyrat et Stéphany Devaux
© Didier Jeunesse • 2000 • 12,90 €
- *les personnages*
plastifiés scotchés sur 1 bouchon

ÉTAPE 1 DÉCOUVRIR LE DÉFI

⭐ Des albums dans lesquels il y a des radeaux utilisés par les personnages seront à la disposition des élèves lors des temps d'accueil des semaines précédentes. Voir dernière page de ce chapitre.

Situation déclenchante
▶ L'enseignant lit ou relit l'album *Le bateau de Monsieur Zouglouglou*.

Questionnement
▶ *Comment pourrions-nous aider Zouglouglou pour qu'il puisse emmener tous ses amis dans son embarcation ?* Lui fabriquer un plus gros bateau.

Défi
▶ *Chaque groupe imagine une embarcation qui permettra à Zouglouglou d'emmener tous ses amis.*
▶ *Il faudra que tous les personnages puissent tenir dans l'embarcation et que celle-ci ne coule pas.*

CLASSE ENTIÈRE
ATELIERS SEMI-DIRIGÉS
10 à 15 minutes

Matériel
- des bouteilles vides
- du papier
- du carton
- des gobelets
- des bouchons
- des pailles
- des piques à brochettes
- de l'adhésif
- de la colle
- des canettes
- des feuilles plastiques
- des branches
- des élastiques
- 1 feuille de papier par groupe

ÉTAPE 2 DESSINER L'EMBARCATION

Observation
▶ *Chaque groupe va aller regarder tout le matériel que vous pouvez utiliser pour fabriquer l'embarcation de Zouglouglou.*

Consigne
▶ *Après avoir discuté entre vous, chaque groupe doit dessiner l'embarcation qu'il a imaginée. Quand c'est terminé, je passe dans chaque groupe et vous me dictez le matériel dont vous allez avoir besoin.*

Dessin
▶ Chaque groupe dessine son embarcation que l'enseignant vient légender.

ATELIER DIRIGÉ
DE 4 À 6 ÉLÈVES
25 à 30 minutes

Matériel
- le matériel demandé par le groupe lors de l'étape précédente
- le matériel de récupération de l'étape précédente

ÉTAPE 3 FABRIQUER UN RADEAU

⭐ Cette étape peut être réitérée jusqu'à ce que tous les groupes aient relevé le défi.

Essais
▶ Chaque groupe réalise l'embarcation imaginée.
▶ À chaque essai, l'embarcation est mise à l'eau et testée avec tous les personnages.
▶ Les difficultés les plus courantes sont :
  - l'emploi de matériaux non imperméables qui vont donc couler au bout d'un moment,
  - l'emploi de matériaux qui ne flottent pas,
  - l'assemblage des éléments entre eux : la première action que les élèves vont tester est le collage mais la colle vinylique habituelle ne résiste pas à l'eau, de même pour l'adhésif.
📷 Le projet initial va être remanié plusieurs fois avant d'arriver à une embarcation satisfaisante.

146

GS novembre ▶ juin

**ATELIER DIRIGÉ DE LANGAGE
DE 4 À 6 ÉLÈVES
15 à 20 minutes**

Matériel
- l'embarcation du groupe
- les photos prises par l'enseignant

ÉTAPE 4 PRÉPARATION DE LA PRÉSENTATION

Verbalisation

▶ *Racontez-moi comment vous êtes arrivés à cette fabrication ?*

En montrant les photos, l'enseignant aide les élèves à reverbaliser toute leur démarche en veillant au réemploi du vocabulaire spécifique et des connecteurs temporels : *en premier nous avons fait un bateau en papier, mais le papier a absorbé de l'eau, il n'est pas imperméable, notre bateau a coulé. Puis…*

**CLASSE ENTIÈRE
COIN REGROUPEMENT
4 ou 5 x 10 minutes**

Matériel
- les embarcations de chaque groupe
- *les personnages* ☁ plastifiés scotchés sur un bouchon

ÉTAPE 5 PRÉSENTATION DU DÉFI

⭐ À PRÉVOIR SUR UNE SEMAINE. CHAQUE GROUPE PRÉSENTE SA SOLUTION À L'ENSEMBLE DE LA CLASSE SUR UN TEMPS DE REGROUPEMENT.

Installation
▶ Mise en place de l'espace permettant aux groupes de passer et de relever le défi.

Passage des groupes
▶ Chaque groupe passe, fait sa présentation orale et une démonstration du défi relevé.

Questions
📷 L'enseignant et les autres élèves demandent des explications si nécessaire.

**CLASSE ENTIÈRE
COIN REGROUPEMENT
15 minutes**

Matériel
- des photos prises lors de la présentation
- 1 affiche

ÉTAPE 6 STRUCTURATION ET TRACE ÉCRITE

Bilan
▶ Chaque groupe étant passé, les solutions trouvées sont listées au tableau.
▶ Le terme de radeau est introduit s'il ne l'a pas encore été.

Trace écrite
▶ Une affiche collective est réalisée en dictée à l'adulte.
- *Notre classe a réalisé des embarcations pour M. Zouglouglou. Ce sont des radeaux.*
- *Pour certains radeaux, tous les matériaux utilisés flottent. Nous les avons assemblés avec des élastiques parce que la colle se dissout dans l'eau.*
- *D'autres groupes ont choisi un matériau qui ne flotte pas mais l'a posé sur des bouchons ou des bouteilles qui flottent.*

LEXIQUE

Verbes : relever un défi, flotter, couler, tester, assembler, dissoudre.
Noms : radeau, embarcation.
Adjectifs : perméable, imperméable.

La matière L'eau 147

LA MATIÈRE

L'EAU

ON THE ROCKS
Savoir fabriquer des glaçons
(MS / GS)

CLASSE ENTIÈRE
COIN REGROUPEMENT
3 x 10 minutes en début de matinée, fin de matinée et fin d'après-midi en hiver

Matériel
- 2 bols
- de la neige
- de la glace

ÉTAPE 1 DÉCOUVRIR L'EAU SOLIDE ET L'EAU LIQUIDE   MS • GS

Situation inductrice
▶ Il a neigé et gelé dehors. La classe a récupéré de la neige et de la glace dans des bols.
▶ L'enseignant prend des photographies des bols à chaque étape de la démarche.

Approche sensorielle
▶ Les bols circulent de main en main, les enfants observent la glace et la neige, les différencient visuellement : la glace est transparente, avec des morceaux comme du verre, la neige est blanche et ressemble à de la poudre.
▶ En les touchant, les élèves constatent que la glace et la neige sont très froides.

Questionnement et hypothèse
▶ *Que va-t-il se passer si on laisse les bols dans la classe ?* Tout va fondre !

Vérification
▶ En fin de matinée, la classe observe à nouveau les bols. Verbaliser les observations : dans les deux bols, il y a de l'eau.
▶ *D'où vient cette eau ?* De la glace et de la neige qui ont fondu.

Conclusion
• *Quand la glace et la neige fondent, ça se transforme en eau.*

Questionnement
▶ *Que se passe-t-il si on remet les bols dehors ?*

Hypothèses des élèves
▶ Chacun donne son idée, l'enseignant écrit pour garder en mémoire les différentes propositions.

Expérimentation et observation
▶ Remettre les bols à l'extérieur et observer le résultat quelques heures plus tard : l'eau des deux bols est devenue dure et froide : c'est de la glace.

Conclusion
• *L'eau s'est transformée en glace, pas en neige.*

MON CARNET DE SUIVI
des apprentissages à l'école maternelle
Je connais deux états de l'eau : solide et liquide
page 46

AUTOUR DES LIVRES GS
L'hiver **pages 139 à 152**

CLASSE ENTIÈRE
COIN REGROUPEMENT
15 minutes

Matériel
- moules à muffins
- boules de cotillons
- confettis
- perles

ÉTAPE 2 S'INTERROGER POUR FABRIQUER DES GLAÇONS   MS • GS

Situation inductrice
▶ L'enseignant propose de fabriquer de jolis glaçons dans les différents moules et de les décorer.

Questionnement
▶ *Comment faire des glaçons ?* Mettre l'eau dans les moules. Placer dehors au froid ou au congélateur.
▶ *À quel moment faut-il mettre les décorations ?*
▶ Laisser la discussion s'engager entre ceux qui ont déjà bien compris ce qui va se passer et ceux qui ne se représentent pas encore totalement la situation. Les élèves argumentent.
▶ *Comment décorer son glaçon ?* En rajoutant des petits objets, des petits jouets, des morceaux de papiers brillants... En rajoutant des gouttes de peinture, encres, gouache pour des effets différents.
▶ Avec les boules de cotillon, les perles et les confettis l'enseignant a déjà induit des éléments de réponse. Les élèves peuvent proposer d'autres décorations.

148

(MS) (GS) décembre ▶ mars

ATELIER SEMI-DIRIGÉ D'AUTANT D'ÉLÈVES QUE DE MOULES
20 minutes

Matériel
- moules à muffins
- boules de cotillon
- confettis
- fèves
- décorations de Noël
- 1 petite bouteille remplie d'eau
- encre avec pipette

ÉTAPE 3 FABRIQUER UN JOLI GLAÇON MS • GS

Présentation de son idée
▶ L'enseignant demande à chacun comment il veut décorer son glaçon et comment il va procéder.

Réalisation
▶ Le matériel est à disposition. Les élèves s'organisent, l'enseignant n'est là que pour faire verbaliser, relancer et réguler au besoin.
▶ Quand chaque enfant a fabriqué son glaçon, il faut mettre les moules dehors ou au congélateur et attendre le lendemain.

CLASSE ENTIÈRE COIN REGROUPEMENT
3 x 10 minutes

Matériel
- les glaçons réalisés lors de l'étape précédente

ÉTAPE 4 OBSERVER LA RÉVERSIBILITÉ DES ÉTATS DE L'EAU MS • GS

Observations
▶ Les élèves admirent leurs glaçons. On peut les sortir pour mieux les voir, les toucher, ils commencent un peu à fondre dans les doigts. Quand on les remet, ils rentrent parfaitement dans le moule.
▶ Remettre les glaçons dans les moules, les mettre de côté pour les oublier.

> MÊME SI LES ENFANTS SAVENT QU'UN GLAÇON FOND À L'INTÉRIEUR, TOUS NE SONT PAS PERSUADÉS QUE LE GLAÇON QU'ILS ONT FABRIQUÉ VA ÉGALEMENT FONDRE. QUAND ILS FONT UN GÂTEAU LA PÂTE SE TRANSFORME EN GÂTEAU SOUS L'ACTION DE LA CHALEUR ET RESTE SOLIDE EN REFROIDISSANT. CETTE REPRÉSENTATION DE TRANSFORMATION IRRÉVERSIBLE VA CORRESPONDRE À CERTAINS ENFANTS, L'ENJEU DE LA SÉANCE CONSISTE À MONTRER DES TRANSFORMATIONS RÉVERSIBLES.

▶ Plus tard, les enfants observent à nouveau leurs glaçons tout fondus.

Verbalisation
▶ *Le glaçon est redevenu de l'eau liquide.*

Questionnement
▶ *Est-ce que le glaçon peut se transformer à chaque fois en eau liquide et redevenir de la glace ? Comment le vérifier ?*
▶ Les élèves proposent de refaire la même manipulation, remettre les moules dehors.

Expérimentation
▶ Recommencer les opérations de gel et de dégel.

Conclusion
- *À chaque fois que l'on met de l'eau liquide au froid, elle se transforme en glace.*
- *À l'intérieur la glace fond et redevient de l'eau liquide.*

La matière L'eau **149**

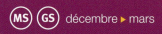

MS GS décembre ▶ mars

**CLASSE ENTIÈRE
COIN REGROUPEMENT
5 minutes**

ÉTAPE 5 FAIRE LA RELATION ENTRE LA FORME DU GLAÇON ET LE MOULE   MS • GS

Défi
▶ Proposer ce défi aux élèves : faire des glaçons pointus.

Matériel
- aucun

Temps de réflexion et propositions des élèves
▶ Les élèves font des propositions : casser les glaçons en pointe, faire fondre le bout…
▶ Par l'argumentation et le dialogue, on pourra déjà éliminer les propositions irréalisables.
Celles réalisables en classe sont testées et critiquées : le glaçon que l'on taille en pointe n'est pas très réussi et seul l'enseignant peut le faire, faire fondre en pointe est douloureux pour les mains !

Relance par l'enseignant
▶ ***Si on ne peut pas agir sur le glaçon, que peut-on choisir ? Quelles formes avaient les glaçons ?***
Des formes arrondies. ***Pourquoi ?*** *Parce qu'on les avait mis dans moules à gâteaux.*
Donc, si on ne peut pas agir sur le glaçon, que peut-on choisir ? *Le moule.*

Conclusion
• *Pour faire des glaçons pointus, il faut trouver des moules pointus.*

**CLASSE ENTIÈRE
COIN REGROUPEMENT
15 à 20 minutes**

ÉTAPE 6 RÉALISER DES GLAÇONS POINTUS   MS • GS

Temps de recherche

Matériel
- pâte à modeler
- objet en forme de cône, de pyramide ou de cube
- moule en triangle

▶ Les élèves recherchent dans la classe, à la maison, des objets hermétiques et creux pouvant faire office de moule.
▶ Certains enfants vont vouloir le fabriquer avec du papier. Or, le remplissage avec l'eau va s'avérer impossible avec des objets en papier ou carton, ou s'il y a du vide qui laisse l'eau s'écouler.
▶ L'enseignant propose alors de reformuler les critères du moule ?
 - *Il ne doit pas être en carton ou en papier. Il ne doit pas avoir de trous.*
▶ Les élèves proposent des solutions qui respectent ces différents critères :
 - *Apporter de la maison des cônes à glace.*
 - *Trouver des objets creux en forme de pyramide ou de cube ouvert.*
 - *Faire l'empreinte d'une pyramide dans de la pâte à modeler et s'en servir comme moule.*

Fabrication
▶ Les élèves remplissent le moule qu'ils ont réalisé ou choisi et observent les glaçons obtenus.

Analyse
▶ ***Pourquoi le moule doit-il être pointu ?*** *Parce que lorsqu'on met l'eau dans le moule, elle se met dans cette forme, et après le glaçon garde la même forme.*

Conclusion
• *Le glaçon prend la forme du moule.*

Réinvestir
▶ S'amuser à faire des glaçons de toutes les formes.

LEXIQUE

Verbes : se transformer, fondre, durcir, devenir.
Noms : glace, neige, glaçon, moule.
Adjectifs : solide, liquide, pointu.

L'EAU

MENTHE À L'EAU
(GS) Expérimenter des mélanges homogènes et hétérogènes

CLASSE ENTIÈRE
COIN REGROUPEMENT
15 minutes

Matériel
- 1 pot transparent de 1l de volume rempli d'eau potable
- 1 bol
- 100g de sucre
- 1 cuillère par enfant

ÉTAPE 1 DÉCOUVRIR LA DISSOLUTION

Approche sensorielle du matériel
▶ L'enseignant présente la cruche remplie d'eau ainsi que le bol rempli de sucre. Les élèves goutent les contenus pour reconnaitre et nommer l'eau et le sucre.

Questionnement et hypothèses
▶ *Que va-t-il se passer si on mélange le sucre dans l'eau ?*
▶ Les enfants s'interrogent et proposent des réponses.

Expérimentation et observations
▶ L'un d'eux vient verser le sucre dans l'eau puis mélange avec une cuillère en bois.
▶ Au départ, le sucre est visible dans la cruche, on voit les grains de sucre tomber dans l'eau, l'eau devient blanchâtre puis au bout de 30 secondes elle est à nouveau limpide.
▶ *Le sucre a disparu !*

Vérification
▶ L'enseignant fait gouter l'eau. Les élèves constatent qu'elle est sucrée alors qu'au début elle ne l'était pas.

Conclusion
- *Le sucre est encore là : on ne le voit plus mais on peut le gouter, il est caché dans l'eau.*

ATELIER DIRIGÉ
DE 6 ÉLÈVES
25 minutes

Matériel
- 12 pots en verre transparents avec couvercle
- eau
- sucre
- sel
- noix de coco
- farine
- sirop d'argent
- lait en poudre

ÉTAPE 2 EXPÉRIMENTER DES MÉLANGES HÉTÉROGÈNES ET HOMOGÈNES

Présentation du matériel
▶ L'enseignant montre six pots contenant chacun une substance blanche. Les aliments choisis sont tous blancs. Pour les reconnaitre, il faut les gouter.
▶ L'enseignant montre également les pots en verre remplis d'eau.

Déduction de la consigne en réinitialisant les acquis
▶ *À votre avis, qu'allez-vous faire avec ces aliments et les pots d'eau ?*
▶ C'est une manière déguisée de rappeler le mélange sucre et eau.
▶ Consigne reformulée par l'enseignant.
Mélangez chaque aliment dans un pot d'eau, refermez le pot et secouez-le pour mélanger !

Manipulations
▶ Chaque élève s'occupe d'un aliment, le verse dans le pot, referme, secoue le pot et s'attend à ce que le mélange redevienne transparent comme avec le sucre.

Observation
▶ Chaque élève n'obtient pas la même chose. Les différentes observations s'opposent : *certaines substances disparaissent, d'autre non.*
▶ Force est de constater que la farine et la noix de coco ne se mélangent pas comme le sucre, le sel, le sirop et le lait en poudre.

Conclusion
- *L'eau se mélange avec certains aliments, on ne voit plus ce qu'on a ajouté dans l'eau.*
- *Avec d'autres aliments comme la farine et la noix de coco, le mélange est différent. On voit encore ce qu'on a ajouté.*

MON CARNET DE SUIVI
des apprentissages à l'école maternelle
Je transforme la matière en la chauffant, en réalisant des mélanges, en la mouillant, en utilisant mes mains ou des outils **page 46**

La matière L'eau **151**

ATELIER SEMI-DIRIGÉ DE 4 À 6 ÉLÈVES
30 minutes

Matériel
- 6 pots en verre transparents refermables type petits pots bébés
- sucre
- café soluble
- chocolat en poudre soluble (attention, certains fortement dosés en cacao ne le sont pas)
- huile
- sable
- sirop de menthe
- colle
- une document par élève
Soluble ou pas soluble ?
(document page 152)

ÉTAPE 3 TRIER LES MATIÈRES SOLUBLES DANS L'EAU

Réinvestissement
▶ L'enseignant fait nommer le matériel mais ne le fait plus gouter.

Consigne
▶ *Mélangez le sucre, le café, le chocolat en poudre, l'huile, le sable et le sirop avec de l'eau dans un pot à chaque fois différent. Refermez les pots et secouez pour mélanger. Observez les pots pour trier d'un côté ceux où l'eau s'est mélangée avec ce qu'on a mis dedans et ceux où l'eau ne s'est pas mélangée.*
▶ L'enseignant introduit ici les termes de soluble et non soluble.

Expérimentation
▶ Les élèves ont l'expérience nécessaire pour manipuler et faire le tri.

> ATTENTION À NE PAS METTRE TROP DE SOLUTÉ (EXEMPLE DU SUCRE) DANS LE SOLVANT (L'EAU) CAR LORSQUE LE MÉLANGE ARRIVE À SATURATION, LE SOLUTÉ NE DISPARAIT PLUS MAIS SE DÉPOSE AU FOND DU MÉLANGE.
> QUAND ON VERSE DE L'EAU DANS DU SIROP, LE MÉLANGE S'OPÈRE INSTANTANÉMENT. MAIS SI ON VERSE DU SIROP DANS L'EAU, LE SIROP DESCEND AU FOND DU VERRE CAR LA DENSITÉ DES DEUX LIQUIDES N'EST PAS LA MÊME. IL FAUT AGITER LE TOUT POUR OBTENIR UN MÉLANGE HOMOGÈNE.

Trace écrite individuelle
▶ *Teste chaque matière à ta disposition puis colle son étiquette dans la bonne colonne.*
▶ Les élèves posent et collent leurs images dans le tableau.

LEXIQUE

Verbes : mélanger secouer, refermer, se mélanger, agiter.
Noms : sucre, café, chocolat en poudre, huile, sable, sirop.
Adjectifs : soluble, non soluble.

PRÉNOM	DATE
L'eau	Trier les matières solubles dans l'eau

SOLUBLE OU PAS SOLUBLE ?

Teste chaque matière à ta disposition puis colle son étiquette dans la bonne colonne.

SOLUBLE	**NON SOLUBLE**

DÉFI

LA MATIÈRE — L'EAU

BOULE DE NEIGE
Trouver une matière qui coule doucement
MS / GS

CLASSE ENTIÈRE
COIN REGROUPEMENT
10 à 15 minutes

Matériel
- au moins 1 boule de neige réalisée par l'enseignant

ÉTAPE 1 DÉCOUVRIR LE DÉFI — GS

⭐ Avant de commencer le défi, l'enseignant demande aux parents d'amener un pot de verre avec couvercle et une figurine entrant dans le pot.

Situation déclenchante
▶ L'enseignant présente une boule de neige qu'il a fabriquée. Il la fait circuler pour que chaque élève puisse la retourner et l'observer. Il explique que chacun va en réaliser une.

Questionnement
▶ *Si nous voulons fabriquer une boule de neige, que devons-nous avoir ?* Un pot avec un couvercle, de l'eau, un personnage, de la neige. L'enseignant rédige la liste du matériel nécessaire au tableau.
▶ *Est-ce vraiment de la neige ?* Non, cela représente de la neige, c'est blanc.

Défi
▶ *Il va falloir trouver avec quoi nous allons pouvoir faire de la neige.*

Hypothèses
▶ *Que connaissez-vous comme matière blanche qui pourrait nous servir pour faire la neige ?* Du sel, de la farine, du sucre, du papier, des bouts de plastique, du riz, du coton, du tissu blanc, des paillettes…
▶ Chaque groupe va tester les éléments qu'il pense être la neige de la boule de neige.

ATELIER DIRIGÉ
DE 6 À 8 ÉLÈVES
10 à 15 minutes

Matériel
- les matières aliments nommées lors de l'étape précédente
- farine, sel, sucre, riz, fécule…
- des pots avec couvercle
- une petite cuillère par matière à tester

ÉTAPE 2 TESTER LES MATIÈRES COMESTIBLES — MS - GS

Préparation des tests
▶ *Nous allons faire deux séries de tests, d'abord les aliments puis les autres matières.*
▶ Chaque groupe va chercher les matières qu'il souhaite tester. L'enseignant fait en sorte que toutes les matières soient testées mais qu'il n'y en ait pas plus de quatre par groupe.

Consigne et tests
▶ *Un élève remplit le pot d'eau avec soin, un autre verse une cuillère de la matière testée dans l'eau, un troisième ferme le pot. Puis, après avoir essayé, vous posez le pot devant la matière que vous avez testée pour vous en souvenir.*
▶ Chaque groupe réalise les tests qu'il a choisis.

Constats
▶ *Qu'avez-vous constaté après vos tests ?*

⭐ Le niveau de langage sera très différent selon que les séances Menthe à l'eau - Flotte-coule sont menées avant ce défi ou non. Si elles ne le sont pas, le vocabulaire scientifique sera introduit à cette étape.

▶ Il y a des matières qui sont solubles dans l'eau, comme le sel et le sucre, elles ne peuvent pas faire de la neige. Il y a des matières qui troublent l'eau comme la farine et la fécule, elles non plus ne conviennent pas. Il y a des matières qui coulent tout de suite, comme le riz, ce n'est pas beau.

Bilan
⭐ Ce bilan peut être mené en classe entière une fois que tous les groupes seront passés aux premiers tests.

• *Nous devons trouver une matière qui n'est pas soluble dans l'eau, qui ne trouble pas l'eau et qui coule doucement.*

MON CARNET DE SUIVI
des apprentissages à l'école maternelle
Par expérimentation, je sais distinguer ce qui est soluble et ce ne l'est pas **page 46**

MS GS décembre ▸ avril

**ATELIER DIRIGÉ
DE 6 À 8 ÉLÈVES
25 à 30 minutes**

Matériel
- tous les éléments blancs répertoriés lors de l'étape 1 hors aliments
- papier, tissu, coton, gobelet, polystyrène, bouchons en plastique blanc, perles, pailles, gomme…
- 1 ou 2 paires de ciseaux
- 1 ou 2 râpes
- des barquettes
- des pots avec couvercle
- une petite cuillère par matière à tester

ÉTAPE 3 TESTER LES AUTRES MATIÈRES — GS

Préparation des tests et questionnement
▶ Chaque groupe va chercher les matières qu'il souhaite tester. Lors de cette étape, les groupes vont rencontrer la difficulté de faire *des petits bouts* des matières blanches à leur disposition.
▶ **Que devez-vous faire ?** *Il faut faire des petits bouts.* **Comment faire ?** *En découpant, déchirant, râpant.*
▶ L'enseignant introduit l'outil râpe si les élèves n'y pensent pas.

Tests et constats
▶ Chaque groupe réalise les tests choisis par le groupe.

Constats
▶ *Qu'avez-vous constaté après vos tests ?*

Il y a des matières qui flottent comme le polystyrène, le tissu, le papier, elles ne peuvent pas faire de la neige.

Il y a des matières qui coulent tout de suite, comme les perles, ce n'est pas beau.

Il y a des matières qui coulent doucement, elles peuvent faire de la neige.

Bilan
• Les matières qui flottent ou qui coulent très vite ne conviennent pas. Nous pouvons utiliser des copeaux de gomme, des bouchons en plastique, des paillettes…

**ACTIVITÉ SEMI-DIRIGÉE
DEMI-CLASSE
15 à 20 minutes**

Matériel
★ Par élève :
- 1 pot avec couvercle
- 1 figurine

★ Pour la classe :
- les matières choisies
- râpes
- ciseaux
- barquettes
- 1 pistolet à colle

ÉTAPE 4 FABRIQUER LES BOULES DE NEIGE — MS - GS

Fabrication
▶ Chaque élève choisit parmi les matières possibles celle qu'il souhaite pour faire la neige. Certains réalisent leurs brisures de gomme ou autres, pendant que d'autres après avoir poncé l'intérieur de leur couvercle passent à l'atelier collage de la figurine avec l'enseignant.

⭐ En fonction de la taille de la figurine, la rehausser à l'aide d'un bouchon en plastique et fixer le tout au pistolet à colle.

**CLASSE ENTIÈRE
TEMPS DE LANGAGE
15 minutes**

Matériel
- des photos prises lors de la fabrication.

ÉTAPE 5 STRUCTURATION ET TRACE ÉCRITE — MS - GS

Bilan et affiche
▶ *Qu'avons-nous appris en fabriquant ces boules de neige ?*

Il y a des matières solubles et non solubles, d'autres qui troublent l'eau. Il y a des matières qui flottent et d'autres qui coulent plus ou moins doucement.

LEXIQUE

Verbes : relever un défi, flotter, couler, tester, dissoudre, râper.
Noms : boule de neige, brisure, copeau, râpe.
Adjectifs : perméable, imperméable, soluble, insoluble.

La matière L'eau 155

OUVRAGES AUTOUR DE L'EAU ET DES BATEAUX

(PS)
Où va l'eau?
Jeanne Ashbé
© L'école des loisirs • 1999 • 12 €
L'eau du seau va dans le verre. Et où va l'eau du plat? Cette eau-là va dans le bol à pois. Et quand Lili boit, où va l'eau du bol à pois? Dans le pot de Lili!

(PS) (MS) (GS)
Quand il pleut
Junko Nakamura
© Éditions Memo • 2014 • 15 €
La pluie réveille un enfant de sa sieste et l'attire dehors. Il observe alors les évènements que la pluie amène et ce que fait chacun.

(MS) (GS)
Le bateau de Monsieur Zouglouglou
Coline Promeyrat et Stefany Devaux
© Didier jeunesse • 2000 • 12,90 €
Monsieur Zouglouglou construit un bateau avec la coque d'une noix. Plusieurs animaux montent à bord.

(MS) (GS)
Jetez l'ancre
Christina Dorner et Coralie Saudo
© ACCÈS Jeunesse • 2020 • 12 €
Un capitaine jette l'ancre qui s'enfonce progressivement dans les profondeurs de l'océan. Des animaux s'y installent un à un et s'amusent à se balancer.

(MS) (GS)
Au boulot, les bateaux!
Susan Steggall
© Rue du monde • 2015 • 15 €
Tôt le matin, le port s'anime. Tous les bateaux prennent le large.

(MS) (GS)
Je joue avec l'eau : 24 activités manuelles & créatives
Tiphaine Voutyrakis
© Rustica • 2021 • 8,95 €
Un livre dans lequel on trouve 24 idées créatives originales autour de l'eau utilisables avec des élèves de maternelle.

(GS)
Le loup et le renard
Léa Schneider et Thierry Chapeau
© ACCÈS Jeunesse • 2022 • 12 €
Une version moderne du Roman de Renart qui aborde les changements d'état de l'eau.

(GS)
Les deux maisons
Didier Kowarsky et Samuel Ribeyron
© Didier jeunesse • 2011 • 12,90 €
Dans leur maison de sel se disputent le p'tit vieux tout en sel et la p'tite vieille tout en sucre. Un jour, le p'tit vieux met sa femme dehors.

DOCUMENTAIRES AUTOUR DE L'EAU ET DES BATEAUX

(MS) (GS)
Mes premières découvertes : L'eau
Pierre-Marie Valat
© Gallimard jeunesse • 2010 • 9 €
Un livre documentaire sur l'eau avec des volets transparents.

(GS)
Mes p'tites questions sciences : L'eau
Cédric Faure © Milan • 2017 • 8,90 €
15 questions pour comprendre l'eau.

(MS) (GS)
Mes premières découvertes : Le bateau
© Gallimard jeunesse • 2008 • 9 €
Un livre documentaire sur les bateaux avec des volets transparents.

(GS)
Les bateaux
Stéphane Frattini et Maud Legrand
© Glénat Jeunesse • 2018 • 14,50 €
Chaque double-page de ce beau documentaire puzzle présente un univers lié aux bateaux: ports, chantier naval, école de voile, ferry et courses de bateau. Les pièces du puzzle cachent des définitions.

LA MATIÈRE

L'air

Notions pour l'enseignant	158
Trucs & astuces	159
Le nez au vent	160
Découvrir les effets du vent	
Tournez moulinets !	164
Fabriquer un moulinet	
En coup de vent	166
Fabriquer et utiliser les courants d'air	
Un grand bol d'air	169
Matérialiser l'existence de l'air enfermé dans un contenant	
Ouvrages, matériel et jeux autour de l'air	172

Les notions abordées

- La découverte de l'air à l'extérieur
- La découverte de l'air à l'intérieur
- Une première approche de la matérialisation de l'air

Notions pour l'enseignant

La constitution de l'air

▶ L'air est un mélange de gaz constitué en volume de 21% de dioxygène, de 78% de diazote et d'environ 1 % d'autres gaz : du dioxyde de carbone, de la vapeur d'eau, et des gaz présents à l'état de traces.

NOM DU GAZ	% PRÉSENT
Diazote (N2)	78%
Dioxygène (O2)	21%
Argon (Ar)	0,93%
Vapeur d'eau (H2O)	0 - 4%
Gaz carbonique (CO2)	0,033%
Néon (Ne)	0,0018%
Krypton (Kr)	0,000114%
Dihydrogène (H2)	0,00005%
Protoxyde d'azote (N2O)	0,00005%
Xénon (Xe)	0,0000087%
Ozone (O3)	0 - 0,000001%

Les propriétés de l'air

▶ L'air est **pesant**. On peut utiliser un ballon de football et une balance pour mettre en évidence sa masse.

▶ L'air possède les propriétés d'un gaz : il est **compressible**, **expansible** et **élastique**.
▶ Une expérience avec une seringue permet de mettre en évidence ces propriétés.
• Lorsqu'on comprime un gaz, l'espace vide entre les molécules diminue, donc le volume occupé par le gaz diminue : la pression du gaz augmente. On dit que le gaz est **compressible**.

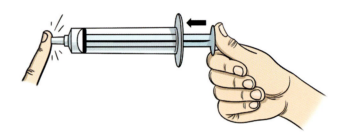

• À l'inverse, si on augmente le volume occupé par un gaz, l'espace vide entre les particules augmente : la pression du gaz diminue. On dit que le gaz est **expansible**.

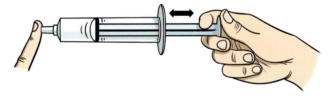

• Un gaz enfermé dans un récipient a toujours tendance à reprendre son volume et sa pression initiale.
On dit que le gaz est **élastique**.

Ce qui peut poser problème
▶ L'air est une notion complexe à aborder à l'école : invisible et inodore, il est difficile à percevoir. Toutes les activités menées vont viser ce qu'à la fin du cycle des approfondissements, les élèves aient conscience de la matérialité de l'air.
▶ Pour des enfants de Petite Section, *l'air est dehors*, car ils ne perçoivent pas encore l'air comme présent partout autour de nous.
▶ À l'école maternelle, l'élève va prendre conscience de l'existence de l'air lorsqu'il est en mouvement.
▶ Le vent constitue de l'air en mouvement. Il peut être le prétexte à une première mise en évidence de la présence de l'air.
▶ Par la suite, toutes les actions et tous les objets ou instruments mettant de l'air en mouvement peuvent également être utilisés pour aller vers une prise de conscience par l'élève de l'existence de l'air, également à l'intérieur.

Trucs & astuces

Pour fabriquer une pompe
Planter une paille à travers le goulot d'une petite bouteille.

Pour fabriquer un lance-plume
Sectionner le fond de la bouteille. Le remplacer par un ballon de baudruche découpé. Placer une plume dans le goulot et tirer le ballon. Relâcher.

Comment fabriquer des dispositifs pour mettre l'air en évidence ?

Pour gonfler le ballon
Sectionner le fond de la bouteille qui sera plongée dans l'eau. Mettre un ballon sur le goulot.

La matière L'air

L'AIR

LE NEZ AU VENT
Découvrir les effets du vent

PS • MS

CLASSE ENTIÈRE
COUR DE RÉCRÉATION
15 minutes

Matériel
- l'appareil photo

ÉTAPE 1 RESSENTIR ET OBSERVER LES EFFETS DU VENT

Situation déclenchante
▶ Par une matinée venteuse, l'enseignant propose à ses élèves de se rendre dans la cour pour découvrir ce qui se passe.

Approche sensorielle par le toucher, la vue, l'ouïe
▶ Par des questions, l'enseignant invite l'enfant à se centrer sur ses ressentis : sensation de frais, voire de froid, sensation désagréable ou non.
▶ *Que se passe-t-il sur votre corps quand le vent souffle ?*
▶ *Et maintenant, fermez les yeux !*
▶ *Ouvrez les yeux et regardez autour de vous : que voit-on quand le vent souffle ?*

📷 Pendant ce temps, l'enseignant prend des photos qui seront exploitées lors de l'étape 3.

CLASSE ENTIÈRE
COIN REGROUPEMENT
10 minutes

Matériel
- aucun

ÉTAPE 2 DÉCRIRE SES SENSATIONS

Verbalisation
▶ L'enseignant laisse un temps où les enfants s'expriment librement : *moi j'ai peur du vent ! Moi je trouve ça rigolo ! Moi j'avais froid !*
▶ Lorsque les enfants se réfèrent à ce qu'ils ont observé avec leurs sens, l'enseignant les fait formuler à nouveau en leur reposant la question.
▶ *Que se passe-t-il sur votre corps quand le vent souffle ?*
  - *Le vent caresse, chatouille, pique, frappe le visage. Le vent est froid, très froid. Le vent fait bouger mes cheveux, mes habits.*
  - *Le vent fait du bruit quand il souffle.*
  - *Je vois les feuilles qui bougent.*
  - *Le vent fait bouger les branches des arbres.*
  - *Tu as les joues et le nez tout rouges.*
▶ L'enseignant écrit quelques propos des élèves pour en garder une trace.

PS janvier ▶ juin
MS septembre ▶ décembre

ATELIER DIRIGÉ DE LANGAGE DE 6 À 8 ÉLÈVES
20 minutes

Matériel
- des photos prises lors de l'étape 1
- les *pictogrammes des 5 sens* (matériel page 43 ☁)
- 1 affiche

ÉTAPE 3 CLASSER LES SENSATIONS   PS • MS

Commentaires autour des photos
▶ L'enseignant accroche au tableau les photos prises dans la cour. Les élèves se reconnaissent et rappellent ce qu'ils ont ressenti. On pourra également relire les notes écrites en dictée à l'adulte pour bien avoir l'ensemble des observations sensorielles.

Association des ressentis avec les organes des sens impliqués
▶ L'enseignant décroche les photos du tableau pour y accrocher *pictogrammes des 5 sens* (matériel page 43 ☁) représentant un œil, une oreille, une main.
▶ Ces trois pictogrammes sont connus des enfants s'ils ont déjà travaillé sur les cinq sens.
▶ Les enfants rappellent de quoi il s'agit :
  - un œil pour illustrer ce qu'on peut voir,
  - une oreille pour représenter ce qu'on peut entendre,
  - une main pour tout ce qui touche la peau.
▶ ***Placez chaque photo sous l'organe des sens qui vous a permis de ressentir la sensation.***
▶ Les élèves vont associer une photo à un organe, en argumentant leur choix : une photo avec les joues rouges peut être placée sous l'œil parce qu'on voit du rouge, ou sous la main parce que c'est associé au froid, à un picotement.
▶ L'enseignant note ce que disent les élèves pour accompagner les photos.

Conclusions
▶ À partir des photos, l'enseignant construit une affiche qui associe les organes des sens, les photos que les élèves ont placées et leurs principaux commentaires.

Dehors dans la cour

👁 je vois	👂 j'entends	✋ je sens
• mes cheveux qui bougent, les cheveux de ... qui bougent • mes joues et mon nez tout rouges • mes habits qui bougent • les branches des arbres qui bougent • les feuilles des arbres qui tombent, qui bougent par terre	• le bruit du vent dans les oreilles • le bruit des feuilles, des branches	• le souffle sur mon visage • il me chatouille, il me picote • mon visage est froid • mes oreilles sont froides • l'air sur ma tête • mes yeux coulent

La matière L'air **161**

CLASSE ENTIÈRE
COUR DE RÉCRÉATION
25 minutes

Matériel
- 6 à 8 moulinets
- 6 à 8 sachets en plastique
- 6 à 8 foulards et rubans de la salle de motricité
- 6 à 8 manches à air

ÉTAPE 4 DÉCOUVRIR LES EFFETS DU VENT

PS • MS

Situation inductrice
▶ L'enseignant présente le matériel aux élèves et le nomme.

Manipulations
▶ *Utilisez ce que vous voulez comme vous voulez, mais gardez toujours le matériel dans votre main !*

Constatations et verbalisation
▶ *Le moulinet tourne très vite.*
▶ *Le sachet va s'envoler si je le lâche.*
▶ *La manche à air flotte et fait du bruit.*
▶ *Le foulard « vole ».*

CLASSE ENTIÈRE
COUR DE RÉCRÉATION
20 minutes

Matériel
- des morceaux de papier
- des ballons de baudruche gonflés
- des plumes
- des morceaux de tissus
- des sachets en plastique
- des feutres
- des petites voitures
- des balles
- des jouets de la cuisine
- des cubes en bois

ÉTAPE 5 TESTER LES EFFETS DU VENT

PS • MS

Présentation du matériel
▶ L'enseignant montre les objets. Les enfants les reconnaissent et les nomment.

Questionnement et hypothèses
▶ *Que se passe-t-il si je lâche ces objets dans la cour quand il y a du vent ?*
Le sachet va voler, le papier aussi, la voiture va tomber...
▶ *Comment savoir qui a raison ?* *Pour vérifier, il faut essayer...*

Manipulations
▶ Chaque objet est tenu en l'air puis lâché. L'enseignant régule l'activité mais laisse ses élèves expérimenter l'ensemble du matériel.

Constatations et conclusions
▶ Les enfants constatent que chaque objet s'envole ou retombe immédiatement.

 Avec des petits, dans la cour, et avec du vent il est impossible d'utiliser cette seule manipulation pour structurer des connaissances. Cette expérimentation va donc être reprise dans la classe avec un ventilateur.

MON CARNET DE SUIVI
des apprentissages à l'école maternelle
Je manipule la matière, je transvase, je malaxe, je transporte, je mets en mouvements **page 46**

PS janvier ▶ juin
MS septembre ▶ décembre

**CLASSE ENTIÈRE
COIN REGROUPEMENT
15 minutes**

Matériel
- identique à celui de l'étape précédente
- 2 boites
- 1 ventilateur
- 1 affiche

ÉTAPE 6 UTILISER UN VENTILATEUR POUR TRIER DES OBJETS PS • MS

Verbalisation
- L'enseignant étale au sol tous les objets expérimentés à l'étape précédente. Les élèves rappellent ce qu'ils ont fait et ce qu'ils ont observé dans la cour.
- Il montre alors le ventilateur et explique qu'il va servir à faire du *vent dedans* pour voir si l'objet s'envole ou tombe par terre.

Tests
- Chaque objet est testé devant le ventilateur : un enfant tient puis lâche cet objet.

Consigne
- ***Triez les objets dans chacune des deux boites : si l'objet s'est envolé, placez-le dans cette boite. S'il est retombé par terre, placez-le dans l'autre boite.***

Tri
- Chaque élève à tour de rôle choisit un objet et propose une réponse. Le reste du groupe valide ou non son choix.

Trace écrite
- Une affiche est réalisée à partir des photos et des conclusions des étapes précédentes.

PLURIDISCIPLINARITÉ

- Des exercices de relaxation sur le souffle peuvent se faire en salle de motricité.
- En musique, il est possible de faire découvrir des instruments à vent.

LEXIQUE

Verbes : voler, s'envoler, tomber, retomber, souffler.
Noms : vent, moulinet, manche à air, foulard, sachet, papier, tissu.
Adjectifs : léger, lourd.

La matière L'air 163

L'AIR

TOURNEZ MOULINETS !
Fabriquer un moulinet

MS • GS

**CLASSE ENTIÈRE
COIN REGROUPEMENT
10 minutes**

Matériel
- 1 moulinet fabriqué à partir du *gabarit*

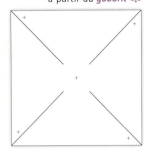

ÉTAPE 1 OBSERVER UN MOULINET   MS • GS

Présentation du projet

▶ *Connaissez-vous cet objet ? À quoi sert-il ?* À s'amuser.
▶ *Comment l'utilise-t-on ?* Il faut le mettre dans le vent. Il faut courir en le tenant en l'air.
▶ Si nécessaire, les élèves testent les propositions.
▶ *Vous allez en réaliser un chacun.*

Anticipation de la fabrication

▶ *Comment devons-nous faire ? Quel matériel devons-nous avoir ?*
▶ Le moulinet passe de mains en mains. Chaque élève, avec le moulinet en mains, nomme un des éléments : *un bâton, un clou, un bouchon, une perle, un morceau de papier.*

**ATELIER DIRIGÉ
DE 6 À 8 ÉLÈVES
15 à 20 minutes**

Matériel
- *fiche de construction 2*
- 1 moulinet
★ Selon la fabrication choisie :
- 1 photocopie du *gabarit* par élève
ou 1 feuille d'origami papier ou plastique (vendu les 20 à 7,35€ par OPITEC référence 414139)
- 1 gabarit de traçage réalisé avec le *gabarit*

ÉTAPE 2 FABRIQUER LES AILES DU MOULINET   MS • GS

Questionnement

▶ *J'ai trouvé des bâtons, des clous, des bouchons, des perles.*
▶ *Pour les ailes du moulinet, j'ai du papier mais comment savoir ce qu'il faut en faire ?* Il faut démonter le moulinet déjà fait.

Démontage

▶ Un élève retire le clou. Le papier peut ainsi être déplié.

Description des ailes du moulinet

▶ *Que pouvez-vous dire de ce morceau de papier ?* C'est un carré. Il y a un trou au milieu. Il y a des trous dans les coins. Il y a des traits découpés.

Réalisation

▶ Chaque étape se fait après la démonstration de l'enseignant en suivant la *fiche de construction 2*.

⭐ DEUX POSSIBILITÉS DE FABRICATION :
1. À PARTIR D'UNE FEUILLE PHOTOCOPIÉE COUPÉE AU FORMAT CARRÉ SUR LAQUELLE LES POINTS DE PERÇAGE ET LES LIGNES DE DÉCOUPAGE SONT INSCRITS. LES ÉLÈVES N'ONT QU'À PERCER, DÉCOUPER PUIS ASSEMBLER.
2. À PARTIR D'UNE FEUILLE D'ORIGAMI DÉJÀ CARRÉE, LES ÉLÈVES REPÈRENT LES PERÇAGES ET LES LIGNES DE COUPE À L'AIDE DU *gabarit de traçage*. ILS ONT À TRACER, PERCER, DÉCOUPER PUIS ASSEMBLER.
CETTE SECONDE SOLUTION PERMET D'UTILISER DES FEUILLES D'ORIGAMI EN PLASTIQUE TRÈS SOUPLE.
LES MOULINETS SONT AINSI UTILISABLES DANS UN JARDIN PUISQU'ILS RÉSISTENT À LA PLUIE.

**MON CARNET DE SUIVI
des apprentissages à l'école maternelle**
Je réalise une construction à l'aide d'une fiche de construction ou d'un schéma **page 48**

MS GS septembre ▶ juin

ACTIVITÉ INDIVIDUELLE
15 à 20 minutes

Matériel
- les ailes des moulinets réalisées lors de l'étape précédente
- des feutres, des craies, de l'encre ou de la peinture
- *fiche de construction 2*

ÉTAPE 3 DÉCORER LES AILES DU MOULINET   MS • GS

⭐ Cette étape est facultative et peut être faite indifféremment avant ou après le perçage et la découpe du carré. Cela peut être l'occasion de réinvestir les graphismes du moment.

Consigne
▶ *Décorez les ailes du moulinet, des deux côtés des ailes.*

ATELIER DIRIGÉ DEMI-CLASSE
15 à 20 minutes

Matériel
- 1 pique à brochette
- 1 bouchon
- 1 clou à tête plate
- 1 perle
- 1 aile de moulinet décorée
- *fiche de construction 2*

ÉTAPE 4 ASSEMBLER LE MOULINET   MS • GS

Questionnement
▶ *Nous avons tout le matériel. Comment terminer notre moulinet ?*
▶ Chaque étape de la feuille de fabrication est décodée et verbalisée par les élèves, démontrée par l'enseignant puis réalisée par les élèves :
- enfiler chaque angle des ailes du moulinet dans le clou,
- enfiler le clou dans le trou du milieu des ailes,
- enfiler la perle dans le clou,
- planter le clou dans le bouchon.

⭐ La dernière étape est la plus délicate. Elle peut aussi présenter un danger du fait de l'aspect pointu des piques à brochette. Elle n'est pas obligatoire : le moulinet peut être utilisé uniquement à partir du bouchon. Cette étape peut être facilitée si l'enseignant a prépercé le bouchon à l'aide de l'aiguille de piquage ou d'un clou. À faire avec l'enseignant, élève par élève.

▶ Planter la pique à brochette dans le bouchon.

MON CARNET DE SUIVI
des apprentissages à l'école maternelle
Je réalise une construction à l'aide d'une fiche de construction ou d'un schéma **page 48**

CLASSE ENTIÈRE COUR DE RÉCRÉATION
5 à 10 minutes

Matériel
- les moulinets réalisés lors de l'étape précédente

ÉTAPE 5 UTILISER LE MOULINET   MS • GS

▶ Les élèves utilisent leurs moulinets dans la cour.

MON CARNET DE SUIVI
des apprentissages à l'école maternelle
Je manipule la matière, je transvase, je malaxe, je transporte, je mets en mouvements **page 46**

LEXIQUE
Verbes : découper, percer, protéger, enfiler, enfoncer, planter, tourner.
Noms : moulinet, ailes, bouchon, perle, clou, pique à brochette, gabarit.

Les objets L'air **165**

LA MATIÈRE

L'AIR

EN COUP DE VENT
Fabriquer et utiliser les courants d'air
(MS)

CLASSE ENTIÈRE
COIN REGROUPEMENT
20 minutes

Matériel
- 1 moulinet
- 1 feuille cartonnée
ou
- 1 livre à portée de main

ÉTAPE 1 FABRIQUER DU VENT POUR FAIRE TOURNER UN MOULINET — MS

Situation inductrice
▶ Les élèves ont joué dans la cour avec un moulinet quand il y avait du vent et l'ont observé tourner.
▶ De retour en classe, le moulinet ne tourne plus.

Défi
▶ *Comment faire tourner le moulinet sans le toucher ?*
On peut souffler dessus !

Manipulations
▶ Chacun essaie. Les élèves constatent que cela marche plus ou moins bien selon l'angle de souffle.

Conclusion
• *Pour faire tourner le moulinet, il faut souffler dessus. En le mettant de profil, il tourne plus vite.*

Nouveau défi
▶ *Comment faire tourner le moulinet sans souffler ?* *On peut courir en tenant le moulinet. On peut secouer une feuille cartonnée ou un livre devant le moulinet pour qu'il aille plus vite.*

Recherche d'idées
▶ Laisser un temps pour la réflexion. Chaque idée est testée immédiatement.

ATELIER DIRIGÉ
DE 6 À 8 ÉLÈVES
20 minutes

Matériel
★ Par élève :
- 1 paille
- 1 feuille cartonnée format A5

★ Pour le groupe :
- 1 balle de pingpong
- des jeux de construction style Kapla® ou Lego®

ÉTAPE 2 RÉINVESTIR SES CONNAISSANCES — MS

Présentation de la situation
▶ L'enseignant construit un parcours avec des virages sur la table. Il matérialise l'arrivée et le départ. Il laisse à disposition les pailles et les feuilles cartonnées et une balle de pingpong.

Défi
▶ *Déplacez la balle de pingpong dans un circuit sans la toucher et sans bouger la table !*

Questionnement
▶ *Comment allez-vous faire ?* *Faire du vent en soufflant comme pour le moulinet, agiter les mains, secouer le carton.*

Tests
▶ Les élèves expérimentent alors : agiter les mains est peu efficace, souffler dans une paille est plus précis, secouer le carton est plus efficace mais moins précis.

Verbalisation
▶ Chacun explique ce qu'il a fait et la technique qu'il préfère.
▶ L'enseignant remplace le terme *vent* par les mots *souffle* et *courant d'air*.
▶ Les élèves dessinent leur test et dictent à l'enseignant les légendes à apposer et les conclusions.

MON CARNET DE SUIVI
des apprentissages à l'école maternelle
Je manipule la matière, je transvase, je malaxe, je transporte, je mets en mouvements **page 46**

Jeu en binôme
▶ L'enseignant modifie le parcours : deux élèves face à face s'échangent la balle.

MS novembre ▸ juin

ATELIER SEMI-DIRIGÉ DE 6 À 8 ÉLÈVES
15 minutes

Matériel
- 2 petites bouteilles remplies d'eau
- 2 petites bouteilles remplies de confettis
- 2 petites bouteilles remplies à moitié d'eau savonneuse
- 2 gobelets
- 1 paille par élève
- des petits bouts de papier

ÉTAPE 3 OBSERVER L'EFFET DU SOUFFLE — MS

Présentation de l'atelier
▶ L'enseignant a placé les différents dispositifs face aux élèves qui nomment le matériel devant eux.

Consigne
▶ ***Soufflez dans les bouteilles. Surtout, n'aspirez pas son contenu. Que se passe-t-il ?***
▶ ***Essayez de mettre les petits papiers dans le gobelet avec la paille.***

Manipulations
▶ Les élèves font et testent. L'enseignant leur demande juste de ne pas avaler le contenu des bouteilles.

Verbalisation
▶ *Quand je souffle dans l'eau, ça fait des bulles.*
▶ *Quand je souffle dans l'eau savonneuse, ça fait de la mousse.*
▶ *Quand je souffle sur les confettis, ils s'envolent.*
▶ *Je peux attraper les petits papiers en aspirant avec la paille.*

CLASSE ENTIÈRE COIN REGROUPEMENT
25 minutes

Matériel
(non visible en début de séance)
- 1 sèche-cheveux
- 1 pompe à vélo
- 1 gonfleur
- 1 soufflet
- 1 éventail
- 1 ventilateur
- 1 foulard
- 1 moulinet
- 1 sachet en plastique
- 1 boule de polystyrène

ÉTAPE 4 CHERCHER DES OBJETS QUI CRÉENT DES COURANTS D'AIR — MS

Présentation de l'atelier
▶ ***Rappelez-moi comment on arrive à faire des courants d'air à l'intérieur, comme le vent dehors.***
▶ *On peut souffler, secouer une feuille cartonnée, agiter les mains…*

Questionnement
▶ ***Connaissez-vous des objets à la maison qui fabriquent des courants d'air ?***
▶ Les élèves énumèrent ce qu'ils connaissent.
▶ L'enseignant peut dévoiler ce qu'il a apporté en montrant au fur et à mesure l'objet cité. Il peut faire deviner les objets non mentionnés avec une devinette : ***Je sers à gonfler le pneu des vélos…***

Observations
▶ L'enseignant fait tester chaque objet sur le foulard, le sachet, le moulinet, la boule de polystyrène.

Verbalisation
▶ Après quelques commentaires spontanés, il centre les observations des élèves sur la puissance du sèche-cheveux et du ventilateur. La pompe à vélo, le soufflet et le gonfleur fonctionnent bien aussi mais il faut toujours recommencer le geste. L'éventail fait penser à la feuille cartonnée.

EN LIEN VERS L'AUTONOMIE
Expérimenter des objets à vent
page 244

MON CARNET DE SUIVI
des apprentissages à l'école maternelle
Je manipule la matière, je transvase, je malaxe, je transporte, je mets en mouvements **page 46**

La matière L'air **167**

MS novembre ▶ juin

DEMI-CLASSE
SALLE DE MOTRICITÉ
20 minutes

Matériel
- 2 sèche-cheveux
- 1 petit ventilateur à pile
- 2 rallonges électriques
- 2 pompes à vélo
- 1 gonfleur
- 2 éventails
- des briques de motricité
- 1 plan incliné
- 1 tunnel
- plusieurs balles de pingpong

ÉTAPE 5 UTILISER ET COMPARER LES EFFETS DE CES OBJETS — MS

Consigne
▶ *Faites circuler la balle sans la toucher à l'aide des objets.*

Manipulations
▶ Par groupe, les élèves déplacent la balle sur le parcours et vont prendre conscience que :
- le sèche-cheveux et le ventilateur font avancer la balle rapidement à travers le tunnel,
- dans les passages précis, ils sont compliqués à utiliser,
- si la rallonge n'est pas assez longue, le sèche-cheveux n'est plus utilisable,
- les autres objets ont leur intérêt à ces moments-là.

★ IDÉALEMENT, ON PEUT DÉDOUBLER MATÉRIEL ET PARCOURS POUR ORGANISER UNE COURSE ENTRE DEUX ÉQUIPES, SI LES ÉQUIPEMENTS DE L'ÉCOLE LE PERMETTENT.

📷 L'enseignant prend des photos en vue de l'étape suivante. Il interroge ses élèves pour faire verbaliser ce qu'ils ont vécu et ce dont ils ont pris conscience.

CLASSE ENTIÈRE
COIN REGROUPEMENT
20 minutes

Matériel
- du papier affiche
- cartes-images ⑲ *Objets pour mettre l'air en mouvement* ☁️ 🗂️

ÉTAPE 6 RÉALISER UNE AFFICHE — MS

Verbalisation
▶ Les élèves observent les cartes-images ⑲ *Objets pour mettre l'air en mouvement* ☁️ 🗂️ et les commentent.

Catégorisation
▶ L'enseignant a tracé un tableau sur l'affiche.
▶ Les élèves y associent leur photo.

MON CARNET DE SUIVI
des apprentissages à l'école maternelle
Je manipule des objets et je les classe selon leur fonction **page 47**

LEXIQUE

Verbes : tourner, souffler, faire du vent, essayer, utiliser, agiter, secouer.
Noms : moulinet, souffle, courant d'air, soufflet, pompe à vélo, gonfleur, sèche-cheveux, ventilateur, éventail, parcours.

L'AIR

UN GRAND BOL D'AIR
GS | Matérialiser l'existence de l'air enfermé dans un contenant

ATELIER DIRIGÉ DE 6 À 8 ÉLÈVES
10 minutes

Matériel

★ 3 sachets type sac de congélation:
- 1 rempli de sable,
- 1 rempli d'eau,
- 1 rempli d'air

★ 1 boite à toucher dans laquelle on peut glisser les mains et palper ce qui s'y trouve sans le voir (*Trucs & astuces* page 20)

ÉTAPE 1 METTRE L'AIR EN ÉVIDENCE

Situation inductrice
▶ L'enseignant présente la boite à toucher et explique à quoi elle va servir.
▶ *J'ai trois sachets remplis. En les touchant l'un après l'autre, vous devez deviner ce qu'il y a dedans sans regarder.*

Approche sensorielle
▶ Les élèves touchent successivement les trois sachets sans s'aider de la vue mais en utilisant le toucher pour s'approprier l'idée que le sachet contient de la matière.

Ressenti des élèves
▶ Chacun propose son idée.

Vérification
▶ *Comment savoir ce qu'il y a dedans sans regarder ?*
▶ L'enseignant propose de percer le sachet avec un petit trou pour que les contenus s'écoulent doucement, de faire toucher, sentir et écouter ce qui en sort.
▶ Cette fois-ci, les élèves ont les yeux fermés. L'enseignant passe rapidement chez chacun pour éviter qu'il n'y ait plus d'air et d'eau dans les sachets.

Conclusions
▶ Dans le premier sachet, on reconnait facilement les grains de sable. Dans le deuxième sachet, c'est mouillé. Dans le troisième sachet, on sent et on entend un petit souffle qui chatouille la main.
▶ Les élèves peuvent alors regarder les trois sachets et conclure: *dans celui-ci il y a du sable, dans celui-là il y a de l'eau, dans le dernier il y a de l'air!*

La matière L'air 169

**ATELIER DIRIGÉ
DE 6 À 8 ÉLÈVES
25 minutes**

Matériel
- 1 sachet type congélation
- 1 pâte à fixer
- 2 pailles
- 1 grosse seringue
- 1 pompe à vélo
- 1 aquarium
- des papiers découpés
- des petites plumes
- 3 dispositifs pour mettre l'air en mouvement
(voir *Trucs & astuces* page 159)

ÉTAPE 2 MANIPULER DE L'AIR PRÉSENT DANS DIFFÉRENTS CONTENANTS

Présentation de l'atelier
▶ L'ensemble du matériel est disposé sur une table et présenté aux élèves (voir *Trucs & astuces* page 159). L'enseignant explique et montre comment se servir de chaque dispositif.

Consigne
▶ *Utilisez ces quatre objets pour déplacer les petits bouts de papier et les plumes.*
▶ *Utilisez un dispositif pour faire décoller la plume et un autre dispositif pour gonfler le ballon.*

Manipulations
▶ Les élèves expérimentent chaque dispositif.

Observations
▶ Ils constatent qu'ils arrivent avec ces différents objets à déplacer les papiers et la plume, à gonfler le ballon. Ils essaient plusieurs fois et affinent leur manipulation pour mieux contrôler leur geste.

 janvier ▶ juin

CLASSE ENTIÈRE **COIN REGROUPEMENT** **20 minutes** **Matériel** - aucun	**ÉTAPE 3 COMPRENDRE ET INTERPRÉTER** GS **Présentation des matériaux** ▶ Les élèves expliquent ce qu'ils ont fait et observé. **Analyses et conclusions** ▶ *Que se passe-t-il lorsqu'on appuie sur le sachet, la bouteille, lorsque le ballon se dégonfle, lorsqu'on actionne la pompe, la seringue ?* Il y a de l'air qui sort, on le sent avec les mains et on l'entend. ▶ *Pourquoi est-ce que les petits bouts de papier et les plumes se déplacent et s'envolent ?* C'est l'air qui les pousse. Quand j'appuie sur le sachet, la bouteille, la pompe et la seringue, je vide un peu d'air et il chasse les plumes et les papiers. ▶ Les deux ateliers avec les bouteilles sectionnées sont plus complexes à interpréter. ▶ Si certains élèves posent des questions pour comprendre pourquoi le ballon se gonfle, c'est de préférence l'enseignant qui explique que l'eau chasse l'air de la bouteille et entre dans le ballon.
ACTIVITÉ INDIVIDUELLE **20 minutes** **Matériel** ★ Par élève : - 1 feuille - des crayons ou des feutres	**ÉTAPE 4 REPRÉSENTER UNE EXPÉRIENCE PAR LE DESSIN** GS **Consigne** ▶ *Choisissez un dispositif et dessinez l'expérience que vous avez réalisée.*  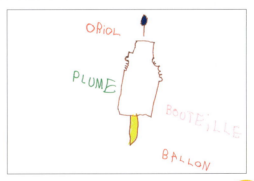
CLASSE ENTIÈRE **SALLE DE MOTRICITÉ** **20 minutes** **Matériel** - 1 ballon pour chaque élève d'un groupe - 1 pompe pour gonfler les ballons	**ÉTAPE 5 UTILISER L'AIR D'UN BALLON DE BAUDRUCHE** GS **Manipulations** ▶ Répartir la classe en quatre groupes. ▶ Gonfler des ballons et les donner au premier groupe d'élèves sans nouer l'embout du ballon. ▶ Ils vont manipuler ces ballons maladroitement ou non, en les tenant ou en les lâchant, délibérément ou non. ▶ La classe observe amusée et commente. ▶ L'enseignant regonfle la série de ballons. Il les distribue au deuxième groupe, puis au troisième et enfin au quatrième groupe : les élèves vont reproduire au début les maladresses des premiers ou au contraire tâcher de garder le contrôle du ballon pour le tenir et le lâcher à un moment précis. **Observations et conclusion** ▶ Le ballon se dégonfle et vole dans tous les sens : *c'est l'air du ballon qui sort, je l'entends et je le sens.*

LEXIQUE

Verbes : deviner, sentir, toucher, fabriquer, essayer, décoller, se gonfler, se dégonfler.
Noms : plume, ballon de baudruche, pompe, seringue, fusée, avion, expérience.

ALBUMS AUTOUR DU VENT

 PS

Le vent m'a pris
Rascal © L'école des loisirs • 2004 • 10 €

Dans cet album, le vent emporte avec lui les vêtements d'un mystérieux personnage.

 PS **MS** **GS**

Merci, le vent!
Édouard Manceau
© Milan • 2011 • 9,90 €

Le vent souffle sur des petits morceaux de papier… Que vont-ils devenir?

 PS **MS** **GS**

La promenade de Flaubert
Antonin Louchard © Éditions Thierry Magnier • 2015 • 8,90 €

Flaubert, un bonhomme en papier, se promène. Le vent se lève. Flaubert perd une à une toutes les parties de son corps. Le vent se calme et…

PS **MS** **GS**

Vive le vent!
Peter Schössow
© La joie de lire • 2013 • 9,80 €

Cet album sans texte montre un homme vêtu d'un imper et d'une écharpe faire face au vent et se laisser emporter, si bien qu'il s'envole et concurrence les avions.

OUVRAGE ET MATÉRIEL AUTOUR DU VENT ET DU SOUFFLE

 GS

Vent: 23 activités manuelles & créatives
Marie-Lyne Mangilli Doucé
© Rustica • 2017 • 10 €

Un livre dans lequel on trouve 23 idées créatives originales autour du vent utilisables avec des élèves de maternelle.

 PS **MS** **GS**

Flow-Ball
À partir de 2,90 € pièce

Un objet dans lequel on souffle pour maintenir la balle en l'air.

 PS **MS** **GS**

Feutres Blopens
© Lansay • À partir de 9,90 € les 10

Les Blopens sont des feutres dans lesquels on souffle.

 PS **MS** **GS**

Les planches à souffle
@ Hoptoys Ref. CA602 •
À partir de 7,90 €

De jolies planches très ludiques pour travailler le souffle dans la bonne humeur!

JEUX AUTOUR DU SOUFFLE

 PS **MS** **GS**

Gâteau anniversaire
© Haba Ref. 004446 • À partir de 8,99 €

Un jeu pour un à quatre joueurs. Il s'agit de souffler sur une bille pour qu'elle atteigne les différents gâteaux du plateau de jeu. Un jeu où il faut maitriser son souffle et exercer la motricité des lèvres pour gagner.

 MS **GS**

Jeu de souffle 4 en 1
© HopToys Réf. hop275 • À partir de 23,90 €

Quatre jeux de souffle qui permettent d'entrainer l'intensité, la puissance et la direction du souffle.

 MS **GS**

Foot-souffle
© Hoptoys • 19,90 €

Un terrain de foot de 25 x 35 centimètres autour duquel s'affrontent deux souffleurs.

LA MATIÈRE

Les ombres et la lumière

Notions pour l'enseignant	174
Trucs & astuces	175
À chacun son ombre	176
Créer des ombres	
Les maitres de l'ombre	178
Prendre conscience de certaines caractéristiques des ombres	
Les ombres de la cour	182
Comprendre le positionnement d'une ombre selon le positionnement de la lumière	
Mon théâtre d'ombres	187
Fabriquer les marionnettes d'un théâtre d'ombres	
Ouvrages et jeux autour des ombres et de la lumière	190

Les notions abordées

- La réalisation et l'observation d'ombres
- L'adéquation entre le modèle et son ombre
- Les changements de taille de l'ombre en fonction de la distance avec la source lumineuse
- L'ombre d'un objet au soleil, l'ombre obtenue avec une lampe
- Le changement des positions des ombres en fonction de l'emplacement de la source lumineuse

Notions pour l'enseignant

Qu'est-ce qu'une ombre ?
▶ Lorsqu'un objet est éclairé par une source lumineuse, certaines zones situées derrière l'objet ne reçoivent pas de lumière et constituent **l'ombre** de l'objet.

Ombre propre et ombre portée
▶ Lorsqu'un objet est éclairé, on distingue deux zones d'ombre.
- **L'ombre propre** est la zone de l'objet qui ne reçoit pas de lumière. C'est la partie de l'objet qui est située à l'opposé de la source lumineuse.
- **L'ombre portée** se situe sur une surface claire située derrière l'objet (un écran, le sol, un mur...) et qui ne reçoit pas de lumière. Cette ombre a une forme qui reproduit les contours de l'objet éclairé. Ainsi, pour observer une ombre portée, il faut toujours trois éléments disposés dans le même ordre.
  1- la source lumineuse.
  2- l'objet opaque.
  3- la surface claire.

▶ L'espace situé derrière l'objet et ne recevant pas de lumière est appelé **cône d'ombre** ou **zone d'ombre**.

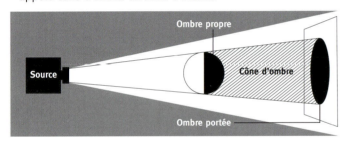

▶ Quand un objet ne laisse passer aucune lumière, on dit qu'il est **opaque**.

Source primaire et source secondaire
▶ La source lumineuse est **primaire** lorsqu'elle fabrique de la lumière (le soleil, des braises, un projecteur, une lampe de poche...) ou **secondaire** lorsqu'elle diffuse la lumière (la lune, les planètes, d'autres objets dans une pièce...).

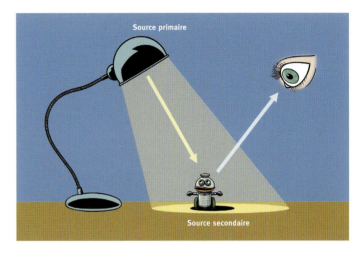

▶ Un objet peut avoir plusieurs ombres s'il reçoit de la lumière de plusieurs sources lumineuses.

Ce qui peut poser problème
▶ Attention, il y a des écarts entre ce que les enfants peuvent percevoir des ombres et des phénomènes lumineux, ce qu'ils peuvent en dire et ce qu'ils peuvent expliquer.
▶ Souvent l'explication rationnelle des phénomènes (mouvements relatifs du soleil, déplacement de la terre, source lumineuse primaire ou secondaire...) relève au mieux des compétences du cycle 3 ou du collège.

Trucs & astuces

Quelles sources de lumière utiliser ?

- Un vidéoprojecteur est une source lumineuse facilement utilisable dans la classe. Un mur blanc ou uni et clair remplace un écran. Vérifier simplement la présence d'une prise de courant à proximité et d'une rallonge éventuellement pour installer votre projecteur.
- Les lampes de poche à LED sont de bonnes sources lumineuses car elles diffusent moins la lumière et permettent d'obtenir des ombres plus nettes.

Comment fabriquer un castelet ?

Matériel
- 1 boite format A4 ou A3 avec couvercle amovible. Les boites contenant cinq ramettes de feuilles pour photocopieur sont idéales.
- 1 feuille de calque A4 ou A3
- de l'adhésif
- 1 cutteur

1 Découper une fenêtre sur les deux grandes faces de la boite.

2 À l'arrière d'une des deux fenêtres, scotcher la feuille de calque humidifiée.

3 Positionner le couvercle. Il est possible de le coller.

Le castelet s'utilise en le positionnant en bout d'une table de classe avec la lampe ou le spot en bout de la table de façon à ce que le halo de la lampe éclaire l'ensemble du calque.

L'exposition des yeux au soleil est dangereuse. Il faut veiller à ce que les élèves ne regardent jamais le soleil directement. Chaque observation se fera dans la direction des ombres.

175

LA MATIÈRE

LES OMBRES ET LA LUMIÈRE

(PS) À CHACUN SON OMBRE
Créer des ombres

DEMI-CLASSE
SALLE QUE L'ON PEUT OBSCURCIR
25 minutes

Matériel
- 1 écran
- 1 projecteur
- 1 grand tapis ou 1 drap pour faire paravent

ÉTAPE 1 DÉCOUVRIR SON OMBRE — PS

Situation déclenchante
- Les enfants sont regroupés dans une salle que l'on peut assombrir et dans laquelle ils pourront déambuler : idéalement, la salle de motricité.
- L'enseignant installe l'écran, le nomme, allume le projecteur, éteint la lumière.
- Les élèves réagissent : *C'est noir… Il y a de la lumière…*

Découverte
- Pour éviter un attroupement devant l'écran où on ne distinguerait plus rien l'enseignant fait asseoir sa classe et invite à chaque fois trois élèves à se déplacer dans la salle pendant quelques instants. Les premiers qui volontairement ou non se placent entre la source lumineuse et l'écran vont déclencher des réactions et inciter les suivants à faire apparaître une ombre.

Observation, verbalisation, description
- Les enfants s'expriment au fur et à mesure : *c'est moi! On voit Adam, Emma, on les reconnaît! Ils sont tout noirs! Ah, on ne les voit plus sur l'écran!*

Expérimentation
- L'enseignant poursuit en donnant la consigne : **Placez-vous pour que l'on puisse voir votre ombre.**
- Chaque enfant fabrique son ombre, certains timidement, d'autres plus à l'aise vont s'observer davantage, bouger.
- Par moments, l'enseignant éteint la lumière : *on ne peut plus faire d'ombres!*

Réinvestissement
- L'enseignant propose un jeu où un enfant crée son ombre et les autres doivent le reconnaître.
- Un groupe d'enfants est caché derrière un paravent (tapis ou drap). Un enfant se lève et fait apparaître son ombre. L'autre groupe doit deviner le nom du copain grâce à son ombre.

⭐ PRATIQUÉ EN DÉBUT D'ANNÉE, CE JEU FAVORISE LA SOCIALISATION ET LA CONSTRUCTION DU GROUPE CLASSE.

Conclusion
- *Pour faire une ombre, il faut de la lumière.*
- *Tous les enfants de la classe ont une ombre.*
- *Toutes les ombres sont noires.*

PS septembre ▶ décembre

DEMI-CLASSE
SALLE QUE L'ON PEUT
OBSCURCIR
15 minutes

Matériel
- 1 écran
- 1 projecteur
- 1 marionnette

ÉTAPE 2 SE FAMILIARISER AVEC LES OMBRES PS

Rappel de la séance précédente
▶ Demander aux élèves de rappeler les conclusions de la séance précédente.

Questionnement et hypothèses
▶ L'enseignant pose la question : ***La marionnette a-t-elle une ombre ?***
▶ Les élèves répondent et ne sont pas forcément d'accord entre eux.
▶ L'enseignant leur demande comment vérifier. Les élèves proposent d'allumer le projecteur.
  Ils réinvestissent les conclusions de l'étape 1.

> ⭐ Chercher l'ombre de la marionnette oblige l'enfant à se décentrer et à s'intéresser à l'ombre d'un objet avec motivation.

Recherche
▶ ***Placez la marionnette pour qu'on sache si elle a une ombre.***
▶ Par tâtonnements, les élèves portent la marionnette jusqu'à ce que son ombre apparaisse :
  la marionnette a elle aussi une ombre. Puis ils cherchent des emplacements où on voit une ombre
  de la marionnette et d'autres où il n'y en a pas.

Conclusion et trace écrite en prise de notes

- La marionnette aussi peut faire une ombre noire, identifiable.
- Pour obtenir cette ombre, il faut placer la marionnette entre la source lumineuse et l'écran.

LEXIQUE

Verbes : allumer, éteindre, apparaitre, disparaitre.
Noms : ombre, lumière, écran, projecteur, marionnette, source lumineuse.
Adjectifs : noir, obscur, lumineux.

La matière Les ombres et la lumière

LA MATIÈRE

LES OMBRES ET LA LUMIÈRE

LES MAITRES DE L'OMBRE
(MS) Prendre conscience de certaines caractéristiques des ombres

DEMI-CLASSE
SALLE QUE L'ON PEUT OBSCURCIR
10 minutes

Matériel
- l'album inducteur

Quelle est ton ombre ?
Cécile Gabriel
© Mila éditions • 2008 • 19,95 €
- 1 écran
- 1 projecteur

ÉTAPE 1 S'INTERROGER SUR LA COULEUR DE L'OMBRE — MS

⭐ Reprendre des situations de la PS pour réactiver les acquis.

Situation déclenchante
▶ L'enseignant lit l'album *Quelle est ton ombre ?*

Questionnement
▶ L'enseignant questionne les élèves : *Adam a un pull rouge, de quelle couleur sera son ombre ?*

Hypothèses et expérimentation
▶ Bien que toutes les ombres observées aient toujours été noires, la question installe un doute.
▶ Chaque enfant donne sa réponse, l'élève concerné fait apparaitre son ombre. L'hypothèse est validée ou corrigée.
▶ Prévoir de faire passer tout le monde pour installer définitivement l'idée qu'une ombre est toujours noire quelles que soient les couleurs des habits et pour satisfaire le besoin égocentrique de chacun.

CLASSE ENTIÈRE
COIN REGROUPEMENT
20 à 25 minutes

Matériel
- 1 écran
- 1 projecteur
- affiches A4 : *silhouettes* ☁ 📚

ÉTAPE 2 PRENDRE UNE POSTURE POUR FORMER UNE OMBRE DONNÉE — MS

Au préalable
▶ L'enseignant propose à toute la classe de jouer à *Jacques a dit*, puis un enfant se place devant le groupe, choisit une posture. Le reste de la classe l'imite.
▶ L'enseignant propose alors de faire une activité similaire en utilisant les ombres et énonce la consigne : *faites apparaitre sur l'écran une ombre identique à une silhouette* ☁ 📚.

Recherche
⭐ Volontairement, l'enseignant ne dit pas « imite la posture de la silhouette » pour obliger l'élève à se décentrer en comparant son ombre projetée à la silhouette et non son corps à cette silhouette.

▶ L'enfant trouve la posture exacte, le reste du groupe valide ou argumente en cas de désaccord.
▶ Ensuite, 2 élèves pourront reproduire le même exercice avec une silhouette différente pour que tout le monde arrive à passer sans que cela soit trop long.

Conclusion
• *Quand on bouge, l'ombre bouge aussi.*

ATELIER AUTONOME DE 6 À 12 ÉLÈVES
25 à 35 minutes

Matériel
- Memory 📀 *Ombres* ☁ 📚
- de la colle
- 1 photocopie par élève
(documents pages 180 et 181 ☁)

ÉTAPE 3 ASSOCIER UNE OMBRE À UN PERSONNAGE — MS

Jeu
▶ Les élèves jouent au Memory 📀 *Ombres* ☁ 📚.

Trace écrite
▶ L'enseignant présente le tableau et les étiquettes découpées à placer.
▶ ***Observe chaque ombre. Colle chaque personnage à côté de son ombre. Attention, certains personnages n'auront pas d'ombre !***

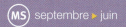 MS septembre ▶ juin

DEMI-CLASSE
SALLE QUE L'ON PEUT
OBSCURCIR
25 minutes

Matériel
- l'album inducteur

Boucle d'or et les trois ours
Rascal © Pastel • 2015 • 11 €

- 1 projecteur
- 1 écran
- du ruban adhésif
- des languettes de papier
- 3 gabarits découpés dans du papier léger, style papier en rouleau de maternelle, en imitant les dessins de Rascal :
  - petit ours : 1,20 m
  - moyen ours : 1,60 m
  - grand ours : 1,80 m

ÉTAPE 4 AGIR SUR LA TAILLE DES OMBRES

Au préalable
▶ Les enfants découvrent l'album *Boucle d'or et les trois ours*. Cet album en noir et blanc et sans texte retrace tout en finesse la trame de l'histoire de Boucle d'or. Les élèves décrivent et verbalisent. L'enseignant insiste sur les trois tailles des ours.

Préparation de l'installation
▶ Avant l'activité, sans les élèves, l'enseignant a placé le projecteur et l'écran. Il a accroché avec du scotch le gabarit de Petit Ours. Il faut surtout anticiper l'endroit où se positionnera un élève pour que son ombre corresponde au gabarit de Petit Ours. Cet endroit est matérialisé au sol avec du papier de couleur scotché.

Découverte
▶ Un enfant se place sur ce repère, les autres observent son ombre et constatent qu'elle a la taille de Petit Ours.

Lancement du défi
▶ L'enseignant change de gabarit et scotche celui de Grand Ours.
DÉFI : *Essayez de faire une ombre aussi grande que Grand Ours.*

Hypothèse et vérification
▶ Les enfants réfléchissent et font des propositions. Ils peuvent individuellement tester leur idée à l'écran. La réponse sera peut-être trouvée par hasard quand en se déplaçant devant le projecteur, certains enfants constateront que l'ombre s'agrandit ou rapetisse.
▶ Individuellement mais rapidement, chaque enfant se place pour fabriquer une ombre de la taille de Grand Ours.

Réinvestissement
▶ Refaire le même défi mais avec l'ombre de Moyen Ours.

Conclusion
- *On peut changer la taille de son ombre quand on se déplace.*
- *Quand on s'éloigne de l'écran, l'ombre devient plus grande.*
- *Quand on se rapproche de l'écran, l'ombre devient plus petite.*

LEXIQUE

Verbes : bouger, imiter, se placer, se déplacer, essayer, allumer, éteindre, s'éloigner, se rapprocher, agrandir, rapetisser.
Noms : ombre, obscurité, projecteur, écran, lumière, source lumineuse, taille.
Adjectifs : noir, petit, moyen, grand.

PRÉNOM

DATE

Les ombres et la lumière

Associer une ombre à son personnage

CHACUN SON OMBRE !

Observe chaque ombre. **Colle** chaque personnage à côté de son ombre.

PRÉNOM

DATE

Les ombres et la lumière

Associer une ombre à son personnage

CHACUN SON OMBRE !

Observe chaque ombre. **Colle** chaque personnage à côté de son ombre. Attention, certains personnages n'auront pas d'ombre !

LES OMBRES ET LA LUMIÈRE

LES OMBRES DE LA COUR
(GS) Comprendre le positionnement d'une ombre selon le positionnement de la lumière

CLASSE ENTIÈRE
COUR DE RÉCRÉATION
30 minutes

Matériel
- l'album inducteur

Le lapin noir
Philippa Leathers
© Bayard jeunesse • 2021 • 12,90 €

ÉTAPE 1 DÉCOUVRIR SON OMBRE DANS LA COUR

Situation déclenchante
▶ L'enseignant lit l'album *Le lapin noir*. Dans cette histoire, un lapin est intrigué par son ombre.
▶ Par une journée ensoleillée, proposer aux élèves de se rendre dans la cour de l'école pour voir si nous aussi avons une ombre qui nous suit partout.

Observation
▶ Chacun a une ombre. Pour l'instant, on ne s'intéresse pas encore aux autres ombres présentes dans la cour. L'enseignant concentre l'attention du groupe sur l'ombre corporelle en demandant de faire bouger différentes parties du corps tout en restant sur place pour constater : *Maitresse, l'ombre fait la même chose que moi !*

DÉFI n°1 *Essayez de vous débarrasser de votre ombre.*

Recherche
▶ Laisser quelques minutes aux élèves pour chercher des solutions. Ils vont probablement courir vite, en accélérant, en changeant de direction. Certains parviendront à se défaire totalement ou partiellement de leur ombre en se plaçant dans des zones ombragées de la cour.

Conclusion
▶ Les élèves s'expriment sur les stratégies choisies pour parvenir à relever le défi.
Je n'ai pas réussi, pourtant j'ai couru très vite et j'ai même sauté derrière le petit banc.
Moi, quand j'étais caché dans la maison, on ne voyait plus que l'ombre de mon pied qui dépassait.
Là-bas, on ne voit plus les ombres.
▶ L'enseignant recentre les verbalisations pour faire émerger une conclusion.
• *L'ombre nous suit partout tant qu'on est au soleil.*
▶ C'est le moment pour vérifier ce qui n'est pas encore évident pour un enfant de cinq à six ans.
▶ **Que faut-il pour faire une ombre ?** *Pour faire une ombre, il faut de la lumière.*
▶ **Dans la cour, qui fait la lumière ?** *Dans la cour, le soleil fait la lumière.*

Défi n°2 *Essayez de décoller vos pieds de votre ombre.*

Recherche
▶ L'enseignant laisse les élèves tâtonner et réfléchir.
▶ Le défi parle des pieds et non des autres parties du corps. Toute situation où les deux pieds ne sont plus en contact avec leur ombre est bonne : assis sur les fesses pieds levés, en appui sur le bras… Néanmoins, on attend la situation où l'élève constatera qu'en sautant l'ombre est entièrement détachée du corps.

Conclusion
• *Quand je lève les pieds, l'ombre ne touche plus mes pieds.*

septembre ▸ octobre
  mai ▸ juin

ACTIVITÉ INDIVIDUELLE **15 minutes**	**ÉTAPE 2** SE PRÉSENTER AVEC SON OMBRE	GS

Matériel
- 1 feuille par élève
- des crayons de couleur

Structuration
▶ De retour en classe, les élèves rappellent les conclusions des deux défis.
▶ L'enseignant propose de représenter ces conclusions par le dessin.

CLASSE ENTIÈRE COUR DE RÉCRÉATION **Le matin 15 minutes**	**ÉTAPE 3** OBSERVER LES OMBRES DE LA COUR	GS

Matériel
- des craies de couleur

Découverte
▶ Venir LE MATIN pour chercher les ombres de la cour, des arbres, des bancs, des structures de jeux.
▶ *Tracez le contour des ombres que vous voyez par terre !*

Observation
▶ L'enseignant demande ensuite à la moitié de la classe de se répartir dans la cour ensoleillée. L'autre moitié de la classe trace le contour de l'ombre d'un copain avec une craie de couleur, prend une autre couleur pour indiquer l'emplacement des pieds et écrit son prénom.

La matière Les ombres et la lumière **183**

CLASSE ENTIÈRE
COUR DE RÉCRÉATION
L'après-midi 15 minutes

Matériel
- des craies de couleur

ÉTAPE 4 OBSERVER LES CHANGEMENTS D'OMBRES AU COURS DE LA JOURNÉE GS

Rappel
▶ La classe revient L'APRÈS-MIDI. L'enseignant fait reformuler ce qui a été fait le matin.

Observation
▶ Au début de la séance, les élèves ne se sont pas encore placés dans les emplacements du matin. L'observation se fait à partir des éléments fixes de la cour.
▶ *Les ombres ne sont plus dans les tracés, que s'est-il passé ?*
▶ Chacun retourne ensuite à son emplacement du matin et là encore les dessins du matin ne fonctionnent plus. Les élèves n'arrivent même pas à placer leur ombre dans les tracés en changeant de place ou de position.

Questionnement
▶ Les élèves réfléchissent et proposent une explication.

 ÉVIDEMMENT L'HYPOTHÈSE CORRECTE CORRESPOND À UN ÉLÈVE DU CYCLE 3. LA SITUATION SE PRÊTE À DE LA RÉFLEXION, À DU LANGAGE ET NON À UNE CONSTRUCTION DE CONNAISSANCES QUI N'EST PAS DE SON ÂGE. CETTE ÉTAPE LE CONFRONTE À UNE RÉALITÉ PHYSIQUE FACILEMENT OBSERVABLE. C'EST L'OUVERTURE AU MONDE, LA CURIOSITÉ QUE L'ON CHERCHE À SUSCITER.

Conclusion

• Les ombres du matin ne sont pas les mêmes que celles de l'après-midi.

**ATELIER DIRIGÉ
DE 4 À 6 ÉLÈVES
30 minutes**

Matériel
- 1 grande feuille ajustée à la taille de la table
- 1 Playmobil® par élève
- de la pâte à fixer
- des crayons à papier
- 2 lampes de poche, idéalement des torches
(la qualité du matériel est importante : si la salle n'est pas suffisamment sombre et si les faisceaux des lampes sont trop diffus et faibles, cette étape sera difficile à mener)

ÉTAPE 5 MODÉLISER LES CHANGEMENTS DE POSITIONS DES OMBRES

Mise en place

▶ Installer une grande feuille sur la table. Demander aux élèves de placer leurs Playmobil® debout sur la feuille, à l'endroit qu'ils souhaitent et les fixer pour éviter qu'ils ne tombent trop souvent.

Découverte et observation

▶ *Éclairez votre personnage avec votre lampe !*

▶ Ils éclairent leurs Playmobil® disposés sur la table et observent les ombres des jouets. Comme il y a deux lampes, il y aura plusieurs ombres pour chaque personnage. Les ombres se décuplent, se croisent et s'entrelacent, s'agrandissent et rapetissent.

▶ L'enseignant laisse quelques minutes pour permettre à ses élèves d'explorer, de s'exprimer. Puis il fait éteindre toutes les lampes : il n'y a plus d'ombre !

Verbalisation et structuration

▶ *Pourquoi les ombres bougent ?* Parce que les lampes bougent !

⭐ LES DÉFORMATIONS DES OMBRES SELON QUE LA LAMPE S'APPROCHE OU S'ÉLOIGNE DU PLAYMOBIL® NE SONT PAS ÉVOQUÉES ICI : À TOUT TRAITER LA CLASSE RISQUE DE SE DISPERSER DANS SES ANALYSES ET DE NE PLUS SUIVRE L'OBJECTIF DE L'ÉTAPE : LES DIFFÉRENTES POSITIONS D'UNE OMBRE SELON LA POSITION DE LA LAMPE.

Dessin d'observation

▶ *Tracez le contour de l'ombre d'un Playmobil®.*

▶ Le tracé est difficile car en se penchant l'élève projette son ombre sur son travail. C'est l'enseignant qui trace et l'élève qui tient la lampe.

▶ Puis, à partir d'une autre lampe, l'enseignant recommence un second tracé pour le même Playmobil®.

⭐ L'ENSEIGNANT VEILLERA À CE QUE LES DEUX OMBRES À DESSINER SOIENT BIEN DISTINCTES.

Analyse et conclusion

▶ Les élèves observent les deux ombres du Playmobil®.
▶ L'enseignant recentre sur la problématique : *Pourquoi y a-t-il deux ombres sur votre dessin ?*
▶ Les élèves apportent leurs réponses pour arriver à la conclusion.

• *Quand la lampe change de place, l'ombre aussi change de place.*

La matière Les ombres et la lumière

GS septembre ▶ octobre
GS mai ▶ juin

CLASSE ENTIÈRE
COIN REGROUPEMENT
5 à 10 minutes

Matériel
- dessin réalisé à l'étape 5

ÉTAPE 6 COMPRENDRE POURQUOI LES OMBRES DE LA COUR ONT CHANGÉ   GS

Questionnement et analyse

> ⭐ LES PLAYMOBIL® POSÉS SUR LA TABLE, LA LAMPE DE POCHE QUI ÉCLAIRE À DES ENDROITS DIFFÉRENTS SONT UNE MODÉLISATION DE LA SITUATION DE L'ÉTAPE 4 OÙ LES ÉLÈVES ONT TRACÉ LES CONTOURS DE LEURS OMBRES À DEUX MOMENTS DE LA JOURNÉE. IL S'AGIT ICI DE PERMETTRE AUX ÉLÈVES DE FAIRE LE RAPPROCHEMENT.

▶ L'enseignant montre les dessins des ombres de la cour et revient sur le problème de ces ombres.
▶ *Rappelez-vous : dans la cour, qu'avions-nous constaté ?*
  - Les ombres des arbres, des jeux et des copains avaient changé de place.
  - Oui et on n'avait pas compris pourquoi !
  - *Avec le travail sur les Playmobil®, pourquoi les ombres ont-elles changé de place ?*
  - Parce que tu as changé de place pour les éclairer la seconde fois.
  - *Dans la cour ce n'est pas moi qui vous éclairais !*
  - Non, c'est le soleil !
  - *Alors réfléchissons… Est-ce que quelqu'un aurait une idée pour expliquer pourquoi les ombres du matin ne sont pas celles de l'après-midi ?*
  - Moi j'ai vu le soleil, il n'est pas toujours à la même place.
  - *Ah bon ?*
  - Oui, c'est vrai, il bouge !
  - *Et lorsque la lampe bouge que se passe-t-il ?*
  - Il y a une autre ombre qui apparait !
  - *Alors quand le soleil change de place…*
  - L'ombre change de place !

Conclusion

• Le soleil change de place et les ombres de la cour changent aussi de place au cours de la journée.

Représentation et trace écrite

LEXIQUE

Verbes : décoller, séparer, lever, toucher, tracer, éclairer, éteindre, dessiner, observer, noter.
Noms : contour, ombre, trace, craie, ombre du matin, ombre de l'après-midi, personnage, Playmobil®, lampe de poche.

LES OMBRES ET LA LUMIÈRE

MON THÉÂTRE D'OMBRES
Fabriquer les marionnettes d'un théâtre d'ombres

CLASSE ENTIÈRE
COIN REGROUPEMENT
10 à 15 minutes

Matériel
- 1 castelet fabriqué
- 1 série de marionnettes pour raconter une saynète choisie

ÉTAPE 1 DÉCOUVRIR LE PROJET

Situation déclenchante
▶ L'enseignant joue une saynète dans le castelet avec les marionnettes qu'il a fabriquées.

★ LES ÉLÈVES NE DOIVENT RIEN VOIR DE L'ARRIÈRE DU CASTELET.

Questionnement
▶ Avant de questionner sur la technique, faire reformuler l'histoire, les personnages et les décors.
▶ *Que pouvez-vous dire sur la façon dont est racontée l'histoire ? Comment sont représentés les personnages ?* Ce sont des ombres.
▶ *Que faut-il pour avoir une ombre ?* De la lumière, un écran et un personnage.
▶ *Nous allons réaliser des marionnettes pour raconter les histoires lues dans la classe avec le castelet.*

ATELIER DIRIGÉ
DE 4 À 6 ÉLÈVES
5 à 10 minutes

Matériel
- 1 castelet
- 1 spot
  ou
- 1 lampe de poche

ÉTAPE 2 OBSERVER LE CASTELET

Présentation du castelet
▶ L'enseignant dévoile le castelet et le nomme.
▶ *Décrivez-moi ce castelet.* C'est une boite avec une fenêtre.
▶ *Où se trouve l'écran ?* C'est la fenêtre, il y a un papier. Ce papier est appelé un calque.
▶ *Qu'est-ce qui donne la lumière ?* Une lampe.
▶ *Où la lumière doit-elle être installée ?* Derrière l'écran.

Essais
▶ Les élèves essaient les différentes positions possibles de la lampe de poche du spot.
▶ *Comment savoir si les positions que vous essayez sont les bonnes ?* Il faut une ombre.
▶ *Quel objet va former l'ombre ?* Une marionnette.
▶ *Il n'y a que les marionnettes pour faire des ombres ?* Non, n'importe quel objet, nos mains.
▶ *Et où doit se trouver l'objet ?* Entre l'écran et la lumière.

▶ Les élèves essaient à nouveau avec leurs mains comme objet donnant l'ombre et trouvent la position de la lampe de poche, du spot.

La matière Les ombres et la lumière **187**

ATELIER DIRIGÉ DE 4 À 6 ÉLÈVES
25 à 30 minutes

Matériel
★ Par élève :
- 1 triangle en papier cartonné
- au moins 1 baguette
- au moins 1 paille coudée
- 1 paire de ciseaux

★ Pour le groupe :
- 1 marionnette de forme géométrique
- 1 castelet
- de la ficelle
- de l'adhésif
- de la pâte à modeler
- de la pâte à fixer
- des gommettes
- des bandes de carton

ÉTAPE 3 TROUVER COMMENT FABRIQUER DES MARIONNETTES

Observation d'une marionnette

▶ L'enseignant montre d'abord la marionnette qui a une forme de triangle ou de n'importe quelle forme géométrique, uniquement en situation dans le castelet.
▶ Les élèves ne doivent pas voir la marionnette.
▶ ***Que voyez-vous ?*** *Un triangle.* ***Si c'était un triangle, vous pourriez toucher l'objet, le pouvez-vous ?*** *Non, c'est son ombre.*
▶ ***À votre avis, comment est faite la marionnette que j'ai dans les mains ?*** *C'est un triangle.*
▶ ***Que dois-je vous donner pour que vous vous en fassiez une ?***
▶ Généralement, les élèves demandent une feuille de papier noir.
▶ ***Pour avoir une ombre, faut-il obligatoirement une forme noire ?*** *Non, toutes les ombres sont noires.*

Mise en évidence du problème de la manipulation

▶ ***Voilà un triangle dans du papier cartonné blanc. Essayons pour voir si j'ai la même ombre qu'avant.***
▶ Les élèves essaient. On voit leurs mains tenant le triangle.
▶ ***Est-ce la même chose que tout à l'heure ? Je vous remontre.***
▶ L'enseignant montre les deux ombres : celle obtenue avec la marionnette et celle du triangle tenue par son autre main.
▶ *Non, avec la marionnette on ne voit pas les mains.*

Résolution du problème

▶ ***Voilà des triangles et du matériel. Essayer de trouver une solution pour pouvoir manipuler les marionnettes sans voir les mains.***
▶ Les élèves s'aident du castelet pour tester leurs idées. Les solutions les plus courantes sont une baguette scotchée à l'arrière du triangle. Quelques-uns essaient avec une ficelle scotchée ou agrafée.

Amélioration des premières solutions

▶ ***Observez bien les marionnettes que vous avez faites. Que voit-on ?*** *On voit le triangle, on ne voit plus les mains mais on voit le bâton, la ficelle.*
▶ Remontrer l'ombre faite par la marionnette de l'enseignant.
▶ ***Avec la mienne, voit-on autre chose que le triangle ?*** *Non.* ***Pourtant j'ai aussi une baguette dans la main.***
▶ ***À votre avis, comment doit-il être sur le triangle pour que l'on ne voie pas son ombre.***
▶ Généralement il y a un élève qui dit qu'il faut que l'ombre de la baguette soit cachée par l'ombre du triangle. Si personne ne trouve, rappeler les observations de la cour : pour se débarrasser de son ombre, on peut soi-même se cacher à l'ombre.
▶ ***Le problème est de fixer la baguette dans cette position.***
▶ Les élèves améliorent leurs propositions.
▶ ***Je vous montre la solution que j'ai trouvée. Décrivez-moi ma marionnette.*** *Sur le triangle, il y a une paille qui est agrafée et pliée. Dans la grande partie de la paille, il y a la baguette.*

188

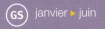 janvier ▶ juin

ATELIER SEMI-DIRIGÉ DE 4 À 6 ÉLÈVES
10 à 20 minutes

Matériel
★ Par élève :
- la silhouette d'un ou plusieurs personnages d'une histoire
- 1 baguette par personnage
- 1 paille coudée par personnage
- 1 paire de ciseaux
★ Pour le groupe :
- de l'adhésif

ÉTAPE 4 FABRIQUER LES MARIONNETTES D'UNE HISTOIRE

Présentation du projet

▶ *Nous allons jouer à raconter l'histoire de... Quelles marionnettes devons-nous fabriquer ?*
▶ Les élèves énumèrent les personnages de l'histoire. L'enseignant répartit les personnages à réaliser.
▶ Lorsqu'il y a peu de personnages, chaque élève peut en réaliser plusieurs, selon sa rapidité.
▶ Plusieurs solutions pour la reproduction des personnages.
  • Utilisation de photocopies de l'histoire à découper et qui serviront de gabarits.
  • Demander aux élèves de dessiner eux-mêmes les personnages. Il faut alors travailler sur la reconnaissance des personnages.
▶ Réalisation des marionnettes.
Les élèves découpent la silhouette de leur personnage, ils collent une paille sur leur forme puis fixent une baguette dans la paille à l'aide d'adhésif.

ATELIER AUTONOME
15 à 30 minutes

Matériel
- 1 castelet installé
- les marionnettes fabriquées

ÉTAPE 5 UTILISER LE CASTELET

▶ Le castelet peut être utilisé en autonomie, les marionnettes étant rangées par histoire dans des pochettes.
▶ Les histoires sont ainsi racontées, les élèves souvent aussi mélangent les personnages et inventent de nouvelles histoires.
▶ Il est aussi possible de faire répéter les élèves et de leur demander quand ils sont prêts à faire une représentation devant la classe et/ou les parents.
▶ L'enseignant repèrera les moments où les élèves utiliseront la variation de distance pour agrandir ou réduire l'ombre projetée.
▶ Cette découverte pourra être reprise en regroupement pour que tous puissent se l'approprier.

DIFFÉRENCIATION / TRANSVERSALITÉ

▶ Il est possible de demander aux élèves de trouver une solution pour que l'on voie les yeux des personnages ou les fenêtres éclairées, en évidant les parties que l'on veut éclairer. Il est même possible d'aller jusqu'à trouver la solution pour que ces éléments soient colorés à l'aide d'un papier translucide comme du papier vitrail.

LEXIQUE

Verbes : installer, projeter, agrandir, réduire.
Noms : ombre, marionnette, silhouette.

OUVRAGES AUTOUR DES OMBRES ET DE LA LUMIÈRE

Quelle est ton ombre?
Cécile Gabriel
© Mila éditions • 2008 • 19,95 €
À chaque double page, une ombre ou un reflet est mis en valeur par une fenêtre. Un indice permet de deviner de quel objet vient cette ombre.

Le lapin noir
Philippa Leathers
@ Bayard jeunesse • 2021 • 12,90 €
Lapin est intrigué. Partout où il va, un grand lapin noir le suit.

L'ombre de Zoé
Raphaël Fejtö
© L'école des loisirs • 2005 • 13 €
Zoé boxe contre son ombre. Un jour, son ombre s'arrête de boxer et disparait.

Boucle d'or & les trois ours
Rascal © L'École des loisirs • 2015 • 11 €
Ce conte célèbre est proposé dans une version sans texte, en noir et blanc, avec des jeux d'ombres et de silhouettes.

L'heure rouge
Marie-Astrid Bailly-Maitre et Antoine Guilloppé
© Tom'poche • 2020 • 5,50 €
Un très beau livre dans lequel une souris et un loup se retrouvent au coucher du soleil pour jouer avec leurs ombres.

Une ombre
Chae Seung-Yeon
© L'élan vert • 2019 • 13,50 €
Les animaux ont chaud. Ils s'installent les uns après les autres sous un arbre pour profiter de son ombre. L'ombre rétrécit, ils sont obligés de se serrer de plus en plus…

Ombres chinoises
Nathalie Jarvis
© Minedition • 2016 • 12,50 €
Un album qui montre aux enfants comment reproduire facilement des animaux en ombres chinoises.

Mes minis-théâtres d'ombres - Au loup!
Nathalie Dieterlé
© Casterman • 2010 • 13,75 €
Une histoire toute simple où l'enfant peut animer les personnages en projetant les ombres à l'aide d'une lampe.

JEUX AUTOUR DES OMBRES ET DE LA LUMIÈRE

Jeu des ombres
© Oxybul • 16,99 €
Un jeu de loto où il faut associer un sujet avec son ombre chinoise.

Ombres du soir
© Moulin Roty • À partir de 14 €
Un ensemble de marionnettes pour théâtre d'ombres. Plusieurs versions existent: château, dinosaures, cirque, toits de Paris…

Jeu d'ombre en forêt
Walter Kraul © Kraul • À partir de 29,50 €
Un jeu de société coopératif. Les nains se cachent dans les ombres des arbres, mais la bougie se déplace.

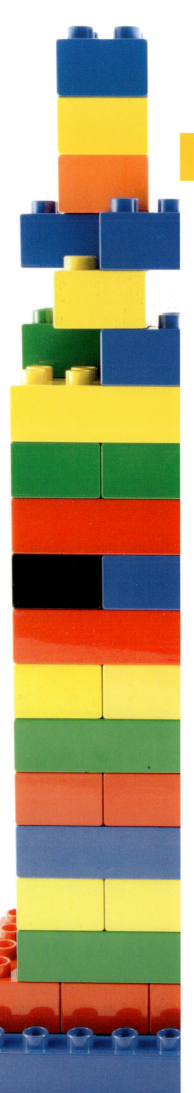

LES OBJETS

Les objets de construction

Notions pour l'enseignant	**192**
Trucs & astuces	**193**
Comment tu t'appelles ?	**194**
Nommer précisément des éléments pour pouvoir les reconnaitre	
Les p'tits ingénieurs	**196**
Lire une fiche de construction	
Les p'tits architectes	**198**
Découvrir la gravité	
Défi Il suffit de passer le pont	**200**
Trouver une solution technique	
Défi De bas en haut	**204**
Fabriquer un engin élévateur	
Ouvrages et jeux autour de la construction	**206**

Les notions abordées

- **L'équilibre**
- **La stabilité des structures**
- **La solidité des structures**
- **Les techniques de construction**
- **Les techniques d'assemblage**
- **Le contrepoids**

Notions pour l'enseignant

Règles de base
▶ Pour qu'une construction soit solide, il faut que toutes les forces qui y sont en action se compensent.
▶ Dans toute structure, les forces en action peuvent être **des tensions (a), des compressions (b et c), des torsions (d) ou des cisaillements (e)**.
▶ Elles viennent du poids de la construction, du poids des usagers, personnes, véhicules et/ou mobilier, des contraintes climatiques.

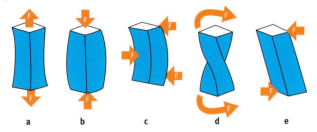

Stabilité
▶ Une construction sera d'autant plus stable que :
- **sa surface d'appui** sera plus grande,
- **son poids** sera important,
- **son centre de gravité** sera bas.

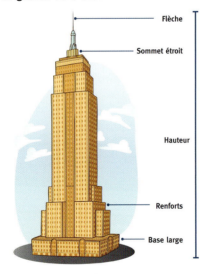

Porte-à-faux
▶ **Un porte-à-faux** est un élément de la construction qui dépasse d'un mur ou d'un pilier, comme les balcons par exemple.
▶ Ils répondent aux règles de l'équilibre de levier (voir page 260).

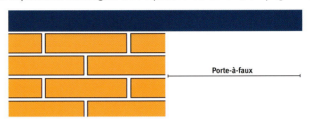

Construction d'un bâtiment
▶ La structure peut être de deux sortes :
- **À murs porteurs.** Les briques dont les dimensions suivent un principe de proportionnalité sont assemblées selon différents appareillages qui font que les joints sont croisés pour que le poids de chaque brique soit réparti sur deux briques.

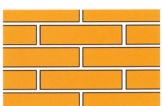

- **À ossature.** La structure est faite d'un cadre dont la rigidité est assurée par des triangulations. Les murs ne sont que « les peaux » de cette ossature, ils ne sont pas porteurs.

Les ponts
▶ Il existe trois sortes de ponts.

Ce qui peut poser problème
▶ Les difficultés des élèves seront de l'ordre de la vision dans l'espace quand le travail s'appuiera sur des modèles en 2D qu'il faudra reproduire en 3D. L'exercice inverse, qui consiste à représenter une construction 3D en 2D, sera lui aussi difficile.
▶ L'abstraction, demandée par un dessin en 2D représentant un objet en 3D, proche de la modélisation est difficile pour des élèves de maternelle. Demander aux élèves de dessiner leur production, ce qui les aidera à comprendre l'importance de la précision et d'une observation juste.

Trucs & astuces

Par assemblage mécanique
Meccano® GS
Technico® GS
Constribois® GS

Les 2D
Le jeu des p'tits clous MS-GS

Par empilement
Cubes PS
Kapla® PS-MS-GS

Le coin jeux de construction
- Il doit évoluer au cours du cycle, dans la complexité du jeu mais aussi dans la difficulté des constructions à réaliser.
- Prévoir un tapis de sol pour amortir le bruit souvent inhérent à la manipulation de ces jeux.

Par magnétisme
Magnetico® MS-GS
Smartmax® MS-GS
Géomag® GS

Fabriquer des jeux de construction

Avec des rouleaux
- Rassembler des rouleaux de hauteurs et de largeurs différentes.
- Découper des plateformes de dimensions diverses dans des cartons rigides.

Avec des pailles
- Réunir des pailles et des rondelles de rouleaux ou des bouchons en plastique percés avec une perforatrice.

Par encastrement
Duplo® PS-MS-GS
Lego® GS
Clipo® GS
K'nex® GS
Mobilo® PS-MS-GS

Les objets Les objets de construction **193**

LES OBJETS DE CONSTRUCTION

COMMENT TU T'APPELLES ?
Nommer précisément des éléments pour pouvoir les reconnaitre

PS • MS • GS

ATELIERS AUTONOMES PUIS CLASSE ENTIÈRE POUR LES BILANS
25 à 30 minutes

Matériel
★ Pour le groupe :
- 1 jeu de construction constitué d'éléments de différentes couleurs, tailles et/ou formes (Duplo®, Lego®, Technico®, Mobilo®, P'tits clous, Magnetico®)

MON CARNET DE SUIVI
des apprentissages à l'école maternelle
Je réalise une construction libre **page 48**

ÉTAPE 1 DÉCOUVRIR LE MATÉRIEL — PS • MS • GS

★ Cette séquence peut être menée à chaque introduction d'un nouveau jeu de construction.

Manipulations libres
▶ Les élèves découvrent le matériel et construisent librement des objets de leur choix.

Bilan
▶ L'enseignant leur demande de nommer et de décrire leur construction en les incitant à utiliser le vocabulaire lié à l'objet réalisé : ailes, volant, roues, portes...
▶ Il leur demande d'expliquer comment ils ont procédé. Les verbes d'action *empiler, encastrer, emboiter* et les connecteurs spatiaux sont reformulés.

📷 Prendre en photo les constructions et noter les explications pour refaire la construction plus tard.

★ En PS, la destruction est souvent difficile. Le fait d'avoir pris en photo et noté les explications facilite l'action. Il est aussi possible d'instaurer le musée d'un jour des constructions qui permet de différer la destruction à la fin de la journée.

CLASSE ENTIÈRE COIN REGROUPEMENT
15 à 20 minutes

Matériel
- les éléments du jeu classés dans différentes barquettes
- 1 affiche
- les *photos des différentes pièces du jeu* ☁

ÉTAPE 2 NOMMER LES DIFFÉRENTS ÉLÉMENTS DU JEU — PS • MS • GS

★ À l'accueil, l'enseignant a demandé à un groupe d'élèves de classer les éléments du jeu et de rassembler toutes les pièces identiques dans des barquettes.

Identification du problème de vocabulaire
▶ Après plusieurs bilans, choisir une réalisation dans laquelle il y a des éléments de même couleur et de dimensions différentes et une explication n'indiquant pas la précision de taille des éléments.
▶ *Je voudrais refaire la construction de ... Je vous relis les notes que j'ai prises.*
▶ L'enseignant désigne un élève qui essaie de refaire la construction à l'écoute de la lecture des notes.
▶ L'élève est très vite confronté au choix d'un élément plutôt qu'un autre puisque le seul indice dont il dispose est celui de la couleur. Cela fait émerger la nécessité de nommer chaque pièce du jeu.

Observation de l'inventaire
▶ *Ce matin, des élèves ont classé les éléments du jeu. Qu'observez-vous ?*
▶ Les élèves auront pu effectuer un classement plus ou moins fin, sur un seul critère ou sur les deux : la taille ou la couleur. Généralement, les éléments de formes spéciales sont regroupés.
▶ Selon ce classement, l'interrogation va devoir aboutir au fait qu'il y a trois critères : la taille, la couleur et la forme. La dénomination des éléments devra préciser ces trois critères.

Inventaire final sous forme d'affichage collectif
▶ Il est possible de réaliser un inventaire de chaque jeu sous forme d'affichage à partir des *photos des différentes pièces de jeu* ☁.

PS janvier ▶ juin
MS GS septembre ▶ juin

**ATELIERS AUTONOMES
PUIS CLASSE ENTIÈRE
POUR LE BILAN
25 à 30 minutes**

Matériel
- le jeu de construction
- l'affiche inventaire

ÉTAPE 3 DÉCRIRE PRÉCISÉMENT LES CONSTRUCTIONS   PS • MS • GS

Construction
▶ Comme dans l'étape 1, les élèves construisent librement.

Bilan
▶ Lors de la description de leur construction, l'enseignant insiste sur l'utilisation du vocabulaire installé lors de l'étape 2.
▶ Il est possible de faire référence à l'affichage collectif de l'inventaire.

**ATELIER SEMI-DIRIGÉ
DE 6 À 8 ÉLÈVES
25 à 30 minutes**

Matériel
★ Pour le groupe:
- le jeu de construction
- l'affiche inventaire
★ Par binôme:
- 1 boite opaque

ÉTAPE 4 CONSTRUIRE EN SUIVANT LES INDICATIONS D'UN CAMARADE   GS

Construction individuelle
▶ Chaque élève choisit moins de huit pièces de jeu pour réaliser une construction simple.

Jeu en binôme
▶ Former des binômes et leur fournir une boite opaque.
▶ Un élève par binôme place sa construction dans la boite et la décrit à son camarade, de manière à ce que celui-ci puisse la reproduire.
▶ L'enseignant veille à la bonne utilisation du vocabulaire et fait préciser le vocabulaire spatial.
▶ À la fin de la description, les deux constructions sont comparées, les différences verbalisées et les mauvaises interprétations reformulées.
▶ Les deux élèves inversent ensuite les rôles.

LEXIQUE

Verbes: empiler, emboiter, encastrer, construire.
Noms: Duplo®, Lego®: brique, plaque, plot.
   Technico®: barre, équerre, triangle, disque, vis, cube.
Adjectifs: petit, moyen, grand, arrondi, triangulaire, troué.

Les objets Les objets de construction

LES OBJETS DE CONSTRUCTION

LES P'TITS INGÉNIEURS
Lire une fiche de construction

MS • GS

**ATELIER DIRIGÉ
DE 4 À 6 ÉLÈVES
25 à 30 minutes**

Matériel
★ Pour le groupe :
- cartes-images ⑳
Modèles de construction
- le matériel de construction choisi

ÉTAPE 1 CONSTRUIRE D'APRÈS UNE PHOTO   MS • GS

Consigne
▶ *Vous choisissez une photo et vous construisez l'objet ou l'animal représenté avec le matériel.*
▶ Chaque élève choisit une carte-image ⑳ *Modèle de construction* et construit d'après le modèle.

Jeu de reconnaissance
▶ Les constructions sont disposées sur la table. L'enseignant montre une des photos choisies.
▶ *Quelle est la construction qui à votre avis a été faite d'après ce modèle ?*
▶ *Comment avez-vous reconnu cet objet ?* À cause de la couleur, des pattes, du long cou, des roues…
▶ L'exercice est recommencé pour une ou deux constructions.

Jeu de devinette
▶ Décrire une construction et demander aux élèves de la désigner. Par la suite, c'est un élève qui donne les indices.

**ATELIERS AUTONOMES
DE 6 À 8 ÉLÈVES
15 à 20 minutes**

Matériel
★ Pour 2 élèves :
- 1 fiche de construction
★ Pour le groupe :
- le matériel de construction choisi

ÉTAPE 2 CONSTRUIRE D'APRÈS UNE FICHE DE CONSTRUCTION   MS • GS

L'ATELIER SERA PROPOSÉ PLUSIEURS FOIS AVEC DES FICHES DE CONSTRUCTION DE PLUS EN PLUS COMPLEXES.
UN LIVRET REGROUPANT LES MODÈLES PEUT ÊTRE PROPOSÉ AUX ÉLÈVES COMME LIVRET DE SUIVI DE L'ATELIER.
CHAQUE MODÈLE EST PHOTOGRAPHIÉ ET ASSOCIÉ À DES CASES LUI PERMETTANT DE S'ÉVALUER DU TYPE : J'AI ESSAYÉ DE FABRIQUER CE MODÈLE, J'Y SUIS ARRIVÉ, SEUL OU AVEC AIDE.
LA PLUPART DES JEUX DE CONSTRUCTIONS SONT FOURNIS AVEC DES FICHES TOUTES FAITES.

Consigne
▶ *Il y a une fiche de construction pour deux élèves. Chaque élève construit l'objet de la fiche.*
▶ *Quand vous avez terminé, vous comparez vos fabrications. Si elles sont pareilles, vous avez surement bien suivi la fiche tous les deux. Si elles sont différentes, vous essayez de trouver où vous avez lu différemment la fiche. Vous avez le droit de corriger votre objet.*

VERS L'AUTONOMIE
Emboîter en suivant une fiche de construction **page 253**
Construire en 3D à partir d'une fiche de construction **page 255**

MON CARNET DE SUIVI
des apprentissages à l'école maternelle
Je réalise une construction à l'aide d'une fiche de construction ou d'un schéma **page 48**

196

MS mars ▶ juin
GS novembre ▶ juin

**ATELIERS AUTONOMES
DE 6 À 8 ÉLÈVES
15 à 20 minutes**

Matériel
★ Pour le groupe :
- le matériel de construction choisi
- 1 objet exemple fabriqué en 2D
- 1 objet exemple fabriqué en volume

ÉTAPE 3 INVENTER UN OBJET — MS • GS

⭐ L'ATELIER PEUT S'ENVISAGER EN ACTIVITÉ INDIVIDUELLE, EN BINÔME OU EN GROUPE. L'OBJET FABRIQUÉ DEVRA ÊTRE EN 3D POUR QUE LA FICHE DE CONSTRUCTION SOIT INDISPENSABLE : POUR UN OBJET EN 2D, TRÈS SOUVENT LA PHOTO SUFFIT.

Consigne de la construction
▶ *Vous allez inventer un objet qui devra être en volume et le construire avec le matériel.*
▶ *Un volume est un objet qui a de l'épaisseur. Une feuille simple n'est pas un volume, une feuille enroulée devient un volume.*
▶ L'enseignant montre des exemples de fabrications 2D et 3D.
▶ Les élèves construisent selon leur imagination.

**ATELIER DIRIGÉ
DE 4 À 6 ÉLÈVES
35 à 40 minutes**

Matériel
★ Pour le groupe :
- les constructions
- 1 feuille
- le matériel de construction

ÉTAPE 4 RÉDIGER UNE FICHE DE CONSTRUCTION — MS • GS

Questionnement
▶ *Il faut maintenant écrire la fiche de construction de votre objet pour que vos camarades puissent le fabriquer sans l'avoir vu. Comment faire ?* Il faut prendre l'objet en photo.
▶ *Cela suffit-il à construire votre objet ?* Non, il y a des côtés qu'on ne voit pas.
▶ *Dans les fiches déjà utilisées, qu'y avait-il ?* Une photo de l'objet fini, les éléments dont on avait besoin et les étapes pour fabriquer.
📷 *Je fais les photos et vous dessinez le reste.*

Rédaction de la fiche de construction
▶ Chacun ou chaque groupe dessine. Des stratégies sont trouvées pour dessiner facilement les éléments, la plupart du temps par contournement. Souvent, les élèves expriment la nécessité de démonter leur objet pour se rappeler les étapes de la fabrication.
▶ *Plutôt que démonter que pourriez-vous faire ?* Refaire un autre objet et noter au fur et à mesure.
▶ Ils construisent un second objet avec le premier en modèle et dessinent les étapes.
▶ Certains peuvent demander à utiliser l'appareil photo pour faire comme les vraies fiches.
▶ D'autres peuvent demander à faire une dictée à l'adulte. L'enseignant veille à la bonne utilisation des dénominations établies en amont.

**ATELIERS AUTONOMES
DE 6 À 8 ÉLÈVES
15 à 20 minutes**

Matériel
★ Pour le groupe :
- le matériel de construction
- les fiches de construction de l'étape précédente

ÉTAPE 5 CONSTRUIRE D'APRÈS LES FICHES ÉLABORÉES — MS • GS

Réinvestissement
▶ Les nouvelles fiches sont mises à la disposition des élèves pour construction.

DIFFÉRENCIATION / TRANSVERSALITÉ

▶ Il est possible de proposer uniquement des modèles 2D, de demander le matériel nécessaire et de l'ajouter à côté de la photo de l'objet.

LEXIQUE

Verbes : reproduire, inventer, construire, rédiger.
Noms : fiche de fabrication, objet en volume, en 2D, en 3D.
Adverbes : sur, sous, au-dessus, en dessous, à côté, derrière, devant.

Les objets Les objets de construction **197**

LES OBJETS DE CONSTRUCTION

LES P'TITS ARCHITECTES
Découvrir la gravité

PS • MS • GS

CLASSE ENTIÈRE
COIN REGROUPEMENT
10 à 15 minutes

Matériel
- affiches A4 :
photographies de tours

ÉTAPE 1 CHERCHER UNE SOLUTION — PS • MS • GS

Lancement du concours
▶ *Nous allons faire un concours de tours. Chaque groupe va construire une tour. Le groupe qui aura fait la plus haute sera le groupe gagnant.*
▶ Demander aux élèves ce qu'est une tour, s'ils en ont déjà vue et ce qu'ils peuvent en dire.
Ils peuvent observer que les tours sont souvent plus larges à la base qu'au sommet.
Si cette observation n'est pas faite, ne pas la susciter.
▶ *Savez-vous comment s'appelle la personne qui conçoit, invente, dessine les tours ?* Un architecte.

Documentation
▶ *J'ai affiché des photographies de tours . Vous pouvez les regarder avant de construire vos tours.*

⭐ SI LE MATÉRIEL EST SUFFISANT POUR QUE TOUS LES GROUPES PUISSENT TRAVAILLER EN MÊME TEMPS, PASSER À L'ÉTAPE 2.

Problème d'organisation
▶ *Nous avons un problème : nous n'avons pas de matériel pour que tout le monde puisse fabriquer les tours en même temps. Comment pouvons-nous faire ?* Il faut mesurer les tours les unes après les autres, prendre une photo de chaque tour, faire une marque sur le tableau…

ATELIERS AUTONOMES
DE 3 À 4 ÉLÈVES
25 à 30 minutes

Matériel
- 1 jeu de construction
permettant de construire
des tours (Duplo®, Clipo®, Kapla®)
- cartes-images ㉑ *Tours*

🧑 MON CARNET DE SUIVI
des apprentissages à l'école maternelle
Je sais représenter une construction par le dessin
page 48

ÉTAPE 2 CONSTRUIRE UNE TOUR — PS • MS • GS

Construction
▶ Les élèves construisent une tour ensemble. Ils peuvent s'inspirer des cartes-images ㉑ *Tours*.
📷 Une fois la tour construite, elle est photographiée et mesurée selon la solution de l'étape 1. Prendre également des photos *zooms* des solutions particulièrement ingénieuses pour gagner de la hauteur.

Dessin
▶ Il est possible de demander aux élèves de dessiner leur tour une fois qu'elle est construite.

CLASSE ENTIÈRE
COIN REGROUPEMENT
15 à 20 minutes

Matériel
- les tours ou leurs photos
- les photos des astuces
de construction
- affiche A3 : *illustration de tour à légender*

ÉTAPE 3 COMPARER DES PRODUCTIONS — PS • MS • GS

⭐ LES PHOTOS DE TOUTES LES TOURS SONT AFFICHÉES AU TABLEAU.

Comparaison
▶ *Quelle tour a gagné ?* Les élèves désignent la photo ou la tour la plus haute.
▶ *Pourquoi ?* C'est la marque la plus haute…

Observation
▶ *Qu'est-ce qui a fait gagner cette équipe ?*
▶ Les élèves observent les photos et les zooms et indiquent les différentes solutions pour gagner de la hauteur : *Ils ont fait des trous et comme cela ils ont eu plus de briques pour monter. Le bas est plus large que le haut, mais pas trop.*
▶ *Et que pouvez-vous dire sur toutes les tours ? Pourquoi avez-vous fait le bas plus large ?*
Sinon la tour ne tenait pas. Sur les photos des tours, le bas est toujours plus large que le haut.
▶ Légender l'*illustration de tour à légender* sous la dictée des élèves.

Lancement du nouveau défi
▶ *Maintenant que vous connaissez les règles pour construire une tour très haute, vous allez refaire des tours en utilisant les techniques que nous venons de voir et peut-être dépasser la tour du groupe…*

**ATELIERS AUTONOMES
DE 3 À 4 ÉLÈVES
15 à 20 minutes**

Matériel
- 1 jeu de construction permettant de construire des tours (Duplo®, Clipo®, Kapla®)

ÉTAPE 4 CONSTRUIRE EN RÉINVESTISSANT SES CONNAISSANCES — PS • MS • GS

Nouvelles constructions
▶ Des tours sont reconstruites. La hauteur de chaque tour est comparée à la hauteur de la tour gagnante. Les tours plus hautes sont observées pour trouver les techniques employées.

**CLASSE ENTIÈRE
PUIS ATELIERS AUTONOMES
35 à 40 minutes**

Matériel
- jeu à encastrement (Duplo®, Clipo®…)
- *échelle de Richter* ☁

ÉTAPE 5 CONSTRUIRE AVEC UNE CONTRAINTE DE SOLIDITÉ — GS

Nouvelle contrainte
▶ *Vous savez construire des tours hautes. Sont-elles solides ?* Non, si on les bouscule elles se cassent.
▶ *À quoi doit résister une tour ?* Au vent, à la pluie, au feu, à un tremblement de terre…
▶ *Oui, l'architecte pense à tout cela, il utilise des matériaux particuliers qui résistent à l'eau et au feu. Mais nous, nous n'avons que des briques et nous ne pouvons pas construire avec autre chose.*
▶ *Je veux que vous fabriquiez des tours encore plus solides capables de résister à un tremblement de terre.*
▶ L'enseignant explique si nécessaire ce qu'est un tremblement de terre à l'aide de l'*échelle de Richter* ☁.

Démonstration
▶ *Je vais soulever la plaque sur laquelle vous allez construire et votre tour ne devra pas s'effondrer.*
▶ L'enseignant fait une démonstration de la manipulation simulant le tremblement de terre à l'aide d'une échelle de Richter.
▶ *Cette fois-ci l'équipe gagnante ne sera pas forcément celle dont la tour sera la plus haute mais celle qui sera la plus haute et la plus solide.
Nous classerons d'abord les tours selon leur hauteur, la plus haute aura quatre points si la classe compte quatre groupes, la plus basse un point. Nous ferons alors les tremblements de terre et la plus solide aura quatre points, la plus fragile un point. Nous additionnerons les points pour avoir le gagnant.*

Construction
▶ Les équipes construisent leurs tours en testant leur solidité avant de les déclarer terminées.
▶ Au fur et à mesure du passage des équipes, hauteur et solidité sont mesurées.
Si les ateliers se passent sur la semaine, prendre des photos.

Bilan
▶ Les scores de chaque équipe sont comparés et l'équipe gagnante est proclamée.
▶ *Pourquoi cette tour a-t-elle gagné ? Quelle technique lui a permis d'être à la fois haute et solide ?*
▶ Observation des différentes tours ou des photos et formulations : points de faiblesse et points forts.

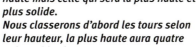

DIFFÉRENCIATION / TRANSVERSALITÉ

▶ Autres constructions possibles avec la même démarche :
- un abri pour les animaux, en utilisant des figurines de la classe,
- une maison avec une porte et des fenêtres, avec un étage (plus difficile).

LEXIQUE

Verbes : construire, imbriquer, encastrer, tester, empiler, alterner, s'effondrer.
Noms : architecte, tour, solidité, tremblement de terre, bâtiment, concours, base, fragilité.
Adjectifs : solide, fragile, haut, large, fin.

DÉFI — LES OBJETS DE CONSTRUCTION

LES OBJETS

IL SUFFIT DE PASSER LE PONT
Trouver une solution technique
(GS)

CLASSE ENTIÈRE
COIN REGROUPEMENT
15 à 20 minutes

Matériel
- l'album inducteur

Ingénieuse Eugénie
Anne Wilsdorf
© La joie de lire • 2015 • 13,90 €
- 2 boites à chaussures
- 4 personnages de la classe (Playmobil® ou autres)
- des petites voitures

ÉTAPE 1 PRÉSENTER LE PROBLÈME À RÉSOUDRE

Situation déclenchante
- L'enseignant lit l'album *Ingénieuse Eugénie* et s'arrête à la fin de la page 12, avant qu'Eugénie et Nestor ne commencent à construire leur pont.
- *Que veulent fabriquer Eugénie et Nestor ?* Un pont pour quitter l'île.
- *Nous allons imaginer que l'ile des oubliés est cette boite à chaussures et que l'ile de Nullepart est l'autre boite.*
- *Il faudra construire un pont pour qu'Eugénie et sa famille puissent passer sur le pont, mais aussi les petites voitures du coin garage.*
- *De quoi allez-vous avoir besoin ?* De bois, cartons, briques Lego®, Kapla®, rouleaux, ficelles…
- *Que font les architectes avant de construire ?* Ils font des plans.

ACTIVITÉ INDIVIDUELLE
PUIS ACTIVITÉ DE GROUPE
25 à 30 minutes

Matériel
★ Par élève :
- 1 feuille
- 1 crayon

★ Pour le groupe :
- affiche A3 : **pont à légender** ☁ 🗎
- les dessins des élèves du groupe
- 1 feuille
- 1 crayon

ÉTAPE 2 DESSINER SON PROJET

Dessin individuel
- Chaque élève dessine son pont.
- L'enseignant légende les dessins ou note au tableau les mots demandés par les élèves.
- Il regroupe les dessins qui utilisent des techniques proches : pont avec ou sans piles, pont avec arches, pont suspendu, pont en Kapla®, pont en briques Lego®, pont en matériel de récupération…
- Il désigne les groupes en mettant ensemble les élèves qui ont des propositions similaires.

Dessin du groupe
- *Je vous demande maintenant de dessiner un projet de pont en vous mettant d'accord entre vous. Chacun explique ce qu'il a pensé puis vous dessinerez ce que vous aurez décidé.*
- *Pour qu'on se comprenne bien, je vous apprends les mots qui désignent les différentes parties d'un pont.*
- L'enseignant montre les parties nommées sur le **pont à légender** ☁ 🗎 et le légende.
- Chaque groupe dessine le projet définitif.

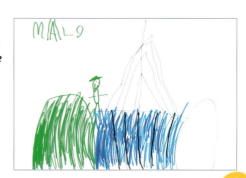

CLASSE ENTIÈRE
ACTIVITÉ DE GROUPE
35 à 40 minutes

Matériel
★ Pour chaque groupe :
- 1 installation « iles et rives »
- personnages et voitures qui doivent passer le pont
- le matériel nécessaire au pont du groupe

ÉTAPE 3 CONSTRUIRE LE PONT DESSINÉ

Construction
- Chaque groupe réalise son pont et le teste avec les personnages et les voitures.
- La construction peut être corrigée jusqu'à ce que le test soit probant.
- Une fois un pont terminé, l'enseignant interroge le groupe pour l'explication de ses choix.

CLASSE ENTIÈRE
COIN REGROUPEMENT
35 à 40 minutes

Matériel
- l'album inducteur

Ingénieuse Eugénie
Anne Wilsdorf
© La joie de lire • 2015 • 13,90 €
- les ponts de chaque groupe
- 1 affiche
- affiches A4 : **photographies de ponts**
- cartes-images ㉒ **Ponts**
- **illustrations de ponts**
(matériel page 203)

ÉTAPE 4 COMPARER LES CONSTRUCTIONS

Explications des constructions
▶ *Voilà les ponts construits. Tous permettent aux personnages et aux voitures de passer d'une boite à l'autre. Pourtant, ils sont tous différents. Chaque groupe va venir expliquer comment il est arrivé à cette solution.*
▶ Chaque groupe explique son projet. L'enseignant interroge sur les étapes successives.

Structuration
▶ L'enseignant réalise une affiche.

Dans la classe, nous avons réalisé
- *Un pont poutre.*
- *Un pont en arc.*
- *Un pont suspendu.*

▶ *Qu'avons-nous appris ?*

Un tablier trop long flanche sous le poids des personnages et des voitures. Pour le rendre plus rigide, on peut
- *Ajouter des piliers.*
- *Le renforcer sur les bords.*
- *Le soutenir par des câbles.*
- *Faire des piliers en arche.*

⭐ TOUTES CES SOLUTIONS NE SERONT PAS FORCÉMENT UTILISÉES.

Comparaison avec de vrais ponts
▶ *Voilà des photographies de ponts. Quels sont ceux qui utilisent les mêmes solutions que vous ?*
▶ Les élèves désignent les ponts ressemblant aux leurs et les nomment.
▶ Proposer aux élèves de classer les cartes-images ㉒ **Ponts** sous les **illustrations de ponts** (matériel page 203) correspondantes.

Lecture de la fin de l'album
▶ *Finalement, quels ponts ont été construits par Eugénie et son frère ?*
▶ L'enseignant lit la fin de l'histoire.

ACTIVITÉ INDIVIDUELLE
15 à 20 minutes

Matériel
⭐ Par élève :
- 1 document
Il suffit de passer le pont
(page 202)
⭐ Pour la classe :
- le document ***Il suffit de passer le pont*** et les vignettes agrandies au format A3 (page 202)

ÉTAPE 5 TRACE ÉCRITE INDIVIDUELLE

Présentation de l'activité
▶ *Découpe les vignettes représentant des ponts et colle-les dans la bonne colonne.*
▶ Avant de distribuer le document, l'enseignant demande à un élève de placer une vignette sur le document agrandi fixé au tableau. Il interroge l'élève qui justifie son positionnement : je mets ce pont dans la colonne des ponts avec arches car il y a trois arches.

LEXIQUE

Verbes : relier, construire, assembler, rigidifier, soutenir, flancher, consolider, franchir.
Noms : tablier, arche, pile, pilier, câble, rives.

PRÉNOM

DATE

Les objets de construction

RECONNAITRE LA STRUCTURE DES PONTS

IL SUFFIT DE PASSER LE PONT

Découpe les ponts et **colle**-les dans la bonne colonne.

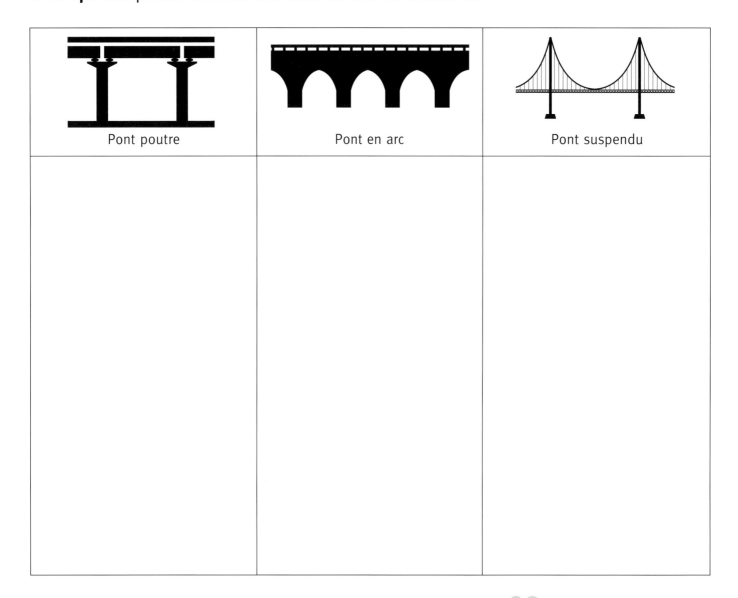

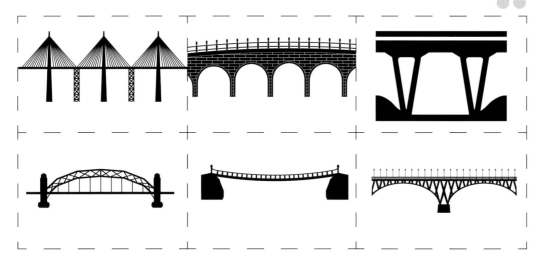

| MATÉRIEL | A3 141% | ILLUSTRATIONS DE PONTS | |

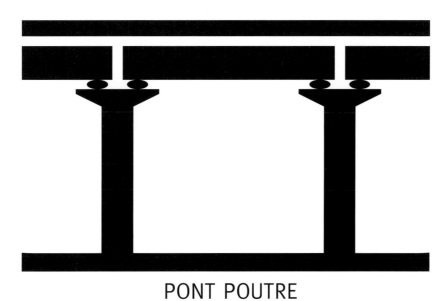

PONT POUTRE

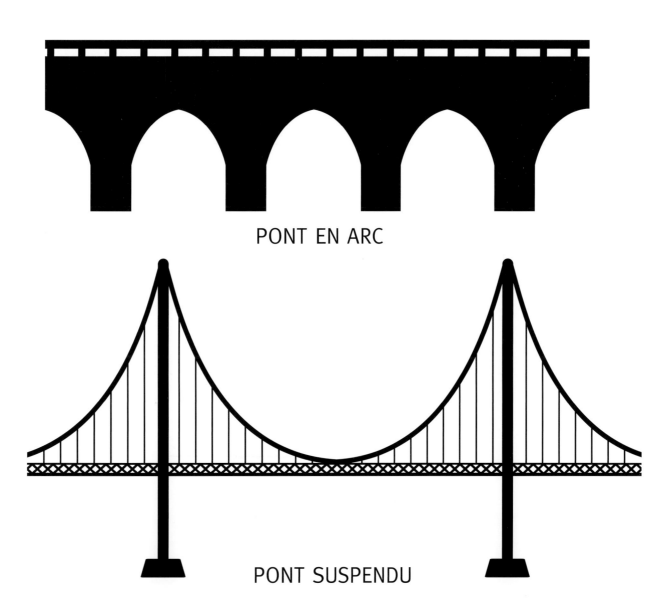

PONT EN ARC

PONT SUSPENDU

DÉFI — LES OBJETS DE CONSTRUCTION

DE BAS EN HAUT
MS • GS — Fabriquer un engin élévateur

CLASSE ENTIÈRE
COIN REGROUPEMENT
15 à 20 minutes

Matériel
- l'album inducteur

La famille Souris dine au clair de lune
Kazuo Iwamura
© L'école des loisirs • 2000 • 12 €

★ Pour le groupe :
- cartes-images ㉓
Engins de levage
- des baguettes
- 1 table

ÉTAPE 1 DÉCOUVRIR LE DÉFI

Situation déclenchante
- Lire l'album *La famille Souris dine au clair de lune* jusqu'à la page 17.
- **Les souris sont fatiguées, il faut leur fabriquer un engin qui leur monte le bois.**
- **Connaissez-vous des machines qui servent à monter des objets, des personnes ?** *Les ascenseurs, les grues, le funiculaire, l'hélicoptère, l'escalator, la pelleteuse…*
- Montrer les cartes-images ㉓ *Engins de levage* pouvant répondre au défi. Les nommer et expliquer brièvement leur fonctionnement.
- **Les machines que vous allez fabriquer devront monter les bouts de bois dont les souris ont besoin.**

Questionnement
- Les élèves interrogent l'enseignant sur le défi : *A-t-on le droit de toucher les baguettes ?*
- **Oui, vous pouvez installer les baguettes dans l'engin et il est aussi possible de toucher les baguettes pour les poser sur la table : vous serez la souris qui est au sol et la souris qui est sur la plateforme.**

ACTIVITÉ INDIVIDUELLE
30 à 45 minutes

Matériel
★ Par élève :
- 1 feuille
- 1 crayon

ÉTAPE 2 CONCEPTION DES DISPOSITIFS DE FAÇON INDIVIDUELLE

Représentation des idées
- **Dessinez votre idée.**
- Les élèves dessinent. Une fois le dessin terminé, l'enseignant le légende sous la dictée de l'élève.

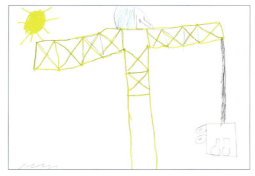

ATELIERS AUTONOMES
DE 4 À 6 ÉLÈVES
15 à 20 minutes

Matériel
★ Pour le groupe :
- le matériel de construction
- la table pour les tests
- les baguettes

ÉTAPE 3 FABRICATION DES ENGINS

Constatations
- L'enseignant regroupe les dessins des solutions représentant le même type d'engin et constitue ainsi les groupes de travail.
- Les solutions impossibles à fabriquer sont éliminées après discussion permettant aux élèves de comprendre que leur idée est trop complexe ou impossible à fabriquer : robot, hélicoptère…

Fabrication
- Chaque groupe fabrique son engin et le teste jusqu'à ce que le défi puisse être relevé.
- 📷 L'enseignant prend en photo les différentes machines et leurs évolutions.

MS mars ▶ juin
GS septembre ▶ juin

ATELIER DIRIGÉ DE LANGAGE DE 4 À 6 ÉLÈVES
10 à 15 minutes

Matériel
- l'engin construit
- les photos prises pendant la construction

ÉTAPE 4 PRÉPARATION DE LA PRÉSENTATION DU DÉFI   MS • GS

Verbalisation
▶ L'enseignant interroge le groupe d'élèves sur les différentes étapes aboutissant à la solution.
▶ Les photos prises pendant les fabrications peuvent aider les élèves à se rappeler leurs essais.

CLASSE ENTIÈRE COIN REGROUPEMENT
15 à 20 minutes

Matériel
- les engins construits

ÉTAPE 5 PRÉSENTATION DU DÉFI   MS • GS

Installation
▶ Mise en place de l'installation permettant aux groupes de relever le défi.

Passage des groupes
▶ Chaque groupe relève le défi à l'aide de sa machine et explique à l'ensemble de la classe comment il en est arrivé à cette solution.

CLASSE ENTIÈRE COIN REGROUPEMENT
15 à 20 minutes

Matériel
- les engins construits
- 1 affiche

ÉTAPE 6 STRUCTURATION ET TRACE ÉCRITE   MS • GS

Bilan
▶ Chaque groupe étant passé, les solutions sont listées sur une affiche.

Trace écrite

Pour élever les baguettes au niveau de la table, nous avons fabriqué des engins :
- *Une grue avec une poulie. Il a fallu un contrepoids à la flèche.*
- *Un escalator avec deux poulies qui entrainent un carton ondulé.*
- *Une pelleteuse avec un bras articulé. Il a fallu fixer la cabine au sol pour faire contrepoids. Il a fallu faire beaucoup d'articulations au bras pour arriver à monter les baguettes jusqu'à la table.*

LEXIQUE

Verbes : élever, tourner, soulever.
Noms : plateforme, engin, contrepoids, grue, pelleteuse, escalator, ascenseur, poulie, bras articulé.

Les objets Les objets de construction **205**

OUVRAGES AUTOUR DE LA CONSTRUCTION

Construire une maison
Byron Barton
© L'école des loisirs • 1993 • 12 €
Un album simple pour découvrir les étapes de la construction d'une maison.

(MS) (GS)
La famille Souris dine au clair de lune
Kazuo Iwamura
© L'école des loisirs • 2000 • 12 €
La famille Souris décide de construire une plateforme dans un arbre pour diner au clair de lune.

(MS) (GS)
Une nouvelle maison pour la famille Souris
Kazuo Iwamura
© L'école des loisirs • 2000 • 12 €
Un album pour expliquer le déménagement.

(GS)
Ingénieuse Eugénie
Anne Wilsdorf
© La joie de lire • 2015 • 13,90 €
Eugénie et son frère vivent sur une ile oubliée. Ils rêvent de rejoindre l'ile d'en face. Pour cela, ils se mettent à bâtir un pont.

JEUX DE CONSTRUCTION

Duplo®
À partir de 55 €
Des pièces à encastrer dont le nombre varie.

Mobilo®
À partir de 60 €
Des pièces déjà en volume à assembler par encastrement.

Les p'tits clous
À partir de 15,99 €
Une activité individuelle consistant à former des personnages ou des objets à l'aide de formes géométriques en les clouant sur une plaque de liège.

Technico®
© Klein • À partir de 50 €
Un jeu de construction constitué de vis et d'écrous. Possibilité de constructions en 2D et 3D.

Technico Bois
© Wesco • 49,30 €
Un jeu de construction où l'enfant assemble les pièces par vissage.

CréAbloc gigi XXL
© Diffusion OPPA-Montessori • 49,90 €
Un jeu de construction où la solidarité entre les briques permet la solidité de l'ensemble.

Briques de construction Teifoc®
À partir de 12 €
Des briques à assembler avec du mortier à l'aide d'une truelle.

LES OBJETS

Les objets mécaniques

Notions pour l'enseignant	**208**
Trucs & astuces	**209**
Une cuisine bien rangée	**210**
Classer les ustensiles de cuisine selon leur fonction	
Les p'tits cuisiniers	**216**
Choisir et utiliser des outils adaptés à l'action à mener	
Pince-mi et Pince-moi sont dans une cuisine	**220**
Découvrir la notion de levier	
Ouvrages et jeux autour de la cuisine et de la mécanique	**224**

Les notions abordées

- **Les différents mouvements : rotation et translation**
- **Les mécanismes permettant les transmissions et les transformations de mouvement**
- **Le principe des leviers**
- **La fonction des objets**

Notions pour l'enseignant

Les caractéristiques des mouvements
▶ Un mouvement se caractérise par :
- **sa nature :** translation, rotation, mouvement hélicoïdal.
- **son sens, sa direction, sa vitesse.**

Les différents mécanismes
▶ Un mécanisme permet soit de transmettre le mouvement et on parle de **mécanisme de transmission**, soit de transformer sa nature et on parle alors de **mécanisme de transformation**.

▶ Qu'il soit de transmission ou de transformation, le mécanisme peut modifier **le sens, la direction ou la vitesse** du mouvement.

Les mécanismes de transmission les plus courants

Mécanismes de transmission	Le système poulies-courroie	Les engrenages	Les roues de friction	Le système pignons-chaine	La poulie
Schéma					
Exemples d'objets utilisant ce mécanisme	Remonte-pente	Batteur mécanique, essoreuse à salade	Dynamo	Vélo	Puits

Les mécanismes de transformation les plus courants

Mécanismes de transformation	Le treuil	Le système bielle-manivelle	Le système pignon-crémaillère	Le système vis-écrou
Schéma				
Exemples d'objets utilisant ce mécanisme	Puits	Moteur, vieille locomotive	Toupie BeyBlade	Étau

Les leviers
▶ **Les leviers** sont utilisés soit pour amplifier une force, soit pour amplifier un déplacement. Dans les ustensiles de cuisine utilisés, c'est la fonction amplification de la force qui est mise en avant. Pour que le levier soit le plus efficace possible, il faut que le bras de levier soit le plus grand possible et que la charge soit le plus près possible du pivot.

▶ **Les pinces** sont des leviers doubles.

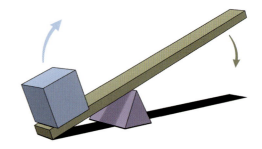

Ce qui peut poser problème
Peu de difficultés dans ce chapitre si les élèves ont à disposition les objets réels permettant de manipuler.

Trucs & astuces

Moulin à légumes à manivelle

essoreuses à salade

Essoreuse à salade à manivelle

presse-purées

Presse-purée à levier

Essoreuse à salade à treuil

Panier à salade

Presse-purée manuel

Quels ustensiles utiliser dans ces séances ?

Les ustensiles nécessaires aux séances de ce chapitre, excepté les essoreuses, ne sont plus vraiment en vogue dans nos cuisines modernes. Il y a pourtant un renouveau de ce matériel entièrement mécanique. Il est donc possible de les trouver au sein des cuisines familiales. Ces objets sont aussi toujours en vente dans la plupart des grandes surfaces ou sur internet.

Fouet manuel

Fouet mécanique

Râpe multifaces

Fouet électrique

fouets

Râpe à fromage

râpes

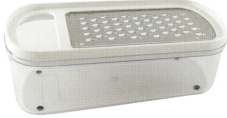
Râpe avec réceptacle

⚠ RÈGLES DE SÉCURITÉ
Dès que les ustensiles de cuisine sont utilisés pour faire de la vraie cuisine, il faut insister sur les règles d'hygiène à respecter. Il faut aussi s'assurer auprès des parents que les enfants n'ont pas d'allergie ou de contrindications pour l'un des aliments utilisés dans la recette.

LES OBJETS MÉCANIQUES

UNE CUISINE BIEN RANGÉE
PS | MS | GS
Classer les ustensiles de cuisine selon leur fonction

À L'ACCUEIL
La semaine précédant la séance

Matériel
- 1 fouet manuel, 1 fouet mécanique
- 1 essoreuse à manivelle
- 1 essoreuse à treuil
- 1 panier à salade
- 1 presse-purée
- 1 presse-purée à levier
- 1 moulin à légumes
- 1 râpe manuelle, 1 râpe à fromage
- 1 râpe à légumes à manivelle
- 1 émulsionneur, (fouet électrique à piles non obligatoire mais qui permet d'introduire la notion d'énergie)

CLASSE ENTIÈRE
COIN REGROUPEMENT
10 à 15 minutes

Matériel
- les ustensiles de l'étape précédente
- cartes-images ㉔
Ustensiles de cuisine
- *étiquettes-mots* agrandis à 200 %
(matériel page 215)

ÉTAPE 1 DÉCOUVRIR DE NOUVEAUX USTENSILES   PS • MS • GS

Manipulations
▶ La semaine précédant la séance, l'enseignant dispose dans le coin cuisine les ustensiles qui serviront à la séance.
▶ À l'accueil ou lors de moments en autonomie, les élèves les manipulent et se les approprient.

> LES RÂPES PEUVENT POSER PROBLÈME. LES ÉLÈVES ESSAYENT DE RÂPER TOUT CE QUI SE TROUVE DANS LE COIN CUISINE. IL PEUT ÊTRE NÉCESSAIRE DE LEUR INDIQUER QU'IL NE FAUT PAS RÂPER LES OBJETS DE LA CUISINE.

ÉTAPE 2 DÉCRIRE DE NOUVEAUX USTENSILES   PS • MS • GS

Questionnement
▶ *Qu'avez-vous remarqué dans le coin cuisine ? De nouveaux objets.*
▶ Introduire le nom d'ustensiles, outils spécifiques à la cuisine.
▶ *En connaissez-vous certains ? Savez-vous à quoi ils servent et comment ils s'appellent ?*
▶ Les cartes-images ㉔ *Ustensiles de cuisine* sont affichées au tableau et les *étiquettes-mots* sont lues. Les élèves associent les mots aux cartes correspondantes pour les objets qu'ils connaissent.
▶ Pour les objets inconnus, les photos sont affichées et regroupées sous un point d'interrogation.
▶ S'il y a dissension sur un ustensile ou erreur sur la fonction, l'enseignant dispose les photos de ces ustensiles avec les ustensiles inconnus.

Présentation de l'activité
▶ Nous allons reprendre tous les ustensiles en petits groupes, et en les essayant avec différents aliments nous essaierons de comprendre à quoi ils servent.

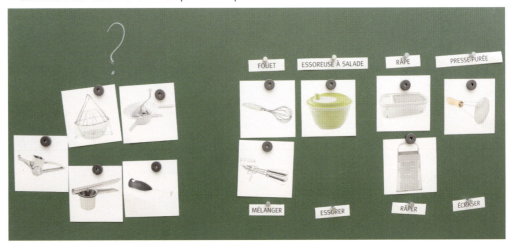

> GÉNÉRALEMENT, LES FOUETS NE POSENT PAS DE PROBLÈME. LA RÂPE MANUELLE EST CONNUE, LA RÂPE À FROMAGE AINSI QUE LA RÂPE MOULINETTE SONT PLUS RAREMENT CONNUES. LES ESSOREUSES PEUVENT ÊTRE ASSOCIÉES AU LAVAGE DE LA SALADE OU ÊTRE COMPLÈTEMENT INCONNUES. LES PRESSE-PURÉES SONT RAREMENT CONNUS.

AUTOUR DES LIVRES GS
La recette pages 61 à 76

PS janvier ▶ juin
MS GS septembre ▶ juin

ATELIER DIRIGÉ DE 4 À 6 ÉLÈVES
20 à 25 minutes

Matériel
- les ustensiles
- 1 salade lavée
- 4 à 6 pommes de terre cuites
- 4 à 6 carottes épluchées
- 1 morceau de fromage type emmenthal
- 4 à 6 assiettes ou barquettes

ÉTAPE 3 UTILISER L'OBJET POUR EN COMPRENDRE LA FONCTION PS • MS • GS

Rappel
▶ Montrer les différents ustensiles ainsi que les aliments.
▶ *Nous allons essayer de comprendre à quoi servent ces ustensiles.*

Manipulations
▶ Les ingrédients sont au centre de la table. Chaque élève essaie d'associer un ingrédient à un ustensile. Les ustensiles connus sont généralement associés au bon aliment. Pour les ustensiles inconnus, des associations sont testées. Tous les constats sont verbalisés.

Pour certains enfants, il est possible de les utiliser de manière étonnante, pour obtenir par exemple de la purée de salade. Pour d'autres, il est possible de faire constater que l'on n'arrive pas à utiliser tel ustensile avec tel aliment : il est impossible par exemple d'écraser les carottes car elles ne sont pas cuites.

Synthèse des essais
▶ Chaque ustensile est montré et les élèves les ayant testés indiquent ce qu'ils ont réussi à faire.

Description des ustensiles
▶ *Quels sont les éléments de cet ustensile ?*
▶ Introduire le vocabulaire spécifique en les désignant sur l'objet : panier, manivelle, poignée, râpe, axe, ficelle.
▶ *Que doit-on faire pour faire fonctionner cet ustensile ?*
▶ Les élèves décrivent l'action à mener pour l'utiliser : pousser, tourner la manivelle, appuyer sur la manivelle, tirer sur la ficelle… Là encore, les actions sont faites lorsqu'elles sont décrites.
▶ *Pourquoi y a-t-il des trous ? Ils servent à faire s'écouler de l'eau. Ce sont des trous qui râpent, enlèvent un bout de l'aliment parce qu'il dépasse. Ils laissent passer l'aliment qui est écrasé.*

Questionnement
▶ *À votre avis, comment s'appelle cet ustensile ?*
▶ Si les élèves ne trouvent pas, leur indiquer le nom exact de l'ustensile.

ATELIER SEMI-DIRIGÉ DE 6 À 8 ÉLÈVES
10 à 15 minutes

Matériel
★ Par élève :
- 1 feuille A4
- 1 crayon à papier

★ Pour le groupe :
- les ustensiles

ÉTAPE 4 DESSINER UN USTENSILE MS • GS

Dessin des élèves et dictée à l'adulte
▶ *Dessine l'ustensile de ton choix. Il faut pouvoir le reconnaître.*
▶ Les élèves choisissent un ustensile, le placent près d'eux et le dessinent.
▶ L'enseignant écrit sous leur dictée le titre et la légende du dessin. Il valide ainsi le vocabulaire.

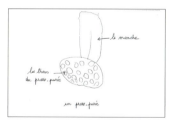

MON CARNET DE SUIVI des apprentissages à l'école maternelle
Je sais réaliser un dessin d'observation **page 23**

Les objets Les objets mécaniques **211**

**ATELIER DIRIGÉ
DE 4 À 6 ÉLÈVES
20 à 30 minutes**

Matériel
★ Par élève :
- 1 assiette
- 1 fourchette

★ Pour le groupe :
- les ustensiles des recettes
- les ingrédients des recettes
- *recettes 4, 5, 6, 7 et 8* ☁ 📖
dont l'ustensile principal est caché

ÉTAPE 5 RÉALISER DES RECETTES SIMPLES

Présentation du matériel
▶ *Maintenant que nous savons nous servir de ces nouveaux ustensiles, nous allons nous en servir pour réaliser des recettes avec eux. Je vous ai apporté quelques recettes simples.*
▶ L'enseignant présente les *recettes 4, 5, 6, 7 et 8* ☁ 📖 et en lit les titres aux élèves.

⭐ Chaque groupe pourra réaliser une recette différente.

Lecture d'une recette
▶ *Aujourd'hui nous allons réaliser la recette… Décrivez-moi les différentes parties de cette recette.*
▶ Il y a une partie avec les ingrédients, une partie avec les ustensiles et une partie avec ce qu'il faut faire.
▶ Introduire le vocabulaire nouveau : ingrédients, ustensiles, déroulement.
▶ *De quels ingrédients avons-nous besoin ?*
▶ Les élèves décodent les illustrations de la recette et nomment les ingrédients nécessaires.
▶ *De quels ustensiles avons-nous besoin ?*
▶ Les élèves décodent les illustrations de la recette et nomment les ustensiles nécessaires.
▶ L'ustensile principal est caché sur la recette pour qu'ils la complètent avec l'ustensile choisi.
▶ *Que manque-t-il ?*
▶ L'enseignant questionne les élèves sur les ustensiles vus dans les étapes précédentes.
▶ *Il y a une place pour le dessin de l'ustensile mais je ne sais pas lequel vous préférez utiliser. Ce sera à vous de choisir entre les trois.*

Règles d'hygiène
▶ *Quelle est la première opération ? Se laver les mains.*
▶ Faire émerger les autres règles d'hygiène.

Réalisation des recettes
▶ Les élèves réalisent chaque recette étape par étape en s'aidant des recettes. Au moment de l'utilisation de l'ustensile principal, l'enseignant les incite à essayer les différents ustensiles proposés.
▶ *Quel est l'ustensile que vous avez préféré utiliser ? Pourquoi ?*
▶ Les élèves indiquent l'ustensile qu'ils préfèrent et expliquent leur choix.

Dégustation et structuration

▶ Pendant que les élèves qui le souhaitent mangent le plat préparé, l'enseignant les interroge sur les actions qu'ils ont menées avec l'ustensile principal. C'est l'occasion d'évaluer si les verbes d'action liés à ces opérations sont acquis et utilisés à bon escient.
▶ La dégustation peut être une occasion d'introduire du vocabulaire sur les saveurs : *cette salade est savoureuse, elle croque sous les dents, la vinaigrette est bien assaisonnée, elle est salée, elle pique un peu à cause du vinaigre…*
▶ Il est aussi possible de demander aux élèves quels sont les ustensiles utilisés par leurs parents pour les mêmes fonctions. Le fait que la plupart utilisent de l'électricité est verbalisé.

MON CARNET DE SUIVI
des apprentissages à l'école maternelle
Je réalise une recette en utilisant les ustensiles appropriés **page 47**

AUTOUR DES LIVRES TPS-PS
Réaliser la compote de pomme **page 69** *Réaliser la galette en respectant la recette* **pages 119**

AUTOUR DES LIVRES MS
La soupe **pages 69 à 82**
Confectionner des bonshommes de pain d'épice **pages 122 à 125**

PS janvier ▶ juin
MS GS septembre ▶ juin

CLASSE ENTIÈRE
COIN REGROUPEMENT
10 minutes

Matériel
- les ustensiles
- cartes-images ㉔
Ustensiles de cuisine
- les *étiquettes-mots*
agrandies à 200%
(matériel page 215)

ÉTAPE 6 CLASSER LES USTENSILES PAR FONCTION   PS • MS • GS

Questionnement
▶ *Maintenant que nous avons trouvé à quoi servent tous les ustensiles, comment pouvons-nous les classer?* Ceux qui râpent, ceux qui mélangent, ceux qui essorent, ceux qui écrasent.

Affichage
▶ Les quatre verbes sont affichés au tableau: râper, mélanger, essorer, écraser.
▶ Les photos sont montrées une à une. Le nom de l'ustensile est rappelé ainsi que l'action qu'il permet et les aliments concernés. La photo est placée sous le verbe correspondant.

ACTIVITÉ INDIVIDUELLE
10 minutes

Matériel
★ Par élève:
- 1 document *Qui fait quoi?*
(pages 214 et 215)
- 1 paire de ciseaux
- colle

Je manipule des objets et je les classe selon leur fonction **page 48**

ÉTAPE 6 BIS CLASSER LES USTENSILES PAR FONCTION   MS • GS

★ Cette étape peut se faire en atelier autonome en parallèle avec l'atelier dirigé de l'étape 5.

Trace écrite individuelle
▶ *Colle les ustensiles qui vont ensemble dans la même colonne.*

ATELIER DIRIGÉ DE LANGAGE
DE 6 À 8 ÉLÈVES
15 à 20 minutes

Matériel
- les ustensiles

ÉTAPE 7 COMPARER LES MOUVEMENTS EN JEU DANS LES USTENSILES   GS

Devinette
▶ *J'ai trouvé un autre classement, je vous demande de le deviner.*
Dans mon nouveau classement, l'essoreuse à manivelle est dans la même catégorie que le moulin à légumes. Quel est le critère que j'ai choisi?
▶ Les élèves manipulent les deux ustensiles.
▶ *Pour le faire fonctionner, on fait le même mouvement: on tourne.*

Second classement
▶ *Quels sont les autres ustensiles que je pourrais classer avec eux?* Les élèves indiquent les ustensiles en vérifiant en les manipulant que l'on tourne bien une manivelle.
▶ *Et les autres, qu'en fait-on?* Il y a ceux pour lesquels il faut tirer. Il y a ceux pour lesquels on fait un mouvement de va-et-vient.
▶ *Et le panier à salade?* Il faut balancer le bras.

Questionnement sur la chaine de mouvement
▶ *Nous venons de regarder les mouvements que nous devons faire. Que se passe-t-il dans l'ustensile?*
▶ Un élève manipule l'ustensile et verbalise ce qui se passe.
Pour l'essoreuse à salade à manivelle, on tourne la manivelle, cela fait tourner le panier à l'intérieur.
Pour l'essoreuse à treuil, on tire sur la ficelle, cela fait tourner le panier à l'intérieur.
Pour le batteur mécanique, on fait tourner la manivelle, cela fait tourner les roues dentées qui font tourner les fouets. Pour les râpes à fromage ou à légumes ou le moulin à légumes, on fait tourner la manivelle, cela fait tourner la râpe, la plaque trouée.

LEXIQUE

Verbes: tourner, mélanger, essorer, râper, écraser, presser, tirer, balancer, appuyer.
Noms: râpe, presse-purée, essoreuse, fouet, engrenage, manivelle, poignée, levier.
Adjectifs: manuel, mécanique.
Adverbes: vite, lentement.

PRÉNOM

DATE

Les objets mécaniques | Classer des ustensiles selon le critère de la fonction d'usage

QUI FAIT QUOI ?

Découpe les ustensiles et **colle**-les dans la bonne colonne.

Découpe les étiquettes-mots et **colle**-les dans la bonne colonne.

Niveau 1 (MS) Fournir 8 illustrations d'ustensiles et cacher les cases des niveaux supérieurs.
Niveau 2 (MS performants et GS) Fournir 12 illustrations d'ustensiles et cacher les cases du niveau 3.
Niveau 3 (GS performants) Fournir 12 illustrations d'ustensiles et 8 étiquettes-mots.

Les illustrations d'ustensiles

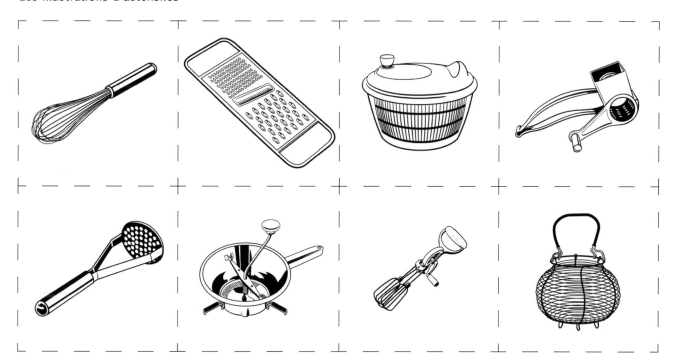

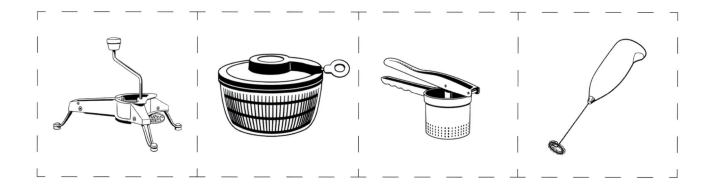

Les étiquettes-mots à découper

ÉCRASER   ESSORER   RÂPER   MÉLANGER

MATÉRIEL	A4 200%	ÉTIQUETTES-MOTS	Une série d'étiquettes pour la classe

ÉCRASER   ESSORER   RÂPER   MÉLANGER
PRESSE-PURÉE   RÂPE   FOUET
ESSOREUSE À SALADE

LES OBJETS MÉCANIQUES

LES P'TITS CUISINIERS
MS · GS
Choisir et utiliser des outils adaptés à l'action à mener

CLASSE ENTIÈRE
COIN REGROUPEMENT
5 minutes

Matériel
★ 1 carton dans lequel sont regroupés :
- 1 essoreuse à salade à engrenages
- 1 essoreuse à salade à treuil
- 1 panier à salade
- 1 râpe à noix de muscade
- 1 râpe manuelle
- 1 râpe à fromage
- 1 râpe à légumes à manivelle
- 1 couteau à dents
- 1 couteau de cuisine
- 1 couteau économe
- 1 couteau en plastique
- 1 couteau à beurre
- recette 9
★ la lettre

ÉTAPE 1 DÉCOUVRIR LE PROJET   MS · GS

Présentation du projet
▶ Lors du regroupement, l'enseignant arrive avec un colis et une **lettre** pour les élèves.
▶ Les élèves reçoivent la commande d'une salade. Le colis comporte la recette de cuisine ainsi que des ustensiles de cuisine mélangés.

Lecture de la lettre
▶ L'enseignant présente le colis et lit la lettre. Si nécessaire, il explique les mots incompris.
▶ Le mot *distrait* peut être expliqué : une personne distraite rêve souvent, oublie des choses.

Questionnement
▶ *Que nous demande cette lettre ?* De fabriquer une salade.
▶ *Comment allons-nous faire ?* Il faut lire la recette et regarder ce qu'il y a dans le colis.
▶ *Nous allons regarder en atelier ce qu'il y a dans le colis.*

ATELIER DIRIGÉ
DE 4 À 6 ÉLÈVES
10 minutes

Matériel
- le matériel de l'étape précédente

ÉTAPE 2 CLASSER LES USTENSILES SELON LE CRITÈRE DE LA FONCTION   MS · GS

Ouverture du colis
▶ Chaque objet est sorti, désigné et sa fonction indiquée.
▶ Cette étape est rapide si la séance *Une cuisine bien rangée* a été menée.
▶ Si les ustensiles ne sont pas connus, l'enseignant interroge les élèves et leur donne des indices leur permettant d'émettre des hypothèses sur la fonction de l'ustensile (voir étape 3 *Une cuisine bien rangée* page 211).
▶ Tous les couteaux sont regroupés près de l'enseignant pour des raisons de sécurité.

Manipulations
▶ Les autres ustensiles sont manipulés librement par les élèves.

Consigne
▶ *Classer les ustensiles selon le critère « à quoi ils servent ».*
▶ *C'est moi qui manipulerai les couteaux pour le moment. Je les mets moi-même avec le groupe d'objets que vous me désignez.*

Classement
▶ Les ustensiles sont regroupés en trois groupes : ceux servant à râper, ceux pour essorer, ceux pour couper.

MON CARNET DE SUIVI
des apprentissages à l'école maternelle
Je manipule des objets et je les classe selon leur fonction **page 47**

septembre ▸ juin

CLASSE ENTIÈRE
COIN REGROUPEMENT
5 minutes

Matériel
- 1 affiche et 1 feutre
- le matériel de l'étape précédente

ÉTAPE 3 TRACE ÉCRITE COLLECTIVE   MS • GS

Structuration
▶ L'enseignant propose de rédiger en dictée à l'adulte une affiche indiquant le contenu du colis.

Dans le colis reçu par la classe il y a :
- *des couteaux qui servent à couper ou éplucher les aliments,*
- *des ustensiles qui servent à essorer la salade,*
- *des ustensiles qui servent à râper les aliments.*

Questionnement
▶ ***Et maintenant que devons-nous faire ?*** *La salade.*
▶ ***Comment faire ?*** *Il faut lire la recette.*

CLASSE ENTIÈRE
COIN REGROUPEMENT
5 minutes

Matériel
- recette 9

ÉTAPE 4 DÉCOUVRIR LA RECETTE   MS • GS

Lecture de la recette
▶ L'enseignant lit la ***recette 9*** à l'ensemble de la classe.
Si nécessaire, il explique les mots incompris.
Emmental et *comté* sont des fromages.
Une *lamelle* est une tranche fine et longue.
Éplucher ou *peler* se dit quand on enlève la peau d'un aliment.
▶ Pour l'ensemble *petits dés*, faire le parallèle avec les dés des jeux de société.
▶ Les *raisins secs* sont des grains de raisin que l'on a séchés pour qu'ils se conservent longtemps. Faire goûter un grain à chaque élève volontaire.

Verbalisation des différentes actions
▶ **Il faut essorer et découper la laitue en fines lamelles.**
▶ **Peut-on utiliser la laitue directement ?**
Il va falloir la laver.
▶ **Que fait-on avec les carottes et le fromage ?**
Il faut râper les carottes et le fromage.
▶ **Râpe-t-on directement les carottes ?**
Non, il faut les éplucher. Il faut éplucher et couper les pommes en petits dés.

Questionnement
▶ ***Quel est l'ustensile qu'il va falloir utiliser pour chacune de ces actions ?***
▶ ***Pour le savoir, nous allons les tester en atelier. Chaque groupe est responsable d'un ingrédient.***

RECETTE 9 La salade composée

Les objets Les objets mécaniques **217**

CLASSE ENTIÈRE
4 ATELIERS DE 4 À 8 ÉLÈVES
1 ATELIER PAR INGRÉDIENT
30 minutes

Matériel

★ Pour l'atelier pommes :
- 1 à 2 pommes
- des couteaux
- des économes
- des planches à découper
- 1 saladier

★ Pour l'atelier carotte :
- 4 à 6 carottes
- 1 saladier
- des couteaux
- des économes
- des râpes

★ Pour l'atelier fromage :
- 1 morceau d'emmental
- des râpes
- 1 saladier

★ Pour l'atelier salade :
- 1 salade
- des essoreuses à salade
- des ciseaux
- 1 saladier

ÉTAPE 5 CHOISIR L'USTENSILE LE PLUS ADAPTÉ   MS • GS

Lavage des mains
▶ Les ateliers doivent commencer par la mise en évidence des conditions d'hygiène et de l'obligation de se laver les mains avant de cuisiner.

Tests
▶ Dans les ateliers pommes et carottes, les différents couteaux sont testés pour l'épluchage.
▶ Dans les ateliers carotte et fromage, les différentes râpes sont testées.
▶ Dans les ateliers pommes et salades, les différents couteaux sont testés pour la découpe.
▶ Dans l'atelier salade, les différentes essoreuses sont testées après le lavage de la salade.

Trace écrite collective
▶ À la fin de chaque atelier, une trace écrite indiquant l'outil choisi par la classe est rédigée.

Pour choisir les ustensiles que nous allons utiliser, nous avons fait des tests.
- *Pour éplucher les pommes : l'économe.*
- *Pour couper les pommes : le couteau pointu.*
- *Pour essorer la salade : l'essoreuse à manivelle.*
- *Pour éplucher les carottes : l'économe.*
- *Pour râper les carottes : la râpe simple.*
- *Pour râper le fromage : la râpe à fromage*

⭐ IL EST POSSIBLE DE RÉALISER LA SALADE À L'AIDE DES INGRÉDIENTS UTILISÉS LORS DES DIFFÉRENTS ATELIERS. SE POSE ALORS LE PROBLÈME DE LA CONSERVATION DES ALIMENTS : LES POMMES BRUNISSENT, LES CAROTTES SÈCHENT ET LA SALADE SE FLÉTRIT. SI LES ATELIERS SONT TOUS MENÉS DANS LA MATINÉE, IL EST RECOMMANDÉ DE FAIRE LE MÉLANGE EN FIN DE MATINÉE ET DE FAIRE GOUTER TOUS LES ÉLÈVES. DANS CE CAS, L'ÉTAPE 6 DE RÉINVESTISSEMENT N'EXISTE PAS.

MS GS septembre ▶ juin

CLASSE ENTIÈRE
4 ATELIERS DE 4 À 8 ÉLÈVES
1 ATELIER PAR INGRÉDIENT
30 à 40 minutes

Matériel
- les ustensiles choisis
- 4 à 6 carottes
- 2 pommes
- 1 salade
- 1 morceau de fromage type emmenthal
- 1 saladier par atelier
- *recette 9* ☁ à colorier (version noir et blanc)
- des crayons de couleur

ÉTAPE 6 RÉALISER LA SALADE EN UTILISANT LES USTENSILES CHOISIS   MS • GS

Organisation
★ Pour encadrer les ateliers, il est possible de demander l'aide de parents.
▶ Les groupes sont toujours responsables d'un ingrédient mais ils seront permutés pour que les élèves aient à utiliser des ustensiles dont ils ne se sont pas encore servis.
▶ Les ateliers salade et fromage, si celui-ci est déjà découpé, peuvent être autonomes.
▶ L'atelier carotte doit être dirigé lors de l'épluchage. Il faut une carotte par élève.
▶ L'atelier pommes doit être complètement dirigé, chaque élève coupant 1/4 de pomme en petits dés.
▶ Il faut donc lancer les deux ateliers autonomes, prévoir un travail en autonomie du groupe pommes, comme le coloriage des ingrédients de la recette par exemple, commencer l'atelier carotte puis quand l'épluchage est terminé, s'occuper de l'atelier pommes.

Utilisation des ustensiles
▶ Chaque groupe travaille. L'enseignant veille à ce que les élèves utilisent correctement les ustensiles.

CLASSE ENTIÈRE
COIN REGROUPEMENT
5 minutes

Matériel
- les ingrédients de l'étape précédente
- des raisins secs
- de la vinaigrette

ÉTAPE 7 ASSEMBLER LA SALADE   MS • GS

Assemblage de la salade
▶ L'enseignant mélange devant tous les élèves les ingrédients récoltés dans les ateliers précédents.
▶ *Il manque quelque chose dans cette salade, qui s'en souvient ?*
▶ Si personne ne se rappelle qu'il faut des raisins secs, revenir à la recette et la relire.
▶ De même pour la vinaigrette. Utiliser de la vinaigrette toute faite ou la faire avant la séance.
▶ Lors de l'assemblage, l'enseignant fait reverbaliser aux élèves les opérations qui ont été effectuées et nommer les ustensiles utilisés. Il est important aussi d'exprimer les difficultés rencontrées.

CLASSE ENTIÈRE
COIN REGROUPEMENT
10 minutes

Matériel
- les ingrédients de l'étape précédente
- 1 grand saladier
- des couverts à salade
- les raisins secs
- la vinaigrette

ÉTAPE 8 GOUTER LA SALADE   MS • GS

Distribution
▶ Les élèves sont installés aux tables, l'enseignant ou un élève leur sert de la salade.

Dégustation
▶ Les élèves goutent. L'enseignant les incite à dire ce qu'ils en pensent.
▶ *Aimez-vous cette salade ? Pourquoi ? Reconnaissez-vous tous les aliments ? Est-ce salé ? Sucré ? Acide ? Amer ? Que sentez-vous ? Tous les ingrédients ont-ils le même croquant sous les dents ?*

PROLONGEMENT
▶ La même démarche peut être utilisée pour d'autres recettes : *recette 10* ☁ 🗂 La salade de fruits, *recette 11* ☁ 🗂 La compote de pomme et *recette 12* ☁ 🗂 La soupe de légumes.

LEXIQUE

Verbes : râper, couper, essorer, éplucher, peler, laver, nettoyer.
Noms : hygiène, salade, fromage, emmental, comté, épluchures, lamelles, râpes, essoreuses, couteau économe ou éplucheur, couteau pointu, couteau à dents, vinaigrette.
Adjectifs : salé, sucré, croquant, amer, piquant, savoureux, gouteux, délicieux, doux, exquis, agréable, désagréable, mauvais, fade.

Les objets Les objets mécaniques   219

LES OBJETS MÉCANIQUES

PINCE-MI ET PINCE-MOI SONT DANS UNE CUISINE
Découvrir la notion de levier

PS • MS • GS

À L'ACCUEIL
La semaine précédant la séance

Matériel

★ Différentes pinces :
- 1 pince à dénoyauter
- 1 pince à sucre
- 1 pince à cornichons
- 1 pince à épiler
- 1 casse-noix
- 1 pince à crustacés
- 1 presse-ail
- 1 pince à escargots
- 1 pince à thé
- 1 pince à salade

★ Des objets à transvaser :
- marrons
- coquilles d'escargot
- noix
- noisettes...

ÉTAPE 1 DÉCOUVRIR DE NOUVEAUX OBJETS DANS LE COIN CUISINE   PS • MS • GS

Manipulations

▶ La semaine précédant la séance, l'enseignant dispose dans le coin cuisine les pinces de la séance.
▶ À l'accueil ou lors de moments en autonomie, les élèves les manipulent et se les approprient.

ATELIER DIRIGÉ DE LANGAGE DE 4 À 6 ÉLÈVES
15 à 20 minutes

Matériel

★ Pour 2 élèves :
- 2 boites de 6 œufs
- les pinces de l'étape précédente,
- 6 perles de grosseurs différentes, de la perle de rocaille à la perle de la grosseur d'une noix disposées dans la boite à compartiments
- 1 morceau de sucre
- 1 noix
- 1 noisette
- 1 cornichon
- 1 olive
- 1 coquille d'escargot
- du thé
- quelques feuilles de salade

ÉTAPE 2 UTILISER LES PINCES   PS • MS • GS

Défi

▶ *Faites passer tous les objets de cette boite dans son couvercle sans toucher directement les objets. Les boites ne doivent pas bouger. Avez-vous des idées ?*
▶ Inciter les élèves à proposer des méthodes et à argumenter en quoi elles fonctionneraient.
▶ Éliminer les solutions fantaisistes et faire essayer les solutions réalistes et argumentées.
▶ Si aucun élève ne pense à utiliser les nouvelles pinces du coin cuisine, les mettre sur la voie : *dans le coin cuisine, il y a de nouveaux objets qui pourraient nous servir.*

Manipulations

▶ Les élèves essaient les différentes pinces. Ils verbalisent les échecs et les expliquent : *je n'y arrive pas avec cette pince car la perle est trop grosse (trop petite).*
▶ Ils verbalisent les réussites et les expliquent : *je suis arrivé à pincer cette perle avec la pince, elle s'ouvre juste un peu plus que la grosseur de la perle et après ça la serre.*

Désignation

▶ Mettre les objets réels sur la table et inciter les élèves à trouver la fonction d'usage de chaque pince. Une fois leur usage trouvé, nommer les pinces.

Structuration

- Les pinces servent à attraper des objets en les serrant très fort.
- Elles peuvent servir à casser l'objet. Le casse-noix sert à casser la coque de la noix.
- Elles sont différentes selon la grosseur de l'objet.
- Nous avons essayé des pinces à sucre, à épiler, à cornichons, à thé, à salade, à spaghettis, des casse-noix.

220

septembre ▶ juin

**ATELIER DIRIGÉ
DE 10 À 15 ÉLÈVES
10 à 15 minutes**

Matériel
★ Par élève:
- 1 feuille
- 1 crayon à papier

★ Pour le groupe:
- les pinces de l'étape précédente numérotées à l'aide de gommettes

ÉTAPE 3 OBSERVER ET DESSINER LES PINCES   MS • GS

Observation - questionnement
▶ *Que pouvez-vous me dire sur toutes les pinces que nous avons utilisées?*
Elles ont toutes un endroit pour mettre les doigts, un endroit pour mettre l'objet.
▶ Montrer les branches des pinces et interroger les élèves à leur sujet.
▶ *Et cela, comment l'appelleriez-vous? Les bras.*
**On pourrait appeler cela les bras de la pince, mais on préfère dire les branches.
Combien de branches ont chacune de ces pinces?** *Elles ont toutes deux branches.*
Que pouvez-vous dire sur ces deux branches? *Elles sont reliées.*
L'endroit où elles sont reliées s'appelle le pivot.

Consigne
▶ Répartir les élèves en deux groupes de manière à pouvoir échanger les dessins des deux groupes lors de l'étape suivante.
▶ *Choisissez une pince et dessinez-la. Attention on doit la reconnaitre.*
▶ *Quand tout le monde aura dessiné sa pince, nous mélangerons les dessins et il faudra retrouver les pinces qui ont été dessinées.*
▶ *Quand vous avez terminé votre dessin, écrivez à l'arrière votre nom et le numéro de la pince.*

**MON CARNET DE SUIVI
des apprentissages à l'école maternelle**
Je sais réaliser un dessin d'observation **page 23**

**ATELIER DIRIGÉ
DE 10 À 15 ÉLÈVES
5 à 10 minutes**

Matériel
- les dessins de l'étape précédente d'un autre groupe numérotés à l'aide de gommettes

ÉTAPE 4 RECONNAITRE UN OBJET À L'AIDE D'UN DESSIN D'OBSERVATION   MS • GS

Installation
▶ Échanger les dessins de deux groupes et installer les pinces correspondant aux dessins sur chaque table.

Consigne
▶ *Positionnez les pinces sur leur dessin.*

Vérification
▶ Vérifier en retournant les dessins que les pinces appariées aux dessins sont les bonnes.

Règles d'un bon dessin d'observation
▶ Que les pinces aient été reconnues ou non, faire verbaliser le pourquoi de la reconnaissance ou de la non-reconnaissance: *on ne voit pas les branches. On voit bien que les branches sont reliées au milieu et qu'il y a une cuillère et une fourchette pour attraper la salade... C'est trop petit. On ne voit pas la forme de l'endroit où on pince l'objet. On peut confondre la pince à sucre et la pince à cornichons si on ne dessine pas bien le bout de la pince.*
▶ Une fois l'ensemble des dessins validés ou non, les dessins des élèves du groupe sont redistribués. Les élèves les améliorent au vu des remarques qu'ils viennent de faire.

Les objets Les objets mécaniques   **221**

| ATELIER DIRIGÉ DE LANGAGE DE 4 À 6 ÉLÈVES
10 à 15 minutes	**ÉTAPE 5 CLASSER LES PINCES**

Matériel
- les pinces des étapes précédentes
- 1 appareil photo

Consigne
▶ *Classez les pinces.*

Questionnement
▶ *Que veut dire classer ?* Regrouper.
▶ *Regrouper n'importe comment ?* Non, il faut que dans chaque groupe les pinces aient un point commun.

Propositions des élèves
▶ *Quel classement peut-on faire ?*

Les critères proposés peuvent être la matière de la pince, la grosseur des objets pincés, la dimension des pinces, leur fonction (attraper, tenir, écraser, casser).
Laisser faire ces classements, les prendre en photo puis inciter à trouver d'autres critères.

MON CARNET DE SUIVI des apprentissages à l'école maternelle
Je manipule des objets et je les classe selon leur fonction **page 47**

ATELIER DIRIGÉ DE 4 À 6 ÉLÈVES
10 à 15 minutes

ÉTAPE 6 COMPRENDRE LE FONCTIONNEMENT DES LEVIERS

Matériel
★ Pour 2 élèves :
- 1 pince à cornichons ou à sucre sur laquelle ont été collées 3 gommettes : 1 gommette rouge près du pivot, 1 gommette orange au milieu de la pince, 1 gommette verte au bout des branches.
- 2 boites à œufs
- 1 morceau de sucre
★ Pour le groupe :
- les autres pinces

Manipulations
▶ Présenter une pince à sucre sur laquelle des gommettes ont été positionnées.
J'ai collé trois gommettes sur les branches de la pince à sucre.
Vous allez pincer le morceau de sucre et le passer d'une boite à l'autre en positionnant vos doigts d'abord sur la gommette rouge, puis la orange, puis la verte.
▶ Les élèves manipulent.

Questionnement et constat
▶ *Que remarquez-vous ?* Quand on pince avec les doigts sur la gommette verte, c'est plus facile de pincer fort le sucre. En mettant les doigts sur la gommette rouge, on n'y arrive pas. Sur la gommette orange, on pince le sucre moins fort.
▶ *Quelle est la place de la gommette verte par rapport au pivot ?* Elle est loin du pivot.
▶ Constat : la pince est plus facile à manipuler si les doigts sont loin du pivot.

Élargissement
▶ *Est-ce vrai sur toutes les pinces ?*
▶ Vérification pour toutes les pinces.

Conclusion
• *Pour que la pince soit la plus efficace possible, il faut mettre ses doigts loin du pivot.*

PS MS GS septembre ▶ juin

**CLASSE ENTIÈRE
COIN REGROUPEMENT
5 à 10 minutes**

Matériel
- 1 affiche
- 1 photocopie de *la pince à cornichons*
- 1 feutre pour annoter la pince
- les pinces des ateliers

ÉTAPE 7 RÉDIGER LA LÉGENDE D'UNE AFFICHE

MS • GS

Questionnement

▶ *Qu'avons-nous appris sur les pinces ?*
Les différents éléments d'une pince : les deux branches, le pivot, l'emplacement pour pincer l'objet, l'emplacement pour tenir la pince.

▶ *Comment pourrait-on écrire cela sur l'affiche pour que cela soit simple à comprendre ?*
En faisant un dessin et en mettant les mots dessus.

▶ *Cela s'appelle légender un dessin.*

▶ *Et quand nous avons travaillé avec la pince à cornichons ?* Il faut tenir la pince loin du pivot.

▶ Démonstration si nécessaire par un élève.

Rédaction de l'affiche

▶ Sous la dictée des élèves, l'enseignant annote la *pince à cornichons* et écrit la conclusion.

PROLONGEMENT

▶ Il est possible d'organiser une chasse aux pinces. Les pinces n'existent pas seulement dans la cuisine. Les outils sont souvent des pinces. Les paires de ciseaux ne sont que des pinces qui coupent.

▶ Il est possible de proposer aux élèves une collection de pinces de toutes sortes.

▶ À chaque nouvelle pince amenée par les élèves, observation de la pince, réinvestissement du vocabulaire et de la position idéale pour une utilisation efficace.

LEXIQUE

Verbes : pincer, écraser, dénoyauter, serrer, casser, relier.
Noms : pince à sucre, pince à cornichons, pince à épiler, pince à salade, dénoyauteur, casse-noix, presse-ail, pince à escargots, pince à crustacés, crustacé, pivot, branches.
Adjectifs : efficace, facile, difficile.

OUVRAGES AUTOUR DE LA CUISINE

Mes premières recettes de saison
Léa Schneider, Christina Dorner et Bénédicte Sieffert
© ACCÈS Jeunesse • 2020 • 16 €
Un livre de recettes de saison pour cuisiner comme un grand tout au long de l'année.

La course à la pomme
Christina Dorner et Cécile Hudrisier
© ACCÈS Jeunesse • 2021 • 12 €
Une pomme tombe et se met à rouler, rouler, rouler...
Qui arrivera à l'attraper et à la croquer?

La soupe au caillou
Christina Dorner et Nicolas Gouny
© ACCÈS Jeunesse • 2020 • 12 €
Un renard rusé s'installe sur la place d'un village et prépare une soupe au caillou. Quel est le secret de cette soupe si fameuse?

OUVRAGES AUTOUR DE LA MÉCANIQUE

Le cinquième
Ernst Jandl et Norman Junge
© L'école des loisirs • 1998 • 12,50 €
Cinq jouets sont dans une salle d'attente. Ils entrent au fur et à mesure...

La machine de Michel
Dorothée de Monfreid
© L'école des loisirs • 2013 • 12,50 €
Invité à la fête d'anniversaire d'Alice, Michel lui fabrique une machine extraordinaire.

La clinique des jouets
Yuichi Kasano © L'école des loisirs • 2011 • 13 €
Le robot de Kenji est cassé. À la clinique des jouets, il va retrouver une seconde vie au milieu de nombreux autres jouets.

JEUX AUTOUR DES MÉCANISMES

Lego® Duplo®
Mes premières machines
© Lego® Duplo® • À partir de 130 €
Ce coffret permet d'explorer des principes mécaniques de base tels que des engrenages, des leviers, des poulies, des roues et des axes.

Téléphérique
avec station d'accueil
© Playmobil 9830 • 44,99 €
Un kit de jeu avec un système de poulies permettant le déplacement d'un téléphérique.

Georello Basic
© Quercety • À partir de 14,90 €
Un jeu pour découvrir les principes de base de la transmission du mouvement par engrenages. La boite « Toolbox » intègre une chaine qui permet de comprendre aussi les principes de la transmission par pignons-chaine.

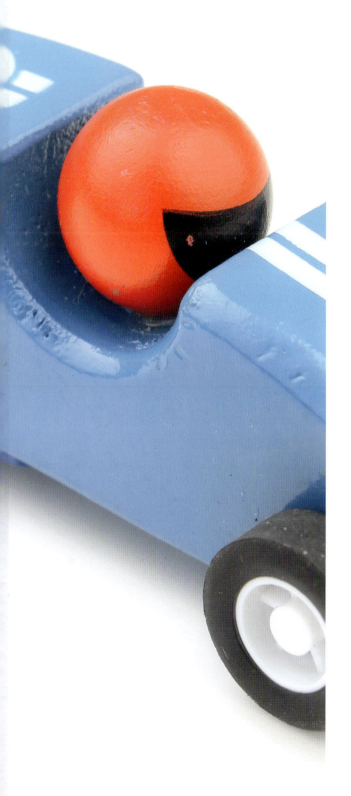

LES OBJETS

Les objets roulants

Notions pour l'enseignant	226
Trucs & astuces	227
Les gardiens de parking	228
Trouver des critères de classement des véhicules	
Les p'tits garagistes	234
Démonter une voiture pour en nommer chaque partie	
Les constructeurs de voitures	236
Construire une maquette d'objet roulant	
Défi Le défi des constructeurs	240
Concevoir un mode de propulsion sans contact	
Ouvrages et jeux autour des véhicules	242

Les notions abordées

- Le lexique de la voiture
- Un mécanisme de base : la roue

Notions pour l'enseignant

▶ **Une roue comporte plusieurs parties.**

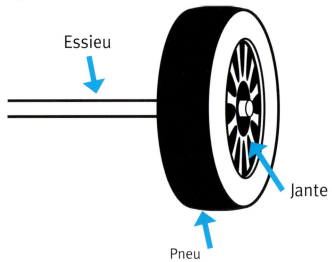

▶ **Une roue peut être montée de deux façons différentes.**

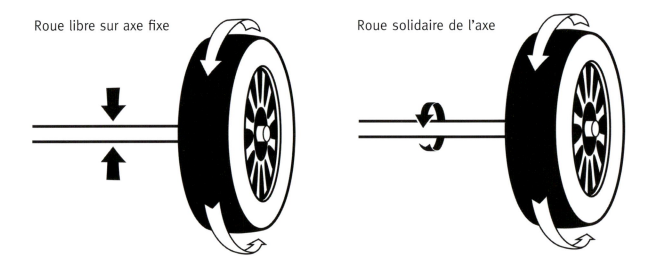

▶ **À la fabrication, ces deux montages impliquent des difficultés techniques différentes.**

- Si les trous sont d'un diamètre plus grand que l'axe, les roues sont libres sur l'axe. Il faut limiter leur déplacement transversal sur l'axe avec des perles, du scotch ou des pailles.

- Si les trous sont d'un diamètre plus petit que l'axe, les roues sont montées solidaires de l'axe, en force.

Ce qui peut poser problème
▶ La notion de parallélisme peut être difficile à visualiser et à verbaliser.

Trucs & astuces

Comment fabriquer des roues en classe ?

On peut utiliser tout objet circulaire.
- Pour les essieux, l'axe peut être un cure-dent, une pique à brochette ou un tourillon de deux ou trois millimètres de diamètre.
- Pour les roues, les bouchons en liège sont à éviter car leur perçage est difficile. La solution la plus simple est les bouchons plastiques. Ils comportent presque tous en leur centre une petite bosse ou une zone plus foncée, traces de leur mode de fabrication. C'est un repère facile pour réaliser le trou de passage de l'axe des roues. Le perçage se fait à l'aide d'une vrille, d'un clou ou d'une perceuse-visseuse.

⚠️ Fixer le bouchon avant le perçage sur le plan de travail, une planche à découper ou une chute de bois protégeant la table. La fixation se fait soit avec du ruban adhésif double-face soit en enfonçant le bouchon dans un pâton de pâte à modeler.

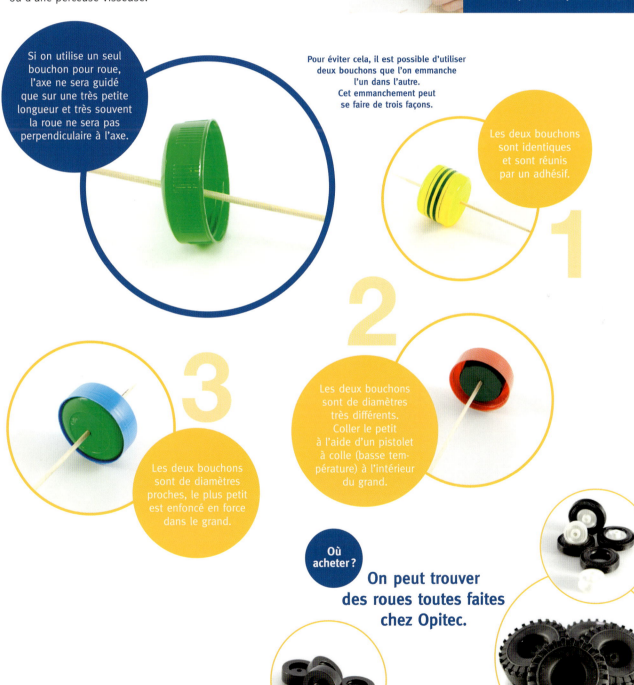

Si on utilise un seul bouchon pour roue, l'axe ne sera guidé que sur une très petite longueur et très souvent la roue ne sera pas perpendiculaire à l'axe.

Pour éviter cela, il est possible d'utiliser deux bouchons que l'on emmanche l'un dans l'autre. Cet emmanchement peut se faire de trois façons.

1 Les deux bouchons sont identiques et sont réunis par un adhésif.

2 Les deux bouchons sont de diamètres très différents. Coller le petit à l'aide d'un pistolet à colle (basse température) à l'intérieur du grand.

3 Les deux bouchons sont de diamètres proches, le plus petit est enfoncé en force dans le grand.

Où acheter ? On peut trouver des roues toutes faites chez Opitec.

Les objets Les objets roulants 227

LES OBJETS ROULANTS

LES GARDIENS DE PARKING
PS MS Trouver des critères de classement des véhicules

**CLASSE ENTIÈRE
COIN REGROUPEMENT
10 à 15 minutes**

Matériel
★ 1 collection de véhicules miniatures comportant :
- des véhicules de tourisme
- des véhicules de sport
- des véhicules utilitaires
- des bus ou minibus
- des camions
- des tracteurs
- des motos
- des trottinettes, des vélos

★ Des véhicules en différents matériaux :
- en bois
- en plastique
- en métal
- en tissu
- en carton
- en mousse

★ Des véhicules récents et anciens

ÉTAPE 1 DÉCOUVRIR ET NOMMER DES VÉHICULES MINIATURES   PS • MS

Situation déclenchante
▶ Un nouveau coin garage est installé. Il est préférable que ce coin n'existe pas auparavant. Si le coin est déjà en place, mettre en scène l'arrivée d'un nouveau lot de véhicules.
▶ Les nouveaux véhicules sont présentés à l'ensemble de la classe.

Questionnement
▶ L'enseignant interroge sur la nature des objets présentés : *qu'est-ce que c'est ?*
Des voitures, des camions, des motos…

Verbalisation
▶ L'enseignant dirige une discussion permettant de nommer correctement chacun des véhicules et de faire verbaliser le fait que ce sont des jouets qui représentent de vraies voitures. Il introduit le terme *véhicule*.

Consigne
▶ *Pour découvrir tous ces nouveaux véhicules, allez jouer au coin garage.*

**ATELIER AUTONOME
DE 3 À 4 ÉLÈVES
15 à 20 minutes**

Matériel
- la collection d'objets roulants

ÉTAPE 2 MANIPULER DES VÉHICULES MINIATURES   PS • MS

Découverte / Manipulation
▶ Pendant un moment de découverte des jouets, moment préalable indispensable au travail, chaque élève manipule les véhicules, les prend en mains, les fait rouler librement.

228

PS janvier ▶ juin
MS septembre ▶ décembre

**ATELIER DIRIGÉ DE LANGAGE
DE 4 À 6 ÉLÈVES
20 à 30 minutes**

Matériel
- la collection d'objets roulants

ÉTAPE 3 TROUVER LES CRITÈRES PERMETTANT UN CLASSEMENT DES VÉHICULES PS • MS

Consigne
▶ *Vous allez ranger les nouveaux véhicules dans le coin garage. Il faut que les véhicules que l'on va mettre ensemble aient des points communs.*

Propositions des élèves
▶ Chaque élève propose des classements différents : couleur, taille, nombre de roues.
▶ Si aucun élève ne propose le classement par fonction (loisirs, sport, utilitaires) faire comparer une voiture de sport avec une voiture utilitaire. *Utilise-t-on ces deux voitures de la même façon ?*
▶ Si aucun élève ne propose le classement par matériaux, faire de même avec deux voitures de matériaux différents. *Ces deux véhicules sont-ils identiques ?*

 Chaque classement est photographié en vue d'une affiche finale.

**MON CARNET DE SUIVI
des apprentissages à l'école maternelle**
Je manipule des objets et je les classe selon leur fonction **page 47**

**CLASSE ENTIÈRE
COIN REGROUPEMENT
10 à 15 minutes**

Matériel
- les photos des classements de l'étape précédente
- 1 affiche

ÉTAPE 4 BILAN ET TRACE ÉCRITE PS • MS

Affichage
▶ Les photographies des classements sont affichées au tableau.

Verbalisation
▶ Les élèves renomment les différents classements ayant été trouvés.
▶ L'enseignant écrit sous la photographie le nom du classement.

Choix du classement
▶ Les élèves choisissent le classement qu'ils souhaitent utiliser pour le coin garage.

Trace écrite

Les objets Les objets roulants **229**

PS janvier ▶ juin
MS septembre ▶ décembre

**ATELIER DIRIGÉ
DE 4 À 6 ÉLÈVES
15 à 20 minutes**

Matériel
- des barquettes
- des *étiquettes de classement* (matériel page 231)
- cartes-images ㉕ *Véhicules*

ÉTAPE 5 CLASSER DES VÉHICULES SELON UN CRITÈRE DONNÉ   PS • MS

Présentation du matériel
▶ Des barquettes avec des *étiquettes de classement* indiquant le critère des véhicules sont proposées (matériel page 231).
▶ L'enseignant prend une carte-image ㉕ *Véhicules* et demande à un élève de la décrire et de la positionner dans la bonne barquette.

Consigne
▶ *Classez ces photos de véhicules.*

Classement
▶ Chaque élève prend une carte, nomme le véhicule et indique les différents critères possibles : *c'est un camion, il a huit roues, il sert à transporter des animaux.* Il positionne la carte dans la barquette qu'il pense être la bonne. Les autres élèves peuvent ne pas être d'accord et proposer un autre classement en argumentant.

> ★ D'AUTRES CRITÈRES DE CLASSEMENT PEUVENT ÊTRE ENVISAGÉS.
> - LE MODE DE PROPULSION : MANUEL, À RESSORT, À FRICTION, ÉLECTRIQUE, RADIOGUIDÉ, FILOGUIDÉ.
> - LE RANGEMENT CHRONOLOGIQUE SI LA COLLECTION COMPORTE DES VÉHICULES ANCIENS.

 MON CARNET DE SUIVI
des apprentissages à l'école maternelle
Je manipule des objets et je les classe selon leur fonction **page 47**

Validation
▶ L'enseignant valide le classement du groupe.

**ACTIVITÉ INDIVIDUELLE
15 à 20 minutes**

Matériel
- 1 document par élève *Chacun son parking* (pages 232 et 233)

ÉTAPE 6 TRACE ÉCRITE INDIVIDUELLE   PS • MS

Présentation de l'activité
▶ L'enseignant présente le document *Chacun son parking* (pages 232 et 233).
▶ *Découpe les images de véhicules et colle-les dans la bonne case.*

DIFFÉRENCIATION
▶ Dans les étapes 4 et 5, le nombre de véhicules peut être adapté au niveau des élèves. Il est possible de demander plusieurs classements successifs pour les élèves les plus performants.

LEXIQUE
Verbes : rouler, glisser, transporter, dépanner, se promener, jouer.
Noms : vélo, trottinette, monocycle, moto, scooter, voiture, break, ambulance, camionnette, camion, 4x4, voiture de sport, fourgon, remorque, course, route, chemin, ville, campagne, plastique, métal, bois, tissu, carton.
Adjectifs : ancien, actuel, futuriste, passé, présent, futur.

| MATÉRIEL | A3 141% | ÉTIQUETTES DE CLASSEMENT | Au choix selon le classement |

Nombre de roues

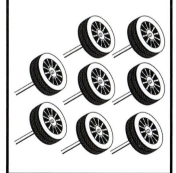

Utilisation : familiale, utilitaire, urgence, tout terrain, sport, vacances

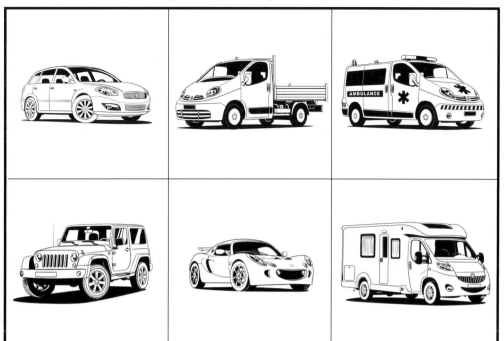

Époque : passé, présent, futur

Énergie : essence, électricité

Nombre de passagers : un passager, une famille, un groupe

Les objets Les objets roulants 231

PRÉNOM

DATE

Les objets roulants

Classer les véhicules selon le critère choisi

CHACUN SON PARKING

Colle les véhicules dans le bon parking.

| P | | | P | |

| P | | | P | |

Niveau 1 (PS) Ne donner que 2 parkings. Y coller les logos du critère de classement choisi (2 ou 4 roues). Donner les 8 images de véhicules correspondants.
Niveau 2 (MS) Donner les 4 parkings. Y coller les logos du critère de classement choisi (1, 2, 3, 4 ou + de roues). Donner les 10 images de véhicules correspondants.
Niveau 3 (MS performants) Donner les 4 parkings. Y coller les logos du critère de classement selon ce qui est transporté (transport d'un passager, transport d'une famille, transport en commun, transport de marchandises). Donner les 12 images correspondantes.

LES OBJETS ROULANTS

LES P'TITS GARAGISTES
Démonter une voiture pour en nommer chaque partie

MS • GS

CLASSE ENTIÈRE
COIN REGROUPEMENT
10 minutes

Matériel
- le livre inducteur

Mes p'tits DOCS : Les voitures
Stéphanie Ledu et Didier Balicevic
© Milan • 2015 • 7,90 €

ÉTAPE 1 DÉCOUVRIR L'ALBUM   MS • GS

Situation déclenchante
▶ L'enseignant lit les pages concernant la fabrication, l'entretien et la démolition d'une voiture dans le documentaire *Mes p'tits DOCS : les voitures* (pages 4 à 7, 14 à 15 et 20 à 23).

Questionnement
▶ *Où et comment sont fabriquées les voitures ?* Elles sont fabriquées à la chaîne dans une usine.
▶ *Comment s'appelle l'extérieur de la voiture ?* La carrosserie.
▶ *Qu'est-ce qui permet de faire marcher une voiture ?* Le moteur.
▶ *Que met-on dans un moteur à explosion pour qu'il fonctionne ?* De l'essence.
▶ *Dans quelle partie de la voiture met-on l'essence ?* Dans le réservoir.
▶ *Que fait-on quand une voiture tombe en panne ?* On l'emmène chez le garagiste.
▶ *Et s'il n'est pas possible de la réparer ?* On l'emmène à la casse.
▶ L'enseignant propose de jouer aux petits garagistes pour comprendre comment est faite une voiture.

ACTIVITÉ INDIVIDUELLE
10 à 20 minutes

Matériel
★ Par élève :
- 1 feuille
- feutres ou crayons de couleur

ÉTAPE 2 FAIRE ÉMERGER LES REPRÉSENTATIONS INITIALES   MS • GS

Consigne
▶ *Dessine une voiture en essayant de représenter les parties les plus importantes.*

Activité
▶ Chaque élève dessine une voiture. L'enseignant légende le dessin en interrogeant chaque élève.

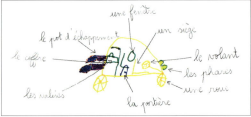

ATELIER DIRIGÉ
DE 4 À 6 ÉLÈVES
15 à 20 minutes

Matériel
- au moins une petite voiture à démonter, plus si possible

ÉTAPE 2 FAIRE ÉMERGER LE PROBLÈME   MS • GS

Constatation
▶ À l'aide des dessins faits lors de l'étape précédente, l'enseignant montre que les éléments indiqués par les élèves ne sont pas les mêmes.

Questionnement
▶ *Comment peut-on savoir quels sont les éléments d'une voiture ?* En demandant à un vendeur de voiture, en demandant à un garagiste, en regardant dans une voiture.

Proposition du démontage
▶ *J'ai ici une petite voiture jouet qui comporte tous les éléments importants d'une vraie voiture. Nous allons la démonter et nommer toutes les pièces démontées.*

Démontage
▶ Les élèves à tour de rôle (ou l'enseignant si l'utilisation du tournevis est trop complexe pour les élèves) démontent les différents éléments de la petite voiture en les nommant.
▶ La fonction de chaque élément peut aussi être abordée.
📷 Prendre une photo de chaque élément.

MS GS septembre ▶ juin

**CLASSE ENTIÈRE
COIN REGROUPEMENT
15 minutes**

Matériel
- illustrations *éléments d'une voiture* ☁
- des *étiquettes pour la légende* ☁

ÉTAPE 4 NOMMER LES DIFFÉRENTES PARTIES D'UNE VOITURE — MS • GS

Structuration des connaissances
▶ Une fois le démontage réalisé, utiliser les *étiquettes pour la légende* ☁ pour légender les différents *éléments d'une voiture* ☁ et obtenir une affiche.

Possibilité de dictée à l'adulte

• Dans une voiture il y a :
- un moteur,
- une carrosserie,
- un châssis,
- deux essieux,
- quatre roues,
- …

★ Une trace écrite individuelle peut être conçue à partir des éléments de l'affiche. Elle ne participera pas à l'objectif de la séance mais pourra faire l'objet d'un travail de reconnaissance de l'initiale des noms des éléments en référence à l'affiche. Cette activité peut être l'objet d'un atelier en autonomie.

**ATELIER DIRIGÉ DE LANGAGE
DE 4 À 6 ÉLÈVES
15 minutes**

Matériel
- Memory ⓔ *Éléments d'une voiture* ☁ ◇

ÉTAPE 5 NOMMER LES DIFFÉRENTES PARTIES D'UNE VOITURE — MS • GS

Memory des éléments d'une voiture
▶ Le jeu se pratique comme un Memory classique, mais chaque carte retournée doit être nommée par l'élève. Il s'agit d'associer l'illustration à la photo.
▶ Les paires trouvées ne peuvent être gagnées que si l'élément est nommé correctement.

DIFFÉRENCIATION

▶ Le nombre de cartes du Memory peut être différent selon le niveau de la classe : les éléments principaux sont toujours présents mais les secondaires (rétroviseurs, pare-brises, pare-chocs…) peuvent être ou non enlevés du jeu.

LEXIQUE

Verbes : visser, dévisser, voir, tourner, s'assoir, diriger, protéger, tenir.
Noms : voiture, carrosserie, châssis, roues, essieux, moteur, volant, sièges, portières, pare-brise, rétroviseur, coffre, capot, pare-chocs.
Adverbes : à l'intérieur, à l'extérieur, dedans, devant, derrière, sous, sur, dessus, dessous.

LES OBJETS ROULANTS

LES CONSTRUCTEURS DE VOITURES
Construire une maquette d'objet roulant

MS • GS

CLASSE ENTIÈRE
COIN REGROUPEMENT
5 à 10 minutes

Matériel
- aucun

ÉTAPE 1 LANCER LE PROJET DE FABRICATION   MS • GS

Présentation du projet
▶ L'enseignant propose de fabriquer des petites voitures.

Questionnement
▶ *Comment faire ? Quels sont les éléments que nous ne devons pas oublier ?*
Des roues, des essieux, une carrosserie, un châssis, un moteur, un volant…

ATELIER DIRIGÉ
DE 6 À 8 ÉLÈVES
30 à 45 minutes

Matériel
★ Matériel de récupération :
- boites diverses
- bouchons
- objets en plastique
- liège
- tourillons
- piques à brochette
- pailles
- roues de chez Opitec ou autres
- perles

★ Outils :
- aiguille de piquage
- scotch
- colle
- agrafeuse
- vrille
- clous
- marteau
- ciseaux
- scie

ÉTAPE 2 CHERCHER COMMENT FABRIQUER UNE VOITURE   MS • GS

Présentation du matériel et des outils
▶ L'enseignant présente le matériel de récupération qu'il met à la disposition des élèves ainsi que les outils.

Règles de sécurité
▶ Les objets à percer ne doivent pas être tenus entre les mains, mais ils doivent être soit scotchés avec du double face sur une plaque martyre en bois ou en plastique soit enfoncés dans une grosse boule de pâte à modeler.

Consigne
▶ *À l'aide du matériel que vous voulez, construisez une voiture.*

Réalisation des élèves
▶ Les élèves vont se construire un véhicule avec l'aide de l'enseignant qui aidera au perçage des boites en plastique ou en métal et à la découpe des piques à brochette.

CLASSE ENTIÈRE
COIN REGROUPEMENT
15 à 20 minutes

Matériel
- 1 affiche

ÉTAPE 3 AVOIR UN REGARD CRITIQUE SUR SA PRODUCTION   MS • GS

Constatations
▶ Les véhicules terminés, les élèves les essaient et constatent les problèmes. Sur certains véhicules, les roues ont été collées à la carrosserie ou au châssis et donc le véhicule ne peut pas rouler.
▶ Sur d'autres, ce sont les essieux qui sont fixes. Si les roues tournent, cela n'est pas grave mais souvent les essieux ne sont ni parallèles ni à la même hauteur du sol.

Trace écrite
▶ Une affiche est réalisée. Elle liste tout ce qu'il faut respecter lors de la fabrication pour que le véhicule puisse rouler.
- *Dans une voiture, si les roues sont solidaires des essieux, les essieux doivent pouvoir tourner.*
- *Si les essieux sont fixés sur le châssis ou sur la carrosserie, les roues doivent pouvoir tourner.*
- *Les essieux doivent être parallèles entre eux et s'ils traversent la carrosserie, tous les trous doivent être à la même hauteur.*

**ATELIER DIRIGÉ
DE 6 À 8 ÉLÈVES
20 à 30 minutes**

Matériel
★ Identique à celui de l'étape 2

ÉTAPE 4 CHERCHER DES SOLUTIONS TECHNIQUES   MS • GS

> CHAQUE PROBLÈME TECHNIQUE FAIT L'OBJET D'UN ATELIER DIRIGÉ.
> CHAQUE ÉLÈVE PARTICIPE À UN DES ATELIERS.
> CHAQUE ATELIER SE TERMINE PAR LA RÉDACTION D'UNE AFFICHE PERMETTANT À L'ENSEMBLE DES ÉLÈVES DE POUVOIR RÉSOUDRE TOUS LES PROBLÈMES TECHNIQUES RENCONTRÉS.

▶ Pour chaque atelier, la démarche est la suivante.

Rappel du problème
▶ Les élèves verbalisent le problème qu'il faut résoudre.

Recherche de solutions
▶ Propositions des élèves.
▶ Les élèves testent les solutions proposées.

Choix
▶ Le groupe choisit la solution qui lui semble la plus efficace.

Trace écrite
▶ Sous la dictée des élèves, l'enseignant rédige une affiche permettant à tous les élèves de mettre en œuvre la solution choisie.

Atelier 1
▶ ***Comment faire pour que les essieux soient parallèles entre eux et perpendiculaires à la longueur du châssis ?***
▶ Les élèves diront *bien droits*. Traçage avec gabarit, calage sur des rectangles de carton prédécoupés, calage avec des boites d'allumettes…

Atelier 2
▶ ***Comment faire pour percer les roues-bouchons bien au centre ?***
▶ Observer les bouchons et faire remarquer le point central un peu plus foncé, en pointe, dû au mode de fabrication des bouchons.

Atelier 3
▶ ***Comment faire pour que les roues soient à la même hauteur ?***
Là encore, utiliser des gabarits de traçage ou de perçage.

Atelier 1

Atelier 2

Atelier 3

**MON CARNET DE SUIVI
des apprentissages à l'école maternelle**
Je choisis l'outil approprié pour répondre à une situation-problème en justifiant mon choix
page 47

**ATELIER SEMI-DIRIGÉ
DE 6 À 8 ÉLÈVES
30 à 45 minutes**

Matériel
★ Identique à celui de l'étape 2

ÉTAPE 5 UTILISER LES SOLUTIONS TECHNIQUES POUR RÉALISER DE NOUVEAUX VÉHICULES   MS • GS

Rappel
▶ Avec le support des affiches, l'enseignant interroge les élèves sur les éléments à respecter pour que le véhicule roule correctement. Il s'enquiert de la mise en œuvre des solutions choisies.

Consigne
▶ ***Construisez un nouveau véhicule en corrigeant les erreurs que vous avez faites la première fois.***

Réalisations
▶ Chaque élève refait une voiture en corrigeant ses erreurs à l'aide des solutions techniques trouvées.

Les objets Les objets roulants 237

ATELIER DIRIGÉ
30 à 45 minutes

Matériel
★ Par élève :
- le matériel de la fiche de construction 3

★ Pour le groupe :
- *gabarits* ☁
- les outils de la fiche de construction
- *fiche de construction 3* ☁ 📖

ÉTAPE 5BIS RÉALISATION D'UN VÉHICULE EN SUIVANT UNE FICHE DE CONSTRUCTION   MS • GS

Présentation
▶ L'enseignant amène une petite voiture en carton.

Questionnement
▶ ***Cette petite voiture respecte-t-elle toutes les règles que nous avons trouvées ? Quelles sont les solutions techniques utilisées ?***
Les essieux sont libres et sont glissés à l'intérieur d'une paille sous le châssis, les 4 roues sont donc à la même hauteur. Les pailles sont scotchées de part et d'autre d'un rectangle de carton, les essieux sont donc parallèles.

Présentation de la fiche de construction
▶ En commentant les illustrations de la *fiche de construction 3* ☁ 📖, les élèves anticipent les différentes étapes de la fabrication.

Réalisation
▶ Les élèves réalisent leur véhicule en suivant les différentes étapes de *fiche de construction 3* ☁ 📖. L'enseignant est avec le groupe qui réalise le châssis. Les autres élèves, en autonomie, décorent la carrosserie.
▶ L'assemblage carrosserie et châssis doit se faire en atelier dirigé.

MON CARNET DE SUIVI
des apprentissages à l'école maternelle
Je réalise une construction à l'aide d'une fiche de construction ou d'un schéma **page 48**

⭐ IL EST POSSIBLE D'UTILISER DES PHOTOCOPIES DU **GABARIT** ☁ DE LA CARROSSERIE.

238

MS mars ▶ juin
GS janvier ▶ juin

**CLASSE ENTIÈRE
SALLE DE MOTRICITÉ
30 à 45 minutes**

Matériel
- les voitures fabriquées lors de l'étape 5 ou 5 bis

ÉTAPE 6 UTILISATION DES VOITURES   MS • GS

Présentation
▶ Maintenant que chacun a une voiture, l'enseignant propose la tenue d'une course.

Questionnement
▶ *Que nous faut-il faire pour organiser une course de voitures ?*
Il nous faut une ligne de départ, une ligne d'arrivée, un drapeau de course, un trophée, une coupe.
▶ L'enseignant introduit les mots *concurrents, courses éliminatoires, finale*.

Course

**ATELIER AUTONOME
4 À 6 ÉLÈVES
10 à 15 minutes**

Matériel
- des Duplo® techniques ou du matériel de construction avec des roues

PROLONGEMENT

Construction de véhicules en matériel modulaire
▶ Si la classe ou l'école possède du matériel de construction (type Lego®, Meccano®), il est possible de construire des véhicules avec pour consigne de retrouver tous les éléments d'une voiture.

LEXIQUE

Verbes : assembler, percer, coller, scotcher, agrafer, décorer, mesurer.
Noms : vrille, marteau, hauteur, gabarit, ligne de départ, ligne d'arrivée, drapeau de course, trophée, coupe.
Adjectifs : fixe, mobile, parallèle.

Les objets Les objets roulants **239**

DÉFI

LES OBJETS

LES OBJETS ROULANTS

LE DÉFI DES CONSTRUCTEURS
Concevoir un mode de propulsion sans contact

MS / GS

CLASSE ENTIÈRE
COIN REGROUPEMENT
10 à 15 minutes

Matériel
- 1 ficelle de la longueur du tableau

ÉTAPE 1 DÉCOUVRIR LE DÉFI

Situation déclenchante
- Maintenant que nous avons des petites voitures je vous propose un défi : ***il va falloir que votre voiture roule sur au moins deux mètres sans que vous ne la touchiez.***
- Expliquer les mots non compris : *défi, mètre, au moins*.
- Expliquer que deux mètres correspondent à peu près à la longueur du tableau et découper une ficelle de cette longueur qui servira d'étalon de la classe.

Questionnement
- *Avez-vous compris le défi ?*
  Quels sont les mots que vous ne connaissez pas ?
  Défi, mètres.

Questions des élèves
- *Peut-on la pousser, la lancer, lui donner de l'élan ?* **Non, vous la poserez sur la ligne de départ et vous devrez la lâcher.**
- *A-t-on le droit de modifier notre voiture ?* **Oui, vous pouvez ajouter des éléments qui doivent être faciles à trouver en classe ou à la maison.**
- *A-t-on le droit d'utiliser d'autres choses en plus de la voiture ?* **Oui, mais là encore il faut que ce soient des objets faciles à trouver et manipulables sans danger.**

ACTIVITÉ INDIVIDUELLE
30 à 45 minutes

Matériel
★ Par élève :
- 1 feuille
- 1 crayon

ÉTAPE 2 CONCEPTION DES DISPOSITIFS DE FAÇON INDIVIDUELLE

Recueil des hypothèses
- L'enseignant demande aux élèves s'ils ont des idées.
- Propositions diverses.

Représentation des idées
- *Dessinez-moi votre idée.*
- Les élèves dessinent. Une fois terminé, l'enseignant légende le dessin sous la dictée de l'élève.

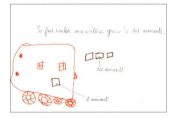  

CLASSE ENTIÈRE
COIN REGROUPEMENT
15 à 20 minutes

Matériel
- 1 stylo
- 1 feuille

ÉTAPE 3 CONSTITUTION DES GROUPES DE TRAVAIL

Constatations
- L'enseignant regroupe les dessins représentant des solutions proches : plan incliné, souffler sur la voiture avec ou sans aide de ventilateur ou autre, aimants, guidage par un fil, ballon, moteur, télécommande.

Élimination des solutions impossibles à réaliser
- Par la discussion, l'enseignant amène les élèves ayant imaginé des solutions impossibles ou trop complexes (moteur électrique, télécommande…) à abandonner leurs idées et à se rallier à un groupe de solutions plus réalistes.

Commande du matériel nécessaire à chaque groupe
- Chaque groupe constitué se met d'accord sur un dispositif. Il commande, en dictée à l'adulte, le matériel nécessaire à sa réalisation. Une même solution peut être suivie par plusieurs groupes.

**ATELIER DIRIGÉ
DE 6 À 8 ÉLÈVES
30 à 45 minutes**

Matériel
- l'étalon de la classe
- 1 voiture
- le matériel commandé lors de l'étape précédente

ÉTAPE 4 PRÉSENTATION DU DÉFI MS • GS

Installation
▶ Mise en place de l'espace permettant aux groupes de passer et de relever le défi.

Passage des groupes
▶ Chaque groupe passe et essaie de relever le défi.

Contrôle
▶ L'enseignant vérifie à l'aide du mètre étalon.

Questions
▶ L'enseignant et/ou les autres élèves demandent des explications si nécessaire.

**CLASSE ENTIÈRE
COIN REGROUPEMENT
15 minutes**

Matériel
- des photos prises lors de l'étape précédente

ÉTAPE 5 STRUCTURATION ET TRACE ÉCRITE MS • GS

Bilan
▶ Chaque groupe étant passé, les solutions trouvées sont listées au tableau.

Trace écrite

Pour faire avancer nos voitures de plus de deux mètres sans les toucher, nous avons trouvé que l'on pouvait :
- les faire partir d'un plan incliné, qui devait être penché mais pas trop sinon la voiture a un accident et ne roule pas deux mètres,
- leur ajouter un aimant et la faire avancer avec un aimant contraire qui la pousse,
- ajouter une voile à la voiture et faire du vent avec un sèche-cheveux. Le vent pousse la voile qui pousse la voiture,
- mettre un ballon sur la carrosserie, le gonfler. Quand il se dégonfle, cela fait rouler la voiture. Il faut beaucoup le gonfler pour que la voiture avance de deux mètres.

LEXIQUE

Verbes : parcourir, relever un défi, mesurer, contrôler, repousser, pousser.
Noms : mètre, longueur, pente, énergie.
Adjectifs : pentu, incliné.
Adverbes : au moins, au plus.

OUVRAGES AUTOUR DES VÉHICULES

 PS

Ma voiture
Byron Barton © L'école des loisirs • 2002 • 12 €
Sam présente sa voiture. Les illustrations très graphiques et colorées de Byron Barton rendent cet album documentaire très vivant.

 PS MS GS

Vroum! Vroum!
François Delebecque
© Les grandes personnes • 2011 • 16,50 €
Un imagier des moyens de locomotion. Chaque page présente un moyen de locomotion sous la forme d'une silhouette en ombre chinoise.

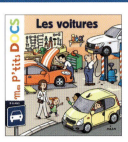

 MS GS

Mes p'tits DOCS : Les voitures
Stéphanie Ledu et Didier Balicevic
© Milan • 2015 • 7,90 €
La vie d'une voiture illustrée du bureau d'études à la casse. Les différents usages des véhicules sont abordés.

 GS

Mes années pourquoi : Les voitures
Aurélie Sarrazin, Didier Balicevic et Robert Barborini
© Milan • 2014 • 12,50 €
Une encyclopédie de l'automobile en quatre chapitres : la vie d'une voiture, sur la route, les modèles de voitures, les sports automobiles.

 PS MS

Je suis un garagiste
Agnès Besson et Patrick Morize
© Larousse • 2017 • 6,95 €
Un livre très simple pour apprendre le vocabulaire de base du garagiste.

 MS GS

Kididoc : Je suis garagiste!
Mélisande Luthringer © Nathan • 2018 • 11,95 €
Un documentaire animé permettant de découvrir le métier de garagiste de manière ludique.

JEUX AUTOUR DES VÉHICULES

 PS

Puzzle en bois à boutons Véhicules
© Mélissa & Doug • À partir de 15 €
Un puzzle à encastrement de huit pièces en forme de différents véhicules avec une image sous chaque pièce.

PS MS GS

Magnéti'book - Bolides
© Janod ref. J02715 • À partir de 19,99 €
Un jeu individuel de cinquante magnets pour reconstituer différents véhicules sur un décor aimanté à l'aide de dix-huit cartes servant de modèles.

 GS

Puzzle Transport 56 pièces
© Vilac • À partir de 11,90 €
Un puzzle de 56 pièces sur le thème des transports.

LES OBJETS

Les objets magnétiques

Notions pour l'enseignant	244
Trucs & astuces	245
Accrochez-vous !	246
Découvrir que les aimants attirent les objets métalliques	
Les p'tits pêcheurs	250
Réaliser un jouet utilisant le principe du magnétisme	
Pôle position	253
Comprendre un jouet utilisant les propriétés des aimants dues aux pôles	
Défi Il avance tout seul !	256
Trouver un mode de propulsion	
Ouvrages et jeux autour du magnétisme	258

Les notions abordées

- Les propriétés des aimants
- Les caractéristiques des matériaux attirés par les aimants
- Les pôles magnétiques
- L'attraction à distance

Notions pour l'enseignant

La constitution d'un aimant
▶ Un aimant est constitué de **minerai ferromagnétique.**

Les propriétés des aimants

L'attraction
▶ Les aimants interagissent avec tout objet contenant **du fer, du nickel ou du cobalt.**

Les pôles
▶ Les aimants sont formés de deux pôles, appelés **pôle Sud et pôle Nord.** Les pôles de mêmes noms se repoussent. Les pôles de noms contraires s'attirent.

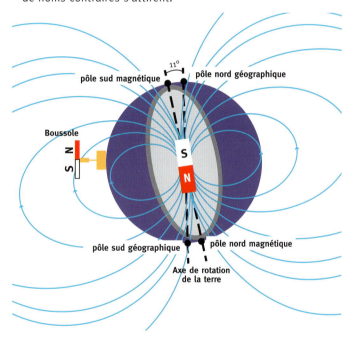

▶ **Une boussole** est un aimant monté sur un axe. L'aimant s'aligne sur le champ magnétique terrestre. Le pôle Nord de la boussole est attiré par le pôle Sud du champ magnétique terrestre. Ce pôle Sud correspond au pôle Nord géographique et par souci de simplification est appelé pôle Nord magnétique.

La puissance
▶ Les aimants ont des puissances différentes. **La force d'adhérence** d'un aimant dépend de la surface de contact, de son champ magnétique et de la distance à laquelle il agit. Plus un aimant est gros, plus il est puissant.

L'aimantation
▶ Un objet contenant du fer, du nickel ou du cobalt peut être aimanté par contact avec un aimant.

La désaimantation
▶ Un aimant peut se désaimanter sous l'effet de la chaleur ou d'un choc.

Quelles pièces de monnaie contiennent du fer ou du nickel ?
▶ Les pièces de monnaie de 1, 2 et 5 centimes contiennent de l'acier et elles sont donc attirées par les aimants.
▶ Les pièces de 1 et 2 euros contiennent de l'acier et du nickel et sont donc attirées par les aimants.
▶ Les pièces de 10, 20 et 50 centimes sont un alliage de cuivre, zinc et aluminium. Elles ne sont pas attirées par les aimants.

Les canettes et les aimants
▶ Les canettes ne sont pas toutes dans le même alliage. En aluminium, elles ne sont pas magnétisables.
▶ Pour savoir si une canette est magnétisable, le plus simple est d'essayer avec un aimant. Mais si vous vous posez la question et n'avez pas d'aimant à disposition, seules les canettes possédant le pictogramme seront attirées par les aimants.

Ce qui peut poser problème
▶ Pas d'obstacle a priori.
▶ L'utilisation des termes scientifiques, un aimant « attire » ou « n'attire pas », en lieu et place des termes couramment utilisés, un aimant « colle » ou « ne colle pas », est longue à obtenir.

Trucs & astuces

Les différentes sortes d'aimants

Les aimants vont se différencier par leur puissance et leur forme.

Les plus faibles

Les peintures magnétiques. Il s'agit de peinture dans laquelle ont été ajoutées des particules de métal ferromagnétiques. Il est ainsi possible de rendre *magnétique* toute surface. La puissance de cet *aimant* est très faible, mais il est possible d'y fixer des plaques aimantées et des aimants.

Les aimants en plaque

Ils se découpent au ciseau, au cutteur ou à la cisaille. Dans ce dernier cas, positionner le côté non magnétique sur la table de la cisaille.

Les normaux

Il en existe des ronds, des rectangulaires, des tiges, des anneaux, aussi nommés toriques, et des sphères. Plus leur surface de contact est importante plus ils seront puissants.

Les puissants

Commercialisés sous l'appellation de *supermagnet* ou sous la marque Néodyme, ces aimants ont une force d'attraction si puissante qu'en séparer deux est difficile et peut provoquer des pincements aux mains. À réserver aux adultes.

Les feuilles magnétiques imprimables. Les rubans magnétiques adhésifs.

Comment assembler un aimant à un autre objet ?

Pour les aimants en plaque, utiliser l'adhésif double face. Il existe des plaques adhésives. Pour les autres aimants, aucune solution ne sera satisfaisante : double face ou pistolet à colle chaude seront des solutions accessibles aux élèves mais il faut savoir qu'elles ne tiendront pas dans le temps.
C'est pour cette raison que la réalisation des cannes à pêche du jeu proposé dans la séance *les petits pêcheurs*, les aimants utilisés sont des aimants toriques assemblés par un nœud à la ficelle de la canne.

L'aimant en fer à cheval

Pour alimenter un coin objets magnétiques des jetons de loto ou bingo magnétiques avec ramasse jetons sont idéaux. Ils se trouvent au rayon petits jeux des grandes surfaces ou sur Internet. Autour de 4 €.

Où acheter ?

Tous ces aimants peuvent s'acheter en grande surface, chez Hema ou sur le site Opitec.

Les objets Les objets magnétiques **245**

LES OBJETS MAGNÉTIQUES

ACCROCHEZ-VOUS !
Découvrir que les aimants attirent les objets métalliques

PS • MS

CLASSE ENTIÈRE
COIN REGROUPEMENT
5 à 10 minutes

Matériel
- 4 à 6 aimants de cuisine

ÉTAPE 1 DÉCRIRE ET NOMMER LA FONCTION D'UN AIMANT   PS • MS

Questionnement
- ▶ *Connaissez-vous cet objet ?*
- ▶ L'enseignant montre un aimant de la classe ou un aimant de cuisine. *C'est un aimant.*
- ▶ *À quoi sert-il ?* À décorer, à coller des feuilles sur le frigo, sur le tableau.
  Les feuilles sont-elles vraiment collées ? Non. **Pourquoi ?** *Parce que quand on colle un objet, on ne peut pas le décoller. Avec un aimant on peut changer ce qu'on accroche sur le frigo.*
- ▶ *Donc, un aimant est un objet qui permet d'accrocher des feuilles sur un frigo, sur un tableau.*
  Peut-il servir ailleurs ? *Les élèves énumèrent d'autres endroits.*
- ▶ *Comment savoir si les aimants peuvent vraiment fixer les feuilles là où vous me dites ?* Il faut essayer.

DEMI-CLASSE
COIN REGROUPEMENT
15 à 20 minutes

Matériel
★ Par élève :
- 1 aimant
- 1 feuille

ÉTAPE 2 DÉCOUVRIR LES MATÉRIAUX ATTIRÉS OU NON PAR LES AIMANTS   PS • MS

Consigne
- ▶ *Je distribue à chacun un aimant et une feuille. Vous devez trouver un endroit où vous pouvez accrocher votre feuille avec l'aimant. Vous n'avez pas le droit d'utiliser le tableau. Quand vous avez trouvé, vous le laissez en place et vous revenez vous asseoir.*

Chasse aux endroits possibles
- ▶ Les élèves essaient de fixer la feuille en plusieurs endroits jusqu'à trouver un endroit sur lequel l'aimant est attiré.

Bilan
- ▶ Chaque élève décrit les endroits qui n'ont pas fonctionné et l'endroit sur lequel il a pu fixer sa feuille.
- ▶ Les interroger sur les matériaux des objets.
- ▶ *Sur quels matériaux ne fonctionne-t-il pas ?* Le bois, le verre, le plastique, le papier, le carton, la poterie, la moquette, le plâtre, le tissu…
- ▶ *Sur quels matériaux fonctionne-t-il ?* Le métal, le fer.

  ★ À CE STADE, LA DÉSIGNATION MÉTAL EST ACCEPTÉE. SI LE MOT FER EST UTILISÉ, LE RETENIR PUISQUE SCIENTIFIQUEMENT IL EST PLUS CORRECT.

- ▶ *On dit que les aimants sont attirés par le fer mais pas par les autres matériaux.*
- ▶ *Puisque l'aimant fonctionne sur le tableau, est-il en fer ?* On ne sait pas. *Oui, il est en fer mais les tableaux sont recouverts d'une peinture ou d'un film sur lequel on peut écrire.*

Trace écrite collective
- • *Un aimant peut fixer des feuilles sur tous les objets en fer car il est attiré par le fer. Il n'est pas attiré par les autres matériaux.*

  ★ POUR LE GROUPE PASSANT EN SECOND, L'ACTIVITÉ SERA PLUS RAPIDE CAR LES ÉLÈVES AURONT VU LES ESSAIS DE LEURS CAMARADES. LA CONSIGNE PEUT ÊTRE MODIFIÉE : TROUVEZ DES ENDROITS DIFFÉRENTS DE CEUX TROUVÉS PAR LE PREMIER GROUPE POUR ACCROCHER VOTRE FEUILLE.

ACTIVITÉ DIRIGÉE
DE 6 À 8 ÉLÈVES
10 à 15 minutes

Matériel
- 1 aimant en U
- 2 barquettes
- pictogrammes *aimant* et *aimant barré*

★ Au moins 10 objets métalliques :
- clou, vis, écrou
- punaise, épingle
- trombone
- boite métallique
- petite voiture métallique
- paire de ciseaux métallique
- règle métallique
- cuillère métallique
- capsule métallique
- fourchette
- attache parisienne
- boite de conserve
- canette
- pièces de monnaie

★ Au moins 10 objets non métalliques :
- bouchons en plastique de différentes tailles et couleurs
- bouchon de liège
- feuille de papier
- feuille de carton
- carré de coton
- morceau de tissu
- morceau d'éponge
- cuillère en bois
- cuillère en plastique
- fourchette en plastique
- règle en bois
- règle en plastique
- verre
- canette
- pièces de monnaie

ÉTAPE 3 TRIER DES OBJETS AVEC DES AIMANTS   PS • MS

Présentation de l'atelier et des pictogrammes
▶ *Sur la table, j'ai disposé une série d'objets. Vous allez chacun en choisir deux : un qui sera attiré par un aimant et un autre qui ne le sera pas. Vous placez celui qui est attiré par un aimant dans la barquette avec le pictogramme aimant ⌇ et l'autre dans celle avec le pictogramme aimant barré ⌇.*
▶ Expliquer le pictogramme *aimant* ⌇ en faisant circuler un aimant en U et en le positionnant sur le tableau par exemple pour montrer que c'est bien un aimant. Expliquer que c'est souvent cet aimant qui est choisi pour représenter les aimants car il est facilement reconnaissable.

Hypothèses
▶ Les élèves choisissent deux objets et les placent dans la bonne barquette. Ils justifient leurs choix.

Vérification des hypothèses
▶ *Chacun d'entre vous a fait des hypothèses. Vous pensez que l'objet que vous avez placé dans la barquette avec le pictogramme aimant sera attiré par l'aimant et l'autre non. Vous allez vérifier vos hypothèses avec un aimant.*
▶ Distribution de différentes sortes d'aimants. Vérification de leurs hypothèses par les élèves.

Bilan
▶ Les objets sont regroupés dans deux barquettes selon qu'ils ont ou pas été attirés par les aimants.
▶ *Vos hypothèses étaient-elles justes ? Vous êtes-vous trompé sur un objet ? Pourquoi ? Je ne connaissais pas ce matériau, je croyais que c'était du fer.*

Verbalisation
▶ Faire verbaliser à nouveau que les objets en fer sont attirés par les aimants et que tous les autres matériaux (bois, verre, tissu, cuir, papier, pâte à modeler…) ne sont pas attirés.

Les objets Les objets magnétiques **247**

PS mars ▶ juin
MS septembre ▶ juin

DEMI-CLASSE
COIN REGROUPEMENT
10 à 15 minutes

Matériel
- 1 cerceau pour 4 élèves
★ Dans chaque cerceau :
- au moins 16 objets ou poissons métalliques
- au moins 8 objets ou poissons non métalliques

ÉTAPE 4 UTILISER SES NOUVELLES CONNAISSANCES POUR GAGNER À UN JEU   PS • MS

Présentation du jeu

▶ Dans les cerceaux, positionner soit des poissons réalisés dans différents matériaux *(trucs et astuces page 115)*, soit des objets divers dans différents matériaux.
▶ *Je vais distribuer à chacun d'entre vous une canne à pêche. Décrivez-moi cette canne à pêche.*
Il y a un bâton, une ficelle et un aimant. **On dit une baguette plutôt qu'un bâton.**
▶ Distribuer les cannes à pêche.
▶ *Chacun d'entre vous a une canne à pêche magnétique. Je vous demande de pêcher le plus de poissons/objets possible avec votre canne. Chaque poisson/objet pêché vous rapporte un point.*
Le gagnant sera celui qui aura le plus grand nombre de points.

Pêche

▶ S'ils ont bien compris le fait qu'un aimant n'attire que des objets métalliques, les élèves devraient n'essayer de pêcher que les objets métalliques.

Décompte des points

▶ Chaque élève décompte ses points pour savoir qui a gagné.
▶ Discussion permettant un travail de numération et sur la notion de *plus grand que*.
▶ *Comment avez-vous fait ? Comme les aimants n'attirent que le fer, on a d'abord essayé les objets en fer.*

ACTIVITÉ INDIVIDUELLE
10 à 15 minutes

Matériel
★ Par élève :
- 1 document *Attire ou non ?* (document page 249)
- 1 paire de ciseaux
- colle

ÉTAPE 5 TRACE ÉCRITE INDIVIDUELLE   PS • MS

Consigne

▶ *Découpe puis colle sur l'aimant les objets qui sont attirés. Colle dans le panier ceux qui ne sont pas attirés par l'aimant.*

 POUR LES PS, LES ILLUSTRATIONS PEUVENT ÊTRE PRÉDÉCOUPÉES.

PROLONGEMENT

▶ Durant la séquence, il est possible de mettre en place un coin sciences magnétisme avec le matériel suivant : une boite métallique ou non contenant des aimants et des petits objets métalliques ou non. Mettre quelques bouteilles d'eau avec à l'intérieur de petits objets de différentes matières (métalliques, plastiques, bois...) Ces bouteilles devront être fermées hermétiquement avec un adhésif. Les élèves pourront s'amuser à attirer les éléments métalliques au travers de la bouteille.

LEXIQUE

Verbes : fixer, accrocher, pêcher, décorer.
Noms : aimants, bouchons, trombones, plastique, papier, pâte à modeler, bois, verre, fer, métal.

PRÉNOM

DATE

Les objets magnétiques

CLASSER LES OBJETS SELON LE CRITÈRE DU MAGNÉTISME

ATTIRE OU NON ?

Découpe puis **colle** sur l'aimant les objets qui sont attirés.
Colle dans le panier ceux qui ne sont pas attirés par l'aimant.

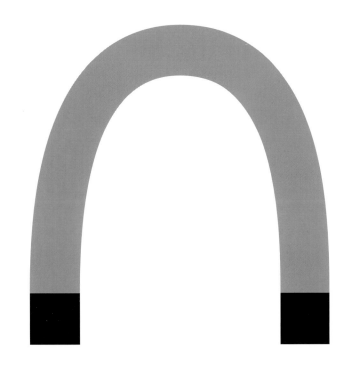

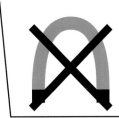

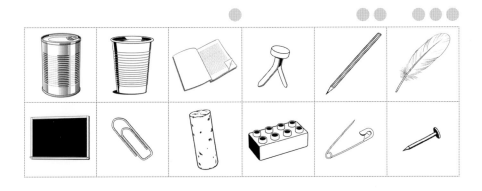

LES OBJETS MAGNÉTIQUES

LES P'TITS PÊCHEURS
MS GS — Réaliser un jouet utilisant le principe du magnétisme

---

CLASSE ENTIÈRE
COIN REGROUPEMENT
20 à 25 minutes

Matériel
- 1 jeu de pêche magnétique du commerce
- 1 aimant en U
- 1 barquette
- 1 pictogramme *aimant*
- 1 gommette ou 1 disque en plastique de la couleur de l'élément métallique des poissons

★ Dispersés dans la classe :
- des clous
- des trombones
- des attaches parisiennes
- des épingles
- des couverts métalliques
- des boites métalliques
- des agrafes
- des vis
- des écrous
- des petites voitures métalliques
- des clés
- des ciseaux

ÉTAPE 1 DÉCRIRE UN JOUET   MS • GS

⭐ Un jeu de pêche magnétique a été proposé la semaine précédente à l'accueil.

Questionnement

▶ L'enseignant montre le jeu de pêche.
▶ *Comment joue-t-on à ce nouveau jeu ?* Il y a des poissons et des cannes à pêche. Il faut attraper les poissons avec une canne à pêche.
▶ *Comment la canne à pêche permet-elle d'attraper les poissons ?* Il y a un truc noir au bout de la canne à pêche qui colle à l'œil du poisson.
▶ *Le poisson est-il vraiment collé à la canne ?* Non. *Pourquoi ?* Parce que quand on colle un objet on ne peut pas le décoller. Là, on peut détacher le poisson de la canne.
▶ *On dit dans ce cas que l'élément noir attire l'œil du poisson.*
▶ *Connaissez-vous d'autres objets qui fonctionnent de la même façon ?* Oui, les aimants du tableau.

⭐ Si aucun élève n'évoque les aimants du tableau, faire en sorte qu'une canne du jeu en la manipulant se fixe au tableau.

▶ *Que se passe-t-il dans le jeu de pêche ?* Il y a au bout de la canne un aimant qui attire les poissons.
▶ *Quelle partie des poissons est attirée par l'aimant de la canne à pêche ?* L'œil.
▶ *Qu'a de spécial cet œil ?* Il est rond, il est doré ou argenté.
Les élèves décrivent la partie métallique par sa forme et sa couleur. Sa matière n'est pas citée.
▶ *Tout ce qui est rond et doré est attiré par les aimants ?*
Faire la démonstration du contraire avec une gommette dorée par exemple.
▶ *Pour trouver pourquoi l'œil est attiré par les aimants, je vous propose un jeu.*

Chasse aux objets qui sont attirés par les aimants

▶ *Je vous distribue à chacun un aimant. Essayez de ramener un objet avec cet aimant, sans toucher l'objet.*
▶ Par petits groupes, les élèves se dispersent à la recherche d'objets attirés par les aimants.

Bilan

▶ *Posez tous les objets que vous avez ramenés dans la barquette avec le dessin de l'aimant.*
▶ Expliquer en montrant un aimant en U, que c'est cet aimant qui est choisi pour représenter les aimants car sa forme est reconnaissable.
▶ *Quel est le point commun de tous ces objets ?* Ils sont en fer, métal.

⭐ Accepter les deux termes, mais utiliser de préférence le mot fer qui est scientifiquement le plus correct.

▶ *Que peut-on dire des yeux des poissons ?* Ils sont en fer.

CLASSE ENTIÈRE
COIN REGROUPEMENT
5 à 10 minutes

Matériel
★ Pour la classe :
- 1 jeu fabriqué par l'enseignant sans fer sur les poissons
- *fiches de construction* 4 et 5

★ Par élève :
- 1 tirage de la *planche des poissons* à décorer

ÉTAPE 2 DÉCOUVRIR LE PROJET   MS • GS

Lancement du projet

▶ *Nous allons réaliser des jeux de pêche. Chacun d'entre vous aura son jeu.*
▶ *Que va-t-on devoir fabriquer ?* Des poissons, des cannes, une boite pour tout ranger.
▶ L'enseignant montre les *fiches de construction* 4 et 5 et un exemplaire du jeu sans fer sur les poissons.
▶ Deux élèves installent le jeu et essaient de pêcher les poissons.
▶ *Pourquoi n'y arrivent-ils pas ?* Les poissons n'ont pas d'yeux en fer.

250

(MS) janvier ▶ juin
(GS) septembre ▶ juin

ATELIER DIRIGÉ
DE 6 À 8 ÉLÈVES
20 à 30 minutes

Matériel
★ Par élève :
- le tirage du fond et du couvercle de la **boite** ☁
- 1 paire de ciseaux
- des feutres ou crayons de couleur
- 1 règle
- 1 plioir ou 1 stylo à bille usagé
- adhésif ou colle ou agrafeuse selon la solution choisie

★ Pour le groupe :
- 1 boite modèle
- *fiche de construction 4* ☁ 📖

MON CARNET DE SUIVI
des apprentissages à l'école maternelle
Je réalise une construction à l'aide d'une fiche de construction ou d'un schéma **page 48**

ATELIER DIRIGÉ
DE 6 À 8 ÉLÈVES
15 à 20 minutes

Matériel
★ Par élève :
- 1 paille
- 2×40 centimètres de ficelle
- 2 baguettes
- 2 aimants

★ Pour le groupe :
- *fiche de construction 5* ☁ 📖

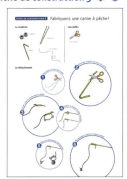

MON CARNET DE SUIVI
des apprentissages à l'école maternelle
Je réalise une construction à l'aide d'une fiche de construction ou d'un schéma **page 48**

ÉTAPE 3 FABRIQUER LA BOITE DU JEU   MS • GS

Lecture de la fiche de construction

▶ Les élèves décodent les illustrations des différentes étapes avec démonstration de l'enseignant.

⭐ POUR LE PLIAGE, FAIRE TRAVAILLER LES ÉLÈVES EN BINÔME. UN ÉLÈVE TIENT LA RÈGLE, LE SECOND TRACE LA LIGNE DE PLIAGE AVEC LE PLIOIR.

▶ Bien indiquer qu'il faut décorer avant de monter la **boite** ☁.

▶ *Pour vous aider, vous pouvez regarder la boite terminée.*

ÉTAPE 3BIS FABRIQUER LES CANNES À PÊCHE   MS • GS

Lecture de la fiche de construction

▶ Les élèves décodent les illustrations de la *fiche de construction 5* avec démonstration de l'enseignant.

⭐ L'ÉTAPE UN PEU COMPLEXE EST L'ENFILAGE DE LA BAGUETTE DANS LA PAILLE AVEC LA FICELLE EN DOUBLE.

▶ Indiquer aux élèves que c'est normal que ce soit un peu difficile pour que le montage tienne bien.

⭐ SI LES ÉLÈVES NE SAVENT PAS FAIRE DE NŒUD, IL FAUDRA QUE L'ENSEIGNANT LES FASSE OU QU'UN ATELIER D'APPRENTISSAGE DES NŒUDS SOIT MIS EN PLACE À UN AUTRE MOMENT.

Les objets Les objets magnétiques **251**

**ATELIER DIRIGÉ
DE 4 À 6 ÉLÈVES
20 à 30 minutes**

Matériel
★ Pour le groupe :
- des prototypes de poissons déjà découpés
- 10 aiguilles
- 10 trombones
- 10 attaches parisiennes
- 10 rondelles en fer
- de l'adhésif
- 3 à 4 aiguilles de piquage ou clous
- 3 à 4 sandwichs de carton
- colle

★ Par élève :
- 1 rectangle de papier cartonné par poisson
- 1 paire de ciseaux
- des feutres ou des crayons de couleur
- 1 *planche de poissons*

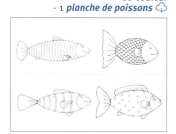

**MON CARNET DE SUIVI
des apprentissages à l'école maternelle**
Je choisis l'outil approprié pour répondre à une situation-problème en justifiant mon choix
page 47

ÉTAPE 3TER FABRIQUER LES POISSONS   MS · GS

⭐ Les poissons peuvent être décorés et découpés en autonomie avant cette étape.

Rappel du problème
▶ *Que manque-t-il à nos poissons pour pouvoir être pêchés ?* Du fer.

Recueil des solutions
▶ *Avez-vous des idées pour ajouter du fer sur notre poisson ?*
Si les élèves n'ont pas d'idée, leur rappeler la chasse aux objets qui sont attirés par les aimants.
▶ Laisser les élèves proposer des solutions qui pourront être :
- *scotcher un trombone, une rondelle, une aiguille ou un clou sous le poisson,*
- *faire deux poissons, les coller l'un contre l'autre en cachant un trombone entre les deux,*
- *mettre une attache parisienne à la place de l'œil.*

Prototypes
▶ Les élèves découpent les poissons de la *planche de poissons* et testent les solutions qu'ils ont proposées.

⭐ Peut se poser le problème du perçage pour mettre l'attache parisienne. Proposer l'utilisation de l'aiguille de piquage ou du clou sur un sandwich de carton (voir Trucs et astuces page 13).

Tests des solutions et choix
▶ Les poissons réalisés sont testés avec les cannes à pêche. Une solution est choisie.

Anticipation de la fabrication
▶ *Maintenant que nous savons comment nos poissons pourront être pêchés, que devons-nous faire pour fabriquer nos poissons ?* Découper les rectangles autour des poissons. Percer les yeux si nécessaire. Positionner l'attache parisienne ou scotcher le trombone, l'aiguille, la rondelle, le clou sous le poisson. Coller le poisson sur un rectangle de papier cartonné. Découper le contour du poisson.
▶ L'enseignant fait la démonstration de chaque étape en fonction des verbalisations des élèves.

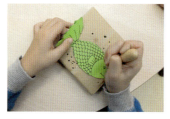 

⭐ Pendant l'activité des élèves, l'enseignant peut aller vérifier le travail des autres ateliers.

ÉTAPE 4 UTILISER SON JEU   MS · GS

Consigne
▶ *Une fois votre jeu terminé, vous pouvez l'essayer. Quand vous aurez fini de jouer, vous rangerez vos poissons et les deux cannes à pêche dans votre boite.*

LEXIQUE

Verbes : attirer, fabriquer, décorer, plier, enfiler.
Noms : aimant, clou, punaise, aiguille, trombone, attache parisienne, liège, bois, plastique, papier, carton, fer, métal, canne à pêche.

LES OBJETS MAGNÉTIQUES

PÔLE POSITION
MS • GS
Comprendre un jouet utilisant les propriétés des aimants dues aux pôles

ATELIER AUTONOME À L'ACCUEIL

Matériel
- le petit train magnétique

ÉTAPE 1 UTILISER UN NOUVEAU JOUET   MS • GS

Installation
▶ Un des coins jeux de la classe est remplacé par un coin *petit train* avec un train magnétique.

Manipulations
▶ Les élèves assemblent, jouent avec le train et le manipulent pendant une semaine.

**DEMI-CLASSE
COIN REGROUPEMENT
15 minutes**

Matériel
- le petit train magnétique
- 2 attaches parisiennes
- 2 clous
- 2 punaises de tapissier
- 2 aimants
- 1 affiche

ÉTAPE 2 SE QUESTIONNER SUR L'ASSEMBLAGE DU PETIT TRAIN   MS • GS

Questionnement et hypothèses des élèves
▶ *Comment assemblez-vous le petit train ?* On approche deux wagons : ils sont soit attirés, soit repoussés.
▶ *S'ils sont repoussés que faut-il faire ?* Il suffit de retourner un des deux wagons.
▶ *Quel élément du wagon permet d'accrocher les wagons entre eux ?* Le truc gris qui est des deux côtés des wagons.
▶ *Qu'est-ce que cela peut bien être ?* Une punaise, un clou, du fer, un aimant…
▶ *Comment vérifier ?* En prenant deux fois le même objet pour voir s'ils s'attirent et se repoussent.

Manipulations
▶ Les élèves testent chacun à leur tour les différentes propositions. Il n'y a que des aimants qui s'attirent dans un sens et se repoussent dans l'autre.

⭐ ATTENTION À NE PAS PROPOSER AUX ÉLÈVES DES AIMANTS TROP PUISSANTS AVEC LESQUELS ILS POURRAIENT SE PINCER.

Seconde investigation
▶ *Comment être sûr que ce sont bien des aimants ? Que savez-vous sur les aimants ?* Ils attirent le métal, le fer. Ils servent à accrocher des feuilles au tableau.
▶ *Comment vérifier que ce sont bien des aimants qui sont aux extrémités des wagons ?* En essayant de les accrocher au tableau, en voyant s'ils attirent du fer.
▶ Les élèves approchent les wagons du tableau et de différents objets métalliques pour voir s'ils s'attirent ou non.

Conclusion
- Au bout des wagons, il y a des aimants.
- Les aimants ont deux côtés, on les appelle des pôles. Les pôles peuvent s'attirer ou se repousser.

*EN LIEN
VERS L'AUTONOMIE
Pousser avec un aimant page 257*

**CLASSE ENTIÈRE
COIN REGROUPEMENT
10 à 15 minutes**

Matériel
- 1 jeu de dominos magnétiques réalisé par l'enseignant

ÉTAPE 3 DÉCOUVRIR LE PROJET DE FABRICATION MS • GS

Présentation du jeu

▶ *Maintenant que nous savons quel est le secret du train, je vous propose de fabriquer un jouet utilisant le même principe.*
▶ L'enseignant présente le jeu de dominos magnétiques et fait jouer la classe en distribuant un domino à chaque élève. Tous ne peuvent en avoir, ce qui donnera du sens à la réalisation d'autres dominos.
▶ Le double noir commence et vient poser son domino devant le tableau. Le jeu se joue ensuite comme un jeu de dominos mais il y a la contrainte supplémentaire que les deux dominos que l'on apparie doivent s'attirer. Pour le double noir, n'importe quel autre domino ayant une moitié noire conviendra mais soit d'un côté soit de l'autre. Il y aura ainsi des dominos qui ne pourront s'apparier. Le domino arc-en-ciel joue le rôle de joker.

▶ *Que se passe-t-il ?* Au bout des bouchons il y a des aimants. Soit ils s'attirent, soit ils se repoussent comme dans le train.
▶ *Nous allons fabriquer un autre jeu pour que tout le monde puisse jouer.*

Liste des éléments nécessaires

▶ *De quoi avons-nous besoin pour fabriquer ce jeu ?*
▶ Les élèves listent les différents éléments du jeu. L'enseignant, à chaque élément nommé, montre l'élément, écrit le mot au tableau et fixe l'élément à côté du mot.

MS mars ▶ juin
GS novembre ▶ juin

**ATELIER DIRIGÉ
DE 4 À 6 ÉLÈVES
40 à 45 minutes**

Matériel
- 16 bouchons en liège
- 32 clous longs de tapissier
- 32 aimants toriques de 18 mm de diamètre
- scotch de 5 couleurs
- gommettes rondes
- ciseaux
- marteau
- pistolet à colle
- *fiche de construction 6* ☁ 📄

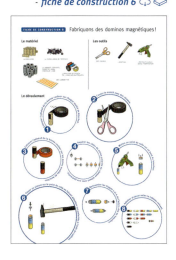

ÉTAPE 4 FABRIQUER EN SUIVANT UNE FICHE DE CONSTRUCTION   MS • GS

Lecture de la fiche de construction
▶ L'enseignant met en évidence les différentes parties de la *fiche de construction 6* ☁ 📄. Les élèves verbalisent.

Fabrication étape par étape
▶ Chaque groupe prend en charge la réalisation d'une étape.

★ LES CLOUS DE TAPISSIER SE TROUVENT DANS LES GRANDES SURFACES DE BRICOLAGE (ENVIRON 5 € LES 50 CLOUS).

MON CARNET DE SUIVI
des apprentissages à l'école maternelle
Je réalise une construction à l'aide d'une fiche de construction ou d'un schéma **page 48**

PROLONGEMENT

▶ Des jeux de construction utilisant le même principe peuvent être mis en jeu libres pendant et après la séance.
▶ Possibilité de réaliser un petit train magnétique en utilisant les châssis des petites voitures (voir page 238) en remplaçant la carrosserie par des boites de récupération dans lesquelles seront fixés les aimants à l'aide d'adhésif double face.

LEXIQUE

Verbes : attirer, repousser, retourner, approcher.
Noms : locomotive, wagon, bout, extrémité.
Prépositions : devant, derrière, contre, près, loin.

DÉFI — LES OBJETS MAGNÉTIQUES

LES OBJETS

IL AVANCE TOUT SEUL !
MS • GS — Trouver un mode de propulsion

CLASSE ENTIÈRE
COIN REGROUPEMENT
10 à 15 minutes

Matériel
- 1 boite de ramettes évidée sur les 4 côtés
- 1 *labyrinthe* ☁ plastifié fixé sur la boite
- 1 personnage

★ **Pour créer des labyrinthes**
Le logiciel libre Labygen est un générateur de labyrinthes paramétrable qui permet de créer des labyrinthes de complexité progressive, de les sauvegarder sous forme d'images et de les imprimer.
Auteur Christian Vinent de l'académie de Poitiers.

ÉTAPE 1 DÉCOUVRIR LE DÉFI — MS • GS

Situation déclenchante
▶ *J'ai trouvé un jeu dans la classe mais il manque des éléments. Je vous mets au défi de le réparer.*

Description du jeu
▶ *Décrivez-moi le jeu.* Il y a une boite. Dessus il y a un labyrinthe et un personnage.
▶ Le personnage peut être un jouet de la classe, un pion d'un des jeux de la classe, un personnage découpé dans du papier cartonné et collé sur un bouchon plastique ou même un simple bouchon.
▶ *Je connais la règle de ce jeu : il faut que le personnage passe d'un côté du labyrinthe à l'autre mais le joueur n'a pas le droit de toucher le personnage.*

Questionnement
▶ *Avez-vous compris le défi ?* Le personnage doit passer d'un côté à l'autre du labyrinthe sans le toucher.

CLASSE ENTIÈRE
ACTIVITÉ INDIVIDUELLE
30 à 45 minutes

Matériel
★ Pour la classe :
- 1 affiche
★ Par élève :
- 1 feuille
- des crayons de couleur

ÉTAPE 2 CONCEPTION DES DISPOSITIFS DE FAÇON INDIVIDUELLE — MS • GS

Recueil des hypothèses
▶ L'enseignant demande aux élèves s'ils ont des idées. Les élèves font différentes propositions.

Représentation des idées
▶ *Dessinez votre idée.*
▶ Les élèves dessinent. Une fois le dessin terminé, l'enseignant le légende sous la dictée de l'élève.

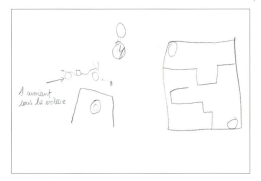 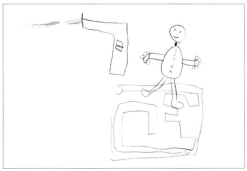

★ LES SOLUTIONS LE PLUS SOUVENT PROPOSÉES SONT LE SOUFFLE, LE VENTILATEUR, UNE FICELLE, UNE TÉLÉCOMMANDE, UN MOTEUR, LES AIMANTS… SOUVENT, ILS OUBLIENT QU'IL NE FAUT PAS QU'UN AIMANT MAIS QU'IL FAUT AUSSI UN ÉLÉMENT MÉTALLIQUE.

Constatations
▶ L'enseignant regroupe les dessins montrant des solutions proches : souffle, ventilateur, ficelle, aimant…

Élimination des solutions impossible à réaliser
▶ Par la discussion, l'enseignant amène les élèves ayant imaginé des solutions impossibles ou trop complexes à abandonner leurs idées et à se rallier à un groupe de solutions plus réalistes.

Commande du matériel nécessaire à chaque groupe
▶ Chaque groupe constitué se met d'accord sur un dispositif et commande en dictée à l'adulte le matériel nécessaire à sa réalisation. Une même solution peut être suivie par plusieurs groupes.

**ATELIER DIRIGÉ DE LANGAGE
DE 6 À 8 ÉLÈVES
30 à 40 minutes**

Matériel
- le matériel commandé par chaque groupe

ÉTAPE 3 RELEVER LE DÉFI EN GROUPE MS • GS

Manipulations
- Les élèves sont regroupés selon la solution technique choisie.
- Chaque groupe réalise les solutions imaginées. Il est souvent nécessaire de faire plusieurs essais.

> LES SOLUTIONS AUTRES QUE MAGNÉTIQUES SONT ÉLIMINÉES AU FUR ET À MESURE CAR IL EST IMPOSSIBLE DE FAIRE CHEMINER LE PERSONNAGE DANS LE LABYRINTHE DE FAÇON PRÉCISE.
> PLUSIEURS SOLUTIONS MAGNÉTIQUES SONT POSSIBLES : AIMANT + ÉLÉMENTS MÉTALLIQUES, AIMANTS EN UTILISANT LE PRINCIPE DE RÉPULSION.

Préparation de la présentation du défi
- L'enseignant interroge le groupe sur les différents essais effectués et sur l'explication de la solution finale. Le point de départ de l'interrogation peut être le dessin initial.
- L'enseignant peut écrire le texte de la présentation sous la dictée des élèves.

Répétition de la présentation
- Les élèves répètent leur présentation.
- Cela peut donner une présentation de ce type, à plusieurs voix : *Notre première idée était de souffler sur le personnage comme nous avons dessiné. Nous avons essayé mais il tombait à chaque fois et nous n'arrivions pas à le diriger dans le labyrinthe. En jouant à la pêche magnétique, nous avons pensé aux aimants. Mais un aimant seul ne faisait pas bouger le personnage. On a alors pensé aux attaches parisiennes qui sont sur les poissons. Nous avons scotché une attache sur le personnage et là avec l'aimant nous arrivons à le diriger. Mais c'est difficile car l'attache est attirée par l'aimant et s'attache à l'aimant donc on touche le personnage et nous n'avons pas le droit. Si on met l'aimant sous la boite, cela marche aussi et là on ne touche pas le personnage.*

**CLASSE ENTIÈRE
COIN REGROUPEMENT
4 x 10 minutes**

Matériel
- les jeux fabriqués lors des étapes précédentes

ÉTAPE 4 PRÉSENTATION DU DÉFI MS • GS

 À PRÉVOIR SUR UNE SEMAINE. CHAQUE GROUPE PRÉSENTE SA SOLUTION À LA CLASSE SUR UN TEMPS DE REGROUPEMENT.

Passage des groupes et questions
- Chaque groupe fait sa présentation orale, une démonstration du défi et répond aux questions.

PLURIDISCIPLINARITÉ MS • GS

- Travail sur le repérage dans l'espace avec le labyrinthe du jeu.

LEXIQUE

Verbes : relever un défi, repousser, attirer, recommencer, réessayer, améliorer.
Noms : précision, labyrinthe, aimant, trombone, attache parisienne, rondelle, tige, baguette.
Adverbe : au travers.

OUVRAGES ET JEUX AUTOUR DU MAGNÉTISME

 PS

Magnets Les transports
© Vilac • 17,90 €
20 magnets joliment illustrés pour découvrir le monde des transports.

PS MS

Ma première pochette d'aimants
© Auzou • 7,50 €
Une collection proposant un poster accompagné d'aimants sur différents sujets.

MS

Magnéti'book Animaux
© Janod • 19,99 €
30 magnets pour créer des animaux à l'infini.

 PS MS

Puzzle magnétique
© Mélissa & Doug ref. 13778 • À partir de 10 €
Un puzzle avec dix animaux de la mer à attraper à l'aide d'une canne à pêche magnétique.

 PS MS GS

Jeu de pêche magnétique
© Goula ref. 53412 • À partir de 20 €
Ce jeu de pêche est constitué d'une base de jeu, de deux cannes à pêche et de douze poissons aimantés.

 PS MS GS

Train magnétique Lillabo
© Ikea • À partir de 9,99 €
Des rails et un train en bois dont les wagons s'accrochent grâce à des aimants.

 PS MS GS

Géoformes
© Djeco ref. 65160 • À partir de 30 €
Un coffret en bois contenant quarante-deux formes géométriques de couleur aimantées et vingt-quatre cartes modèles.

 PS MS GS

Funny Magnet Robots
© Janod ref. J07037 • À partir de 20 €
À la façon d'un pêlemêle, ce jeu magnétique comporte quatre robots en trois parties magnétiques à décomposer, mélanger, reconstituer à l'infini.

 PS MS GS

Magnetico®
© Klein • À partir de 40 €
La reproduction à l'aide de modèles ou l'invention de constructions à l'aide des éléments selon un mode d'assemblage magnétique.

 GS

Smartmax®
© Smartmax ref. SMX301
Coffret de 25 pièces • À partir de 35 €
Des bâtons et des boules magnétiques pour construire des objets.

 MS GS

Magformers 30 pièces
© Magformer • À partir de 40 €
Des formes géométriques évidées et aimantées pour construire des volumes.

LES OBJETS

Les objets en équilibre

Notions pour l'enseignant	260
Trucs & astuces	261
Les culbutos	262
Se familiariser avec la notion d'équilibre	
Les p'tits Calder	264
Équilibrer un mobile	
Questions d'équilibres	267
Comprendre le principe de l'équilibre d'une balance	
Ouvrages, jeux et balances autour de l'équilibre	270

Les notions abordées
- **Les équilibres stable et instable**
- **Le centre de gravité**
- **Le pivot**
- **Le lest**

Notions pour l'enseignant

Centre de gravité
- Tout corps possède un centre de gravité. C'est en ce point que s'applique le poids.
- Pour un corps homogène, le centre de gravité se trouve en son centre. Pour un corps hétérogène, le centre de gravité se trouve déplacé vers la partie la plus lourde.

CENTRE DE GRAVITÉ DE QUELQUES FIGURES

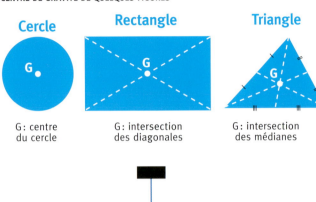

Qu'est-ce qu'un équilibre ?
- Un corps est dit en équilibre quand les forces qui s'exercent sur lui se compensent.

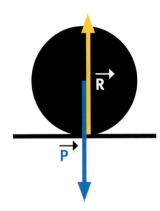

Stable ou instable ?
- Un élément est dit en équilibre stable quand, une perturbation l'ayant déséquilibré, il retrouve automatiquement sa position initiale.
- Quand l'élément ne revient pas dans la position initiale, on parle d'équilibre instable.

- Pour qu'un solide soit en équilibre stable, il faut que la verticale passant par son centre de gravité tombe à l'intérieur de sa base de sustentation.

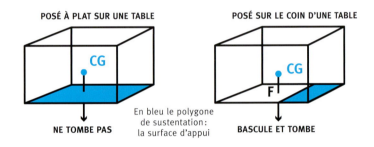

Équilibre de leviers
- Dans le cas des mobiles ou des balances, l'équilibre se fait entre deux forces s'exerçant de part et d'autre d'un pivot.
- L'équilibre dépend des masses des deux objets suspendus ou posés sur la balance et de leur distance au pivot.

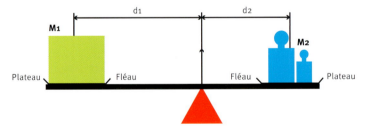

- À la position d'équilibre, les fléaux ou bras de leviers sont horizontaux et $M_1 \times d_1 = M_2 \times d_2$.

Ce qui peut poser problème
- Les élèves ont du mal à imaginer qu'une force peut être exercée par un objet inerte. Les notions de lourd et léger sont associées à grand/gros et petit/mince.

Trucs & astuces

La difficulté est l'assemblage des suspensions au mobile. Il faut assembler l'objet suspendu à la ficelle puis la ficelle à la baguette.

Comment assembler les objets à la ficelle ?

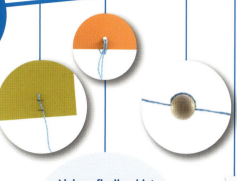

Liaison ficelle-objet

À moins que les élèves aient appris à faire des nœuds, il est plus simple d'utiliser une des techniques suivantes permettant d'assembler un objet à de la ficelle sans avoir à faire de nœud.

Comment assembler les suspensions aux baguettes ?

Un morceau de carton ou de plastique ondulé dont les gaufres sont un peu plus petites que le diamètre de la baguette.

Liaison ficelle-baguette

Pour que ce soient les élèves qui équilibrent les branches, il faut que les suspensions puissent être déplacées sur les baguettes et tiennent en place même quand la baguette penche d'un côté. Pour cela, il faut un élément de liaison entre la baguette et la suspension. Cet élément va pouvoir coulisser sur la baguette mais rester en position même quand la baguette est penchée.

Un morceau de mousse ou de plastique souple, type intercalaire de classeur ou pochette souple, percé de 2 trous, ils sont du diamètre de la baguette.

Le perçage destiné à la baguette doit être de diamètre très inférieur à celui de la baguette pour permettre le coulissage dur.

Fabriquer la bascule d'un tout petit coup de main

Matériel : bouchons, carton ondulé, pique à brochette, écrou, autoagrippant, adhésif double face.

Comment réaliser les personnages pour que l'histoire puisse être rejouée ?

La masse du personnage éléphant doit être égale à l'addition de celles des autres personnages moins celle de la mouche qui elle doit avoir une masse suffisamment signifiante pour faire basculer la maquette. Pour y arriver, utiliser des boulons, des rondelles, des trombones et une balance électronique.

Les objets Les objets en équilibre

LES OBJETS EN ÉQUILIBRE

LES CULBUTOS
Se familiariser avec la notion d'équilibre
PS • MS

CLASSE ENTIÈRE
COIN REGROUPEMENT
15 à 20 minutes

Matériel
- des objets culbuto (brosse à dents, minuteur, jouet, cuillère…)

ÉTAPE 1 OBSERVER LES OBJETS — PS • MS

Situation déclenchante
▶ L'enseignant propose aux élèves une boite contenant des objets tous basés sur le principe du culbuto.
▶ Les élèves les manipulent.
▶ *Quels sont les points communs de ces objets ?* Ils se balancent. Ils ont tous une base ronde. Ils se remettent debout tout seul. Ils ressemblent à des œufs.
▶ *Ce sont des culbutos. On dit qu'ils ont une position d'équilibre stable. Ils y reviennent toujours sans qu'on les touche.*

Lancement du projet
▶ *Je vous propose de vous fabriquer chacun un culbuto.*

 Une fois le projet lancé, les objets culbutos sont laissés à la disposition des élèves lors de l'accueil et des moments de jeux libres.

ATELIER DIRIGÉ
DE 4 À 6 ÉLÈVES
25 à 30 minutes

Matériel
★ Par élève :
- 1 boite ronde

★ Pour le groupe :
- 1 culbuto
- des boites rondes et des boites « pavé »
- des balles de pingpong
- des cailloux
- du sable
- des billes
- des perles
- de la pâte à fixer
- 1 pistolet à colle basse température
- de l'adhésif

ÉTAPE 2 CONCEVOIR UN CULBUTO — MS

Manipulations et questionnement
▶ Dans un premier temps, les élèves ont à leur disposition les objets culbutos et les manipulent.
▶ *Je vous ai apporté des objets. Quels sont ceux qui ont la bonne forme pour devenir des culbutos ?* Ceux qui ont au moins un côté rond.

Tri des boites
▶ Les élèves trient les objets présentant une face arrondie.
▶ *Si je mets en mouvement les objets que vous avez triés, font-ils comme le culbuto ?* Non, ils ne reviennent pas tout seul comme au début.
▶ Manipuler les objets culbutos en faisant remarquer qu'ils sont plus lourds du côté arrondi.
▶ *Comment faire pour que nos objets soient lourds comme les culbutos ?* On peut les remplir de cailloux, de sable, de perles…

Essais
▶ Les élèves remplissent leur objet avec le matériel qu'ils ont imaginé. Ils sont alors confrontés au problème de la quantité à mettre. Ils commencent par remplir complètement le contenant qui alors ne se balance pas du tout.
▶ Une fois ce constat verbalisé, les élèves retirent une partie de leur lest. Leurs objets cette fois-ci bougent mais ne reviennent pas à leur position d'origine.
▶ *Que se passe-t-il maintenant ?* Il bouge mais il ne se balance pas.
▶ *Pourquoi ?* Il faudrait que le poids ne bouge pas dans la boite.
▶ *Comment faire pour que ça ne bouge pas ?* En fixant avec de la colle, de la pâte à fixer…
▶ Les élèves fixent leur lest avec le matériel mis à leur disposition.

Manipulations
▶ Les élèves jouent avec leur boite culbuto.

CLASSE ENTIÈRE **COIN REGROUPEMENT** **15 à 20 minutes** **Matériel** ★ Pour la classe : - des prototypes réalisés lors de l'étape précédente	**ÉTAPE 3 ANTICIPER LA FABRICATION** MS **Choix du matériel** ▶ *Maintenant que nous avons trouvé comment faire pour que nos objets se balancent comme les culbutos, nous allons faire de beaux culbutos. Nous allons d'abord écrire tout ce que nous allons devoir faire. D'abord ce que nous devons avoir.* ▶ Les élèves listent le matériel nécessaire. ▶ *Quel est le lest le plus simple à utiliser ?* Les billes et la pâte à fixer. **Anticipation de la fabrication** ▶ Les élèves dictent les différentes étapes. ▶ *Comment rendre nos boites jolies ?* On peut les peindre, coller des dessins dessus…
CLASSE ENTIÈRE **ACTIVITÉ INDIVIDUELLE** **15 à 20 minutes** **Matériel** ★ Par élève : - 1 boite - billes - pistolet à colle ou pâte à fixer - peintures ou feuilles ★ Pour le groupe : - *fiche de construction 7*  **MON CARNET DE SUIVI** des apprentissages à l'école maternelle *Je réalise une construction à l'aide d'une fiche de construction ou d'un schéma* **page 48**	**ÉTAPE 4 FABRIQUER UN CULBUTO** MS ⭐ Pour faciliter la mise en œuvre, il est préférable que tous les élèves aient le même genre de boite. Si la peinture est le choix de la classe, cette étape est la première à réaliser. Le choix du dessin permet de fonctionner en classe, les uns dessinent leur personnage pendant que les autres réalisent leur boite. ▶ Les élèves réalisent leur culbuto en suivant la *fiche de construction 7* .   

CLASSE ENTIÈRE
ACTIVITÉ INDIVIDUELLE
15 à 20 minutes
 	
Matériel
★ Par élève :
- son culbuto
- 1 feuille
★ Pour le groupe :
- 1 affiche
	ÉTAPE 5 DÉCRIRE UN CULBUTO MS
	
	Consigne
	▶ *J'ai dessiné sur l'affiche l'intérieur du culbuto. Que manque-t-il ?* La bille, le caillou.
	▶ *Il sert à quoi ?* À rendre le culbuto lourd en bas.
	▶ *Cela s'appelle le lest. Pourquoi faut-il du lest ?* Pour que le culbuto revienne toujours dans sa position d'équilibre.
	▶ *Maintenant que nous savons comment faire un culbuto, comment peut-on le décrire ?*
	  • *Un culbuto est un objet qui revient toujours à sa position d'équilibre grâce au lest qui se trouve en bas.*
	  Pour que le culbuto puisse se balancer, ce bas est toujours arrondi.

LEXIQUE

Verbes : balancer, lester, ouvrir, fermer, remplir, décorer.
Noms : culbuto, équilibre, lest.
Adjectifs : stable, instable.

LES OBJETS

LES OBJETS EN ÉQUILIBRE

LES P'TITS CALDER
Équilibrer un mobile

MS • GS

CLASSE ENTIÈRE
COIN REGROUPEMENT
5 à 10 minutes

Matériel
- 1 mobile

ÉTAPE 1 DÉCRIRE UN MOBILE

MS • GS

Situation déclenchante
▶ Pour les classes ayant la chance de pouvoir organiser une sortie dans un musée d'art contemporain, les mobiles de Calder, Miró, Munari sont des œuvres souvent présentes.
▶ Pour les autres, un mobile du commerce ou réalisé par l'enseignant est installé dans la classe.

Description
▶ L'enseignant montre le mobile.
▶ *Décrivez cet objet.* Il est suspendu. Il y a des objets, des formes, des personnages… qui pendent. Il y a des bâtons, des ficelles. Il bouge.
▶ *Cet objet s'appelle un mobile, justement parce qu'il bouge, qu'il est mobile.*
▶ *Les bâtons s'appellent des tiges. Comment sont-elles ?* Elles sont bien droites.
▶ *Elles sont horizontales. Regardez une tige et décrivez-la.* Il y a une ficelle au milieu et un objet suspendu de chaque côté de la tige.
▶ *L'ensemble (la tige, les deux suspensions et les ficelles) s'appelle une branche du mobile.*

Lancement du projet
▶ *Nous allons réaliser plusieurs mobiles pour décorer la classe. Chacun d'entre vous fera sa branche.*
▶ *Que faut-il pour chaque élève ?* Une tige, de la ficelle, deux objets à suspendre.

ATELIER DIRIGÉ
DE 6 À 8 ÉLÈVES
20 à 25 minutes

Matériel
★ Par élève :
- 2 éléments intermédiaires en mousse
- 2 brins de ficelle
- 1 tige avec pivot fixé au centre
- 1 *patron des suspensions* ☁

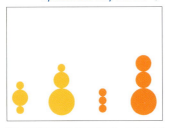

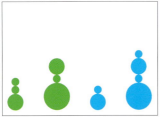

★ Pour le groupe :
- des perles de 3 diamètres différents, suffisamment pour que tous les élèves puissent réaliser leurs 2 suspensions
- 1 branche modèle

ÉTAPE 2 RÉALISER LES BRANCHES INDIVIDUELLES

MS • GS

Réalisation des suspensions
▶ L'enseignant présente un modèle de branche individuelle puis montre comment assembler la première perle sans avoir à faire de nœud (voir *Trucs & astuces* page 261).
▶ Chaque élève réalise ses deux suspensions.
▶ *Que pouvez-vous me dire sur ces deux suspensions ?* Il y en a une lourde et une légère.
▶ *Observez la branche modèle. Que remarquez-vous ?* Chaque ficelle est attachée avec des agrafes à un carré et c'est le carré qui est sur la branche.
▶ Chaque élève agrafe ses suspensions.

⭐ POUR QUE LES ÉLÈVES PUISSENT SENTIR QUE L'ÉQUILIBRE DES BRANCHES VA DÉPENDRE DE LA MASSE DES SUSPENSIONS ET DE LEUR DISTANCE AU PIVOT, IL FAUT QUE LES DEUX SUSPENSIONS AIENT DES MASSES TRÈS DIFFÉRENTES.

**ATELIER DIRIGÉ
DE 6 À 8 ÉLÈVES
10 à 15 minutes**

Matériel
- les suspensions de l'étape précédente
- 1 tige avec pivot fixé au cintre

ÉTAPE 3 ÉQUILIBRER LES BRANCHES INDIVIDUELLES   MS - GS

⭐ Cette étape peut avoir lieu à la suite de la précédente.

Équilibrage de la branche

L'enseignant distribue à chaque élève une tige sur laquelle le pivot est fixe et au centre de la tige.
- ▶ *Voilà votre branche. Le carré au milieu de la tige est appelé pivot. Vous glissez vos 2 suspensions de chaque côté du pivot par les trous des carrés et vous tenez l'ensemble par la ficelle du pivot.*
- ▶ Les élèves assemblent leurs éléments
- ▶ *Comment sont vos branches ?* Penchées.
- ▶ *Elles sont penchées n'importe comment ?* Non, elles penchent du côté des suspensions lourdes.
- ▶ *Comment les rendre horizontales ?* En bougeant les suspensions, en ajoutant des perles.
- ▶ *Il n'est pas possible de rajouter des perles. Vous allez donc essayer en bougeant les carrés.*
- ▶ *C'est plus facile quand on est deux. Mettez-vous par deux et commencez par équilibrer une branche.*
- ▶ Les élèves en binômes font coulisser les suspensions, d'abord au hasard puis en observant qu'en déplaçant les suspensions ils peuvent augmenter l'inclinaison ou la réduire, ils arrivent à l'équilibre par tâtonnement.

Verbalisation

- ▶ Une fois que la moitié des branches est équilibrée, elles sont suspendues au tableau à l'aide d'aimants ou sur une ficelle avec des pinces à linge.
- ▶ *Que pouvez-vous dire sur ces premières branches ?* Les suspensions lourdes sont près du pivot, les légères loin du pivot.
- ▶ *Équilibrez les secondes branches mais en bougeant tout de suite les suspensions dans le bon sens.*

**DEMI-CLASSE
ACTIVITÉ EN BINÔME
15 à 20 minutes**

Matériel
⭐ Par élève :
- sa branche individuelle

⭐ Par binôme :
- 1 tige intermédiaire

ÉTAPE 4 RÉALISER LES BRANCHES INTERMÉDIAIRES   MS • GS

Équilibrage des branches intermédiaires

- ▶ *Je vous distribue une tige plus grande qui va servir à faire une branche intermédiaire pour réunir deux branches individuelles. Vous devez équilibrer cette branche*
- ▶ Les élèves insèrent leur branche individuelle de chaque côté de la tige intermédiaire. L'un des deux tient la ficelle de la branche intermédiaire, l'autre déplace les branches individuelles.

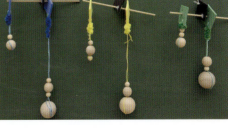

Observation des résultats

- ▶ Une fois les branches équilibrées, elles sont suspendues au tableau.
- ▶ *Que remarquez-vous ? Y a-t-il une branche plus proche du pivot que l'autre ?* Non, elles sont pareilles.
- ▶ *Oui, elles sont à la même distance. Comment le vérifier ?* Avec une règle ou une ficelle.
- ▶ Cette vérification permet de constater que les deux branches sont équidistantes du pivot.
- ▶ *Pourquoi ?* Les deux branches sont aussi lourdes l'une que l'autre.
- ▶ *Comment savez-vous cela ?* Il y a les mêmes perles de chaque côté.
- ▶ *Donc si les suspensions sont toutes les deux aussi lourdes, elles sont à la même distance du pivot pour que la branche soit à l'équilibre.*

MS GS septembre ▶ juin

ATELIER DIRIGÉ DE LANGAGE DE 8 ÉLÈVES
5 à 10 minutes

Matériel
★ Pour le groupe :
- 1 tige principale fixée au plafond
- les 2 tiges intermédiaires du groupe

ÉTAPE 5 ÉQUILIBRER LE MOBILE D'UN GROUPE   MS • GS

Présentation de l'activité
▶ *C'est moi qui vais équilibrer le mobile final. J'ai accroché au plafond la tige principale. Je vais mettre une tige intermédiaire de chaque côté et c'est vous qui allez me dire ce que je dois faire.*
▶ L'enseignant équilibre le mobile en suivant les indications données par les élèves. L'enseignant insiste sur l'utilisation du vocabulaire spécifique et sur la précision des consignes : *tu dois approcher la branche de… et… du pivot* par exemple.

CLASSE ENTIÈRE COIN REGROUPEMENT
15 à 20 minutes

Matériel
- 1 affiche

ÉTAPE 6 RÉDIGER LES RÈGLES D'ÉQUILIBRE D'UN MOBILE   MS • GS

Trace écrite collective
▶ *Si nous devons refaire un mobile ou expliquer à quelqu'un comment faire que devons-nous dire ?*

- Dans un mobile, il y a plusieurs branches. Chaque branche est composée d'une tige avec un pivot et de deux objets suspendus de chaque côté du pivot.
- Une branche est à l'équilibre quand elle est horizontale.
- Si les deux suspensions n'ont pas la même masse, la plus lourde est proche du pivot, la légère loin.
- Si les deux suspensions ont la même masse, elles sont à la même distance du pivot.

LEXIQUE

Verbes : équilibrer, déplacer, coulisser, assembler, agrafer, pencher, vérifier.
Noms : inclinaison, distance, pivot.
Adjectifs : horizontal, lourd, léger.
Adverbes : près, loin.

LES OBJETS EN ÉQUILIBRE

QUESTIONS D'ÉQUILIBRES
Comprendre le principe de l'équilibre d'une balance

MS • GS

**CLASSE ENTIÈRE
COIN REGROUPEMENT
15 à 20 minutes**

Matériel
- l'album inducteur

Un tout petit coup de main
Ann Tompert et Lynn Munsinger
© L'école des loisirs • 1997 • 5€

- 1 maquette de bascule
- les ***personnages de l'album*** avec les lests nécessaires pour arriver à la bascule uniquement à l'arrivée du coléoptère

**ATELIER DIRIGÉ DE LANGAGE
DE 6 À 8 ÉLÈVES
15 à 20 minutes**

Matériel
- identique à l'étape précédente

ÉTAPE 1 DÉCOUVRIR L'OBJET « BASCULE »

MS • GS

Situation déclenchante
▶ L'enseignant lit l'album *Un tout petit coup de main* et explique les mots incompris.
▶ Les élèves reformulent l'histoire.

Présentation de l'activité
▶ *Je vous ai préparé une maquette de bascule* (voir *Trucs & astuces* page 261) *et les **personnages de l'album***. *Vous allez pouvoir rejouer l'histoire et vérifier si ce qui s'y passe se vérifie avec les maquettes.*

ÉTAPE 2 MODÉLISER LA SITUATION DE L'ALBUM

MS • GS

Présentation de l'activité
▶ *Vous allez rejouer l'histoire de l'album avec la maquette et les personnages plastifiés.*
▶ Les élèves rejouent l'histoire. L'enseignant fait nommer les différents personnages et les positions de chacun sur la bascule. Il insiste sur les connecteurs temporels ainsi que le vocabulaire spatial.
▶ Une fois le livre terminé, ils s'amusent à faire basculer la maquette en retirant et en remettant le coléoptère.

⭐ Pendant cet atelier dirigé, les autres élèves peuvent jouer en autonomie à différents jeux travaillant la notion d'équilibre (voir page 270) ou dessiner une des situations de l'album.

Les objets Les objets en équilibre 267

**ATELIER DIRIGÉ DE LANGAGE
DE 6 À 8 ÉLÈVES
15 à 20 minutes**

Matériel
★ Pour le groupe :
- 1 balance Roberval
- les personnages tarés

ÉTAPE 3 EXPLIQUER CE QUI SE PASSE DANS CE JEU   MS • GS

Hypothèses
▶ *Comment expliquez-vous ce qui se passe dans l'histoire ?* Quand tous les animaux sont ensemble, ils sont assez lourds pour soulever l'éléphant.

Investigation
▶ *Comment le vérifier ?* Il faut les peser. *Que faut-il pour peser ?* Une balance.

⭐ L'UTILISATION DE LA BALANCE ÉLECTRONIQUE POSE LE PROBLÈME DE LA LECTURE DES GRANDS NOMBRES.

▶ *Voilà une balance. En avez-vous déjà vu une ?* Non, oui. *Où ?* Dans le coin cuisine, au marché…
▶ *L'un d'entre vous peut-il essayer d'expliquer comment on utilise cette balance ?*
▶ L'explication du fonctionnement a lieu en même temps que la démonstration.
  • Au départ les deux plateaux de la balance sont à la même hauteur.
  • Quand on met quelque chose sur un plateau, ce plateau descend. Pour faire revenir la balance à l'horizontale, il faut mettre autre chose sur l'autre plateau.
  • Quand les deux plateaux sont à nouveau à la même hauteur, cela veut dire qu'il y a le même poids des deux côtés de la balance.

▶ *Redites-moi ce que nous devons faire ?* Il faut mettre l'éléphant d'un côté de la balance, les autres personnages sans le coléoptère de l'autre côté, la balance doit être horizontale. Quand on ajoute le coléoptère, la balance doit pencher du côté des animaux.
▶ Les élèves comparent le poids des personnages.

⭐ LA BALANCE ET LES PERSONNAGES SONT LAISSÉS À LA DISPOSITION DES ÉLÈVES POUR QUE CHACUN PUISSE REPRODUIRE LA COMPARAISON.

**À L'ACCUEIL
EN AUTONOMIE
10 à 15 minutes**

Matériel
★ Au coin cuisine :
- 1 balance Roberval

ÉTAPE 4 COMPARER DES MASSES AVEC UNE BALANCE   MS • GS

Manipulations
▶ La balance est installée dans le coin cuisine et les élèves jouent à créer des équilibres avec des objets du coin cuisine.

MON CARNET DE SUIVI
des apprentissages à l'école maternelle
*Je sais comparer la masse de deux objets
(plus lourd ou plus léger)* page 37

ATELIER DIRIGÉ DE 6 À 8 ÉLÈVES
15 à 20 minutes

Matériel
★ Pour le groupe:
- 1 balance Roberval
- 6 objets de masses différentes

ÉTAPE 5 RANGER DES OBJETS DU PLUS LÉGER AU PLUS LOURD — GS

Questionnement
▶ *Vous allez ranger ces objets du plus léger au plus lourd. Comment allez-vous faire ?* Il faut les peser.
▶ Les élèves mettent des objets de part et d'autre de la balance sans stratégie.
▶ *Pouvez-vous ranger les objets ?* Non, il faut qu'on les compare un par un. On doit d'abord trouver le plus lourd : c'est celui qui fait pencher la balance de son côté à chaque fois.

Tests
▶ Les élèves trouvent l'objet le plus lourd, renouvèlent la démarche pour trouver le deuxième objet le plus lourd et ainsi de suite.

EN LIEN — VERS L'AUTONOMIE
Ranger des objets selon leur masse
page 201

ATELIER DIRIGÉ DE 6 À 8 ÉLÈVES
25 à 30 minutes

Matériel
★ Par élève:
- 1 feuille
- 1 crayon

★ Pour le groupe:
- 1 balance Roberval

ÉTAPE 6 TROUVER DES OBJETS PLUS LOURDS OU PLUS LÉGERS QU'UNE MASSE INCONNUE — GS

★ Sur la balance, un objet qui n'existe qu'en un seul exemplaire dans la classe est posé.

Consigne
▶ *Vous allez trouver un objet plus lourd que celui qui est sur la balance. Avant, vous allez dessiner comment devront être les plateaux de la balance quand vous y aurez déposé votre objet.*

Travail individuel
▶ Les élèves dessinent et cherchent un objet qu'ils pensent être plus lourd que celui sur la balance.
▶ Chaque élève teste son objet. Si celui-ci répond à la consigne, il dicte à l'enseignant : Le... est plus lourd que le... parce que son plateau est plus bas que l'autre.
▶ Si l'objet ne répond pas à la consigne, il verbalise le fait que l'objet est plus léger que l'objet en place car il ne fait pas basculer la balance de son côté. Il va chercher un autre objet.

Seconde consigne
▶ *Maintenant, trouvez un objet plus léger que celui qui est sur la balance. Avant, dessinez la balance.*
▶ Démarche identique à l'exercice précédent.

Troisième consigne
▶ *Trouvez un objet ou un groupe d'objets qui pèse la même chose que l'objet en place. Dessinez d'abord la balance.*

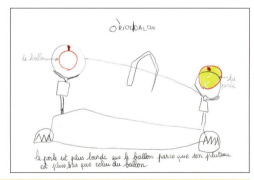

DIFFÉRENCIATION / TRANSVERSALITÉ
▶ Tous ces équilibres peuvent être travaillés en EPS lors de parcours mettant en œuvre des bascules.

LEXIQUE
Verbes: basculer, peser, ranger, pencher.
Noms: balance, plateau, fléau, aiguille.
Adjectifs: lourd, léger.
Adverbes: plus, moins, aussi.

Les objets Les objets en équilibre

OUVRAGES AUTOUR DE L'ÉQUILIBRE

Un tout petit coup de main
Ann Tompert et Lynn Munsinger
© L'école des loisirs • 1997 • 5 €
L'éléphant veut jouer à la bascule. Tous ses amis essaient de faire contrepoids.

Jetez l'ancre
Christina Dorner et Coralie Saudo
© ACCÈS Jeunesse • 2020 • 12 €
Un capitaine jette l'ancre qui s'enfonce progressivement dans les profondeurs de l'océan. Des animaux s'y installent un à un et s'amusent à se balancer.

Un éléphant sur la balançoire
Susanne Strasser © Tourbillon • 2017 • 11,95 €
Un éléphant s'installe sur une balançoire. Il ne se passe rien jusqu'à ce que suffisamment d'animaux s'asseyent de l'autre côté pour atteindre l'équilibre.

Bascule
Yûichi Kimura © Didier Jeunesse • 2005 • 12,90 €
Le lapin et le renard se retrouvent sur une planche en équilibre. Si l'un bouge, tous les deux tomberont.

JEUX AUTOUR DE L'ÉQUILIBRE

Les chaises à ranger
© Goki et Pirouette Éditions • 37 €
www.pirouette-editions.fr
Vingt-quatre chaises en bois peint dans un coffret de rangement et soixante cartes modèles à reproduire.

Culbuto Tobbles Néo
© Fat Brain • 29,95 €
Jouer seul ou en groupe à réaliser la tour de coquilles la plus haute possible.

Océan déchainé
© Hape réf. E5521 • À partir de 25 €
Un jeu d'équilibre en bambou consistant à poser le plus grand nombre de trésors possibles sur le pont sans faire chavirer le bateau.

Bascule grenouille
© Small foot company réf. 2019876 • À partir de 9 €
Un jeu d'adresse et de patience en bois pour placer les rondins aux bons endroits sans faire tomber les autres.

BALANCES

Balance Roberval jouet
© Goki • À partir de 49 €
L'idéal est de trouver une vraie balance Roberval dans une école élémentaire ou un laboratoire de physique du collège du quartier mais celle-ci peut convenir.

Balance à plateaux
© Nathan • 11,85 €
Simple à utiliser. Met en évidence la notion d'équilibre entre les deux plateaux.

Super balance à fléau
© Celda & Asco • 29,20 €
Utilisation facile. Charge maximum 2 kg.

LES OBJETS

Les objets électriques

Notions pour l'enseignant	**272**
Trucs & astuces	**273**
Y a-t-il un fil dans l'objet ?	**274**
Différencier les objets mécaniques des objets électriques	
Les p'tits dépanneurs	**276**
Comprendre le rôle du générateur	
Le chemin de l'électricité	**279**
Reproduire un circuit fermé	
Défi Mon clown voit rouge	**284**
Comprendre la notion de circuit fermé	
Ouvrages, jeux et vidéos autour de l'électricité	**286**

Les notions abordées

- Les dangers de l'électricité
- Le rôle du générateur
- La notion de circuit électrique

Notions pour l'enseignant

Qu'est-ce que le courant électrique ?

▶ Le courant électrique correspond à **la circulation d'électrons** dans un matériau. Les électrons sont les charges négatives des atomes et constituent la plus petite entité de la matière.

Que faut-il pour avoir du courant ?

▶ Que le matériau soit **conducteur**. Pour qu'un matériau soit conducteur, il faut que dans sa constitution des électrons soient libres et donc puissent circuler entre les atomes. Généralement, les métaux sont conducteurs. À l'inverse, un matériau dont la constitution ne contient pas d'électrons libres ne permet pas la circulation d'électrons. Il est appelé **isolant**. Les matières plastiques sont généralement isolantes.

▶ Qu'il fasse partie d'**un circuit** (boucle) dans lequel doit se trouver obligatoirement **un générateur** (soit une pile, soit le secteur) et **un récepteur** (composant permettant de transformer l'énergie électrique en une autre forme d'énergie : mécanique, rayonnante ou thermique). Les différents éléments de ce circuit sont reliés par des **fils électriques**. Le fil électrique est un fil métallique donc conducteur gainé par du plastique isolant. Pour que le courant puisse circuler, ce circuit doit être **fermé** : il est constitué par une boucle ininterrompue de matériaux conducteurs.

▶ Qu'il y ait **une différence de potentiel** entre les deux bornes du générateur. Cette différence de potentiel est appelée **tension** et se mesure en volts. L'analogie la plus simple à comprendre est celle de l'eau : une rivière ne s'écoule que s'il y a une différence de niveau entre l'amont et l'aval, la différence de potentiel est l'équivalent de la différence de niveau. Quand une pile est usée, c'est qu'il n'y a plus de différence de potentiel entre les deux bornes de la pile.

Quelles lois régissent l'électricité ?

- **L'intensité** d'un courant électrique correspond au débit d'électrons dans le circuit. Elle dépend de la tension aux bornes du générateur et de la résistance (grandeur mesurant la conductivité de l'objet) des récepteurs composant le circuit. C'est la loi d'Ohm : **U = RI**.
- **La puissance** est la quantité d'énergie utilisée en un temps donné. Elle se mesure en watts selon la formule **P = UI**.

Quels sont les dangers de l'électricité ?

L'électrocution

▶ Le corps humain est conducteur, il peut donc être traversé par un courant électrique. Si l'intensité dépasse 30 mA, il y a risque d'électrocution.

C'est pourquoi un des enjeux de ce chapitre est d'associer l'électricité du secteur à la notion de **danger**.

Quand on utilise des piles, le courant ne dépasse généralement pas 0,2 mA. Il n'y a donc aucun danger.

Le court-circuit

▶ Le second risque électrique est celui de l'échauffement des fils quand il y a **un court-circuit**. Un court-circuit est une boucle de circuit sans récepteur. Dans les manipulations, cette situation peut arriver (un élève qui relie les deux bornes de la pile avec un fil, des trombones permettant de relier des fils aux lamelles de la pile se touchent…). La pile peut alors devenir très chaude. Si elle est confinée dans une boite et qu'elle touche des papiers fins, type papier de soie, ces derniers peuvent s'enflammer. Il ne faut donc jamais mettre de papiers fins à proximité d'une pile.

Vocabulaire de la lampe

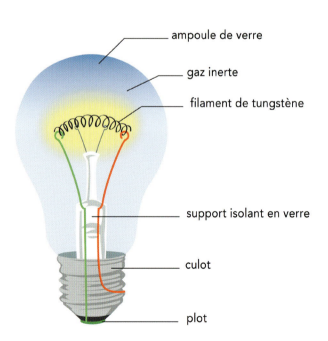

Ce qui peut poser problème

▶ La notion d'électricité est très abstraite. Comme toute énergie, l'électricité ne se voit pas. Elle ne se manifeste que par ses effets. Habitués à produire un effet en appuyant sur un bouton, les élèves ne se posent pas la question de ce qui permet le fonctionnement de l'objet.

Trucs & astuces

Ampoule, lampe ou led ?

⚠ Le terme scientifique pour ce qui est communément appelé ampoule est **lampe**. L'ampoule ne désigne que l'ampoule de verre contenant le filament.
Les **lampes à incandescence** possèdent un filament de tungstène qui est chauffé à blanc lors du passage de l'électricité et qui émet de la lumière.
Ces lampes E10 sont simples d'utilisation et les élèves peuvent comprendre que lorsque le filament est cassé, le circuit est ouvert car le phénomène est visible.
Elles sont de plus en plus remplacées par des **DEL**, diodes électroluminescentes, moins consommatrices d'énergie, mais le phénomène leur permettant d'éclairer n'est pas visible. De plus, elles sont polarisées, c'est-à-dire qu'elles ne s'allument que si elles sont connectées dans le bon sens.

Quelle douille utiliser ?

La **douille E10** est la plus courante et la plus économique.

Fabriquer un interrupteur maison ?

Les interrupteurs du commerce ne permettent pas de visualiser le circuit ouvert ou fermé. Il est très simple de fabriquer un interrupteur *maison* qui permet aux élèves de bien voir que le circuit est ouvert ou fermé à l'aide d'attaches parisiennes et d'un morceau de carton.

Quel outil pour dénuder ?

Les pinces à dénuder du commerce sont réglables en fonction du diamètre du fil. Ce réglage est le plus souvent l'objet d'une vis que les élèves dévissent facilement. Nous vous conseillons donc d'utiliser l'outil le plus simple : la pince à dénuder automatique qui ne nécessite pas de réglage.

Quels fils utiliser ?

Pour les montages, les fils électriques à **pinces crocodiles** permettent des liaisons simples. Le problème est que les pinces sont très souvent difficiles à ouvrir pour des élèves de maternelle. Pour les fabrications, le fil électrique **monobrin** est plus facile à dénuder. Lorsqu'on utilise du **multibrin**, au moment du dénudage, les élèves coupent la plupart des fils périphériques et souvent le fil se coupe au moment de la liaison avec les éléments du circuit. Choisir du fil de section 0,5/0,9 mm^2 ou 0,8/1,4 mm^2.

Quelles piles choisir ?

Les piles plates sont les plus simples à utiliser pour la facilité du branchement des fils sur leurs lamelles.
Il existe sur le marché deux types de piles : **les salines et les alcalines**.
Les piles alcalines sont plus chères car elles durent plus longtemps mais elles sont aussi à l'origine de courts-circuits plus destructifs car plus intenses et plus longs.
Les piles salines sont donc conseillées.

Les objets Les objets électriques **273**

LES OBJETS ÉLECTRIQUES

Y A-T-IL UN FIL DANS L'OBJET ?
MS • GS | Différencier les objets mécaniques des objets électriques

CLASSE ENTIÈRE
COIN REGROUPEMENT
20 minutes

Matériel
- des objets non électriques : fouet, taille-crayon, bougie, batteur mécanique…
- des objets électriques à pile : lampe de poche, fouet émulsionneur à piles…
- des objets électriques sur secteur : fouet électrique, lampe sur secteur…

ÉTAPE 1 DÉCOUVRIR ET POSER LE PROBLÈME — MS • GS

Situation déclenchante
▶ L'enseignant propose aux élèves un ensemble d'objets.

Questionnement
▶ L'enseignant dirige une discussion permettant de nommer correctement chacun des objets et de faire verbaliser leurs fonctions. Certains objets sont connus des élèves, d'autres se prêtent à des échanges.
▶ *Vous ne connaissez pas cet objet ? À votre avis, à quoi peut-il servir ?*
Au bout, il y a le même truc que dans le batteur.
▶ *Tu veux dire qu'il y a aussi des fouets ? Alors c'est aussi un batteur ?*
▶ *Quelle différence entre ces deux batteurs ? Pour celui-là, il faut tourner la poignée.*

Consigne
▶ *Il va falloir classer ces objets. Vous devrez regrouper les objets qui ont des points communs.*

ATELIER DIRIGÉ
DE 4 À 6 ÉLÈVES
20 à 30 minutes

Matériel
- la collection d'objets

ÉTAPE 2 TROUVER LES CRITÈRES PERMETTANT UN CLASSEMENT DES OBJETS — MS • GS

Découverte / Manipulations
▶ Pendant un moment de découverte des objets, moment préalable indispensable au travail, chaque élève manipule les objets, les prend en main, les fait fonctionner. Prévoir un espace de travail suffisamment proche d'une prise de courant pour pouvoir tester les appareils fonctionnant sur le secteur.

Questionnement
▶ *Comment pouvons-nous classer ces objets ? Ils doivent se ressembler.*
▶ Les élèves vont proposer le classement par couleur, par taille. Par des questionnements, il est possible d'arriver à des classements par matière, par fonction, par énergie.
▶ *Que faut-il pour faire fonctionner ces objets ? Tourner la manivelle, appuyer sur le bouton de l'interrupteur, brancher le fil dans la prise…*
▶ Le critère de classement n'étant pas donné, tous les classements sont recevables. Prendre en photo chaque classement proposé : par matière, par taille, par fonction…
📷 Une fois arrivé au classement objets électriques/objets non électriques, faire remarquer que les objets électriques sont dangereux et qu'il ne faut jamais les utiliser seuls, surtout ceux se branchant sur secteur.

MON CARNET DE SUIVI
des apprentissages à l'école maternelle
Je manipule des objets et je les classe selon leur fonction **page 47**

MS GS septembre ▶ juin

**CLASSE ENTIÈRE
COIN REGROUPEMENT
10 à 15 minutes**

Matériel
- les photos des objets utilisés lors du classement
ou
- cartes-images ㉖ *objets non électriques / à pile / sur secteur* ☁ 📖
- 1 feuille format raisin pour l'affiche

ÉTAPE 3 BILAN ET TRACE ÉCRITE COLLECTIVE   MS • GS

Rédaction d'une affiche

▶ Une fois tous les élèves passés à l'atelier dirigé, on peut rédiger une trace écrite en dictée à l'adulte.

Il existe des objets électriques et des objets non électriques. Dans les objets électriques, il y a ceux qui fonctionnent avec des piles et ceux qui fonctionnent avec le secteur (ceux qui ont un fil). L'électricité est dangereuse, surtout celle qui vient des prises et qui alimente les objets électriques à fils.

▶ Pour l'affiche, l'enseignant utilise les cartes-images ㉖ *Objets non électriques / à pile / sur secteur* ☁ 📖.

**CLASSE ENTIÈRE
COIN REGROUPEMENT
5 à 10 minutes**

Matériel
- cartes-images ㉖ *Objets non électriques / à pile / sur secteur* ☁ 📖

ÉTAPE 4 CONNAÎTRE LES USAGES DE L'ÉLECTRICITÉ   MS • GS

Questionnement

▶ Parmi les cartes-images ㉖ *Objets non électriques / à pile / sur secteur* ☁ 📖, l'enseignant ne garde que les photographies des objets électriques à piles ou secteur.

▶ **Tous ces objets fonctionnent avec de l'électricité, mais cette électricité, à quoi sert-elle ?**
À chauffer / à éclairer / à faire tourner / à faire bouger / à entendre de la musique / à entendre des sons.

Analogie

▶ *Pour bouger, danser, parler, grandir, de quoi avez-vous besoin ?* De manger.
▶ *Que se passe-t-il quand vous mangez ?* Cela nous donne de l'énergie.
▶ *Eh bien l'électricité, c'est l'énergie dont ont besoin les objets électriques pour fonctionner.*

**ATELIER AUTONOME
10 à 15 minutes**

Matériel
- Memory ❻ *Objets électriques / objets non électriques* ☁ 📖

ÉTAPE 5 RÉINVESTISSEMENT   MS • GS

Jeu

▶ Proposer un jeu de Memory ❻ *Objets électriques / Objets non électriques*.
▶ Différencier en augmentant ou en diminuant le nombre de paires proposées.

PLURIDISCIPLINARITÉ

▶ Réaliser l'imagier des objets à piles que les élèves amènent de la maison. Prendre des photos. Dictée à l'adulte du nom, de la fonction avec indication du type d'interrupteur.

LEXIQUE

Verbes : tourner, chauffer, éclairer, émettre des sons, mélanger, allumer, éteindre.
Noms : lampe, pile, fil électrique, prise électrique, batteur, bouton marche/arrêt, interrupteur, énergie.

Les objets Les objets électriques 275

LES OBJETS

LES OBJETS ÉLECTRIQUES

LES P'TITS DÉPANNEURS
Comprendre le rôle du générateur

MS • GS

ATELIER DIRIGÉ DE LANGAGE DE 4 À 6 ÉLÈVES
20 minutes

Matériel
★ Des objets à piles :
- lampe de poche
- jouets
- radio
- appareil photo
- téléphone

ÉTAPE 1 COMPRENDRE LE RÔLE DE L'INTERRUPTEUR   MS • GS

Situation déclenchante
▶ Les élèves ont à leur disposition des objets fonctionnant à l'aide de piles et pour lesquels la mise en route nécessite une action sur un interrupteur. L'enseignant demande : *Connaissez-vous cet objet ?*
▶ Chaque objet est désigné, manipulé, nommé et sa fonction est indiquée.

Questionnement
▶ *Que devez-vous faire pour que l'objet fonctionne ?* Appuyer sur le bouton, tourner le bouton.

Manipulations et verbalisation
▶ Les différents objets sont manipulés.
▶ Pour chacun d'entre eux, dictée à l'adulte de phrases du type :
- Pour allumer la lampe de poche, il faut appuyer sur l'interrupteur.
- Pour que la radio fonctionne, il faut pousser le bouton « marche/arrêt ».
- Pour que le train roule, il faut pousser l'interrupteur qui est sous la locomotive pour le mettre en position ON.

📷 Les objets sont photographiés.

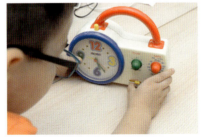 

CLASSE ENTIÈRE
COIN REGROUPEMENT
10 minutes

Matériel
- les traces écrites de l'étape précédente
- les photos des objets manipulés lors de l'étape précédente

ÉTAPE 2 BILAN ET TRACE ÉCRITE COLLECTIVE   MS • GS

▶ Les traces écrites peuvent être regroupées sous forme d'affiche avec les photographies des objets et plus particulièrement de l'endroit où se trouve l'interrupteur.

janvier ▶ juin

ATELIER DIRIGÉ DE LANGAGE DE 4 À 6 ÉLÈVES
10 minutes

Matériel
★ Des objets à piles :
- lampe de poche
- jouets
- radio
- appareil photo, téléphone.

★ Des outils permettant l'ouverture des compartiments à piles : généralement des tournevis cruciformes.

Dans certains objets, la pile aura été retirée. Dans d'autres, elle devra être usée.

ÉTAPE 3 COMPRENDRE LE RÔLE DES PILES   MS • GS

Réinvestissement
▶ Les mêmes objets que précédemment sont disposés sur la table. L'enseignant demande aux élèves de les mettre en route en verbalisant ce qu'ils font : *Pour allumer la lampe, je dois appuyer sur l'interrupteur.*

Problème
▶ Certains objets ont été volontairement mis en panne par l'enseignant : piles enlevées ou usées.
▶ Les élèves constatent que des objets ne fonctionnent pas. **Pourquoi ?**

Émission d'hypothèses
▶ *Il est cassé. On n'a pas appuyé sur le bouton marche/arrêt.*
La vérification est faite dès que cette hypothèse est posée.
▶ *Il manque les piles. Les piles sont finies / Elles sont usées.*
▶ Si la séance *Y a-t-il un fil dans l'objet ?* a été faite, il est possible d'obtenir des réponses type : *il n'y a pas d'énergie.*

Choix de l'investigation
▶ **Comment savoir ?** *Il faut regarder s'il y a des piles.*

Investigations
▶ Les compartiments à piles sont recherchés puis ouverts.
▶ *Il n'y a pas de piles, il faut en mettre.*
▶ *Il y a des piles ! Elles doivent être usées.*
▶ **Comment vérifier ?** *Il faut en mettre des neuves.*
▶ **Oui, mais lesquelles ?**

MS GS janvier ▶ juin

**ATELIER DIRIGÉ
DE 4 À 6 ÉLÈVES
20 à 30 minutes**

ÉTAPE 4 DÉPANNER LES APPAREILS

MS • GS

⭐ Cette étape peut être réalisée à la suite de l'étape précédente.

Dépannage des appareils sans pile
▶ Reprise de chaque appareil ne fonctionnant pas et vérification de la présence d'une pile et de son installation correcte.
▶ Les élèves essaient les piles leur semblant correspondre au boitier jusqu'à trouver les bonnes.

Matériel
- les objets à piles de l'étape précédente
- des piles neuves de différents formats
- des outils permettant l'ouverture des compartiments à piles : généralement des tournevis cruciformes

Dépannage des appareils avec pile montée à l'envers
▶ *Peut-on la mettre n'importe comment ?*
▶ L'enseignant fait observer les signes + et – sur l'appareil et sur la pile.
▶ Installation correcte de la pile, fermeture de l'appareil et vérification après action sur l'interrupteur.

Dépannage des appareils dont la pile est usée
▶ Il reste alors quelques appareils qu'il n'est pas possible de faire fonctionner.
▶ *Dans cet appareil, il y a bien une pile, elle est bien installée dans le bon sens, nous avons bien appuyé sur le bouton marche/arrêt et pourtant l'appareil ne fonctionne pas. Que se passe-t-il ?*
Peut-être que la pile est finie.
▶ *Comment vérifier ?* Il faut changer la pile.
▶ Changement de la pile, choix de la pile neuve du bon format en comparant les piles à disposition avec la pile de l'appareil. Vérification du bon fonctionnement de l'appareil.

**CLASSE ENTIÈRE
COIN REGROUPEMENT
5 minutes**

ÉTAPE 5 BILAN ET TRACE ÉCRITE COLLECTIVE

MS • GS

• Beaucoup d'appareils fonctionnent avec des piles. Pour que l'appareil fonctionne, il faut que les piles soient bonnes et mises dans le bon sens. Il faut ensuite appuyer sur l'interrupteur.

Matériel
- 1 affiche

LEXIQUE

Verbes : allumer, mettre en route, appuyer, pousser, éclairer, rouler, actionner.
Noms : interrupteur, pile, bouton, +, -, sens.
Adjectifs : neuve, usée.

LES OBJETS ÉLECTRIQUES

LE CHEMIN DE L'ÉLECTRICITÉ
Reproduire un circuit fermé

CLASSE ENTIÈRE
COIN REGROUPEMENT
5 à 10 minutes

Matériel
- 1 lampe de poche

ÉTAPE 1 DÉCOUVRIR UNE LAMPE DE POCHE

Situation déclenchante
▶ Lors du regroupement, l'enseignant arrive avec une lampe de poche et l'allume.

Questionnement
▶ Il interroge les élèves.
Que se passe-t-il ? *La lumière s'allume.*
Pourquoi ? *Parce que tu as appuyé sur le bouton.*
**La lampe s'est allumée car j'ai actionné l'interrupteur.*

Attention : Choisir une lampe de poche, qui une fois ouverte, a son circuit électrique entièrement du même côté. Certaines lampes de poche ont leur lampe solidaire du réflecteur. Leur circuit électrique est donc en deux parties et difficile à comprendre une fois la lampe ouverte.

CLASSE ENTIÈRE
ACTIVITÉ INDIVIDUELLE
15 à 20 minutes

Matériel
- 1 feuille par élève
- des crayons de couleur

ÉTAPE 2 FORMULER DES HYPOTHÈSES SUR LES COMPOSANTS D'UNE LAMPE DE POCHE

Consigne
▶ *Dessinez ce qu'il y a à l'intérieur de la lampe de poche et qui permet à la lampe de s'éclairer.*

Représentations des élèves
▶ Chaque élève dessine ce qu'il imagine dans la lampe. Pour certains, il faudra repréciser le mot *intérieur*. L'enseignant légende les dessins en dictée à l'adulte.

CLASSE ENTIÈRE
COIN REGROUPEMENT
10 minutes

Matériel
- les dessins les plus représentatifs de l'étape précédente
- 3 ou 4 lampes de poche

ÉTAPE 3 CONFRONTER LES HYPOTHÈSES

Constatations
▶ Afficher les dessins les plus représentatifs. Faire constater qu'il y a plusieurs propositions. Les plus courantes sont :
- piles / fils / lampes, piles seules, lampes seules, bougie, feu, éclairs.

Questionnement
▶ **Comment savoir ?** *En ouvrant la lampe.*

Observation
▶ Après ouverture des lampes et circulation des lampes dans la classe, rédaction d'une trace écrite du type :
- *Dans la lampe de poche on voit une pile, une lampe, des pièces en métal.*

Les élèves diront ampoule. Leur indiquer que l'ampoule ce n'est que la petite bulle de verre. L'ensemble s'appelle une lampe. Utiliser ce terme par la suite en différenciant bien lampe et l'objet lampe de poche.

Présentation de l'activité dirigée suivante
▶ *Nous allons essayer de faire une maquette de lampe de poche pour comprendre comment elle fonctionne.*

Les objets Les objets électriques 279

**ATELIER DIRIGÉ
DE 6 À 8 ÉLÈVES
30 minutes**

Matériel
 Par élève :
- 1 pile
- 1 lampe

 Pour le groupe :
- 3 ou 4 lampes de poche

ÉTAPE 4 RECONSTRUIRE LE CIRCUIT D'UNE LAMPE DE POCHE : PILE-LAMPE   GS

⭐ Au début de l'activité, le matériel n'est pas visible des élèves.

Rappel de la consigne
▶ Faire reverbaliser la consigne et expliquer si besoin les mots incompris. Le terme maquette s'il n'est pas utilisé régulièrement devra être explicité : ***nous allons faire un circuit électrique qui reproduit celui de la lampe de poche.***

Questionnement
▶ ***De quoi avons-nous besoin ?*** *D'une pile.*
▶ Distribution des piles.
▶ *D'une ampoule.*
   Cela s'appelle une lampe.
▶ Distribution des lampes.
▶ Dès que les élèves ont à leur disposition une pile et une lampe, ils les manipulent et généralement il y en a toujours un qui par hasard positionne la lampe sur les lamelles de façon à ce qu'elle s'allume.

⭐ Souvent un élève place les deux lamelles sur le culot et crée ainsi un court-circuit. L'élève s'exclame « ça brule ». L'enseignant fait verbaliser que ce n'est pas la bonne position puisque la lampe ne s'allume pas et introduit sans plus d'explication le mot « court-circuit ».

▶ ***Essayez d'allumer la lampe.***

Manipulations
▶ Les élèves manipulent. Dès que certains y arrivent, leur demander d'expliquer aux autres ce qu'il faut faire pour être sûr d'y arriver.
▶ La verbalisation est difficile car les élèves n'ont pas le vocabulaire nécessaire.

Dessin d'observation
▶ ***Dessine la lampe et la pile pour que la lampe s'allume.***

Validation et correction des dessins
▶ Les élèves essaient de reproduire l'installation dessinée par un camarade.
▶ Les inexactitudes sont verbalisées et les dessins corrigés.

Introduction du vocabulaire
▶ À l'aide d'un dessin au tableau, introduire le vocabulaire suivant :
   - lamelles de la pile,
   - plot. Il est possible de se contenter de : *le dessous de la lampe.*
   - culot. Il est possible de se contenter de : *le tour de la lampe.*

Verbalisation
▶ Une fois qu'ils ont tous réussi à allumer leur lampe, faire verbaliser que pour allumer la lampe avec la pile, il faut que le plot touche une lamelle et que le culot touche l'autre lamelle.

⭐ Le matériel n'est pas visible des élèves au début de l'activité.

Je sais réaliser un dessin d'observation **page 23**

GS janvier ▶ juin

**ATELIER DIRIGÉ
DE 6 À 8 ÉLÈVES
20 minutes**

Matériel
★ Par élève :
- 1 pile
- 1 lampe
- 1 douille
- 2 fils pinces crocodiles
★ Pour le groupe :
- 3 ou 4 lampes de poche

ÉTAPE 5 RECONSTRUIRE LE CIRCUIT D'UNE LAMPE DE POCHE : DOUILLE ET FILS

⭐ Cette étape peut être effectuée dans la foulée de la précédente. Dans ce cas-là, passer directement à l'étape « introduction de la douille ».

Rappels
- *Qu'avons-nous fait ?* Allumer une lampe.
- *Comment ?* Il faut que le plot touche une lamelle et que le culot touche l'autre lamelle.
- Après distribution du matériel, chaque élève allume à nouveau sa lampe.

Introduction de la douille
- *Vous devez tenir la lampe pour qu'elle s'allume. Est-ce le cas dans la lampe de poche ?* Non.
- *Regardez bien dans la lampe de poche où se trouve la lampe. Peut-on enlever la lampe ?*
- Les élèves essayent de sortir la lampe, dévissent et montrent l'élément qui supporte la lampe.
- *Cela s'appelle une douille.*

Essais des élèves
- Distribution d'une douille à chacun. Les élèves vissent les lampes dans les douilles.
- *Essayez d'allumer vos lampes maintenant.*
- *Comment dire maintenant ? Comment allumer la lampe quand elle est vissée dans la douille ?*
  Il faut qu'une des pattes de la douille touche une lamelle et que l'autre patte touche l'autre lamelle.

Observations
- *Vous êtes toujours obligés de tenir la lampe et la douille.*
- L'enseignant incite les élèves à bien regarder l'intérieur de la lampe de poche.
- Les élèves remarquent les éléments métalliques qui relient les lamelles à la douille.
- *Nous n'avons pas de pièces métalliques. Nous utilisons des fils électriques qui se terminent par des pinces métalliques qui nous permettent de les accrocher aux lamelles et aux pattes de la douille.*
- Distribution de deux fils par élève.

Consigne
- *Allumez votre lampe, loin de la pile grâce aux fils électriques.*

⭐ Certains élèves devront être aidés pour ouvrir les pinces crocodiles.

Les objets Les objets électriques 281

GS janvier ▶ juin

**ATELIER DIRIGÉ
DE 6 À 8 ÉLÈVES
20 minutes**

ÉTAPE 6 RECONSTRUIRE LE CIRCUIT D'UNE LAMPE DE POCHE : INTERRUPTEUR GS

⭐ Au début de l'activité, le matériel n'est pas visible des élèves.

Introduction de l'interrupteur

▶ **Comment éteindre votre lampe ?** *Il faut débrancher un fil.*
▶ **Est-ce ainsi dans la lampe de poche ?** *Non, il faut pousser l'interrupteur.*
▶ **Regardez bien ce qui se passe quand on pousse l'interrupteur.**
Il y a deux pièces métalliques qui ne se touchent plus.
▶ **Est-ce que la pièce métallique qui part de la douille va directement à la pile ?**
Non, elle va à l'interrupteur puis il y en a une autre qui va à la lamelle de la pile.
▶ **Je vous donne un troisième fil, faites comme dans la lampe de poche.**
▶ Les élèves introduisent le troisième fil et allument et éteignent les lampes.

Matériel
⭐ Par élève :
- 1 pile
- 1 lampe
   1 douille
- 1 fil pince crocodile
- 1 interrupteur *maison*
⭐ Par groupe :
- 3 ou 4 lampes de poche

⭐ Il est possible d'introduire l'objet interrupteur. Dans la séance présentée, seule la notion d'interrupteur est abordée et sa fonction d'ouverture et de fermeture du circuit. L'interrupteur permet de ne pas avoir à toucher aux fils mais d'avoir une action mécanique comme dans un vrai interrupteur.

 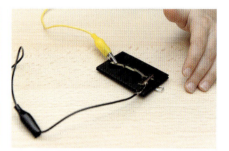

**ACTIVITÉ INDIVIDUELLE
10 à 15 minutes**

ÉTAPE 7 STRUCTURATION GS

Bilan

▶ Refaire le circuit au tableau sous la dictée des élèves avec les composants réels et le légender.
▶ **Que remarquez-vous ?** *Cela forme une boucle.*
▶ **On dit que c'est un circuit électrique. Pour que la lumière s'allume, il faut que la boucle soit fermée.**

Matériel
⭐ Par élève :
- 1 document *Mon circuit électrique*
  (page 283)
- 1 crayon à papier
⭐ Pour la classe :
- 1 circuit reconstitué au tableau

Trace écrite individuelle

▶ Chaque élève redessine le circuit réalisé sur son document *Mon circuit électrique* en s'aidant du circuit du tableau.
▶ Les légendes peuvent être dictées à l'adulte, ce qui permet une évaluation individuelle de l'acquisition du vocabulaire. On peut aussi coller des étiquettes-mots en se référant au modèle du tableau.

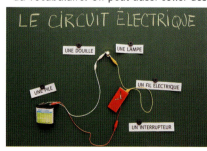 

LEXIQUE

Verbes : relier, visser, allumer, éteindre.
Noms : pile, lampe, lampe de poche, douille, fil électrique, pince crocodile, métal, boucle, circuit, interrupteur.

PRÉNOM

DATE

Objets électriques

DESSINER UN CIRCUIT SIMPLE

MON CIRCUIT ÉLECTRIQUE

Dessine et légende le circuit électrique que tu as construit.

-- ✂

Étiquettes-mots à découper mais qui, en étant agrandis, pourront servir aussi à faire des étiquettes pour le tableau.

| UNE PILE | UNE LAMPE | UNE DOUILLE |

| UN FIL ÉLECTRIQUE | UN INTERRUPTEUR |

DÉFI — LES OBJETS ÉLECTRIQUES

MON CLOWN VOIT ROUGE
Comprendre la notion de circuit fermé

CLASSE ENTIÈRE COIN REGROUPEMENT
10 à 15 minutes

Matériel
- le texte du défi

ÉTAPE 1 DÉCOUVRIR LE DÉFI

Situation déclenchante
▶ *Au courrier ce matin, il y avait une lettre pour la classe. Je vous la lis.*

Bonjour,
Je vous envoie la fiche de construction d'un clown dont le nez s'allume quand il pose ses mains sur son chapeau. Malheureusement certaines informations sont effacées et j'ai perdu la dernière page. Pouvez-vous me fabriquer mon clown et trouver une solution pour que son nez s'allume quand il pose ses mains sur son chapeau ?
J'ai besoin du clown pour le .... Bon travail à toute la classe.

Questionnement
▶ L'enseignant demande aux élèves s'ils ont compris le défi et leur explique les mots inconnus.
▶ Il leur demande de reformuler avec leurs propres mots en quoi consiste le défi.
▶ Il montre ensuite la fiche de construction et leur demande de nommer le matériel et les outils en formulant des hypothèses sur leurs utilités. S'ils n'ont pas d'idée, il leur explique.

ATELIER DIRIGÉ DE 4 À 6 ÉLÈVES
25 à 30 minutes

Matériel
★ Par groupe :
- la *fiche de construction 8*

- 1 pile
- 3 fils électriques
- 2 fils de fer
- du papier d'aluminium
- 1 douille
- 1 lampe
- 2 morceaux de paille
- 1 *silhouette de clown* ☁
- 1 aiguille de piquage
- 1 paire de ciseaux
- 1 pince à dénuder
- de l'adhésif

MON CARNET DE SUIVI
des apprentissages à l'école maternelle
Je réalise une construction à l'aide d'une fiche de construction ou d'un schéma page 48

ÉTAPE 2 FABRIQUER EN SUIVANT UNE FICHE DE CONSTRUCTION

⭐ À L'AIDE DU MATÉRIEL ÉLECTRIQUE LISTÉ, LES AUTRES GROUPES PEUVENT ESSAYER DE TROUVER LE CIRCUIT ÉLECTRIQUE DU CLOWN EN AUTONOMIE, OU DÉCORER LA SILHOUETTE DU CLOWN.

Réalisation
▶ Chaque étape de la *fiche de construction 8* est décodée. Les élèves suivent les étapes les unes après les autres. Seule l'étape de la découpe de la bouteille est réalisée par l'enseignant.

Questionnement à l'étape du dénudage
▶ *Pourquoi faut-il faire ce dénudage ?* Pour qu'on puisse accrocher les fils à la pile.
▶ Démontrer qu'il est possible d'enrouler les fils même s'ils ne sont pas dénudés. Réaliser un circuit simple sans dénuder les fils. Faire constater que la lampe ne s'allume pas alors qu'avec des fils dénudés elle s'allume.
▶ Il faut dénuder pour que le métal touche le métal, sinon la lampe ne brille pas.

Mise en évidence du problème
▶ *Où en sommes-nous ?* Nous avons terminé toutes les étapes de la fiche.
▶ *Que faut-il faire maintenant ?* Trouver comment faire pour que le nez s'allume quand les mains touchent le chapeau.

ACTIVITÉ INDIVIDUELLE
15 à 20 minutes

Matériel
★ Par élève :
- 1 feuille de papier
- 1 crayon

★ Par groupe :
- le clown réalisé à l'étape précédente

ÉTAPE 3 CHERCHER DES SOLUTIONS

Dessin des élèves
▶ *Dessinez la solution que vous imaginez.*

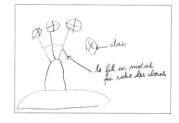 

 janvier ▶ juin

**ATELIER DIRIGÉ
DE 6 À 8 ÉLÈVES
30 à 40 minutes**

Matériel
★ Par élève :
- 1 chapeau
★ Par groupe :
- le clown réalisé précédemment
- 1 circuit électrique test
★ Pour l'enseignant :
- 1 appareil photo

ÉTAPE 4 TESTER LES SOLUTIONS

Tests et choix d'une solution
▶ Chaque élève présente au groupe la solution qu'il a imaginée. Certaines solutions peuvent être éliminées si par le dialogue les élèves se rendent compte qu'elles ne vont pas fonctionner.
▶ Les solutions restantes sont testées à l'aide des chapeaux tests.
▶ Le groupe choisit la solution qui lui semble la plus fiable et la plus simple à fabriquer.
▶ L'enseignant prend des photos des différentes propositions.

Finition du clown du groupe
▶ La solution choisie est appliquée au chapeau du clown du groupe.

Préparation de la présentation du défi
▶ À l'aide des propositions abandonnées, l'enseignant aide les élèves à reverbaliser toutes les étapes qu'ils ont parcourues pour arriver à leur solution. Les échecs et impasses ne sont pas oubliés.

**CLASSE ENTIÈRE
COIN REGROUPEMENT
4 ou 5 x 10 minutes**

Matériel
- le clown de chaque groupe
- les photos prises lors des étapes précédentes

ÉTAPE 5 PRÉSENTER SA SOLUTION

 À PRÉVOIR SUR UNE SEMAINE, CHAQUE GROUPE PRÉSENTE SA SOLUTION À LA CLASSE SUR UN TEMPS DE REGROUPEMENT.

Installation et passage des groupes
▶ Mettre en place l'espace permettant aux groupes de passer et de relever le défi.
▶ Chaque groupe passe, fait sa présentation orale et une démonstration du défi relevé, en n'oubliant pas de parler des impasses et des difficultés rencontrées.
▶ Si nécessaire, l'enseignant et/ou les autres élèves demandent des explications.

**CLASSE ENTIÈRE
COIN REGROUPEMENT
15 minutes**

Matériel
- des photos prises lors de la présentation peuvent être utiles

ÉTAPE 6 STRUCTURATION ET TRACE ÉCRITE COLLECTIVE

Bilan et trace écrite
▶ Chaque groupe étant passé, les solutions trouvées sont listées au tableau.

Pour que le nez du clown s'allume quand il pose ses mains sur son chapeau nous avons :
- *recouvert le chapeau d'aluminium et de trombones,*
- *mis une attache parisienne de chaque côté et on les a reliées avec un fil dénudé,*
- *remplacé le chapeau par une cannette.*

LEXIQUE

Verbes : relever un défi, allumer, éteindre.
Noms : silhouette, circuit électrique, interrupteur, métal.
Adjectif : conducteur, isolant.

Les objets Les objets électriques **285**

OUVRAGES AUTOUR DE L'ÉLECTRICITÉ

Uïk, le cochon électrique
Karin Serres et Till Charlier
© Rouergue • 2011 • 12,20€
Touché par la foudre, Uïk devient un générateur électrique. Tout le monde l'utilise à tous les usages courants de l'électricité.

Louise de New York
Jean Poderos et Gaia Guarino
© Éditions courtes et longues • 2013 • 22€
Panne générale d'électricité dans le quartier new yorkais de Louise, qui part à la recherche du responsable.

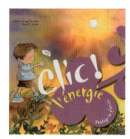

Clic! L'énergie
Nuria et Empa Jimenes
© Mediaspaul • 2010 • 10€
Une petite histoire de l'énergie puis un constat de l'utilisation prédominante de l'énergie électrique. Comment la fabrique-t-on, quelles conséquences sur l'environnement et comment ne pas la gaspiller?

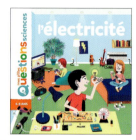

Mes p'tites questions sciences : L'électricité
Cédric Faure © Milan • 2017 • 8,90€
15 questions pour comprendre l'électricité.

JEUX AUTOUR DE L'ÉLECTRICITÉ

Électro à l'école
© Oxybul • 11,99€
Avec le stylo, l'enfant répond aux questions sur l'école.

Docteur Maboul
© JouéClub • 27,99€
Jeu d'adresse où le but est d'opérer Sam en retirant des éléments sans le faire hurler.

Mini projecteur
© Moulin Roty • 14,90€
Un projecteur à pile basé sur le principe de la lampe à histoires, permettant aux élèves d'appréhender la notion de générateur et d'interrupteur.

PRÉVENTION CONTRE LES RISQUES DE L'ÉLECTRICITÉ

PréventoDingo
© Aritma • 15€
Jeu de prévention des accidents domestiques.

Mémo Classique Maison
© Astruc • 15€
Mémo demandant d'associer des tuiles représentants des dangers et les bons gestes à adopter.

Le Club des Super-Héros : accidents domestiques
https://www.mae.fr/article/outils-prevention/10-11-2017/club-des-supers-heros_401.html
Outil pédagogique interactif destiné à identifier les risques de la vie courante afin de pouvoir se protéger et agir de manière appropriée.

La boite à outils pour la classe

Les outils cités ci-dessous ne sont pas tous utilisés dans les constructions proposées dans l'ouvrage mais peuvent être utiles.

TRACER / PLIER

Pour qui ?	Désignation / Utilisation	Photo	Fournisseur	Référence	Prix 2015
Élèves	**PLIOIR** Préplier le papier cartonné. Peut être remplacé par une aiguille à tricoter métallique ou un stylo-bille dont on retire le réservoir d'encre.		OPITEC	509055	3,29 €
Enseignant	**POINTE À TRACER** Permet de tracer sur le plastique ou le bois.		OPITEC	366146	2,65 €
Enseignant	**RÉGLET** Facilite le tracé avec son o en bout du réglet et son bout d'équerre.		OPITEC	366463	2,75 €

DÉCOUPER

Pour qui ?	Désignation / Utilisation	Photo	Fournisseur	Référence	Prix 2015
Élèves	**SCIE À ARCHET** Sans danger. Pour bois et carton. Fixer l'élément à scier avec de l'adhésif double-face sur une plaque martyre.		OPITEC	306508	3,35 €
Élèves	**PINCE À DÉNUDER AUTOMATIQUE ET SANS RÉGLAGE** Il faudra aider les élèves car l'écartement de la pince est un peu grand pour leurs mains. Attention aux pinces dont le réglage se fait à l'aide d'une vis, les élèves les dérèglent sans arrêt.		OPITEC	308795	4,89 €

PERCER

Pour qui ?	Désignation / Utilisation	Photo	Fournisseur	Référence	Prix 2015
Élèves	**POINÇONS** Percer papiers et cartons façon coupon à détacher. Positionner l'élément à percer ou découper sur un sandwich de carton.		OPITEC OPPA	509240 COL31	0,85 € la pièce 4,80 € les 10
Élèves	**VRILLES DE 2, 3, 4 ET 5 MM** Pour percer le bois.		OPITEC	334064	3,99 €
Élèves	**SET D'EMPORTE-PIÈCES** Pour poinçonner papiers, cartons, plastiques souples. À utiliser avec plaque martyre et marteau.		OPITEC	369634	12,85 €
Élèves	**PLAQUE MARTYRE / PLANCHE À DÉCOUPER** Protège la table pour les opérations de poinçonnage et de sciage. Ne désaffute pas les arêtes tranchantes.		IKEA	Legitim	3,99 €
Élèves	**MARTEAU, PANNE DE 100G** Toujours vérifier que la panne est bien solidaire du manche.		OPITEC	343044	2,99 €
Élèves	**PERFORATRICE** Choisir une perforatrice permettant de transpercer plusieurs feuilles. Cela permettra de percer la mousse et le papier cartonné. Il existe des perforatrices longs bras et des perforatrices avec des motifs de formats et de formes très variées.		JPC Créations	105008	4,99 €
Élèves	**PERCEUSE / VISSEUSE / DÉVISSEUSE** Permet le perçage de carton et des bois tendres.		IKEA	Fixa	40 €

ASSEMBLER

Pour qui ?	Désignation / Utilisation	Photo	Fournisseur	Référence	Prix 2015
Élèves	**PISTOLET À COLLE BASSE TEMPÉRATURE** Assemble tout ou presque. Seul le *basse température* est utilisable en classe car la colle n'est chauffée qu'à 100° et non à 200° dans le cas des pistolets habituels.		OPITEC	300487	31,49 €
Élèves	**PINCE À ŒILLETTER** Sert à poinçonner et à œilletter papier, carton, tissu, cuir…		OPITEC ou grandes surfaces	340337	9,09 €
Élèves	**SERRE-JOINT** Pour la fixation ou le pressage des éléments à coller.		OPITEC ou grandes surfaces	304595	2,19 €

Liste des fournisseurs

FOURNISSEURS	ADRESSE	SITE
Opitec Outils, matériaux, consommables	OPITEC HOBBYFIX France 8 rue Paul Cézanne • 93360 NEUILLY PLAISANCE	www.opitec.com
Aduis DO-IT Outils, matériaux, consommables	ADUIS 16 rue de la Ziegelau • 67100 STRASBOURG	www.aduis.fr
Technologie Services Matières plastiques	TECHNOLOGIE SERVICES ZI du Gavé • 42330 SAINT GALMIER	www.technologieservices.fr
A4 Technologie Matières plastiques	SOCIÉTÉ A4 5 avenue de l'Atlantique • 91940 LES ULIS	www.a4.fr
Raja Boites et emballages	RAJA • 16 rue de l'Étang Paris Nord 2 • 95977 ROISSY CDG Cedex	www.raja.fr
Ikea Jeux, boites...		www.ikea.com
JPC Créations Bureautique et loisirs et créations	JPC CRÉATIONS • Parc d'activités Entre Dore et Allier Allée des frênes - BP 50 • 63190 LEZOUX	www.jpccreations.com
Radis et Capucine Jardinage	RADIS ET CAPUCINE 42 rue des Perreyeux - BP 50116 • 49800 TRÉLAZÉ Cedex 03	www.radisetcapucine.com
Petits élevages Élevage d'escargots, de papillons, de phasmes...	SÉBASTIEN NOGUE 9 rue du Nouillon • 27160 LES BAUX-DE-BRETEUIL	www.petits-elevages.fr
Pierron éducation Matériel pour les élevages	DIDACTIK - PIERRON ÉDUCATION CS 80609 REMELFING • 57206 SARREGUEMINES Cedex	www.pierron.fr
WESCO Bacs à eau, circuits et objets de transvasement / Jardinage / Monde animal / Monde végétal	WESCO SA Route de Cholet CS 80184 • 79141 CERIZAY	www.wesco.fr
ASCO-CELDA Corps humain / Matière / Le monde du vivant Les animaux / Les végétaux	ASCO-CELDA 15 rue du Dauphiné - CS 74018 • 69969 CORBAS CEDEX	www.celda.fr
OPPA MONTESSORI Jeux, outils...	OPPA MONTESSORI 9 rue de la Claye • 45000 ORLÉANS	www.oppa-montessori.net

Index des ouvrages cités

Agathe 22, 46
Atchoum 17
Au boulot, les bateaux! 156
Au-delà des yeux 46
Au lit, Petit Lapin! 16
Avant-après 14
Bascule 270
Bon appétit! Monsieur Lapin 86
Boucle d'or & les trois ours 179, 190
Ça pousse! 94, 110
C'est à moi, ça! 78, 86
Chacun sa maison 134
Clic! l'énergie 286
Comment bien laver
son mammouth laineux 16
Construire une maison 206
Couleurs de Hervé Tullet 42, 46
Couleurs de Pittau et Gervais 41, 46
Des bébés par milliers 86
Des goûts et des odeurs 46
Dis, où tu habites? 124, 134
Dis au pigeon d'aller se coucher 16
Dis, que manges-tu? 86
Dix petites graines 110
Dokéo, je comprends comment ça marche 14
Dormir: ça sert à quoi? 16
Doudours est triste 134
Drôle d'engin pour Valentin 14
Gare au gaspi! 134
Gros cornichon 46
Il est où? 22, 46
Ingénieuse Eugénie 200, 201, 206
Initiation à la pâte fimo 134
J'ai grandi ici 110
J'aimerais tant changer de peau 111
Jack et le haricot magique 110
Je fais du yoga 28, 46
Je joue avec l'eau 156

Je suis un garagiste 242
Jetez l'ancre 156, 270
Kididoc: D'où ça vient? 134
Kididoc: Je suis garagiste! 242
L'abominable homme des bois 22, 46
L'arbre en bois 134
L'énorme radis 94, 110
L'heure rouge 190
L'histoire du bonbon 101
L'oiseau qui ne savait pas voler 86
L'ombre de Zoé 190
La clinique des jouets 224
La course à la pomme 224
La famille Souris
dine au clair de lune 204, 206
La ferme 111
La grenouille à grande bouche 70, 86
La grosse faim de P'tit Bonhomme 110
La machine de Michel 224
La petite poule rousse 106, 107, 110
La promenade de Flaubert 172
La soupe au caillou 224
Le bateau de Monsieur
Zouglouglou 142, 146,156
Le Carnaval des animaux 24
Le cinquième 224
Le Grand voyage de monsieur papier 134
Le lapin noir 182, 190
Le livre des monstres 46
Le loup et le renard 156
Le petit poisson rouge 85
Le pigeon a besoin d'un bon bain! 16
Le vent m'a pris 172
Le voyage de l'escargot 85
Les bébés animaux 75, 86
Les bateaux 156
Les deux maisons 156
Les Petits Cœurs
aussi vont chez le docteur 17

Les sciences naturelles 85
Les trois petits cochons 130, 134
Louise de New York 286
Ma première boite à outils 14
Ma voiture 242
Merci, le vent! 172
Mes années pourquoi 14
Mes années pourquoi:
Les petites bêtes 112
Mes années pourquoi: Les voitures 242
Mes maisons du monde 134
Mes mini-théâtres d'ombres - Au loup! 190
Mes p'tites questions sciences: L'eau 156
Mes p'tites questions sciences:
L'électricité 286
Mes P'tits DOCS 14
Mes P'tits DOCS: Chez le docteur 17
Mes P'tits DOCS: La ferme 111
Mes P'tits DOCS: Le pain 110
Mes P'tits DOCS: Les dents 16
Mes P'tits DOCS:
Les maisons du monde 134
Mes P'tits DOCS: Les voitures 234, 242
Mes premières découvertes 14, 85
Mes premières découvertes: L'arbre 112
Mes premières découvertes: L'eau 156
Mes premières découvertes: La forêt 112
Mes premières découvertes: Le bateau 156
Mes premières découvertes:
Les animaux de la ferme 111
Mes premières découvertes:
Les petites bêtes 112
Mes premières recettes de saison 224
Mes premiers documentaires 14, 85
Mes premiers documentaires:
L'abeille 112
Mes premiers documentaires:
La forêt 112
Mes premiers documentaires:
La poule 86

Mes premiers documentaires:
La savane 111
Mes premiers documentaires:
Le cygne 112
Mes premiers documentaires:
Les saisons 110
Mon imagier des fruits et légumes 110
Mon imagier des couleurs 46
Ne lèche surtout pas ce livre! 17
Non, je n'ai jamais mangé ça! 110
Ombres chinoises 190
Où va l'eau? 156
Papa? Maman? C'est vous? 74, 86, 111
Quand il pleut 156
Quelle est ton ombre? 178, 190
Qui a mangé? 85
Qui a mangé mon amie la chenille? 86
Qui s'est bien brossé les dents? 16
Raymond rêve 85
Rien qu'une petite grippe! 17
Saute 86
Super pâte à modeler 134
Toujours rien? 94, 101, 110
Uïk, le cochon électrique 286
Un éléphant sur la balançoire 270
Un peu perdu 86
Un tout petit coup de main 267, 270
Une nouvelle maison
pour la famille Souris 206
Une ombre 190
Une vie merveilleuse 112
Va-t'en, grand monstre vert! 22, 46
Vent: 23 activités manuelles & créatives 172
Visite au zoo 111
Vive le vent! 172
Vroum! Vroum! 242
Zoo logique 111